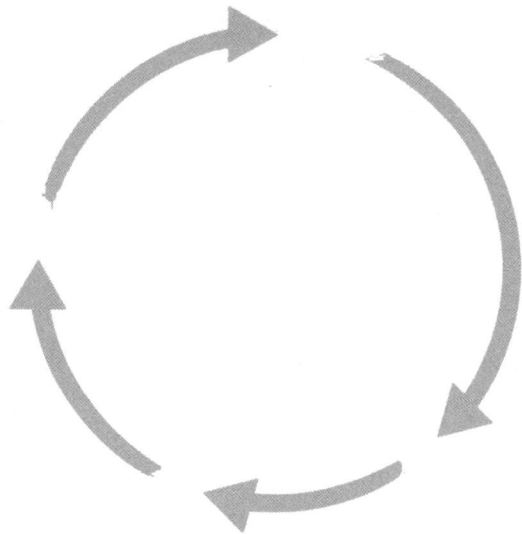

科技型企业
新三板挂牌指引研究

基于财务与会计视角

牟小容　林映华 等　著

项目组负责人：牟小容　林映华

主要研究人员：李晓明　周小春　李宗璋　朱静玉

暨南大学出版社
JINAN UNIVERSITY PRESS

中国·广州

图书在版编目（CIP）数据

科技型企业新三板挂牌指引研究：基于财务与会计视角/牟小容，林映华等著．—广州：暨南大学出版社，2016.7
　ISBN 978 - 7 - 5668 - 1886 - 7

　Ⅰ.①科…　Ⅱ.①牟…②林…　Ⅲ.①中小企业—企业融资—研究—中国
Ⅳ.①F279.243

中国版本图书馆 CIP 数据核字（2016）第 148502 号

科技型企业新三板挂牌指引研究：基于财务与会计视角
KEJIXING QIYE XINSANBAN GUAPAI ZHIYIN YANJIU：JIYU CAIWU YU KUAIJI
SHIJIAO
著　者：牟小容　林映华等

- -

出版发行： 暨南大学出版社（510630）
电　话： 总编室（8620）85221601
　　　　　营销部（8620）85225284　85228291　85228292（邮购）
传　真：（8620）85221583（办公室）　85223774（营销部）
网　址： http：//www.jnupress.com　http：//press.jnu.edu.cn
排　版： 广州市天河星辰文化发展部照排中心
印　刷： 深圳市新联美术印刷有限公司
开　本： 787mm×1092mm　1/16
印　张： 22
字　数： 393 千
版　次： 2016 年 7 月第 1 版
印　次： 2016 年 7 月第 1 次
定　价： 58.00 元

前　言

在大众创业万众创新背景下，支持中小微企业尤其是科技型企业的发展，对促进我国经济提质增效升级具有重要意义。然而，由于信息不对称、信用担保体制不健全、风险投资机制不完善，主板、中小板及创业板受市场容量及场内交易所上市门槛较高等外部因素，以及科技型企业天生所具有的技术风险和市场风险，又缺乏综合性的技术人才和经营管理人才、产权关系不清晰、内部治理结构不完善、内部控制不健全、财务管理和会计核算体系不规范等内部因素限制，造成我国科技型企业普遍面临融资难、融资贵等现实问题。

如何化解科技型企业的融资困境、拓宽其融资渠道是政府和学界普遍关心的重要课题。通常，科技型企业的资金来源主要为内源融资，鼓励和支持科技型企业进军资本市场，发展直接融资完善资本结构是解决其融资难的路径之一。目前，我国已初步形成了由场内交易市场的主板（含中小板）、创业板（二板）和场外交易市场的全国中小企业股份转让系统（俗称"新三板"）、区域性股权交易市场（四板）、证券公司主导的券商柜台市场（五板）共同组成的多层次资本市场体系。但是，场内交易市场的上市门槛较高且市场容量有限，大量的科技型企业不能上市融资；而新三板市场相比场内交易市场而言，具有门槛低、范围广、容量大的特点，可以有效解决科技型企业融资难问题。

我国三板市场自 2001 年开设以来，经历了两网公司和退市公司的"代办股份转让系统"（老三板）、2006 年"中关村股份转让试点"（新三板）、2012 年"中关村试点扩容"（扩至上海张江、天津滨海和武汉东湖三个国家级高新区）以及 2013 年扩至全国范围的"全国中小企业股份转让系统"等发展阶段，并已构建了由法律《公司法》《证券法》，行政法规《国务院关于全国中小企业股份转让系统有关问题的决定》，部门规章《非上市公众公司监督管理办法》《全国中小企业股份转让系统有限责任公司管理暂行办法》等，以及自律规则《全国中小企业股份转让系统业务规则（试行）》《全国中小企业股份转让系统挂牌条件适用基本标准指引》《全国中小企业股份转让系统公开转让说明书内容与格式指引》等组成的以信息披露为核心、最大限度减少行政审批及充分体现市场化和包容创新精神的新三板市场制度框架体系。面对新三板市场如此繁多的法律规范及自律规则，科技型企业如何顺利挂牌新三板市场，如何处理反映申请挂牌企业经济活动晴雨表的财务与会计问题，已成为科技型企业自身，主办券商、律师事务所、会计师事务所等中介机构，全国股转系统公司或证监会等监管部门共同关注的热点问题之一。

为此，本书以新三板市场发展概况和科技型企业新三板挂牌的重要性为逻辑起点，全面梳理新三板市场的法律规范及自律规则，基于财务与会计视角，按照"总论—挂牌—资本运营—监管"的研究思路展开探讨。具体而言，本书包含四大部分共九章内容。

第一部分为总论，即第一章。主要探讨新三板市场的发展历程与市场定位、新三板市场制度体系、新三板市场运行概况、科技型企业新三板挂牌的重要性、挂牌条件与挂牌流程等内容，旨在为科技型企业提供挂牌新三板的背景知识及制度规则指引。

第二部分为挂牌，是全书的重点和核心，包括第二章至第七章。本部分主要围绕新三板的挂牌条件，基于财务与会计视角，按照"企业挂牌条件诊断—主办券商推荐—全国股转系统公司或证监会挂牌审查"的挂牌路径，依次分章进行了专题探讨。具体如下：

第二章至第五章，从企业角度，探讨企业申请新三板挂牌需满足哪些条件。具体包括四条：一是主体资格的诊断，即申请挂牌企业是否依法设立，且存续满两年；二是公司业务的诊断，即申请挂牌公司是否业务明确，具有持续经营能力；三是公司治理情况的诊断，即公司治理机制是否健全，是否合法规范经营；四是公司股权的诊断，即公司股权是否明晰，股票发行和转让行为是否合法合规。

第六章，从中介机构角度，探讨主办券商如何统筹协调会计师事务所、律师事务所等中介机构对申请挂牌公司进行尽职调查和内核程序，对公司是否符合挂牌条件发表独立意见，完成推荐报告及其他有关申请文件的制作。

第七章，从监管机构角度，探讨全国股转系统公司或证监会如何围绕挂牌条件和信息披露的合规性、有效性审查推荐文件，履行审查程序，并出具是否同意挂牌的审查意见或核准挂牌的批文。

第三部分为挂牌公司的资本运营，即第八章。主要探讨挂牌公司的融资、股票转让、并购重组、转板等内容。

第四部分为监管，即第九章。主要探讨挂牌公司的监管体系和信息披露内容。

本书是广东省 2013 年重点软科学研究资助项目"高新技术企业挂牌新三板财务与会计研究"（项目编号：2013B070205005）的主要研究成果，由牟小容副教授和林映华副研究员负责总体框架的设计、研究工作的分工、组织和协调以及写作大纲的拟定及总纂定稿。本书的具体分工如下：前言、第一章、第三章，由牟小容撰写；第二章、第五章，由李晓明撰写；第四章、第八章，由周小春撰写；第六章，由李宗璋、林映华共同撰写；第七章，由林映华撰写；第九章，由朱静玉、林映华共同撰写。本书在整个研究过程中，参阅了大量文献，多数已在参考文献中列出，在此谨向这些文献的作者表示衷心的感谢。此外，广东省科技厅政策法规处、广州亨龙智能装备股份有限公司、广州珠江数码集团有限公司、佛山市雅洁源科技股份有限公司等对本课题的研究提供了诸多指导、调研支持和帮助；刘小琥、何凯臻、戎魏魏、王富贵、朱文斌、王玉蓉、熊名奇、王夏梅、顾衍、刘嘉丽、梁晓怡、尹兴安等其他课题组成员为本书的资料收集与撰写做了许多基础性工作，在此亦一并表示感谢。

本书历时两年多，其间几易其稿，力求追踪新三板市场发展新态势及处于不断更新完善中的制度规范，希望能为科技型企业，投资者，主办券商、律师事务所、会计师事务所等中介机构及监管部门等提供较为全面系统的、基于财务与会计视角的新三板挂牌指引。但由于新三板市场仍处于持续发展状态之中，不断涌现出新问题、新规则，同时又受课题组成员水平限制，书中难免有疏漏、缺点甚至错误，期待和感谢广大读者及专家的批评与指正。

华南农业大学"高新技术企业挂牌新三板财务与会计研究"课题组
2016 年 6 月

目　录

第一章 总论

任何企业的创立和成长都离不开融资、投资、经营和人才等一系列问题，其中融资是企业成长面临的首要难点问题。相比其他企业而言，科技型企业是技术创新的源头和科技成果转化的直接载体，天生具有技术风险和市场风险，因此，融资难的现实问题更为突出和严重。

如何化解科技型企业的融资困境、拓宽其融资渠道是政府和学界普遍关心的重要课题，它对于促进高新技术产业发展、推动产业结构优化升级和提高综合竞争力具有重要现实意义。通常，科技型企业的资金来源主要为内源融资，鼓励和支持科技型企业进军资本市场，发展直接融资、完善资本结构是解决其融资难的路径之一。但当前我国因主板（中小板）、创业板（二板）受容量限制，且场内交易市场上市门槛较高，大量科技型企业不能通过这些途径上市融资；而全国性的场外交易市场即全国中小企业股份转让系统（俗称"新三板"）相比场内交易市场而言，具有门槛更低、范围更广和容量更大的特点，可以有效解决科技型企业融资难的问题。那么，如何顺利挂牌新三板市场进行融资，如何处理反映申请挂牌企业经济活动晴雨表的财务与会计问题，就成为科技型企业自身，主办券商、律师事务所、会计师事务所等中介机构，全国中小企业股份转让系统公司或中国证监会等监管部门共同关注的热点问题之一。

本章主要探讨新三板市场的发展历程与市场定位、新三板市场制度体系、新三板市场运行概况、科技型企业新三板挂牌的重要性、挂牌条件与挂牌流程等内容。

第一节　新三板市场的发展历程与市场定位

2013 年 1 月 16 日，全国中小企业股份转让系统（以下简称"全国股转系统"，俗称"新三板"）正式揭牌运营。这标志着我国统一的、全国性的证券场外交易市场的产生。新三板市场为中小微企业尤其是科技型企业开拓了全新的融资渠道，使我国多层次资本市场体系得以不断完善，也为建立不同层次市场间的转板机制和市场退出机制以及各层次市场间的有机联系打下了坚实的基础。

一、新三板市场的发展历程

纵观新三板市场的发展历程，其主要经历了 2001 年"代办股份转让系统"、2006 年"中关村股份转让试点"、2012 年中关村试点扩容以及 2013 年"全国中小企业股份转让系统"等发展历程，如图 1 - 1 所示。

（一）代办股份转让系统

1. STAQ、NET 系统（又称两网系统）

代办股份转让系统源自于 STAQ、NET 两网系统。1992 年 7 月，中国证券市场研究设计中心创办"全国证券交易自动报价系统"（STAQ）；1993 年 4 月，中国证券交易系统有限公司创办"全国电子交易系统"（NET）。STAQ 系统与 NET 系统一起，构成了当时中国的场外交易市场，被称为"两网系统"。两网系统的定位均为法人股流通市场，即为定向募集公司的股票挂牌转让提供场所，投资者限定为法人机构。这是继沪深个人流通股交易市场设立后，专门提供法人股转让交易的二级市场。

由于两网系统在交易过程中，出现大量的个体违规行为，造成两网系统流通的法人股实际上个人化了。为了规避市场风险和维护社会稳定，证监会等相关机构对两网系统展开了漫长而持久的清理整顿工作，1999 年 9 月，两网系统停止交易。

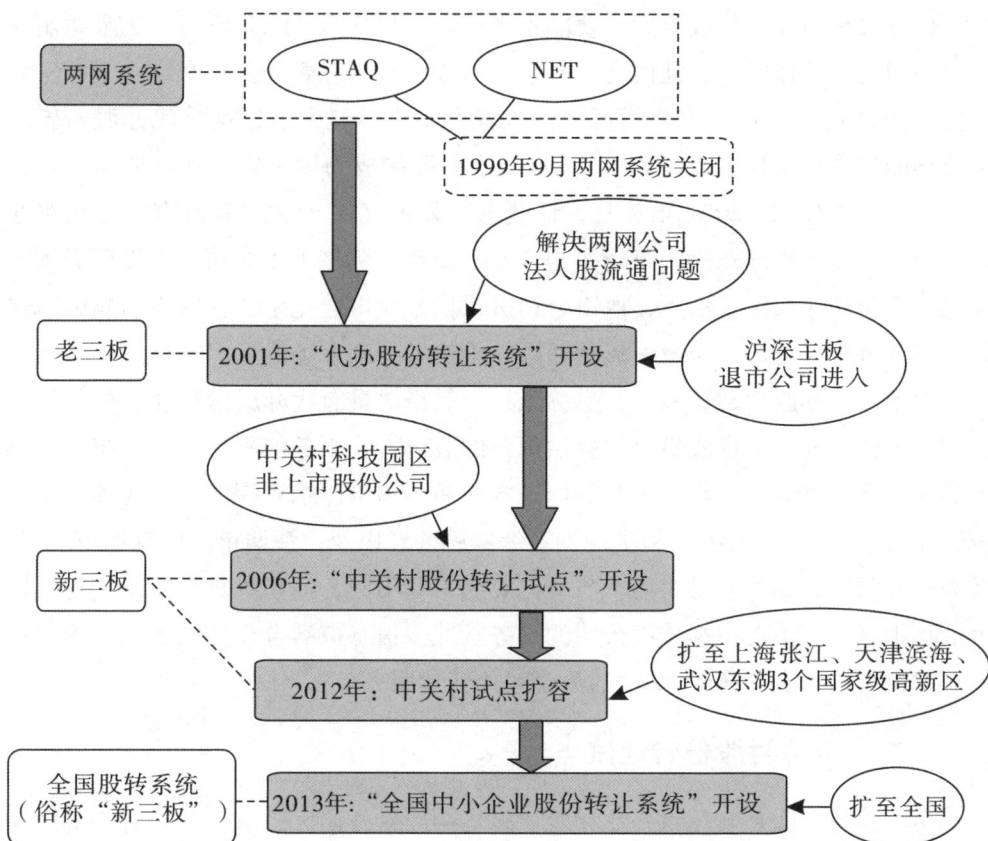

图 1-1 新三板市场发展的演变路径

2. 代办股份转让系统的开设

为妥善解决原 STAQ、NET 两网系统挂牌公司（简称"两网公司"）股份转让的历史遗留问题，2000 年 8 月，国务院对证监会《关于解决 STAQ、NET 系统原挂牌股票流通问题的请示》作出批示。依据该批示，2001 年 6 月，经证监会批准，中国证券业协会发布《证券公司代办股份转让服务业务试点办法》，指定申银万国、国泰君安、大鹏证券、国信证券、闽发证券、辽宁证券 6 家证券公司代办原 STAQ、NET 两网系统挂牌公司的股份转让业务，由此确立了我国由证券公司代办股份转让业务的场外交易制度。2001 年 7 月 16 日，两网公司中的大自然、长白股份开始在代办股份转让系统挂牌转让，这标志着以证券公司为核心的代办股份转让系统正式启动。

代办股份转让系统成立后，功能不断拓展。2001年11月30日，为妥善解决退市公司股份转让问题，证监会发布了《亏损上市公司暂停上市和终止上市实施办法（修订）》，规定退市公司可以进入代办股份转让系统，这是代办股份转让系统功能的第一次扩展。2001年12月，水仙股份成为第一家在代办股份转让系统挂牌的退市公司。2004年2月，证监会下发的《关于做好股份有限公司终止上市后续工作的指导意见》规定了退市平移机制，强制上市公司退市以后必须进入代办股份转让系统。由此，退市公司进入代办股份转让系统挂牌更为顺畅、快捷，有效解决了退市公司股份流通问题，维护了资本市场的稳定运行。

综上，代办股份转让系统，也称三板，是指以具有代办股份转让资格的证券公司为主体，为非上市股份公司提供规范的股份转让服务的平台。该系统由中国证券业协会负责组织运作，依托深圳证券交易所和中国结算深圳分公司的技术系统，先后承接了原STAQ、NET两网系统挂牌公司以及沪深两市的所有退市公司，成为重要的证券场外交易市场。与场内交易市场不同，该系统交易制度实行有限度的集中竞价，主要根据挂牌公司的财务状况、信息披露合规性的不同，为这些股票提供每周1次、3次、5次的集合竞价转让服务。

（二）中关村股份转让试点

中关村是我国高新技术企业相对比较集中的科技园区，由于缺乏有序的股份转让机制，园区内非上市公司在吸收风险资本投入、引入战略投资者、重组并购和提高公司治理水平等方面受到很大的制约，只能依靠自我积累发展，难以在短时间内做大做强。为了支持和促进中关村园区企业的发展，解决高新园区非上市公司股权流动而存在的政策障碍问题，2003年底，科技部、北京市政府联合向国务院上报了《关于中关村科技园区非上市股份有限公司进入证券公司代办股份转让系统进行股份转让试点的请示》。2005年11月底，国务院批准实施试点方案。2006年1月16日，证监会正式批复，同意中关村科技园区非上市股份有限公司进入证券公司代办股份转让系统进行股份转让试点（简称"中关村股份转让试点"或"中关村试点"），即在原代办股份转让系统内增设中关村科技园区股份报价转让试点，允许中关村科技园区内注册企业在符合条件的情况下，进入代办股份转让系统实行协议转让，这是代办股份转让系统功能的第二次扩展。2006年1月23日，两家中关村高新技术企业世纪瑞尔和中科软进入代办股份转让系统挂牌交易，标志着中关村股份转让试点正式启动。

至此，代办股份转让系统自身形成了内部分层，主要分为两个层次：一是原STAQ、NET两网系统公司与沪深交易所退市公司为一个层次；二是中关村科技园区报价转让公司为另一个层次。由于这两个市场层次的服务对象、交易方式、信息披露、融资制度、投资者适当性等存在根本性不同，为了将二者区分，社会各界将前者即原来的以两网公司和退市公司为主体的市场层次称为"老三板"，将后者即2006年开始的以中关村园区企业为主体的市场层次称为"新三板"。

（三）中关村试点扩容和全国股转系统的设立

1. 中关村试点扩容

中关村试点正式启动后的同年2月，国务院发布的《关于实施〈国家中长期科学和技术发展规划纲要（2006—2020年）〉的若干配套政策的通知》（国发〔2006〕6号）第19条就提出了"逐步扩大试点"的发展方向。

在中关村试点运行近5年后，2010年中关村试点扩容被正式提上议事日程；2012年7月，国务院批准《关于扩大中关村试点逐步建立全国中小企业股份转让系统的请示》，同意筹建全国股转系统，并将试点范围扩大到上海张江、天津滨海和武汉东湖3个国家级高新区。2013年9月7日，扩容后首批8家公司挂牌。同日，证监会与四地政府在京举行签署扩大试点合作备忘录暨首批企业挂牌仪式。中关村试点扩容后，仍执行中关村试点期间的法规和制度。

2. 全国股转系统的设立

为适应场外市场的发展变化，逐步明确原证券公司代办股份转让系统的法律定位和市场功能，理顺并构建全国统一的场外市场监管体制，2012年9月20日，全国中小企业股份转让系统有限责任公司（以下简称"全国股转系统公司"）在国家工商总局注册成立，注册资本30亿元。2013年1月1日，证监会《非上市公众公司监督管理办法》施行，初步建立了非上市公众公司监督管理制度。2013年1月16日，全国股转系统正式揭牌运营，对原证券公司代办股份转让系统挂牌企业全部承接，市场运作平台的运营管理工作由中国证券业协会转为全国股转系统公司负责。2013年2月，国务院颁布《全国中小企业股份转让系统有限责任公司管理暂行办法》和证监会批准《全国中小企业股份转让系统业务规则》，明确了非上市公众公司股东人数可突破200人的限制。2013年6月19日，国务院第13次常务会议决定将全国股转系统试点扩大至全国。2013年12月13日，国务院进一步发布了《国务院关于全国中小企业股份转让系统有关问题的决定》

（国发〔2013〕49 号，以下简称《国务院决定》），规定"境内所有符合条件的股份公司均可通过主办券商申请在全国股转系统挂牌，公开转让股份，进行股权融资、债权融资、资产重组等"。2013 年 12 月 27 日，为贯彻落实《国务院决定》的精神，证监会修订或发布了 7 项配套规则，标志着全国股转系统试点扩大至全国的工作正式启动，不再受高新园区的地域范围限制，不受所有制的限制，挂牌企业也不限于高新技术企业。2013 年 12 月 30 日，全国股转系统正式接受全国中小企业的挂牌申请。2014 年 1 月 24 日，首批 266 家公司在全国股转系统集中挂牌。

综上所述，全国股转系统是对老三板和试点期间新三板的法定延续，新三板作为社会各界对原证券公司代办股份转让系统的习惯性俗称，伴随着全国股转系统的正式运营，已用以专指全国股转系统。

本书所研究的新三板，指的是全国股转系统。

二、新三板的市场定位

由于现施行的《中华人民共和国证券法》（以下简称《证券法》）在 2005 年修订时，新三板（即全国股转系统）尚未建立，因此《证券法》中没有直接针对新三板及其挂牌公司的条款，这在一定程度上限制了新三板市场的发展和功能发挥。基于此，为建立有别于沪深证券交易所和上市公司的监管制度，按照《证券法》的立法精神和转变政府职能的改革方向并结合新三板的特点，2013 年 12 月 13 日，国务院发布了《国务院关于全国中小企业股份转让系统有关问题的决定》，为新三板挂牌公司和市场监管奠定了法律基础，标志着新三板市场步入了更为规范的法制化运行轨道。

根据《国务院决定》，新三板的市场定位具体包括以下几个方面：

（一）为全国性证券交易场所

新三板市场是经国务院批准，依据《证券法》设立的全国性证券交易场所，是继沪深交易所之后的第三家全国性证券交易场所，在场所性质和法律定位上，与证券交易所相同，都是多层次资本市场体系的重要组成部分。

新三板市场的运营机构是全国股转系统公司。全国股转系统公司于 2012 年 8 月 22 日获证监会同意组建，同年 9 月 20 日在国家工商总局注册，注册资本 30 亿元，公司股东单位包括：上海证券交易所、深圳证券交易所、中国证券登记结算有限责任公司、上海期货交易所、中国金融期货交易所、郑州商品交易所、大连商品交易所。经营范围包括：组织安排非上市股份公司股份的公开转让；为非上市股份公司融资、并购等相关业务提供服务；为市场参与人提供信息、技术和培训服务。

（二）挂牌公司为公众公司

新三板市场的挂牌公司依法纳入非上市公众公司监管，股东人数可以超过200人。新三板市场的挂牌公司，在法律地位上，与沪深交易所上市公司属性一致，同属公众公司范畴；在税收、外资等政策方面，原则上比照交易所市场及上市公司相关规定办理；在涉及国有股权监管事项时，需同时遵守国有资产管理的相关规定。

新三板市场的挂牌公司作为公众公司，需同上市公司一样履行信息披露义务，满足《非上市公众公司监督管理办法》对公司治理等方面的相关要求，接受社会公众监督。但与上市公司不同的是，为降低挂牌公司信息披露成本，挂牌公司仅需以电子化方式披露年报和半年报，且半年报不强制要求审计，鼓励但不强制要求披露季报；在披露内容方面，强调适度披露原则，鼓励进行个性化披露。

（三）主要为创新型、创业型、成长型中小微企业发展服务

新三板市场主要为创新型、创业型、成长型中小微企业发展服务。境内符合条件的股份公司均可通过主办券商申请在新三板市场挂牌，公开转让股份，进行股权融资、债券融资、资产重组等。申请挂牌的公司应当业务明确、产权清晰、依法规范经营、公司治理健全；可以尚未盈利，但须履行信息披露业务，所披露的信息应当真实、准确、完整。

（四）在我国多层次资本市场体系中发挥承上启下的重要作用

我国自2003年便提出建立多层次资本市场，旨在使不同风险偏好的投资者和处于不同发展阶段有着不同融资需求的企业都能在不同类型和不同层次的市场中寻找到满足自身投融资需求的工具。

1990年12月，上海证券交易所、深圳证券交易所相继成立，开设了主板市场，标志着集中交易的证券场内交易市场开始形成。2004年5月，深交所中小企业板设立。2009年10月，创业板市场设立。2013年1月，全国股转系统设立，

标志着全国性的证券场外交易市场业已形成。至此，我国多层次资本市场已由场内交易市场和场外交易市场两部分构成，其中场内交易市场的主板（含中小板）、创业板（二板），场外交易市场的全国股转系统（新三板）、区域性股权交易市场（四板）、证券公司主导的券商柜台市场（五板）共同组成了我国多层次资本市场体系，如图1-2所示。

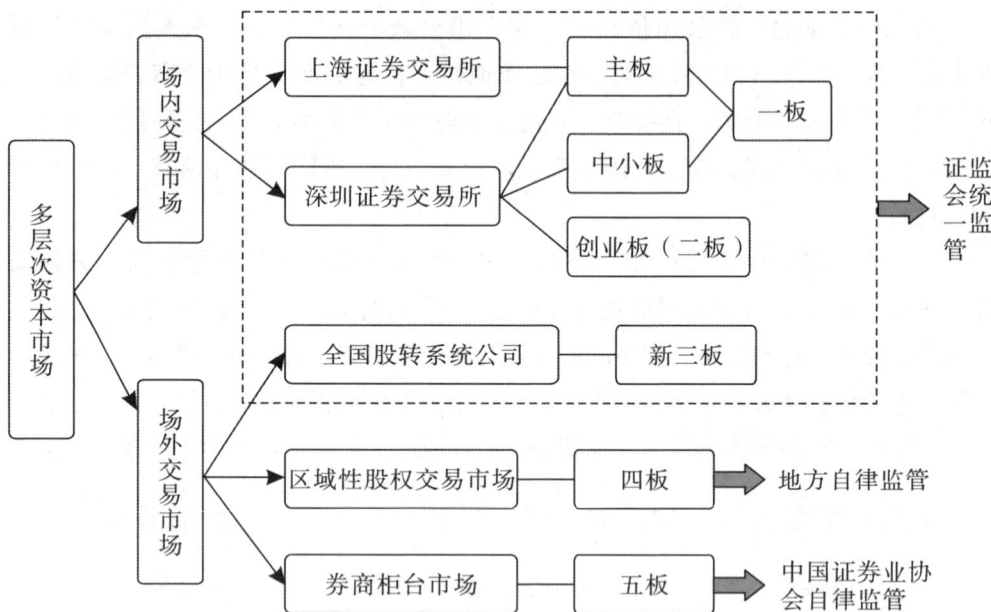

图1-2　中国多层次资本市场体系的构成

从图1-2可知，多层次资本市场是一个上下贯通、有机联系的统一整体。作为继沪深交易所后第三家全国性公开证券市场，新三板市场是我国多层次资本市场体系中发挥承上启下作用的重要一层，主要为全国非上市公众公司提供股份公开转让、股权融资、债权融资、资产重组等相关服务。其上层是沪深证券交易所市场，主要提供主板（含中小板）、创业板公司的上市、融资和交易服务；下层是区域性股权交易市场，主要为各级行政区域内的企业提供股权、债券的转让和融资服务的市场。

新三板挂牌公司，在股本总额、股权分散度、公司规范经营、财务报告真实性等方面达到《证券法》第50条规定的股票上市条件，且符合证监会及交易所的准入条件，可以直接向沪深证券交易所申请上市交易。在符合《国务院关于清理整顿各类交易场所切实防范金融风险的决定》（国发〔2011〕38 号）要求的区域性股权交易市场进行股权非公开转让的公司，符合挂牌条件的，可以申请在新三板挂牌公开转让股份。因此，通过"转板"机制，企业可以根据自身发展阶段、股份转让和融资等方面的不同需求，自由选择适合的市场。境外成熟市场也大多存在相应的转板制度。

第二节 新三板市场制度体系

一、新三板市场制度体系的构建

为更好地支持中小微企业发展，发挥金融对经济结构调整和转型升级的支持作用，新三板围绕中小微企业成长过程中对资本市场的需求特点，经过十多年的不断探索和经验积累，目前我国已形成了由《中华人民共和国公司法》（以下简称《公司法》）《证券法》《国务院决定》、部门规章及规范性文件和自律规则组成的，以信息披露为核心、最大限度减少行政审批及充分体现市场化和包容创新精神的，且层次鲜明、较为完备的新三板市场制度框架体系。具体包括以下 4 个层次（如图 1-3 所示）：

（一）法律

法律是由全国人民代表大会或常务委员会颁布实施，包括《公司法》《证券法》等，其中《公司法》是规范公司的组织和行为，保护公司、股东和债权人的合法权益，维护社会经济秩序，促进社会主义市场经济健康发展的法律规范；《证券法》则规范了证券的发行、上市、交易等相关规定。《公司法》《证券法》在新三板市场制度体系中居于最高层次，是制定其他一切有关新三板市场法规、制度的法律依据，是新三板市场规范运行的最高准则。

1.《证券法》为全国股转系统设立提供了法律依据

《证券法》第 39 条 "依法公开发行的股票、公司债券及其他证券，应当在依法设立的证券交易所上市或者在国务院批准的其他证券交易场所转让" 的规定，为全国股转系统设立提供了法律依据。

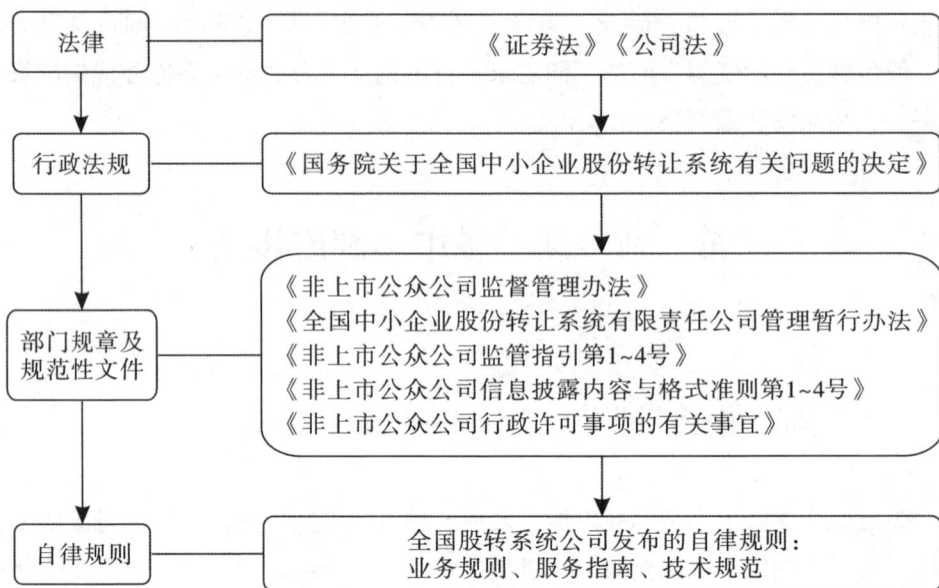

```
┌─────────┐        ┌──────────────────────────────────────────┐
│  法律   │────────│            《证券法》《公司法》             │
└────┬────┘        └──────────────────────────────────────────┘
     │
┌────┴────┐        ┌──────────────────────────────────────────┐
│ 行政法规 │───────│《国务院关于全国中小企业股份转让系统有关问题的决定》│
└────┬────┘        └──────────────────────────────────────────┘
     │
┌────┴────┐        ┌──────────────────────────────────────────┐
│         │        │《非上市公众公司监督管理办法》               │
│ 部门规章及│       │《全国中小企业股份转让系统有限责任公司管理暂行办法》│
│ 规范性文件│───────│《非上市公众公司监管指引第1~4号》            │
│         │        │《非上市公众公司信息披露内容与格式准则第1~4号》│
│         │        │《非上市公众公司行政许可事项的有关事宜》      │
└────┬────┘        └──────────────────────────────────────────┘
     │
┌────┴────┐        ┌──────────────────────────────────────────┐
│ 自律规则 │───────│全国股转系统公司发布的自律规则：             │
│         │        │业务规则、服务指南、技术规范                 │
└─────────┘        └──────────────────────────────────────────┘
```

图1-3　新三板市场制度框架体系

但是，《证券法》中并没有直接针对全国股转系统及其挂牌公司的条款，这在一定程度上限制了新三板市场的发展和功能发挥。基于此，为建立有别于沪深证券交易所和上市公司的监管制度，按照《证券法》的立法精神和转变政府职能的改革方向，结合全国股转系统的特点，2013年12月13日，国务院颁布了《国务院关于全国中小企业股份转让系统有关问题的决定》，明确全国股转系统是经国务院批准，依据《证券法》设立的，继沪、深交易所之后的第三家全国性证券交易场所。在场所性质和法律定位上，全国股转系统与证券交易所是相同的，都是多层次资本市场体系的重要组成部分。

2. 《证券法》为非上市公众公司监管提供了法律依据

《证券法》第10条规定："公开发行证券，必须符合法律、行政法规规定的条件，并依法报经国务院证券监督管理机构或者国务院授权的部门核准；未经依法核准的，任何单位和个人不得公开发行证券。有下列情形之一的，为公开发行：（一）向不特定对象发行证券的；（二）向特定对象发行证券累计超过200人的；（三）法律、行政法规规定的其他发行行为。"此规定为非上市公众公司监管提供了法律依据。

3.《证券法》为市场主体法律责任认定提供了法律依据

根据《国务院决定》，证监会比照《证券法》市场主体法律责任的相关规定，对新三板市场违法违规行为进行处罚。

4.《公司法》构成全国股转系统挂牌公司的基本行为准则

《公司法》对公司设立、组织机构、公司治理、股份转让等进行了全面的规定，这是新三板挂牌公司基本的行为准则。新三板挂牌公司作为股份公司，应确保其公司治理、股份转让和其他行为均符合《公司法》的相关规定。

5."200 人公司"构成证监会核准和全国股转系统公司自律审查的界限

简单来说，"200 人公司"是指股东人数超过 200 人的股份公司。根据《证券法》第 10 条规定，向特定对象发行证券累计超过 200 人的，视为公开发行。因此，"200 人公司"就成为全国股转系统制度及非上市公众公司监管行政制度改革的一项核心内容，是划分挂牌准入、股票转让、股票发行等主要行为是否需证监会核准或是全国股转系统公司自律审查的政策标准。

（二）行政法规

行政法规是由国务院制定发布，主要包括：《国务院关于全国中小企业股份转让系统有关问题的决定》（国发〔2013〕49 号，简称《国务院决定》）、《国务院关于进一步促进资本市场健康发展的若干意见》（国发〔2014〕17 号）、《国务院办公厅关于严厉打击非法发行股票和非法经营证券业务有关问题的通知》（国办发〔2006〕99 号）、《国务院关于清理整顿各类交易场所切实防范金融风险的决定》（国发〔2011〕38 号）、《国务院办公厅关于清理整顿各类证券交易场所的实施意见》（国办发〔2012〕37 号）等。

其中最核心最重要的是《国务院决定》。它是全国股转系统建设和发展的顶层设计文件，为新三板挂牌公司和市场监管奠定了法规基础，填补了《证券法》没有直接针对全国股转系统和挂牌公司规定的法律空白。《国务院决定》具体提出了 6 条原则性规定，包括新三板市场的功能定位、不同层次市场间的有机联系机制、行政许可制度改革、投资者适当性管理、自律监管、监管协作等内容。

（三）部门规章及规范性文件

部门规章及规范性文件主要由证监会出台的相关管理办法构成，是新三板业务规则和服务指南制定的重要依据，主要包括《非上市公众公司监督管理办法》《全国中小企业股份转让系统有限责任公司管理暂行办法》《非上市公众公司监管指引第 1~4 号》《非上市公众公司信息披露内容与格式准则第 1~4 号》《非上市公众公司行政许可事项的有关事宜》等。这些部门规章及规范性文件构成了新三板市场的基本监管框架。

（四）自律规则

自律规则由运营机构即全国股转系统公司负责制定发布，是新三板市场运行的直接依据，分业务规则（如表 1-1）、服务指南（如表 1-2）和技术规范 3 个层次。其内容涵盖挂牌准入、交易结算、融资安排、投资者适当性、主办券商管理、并购重组等。

表 1-1　新三板部分业务规则一览表

业务规则类别	文件名称
综合类	全国中小企业股份转让系统业务规则（试行）
挂牌业务类	1. 全国中小企业股份转让系统主办券商推荐业务规定（试行） 2. 全国中小企业股份转让系统挂牌条件适用基本标准指引（试行） 3. 全国中小企业股份转让系统公开转让说明书内容与格式指引（试行） 4. 全国中小企业股份转让系统挂牌申请文件内容与格式指引（试行） 5. 全国中小企业股份转让系统主办券商尽职调查工作指引（试行）
公司业务类	1. 全国中小企业股份转让系统股票发行业务细则（试行） 2. 全国中小企业股份转让系统股票发行业务指引第 1 号——备案文件的内容与格式（试行） 3. 全国中小企业股份转让系统股票发行业务指引第 2 号——股票发行方案及发行情况报告书的内容与格式（试行） 4. 全国中小企业股份转让系统股票发行业务指引第 3 号——主办券商关于股票发行合法合规性意见的内容与格式（试行） 5. 全国中小企业股份转让系统股票发行业务指引第 4 号——法律意见书的内容与格式（试行） 6. 全国中小企业股份转让系统挂牌公司信息披露细则（试行） 7. 全国中小企业股份转让系统挂牌公司年度报告内容与格式指引（试行） 8. 全国中小企业股份转让系统挂牌公司半年度报告内容与格式指引（试行） 9. 全国中小企业股份转让系统非上市公众公司重大资产重组业务指引（试行）

（续上表）

业务规则类别	文件名称
交易监察类	1. 全国中小企业股份转让系统挂牌公司股票转让细则（试行） 2. 全国中小企业股份转让系统登记结算业务实施细则 3. 全国中小企业股份转让系统证券代码、证券简称编制管理暂行办法 4. 全国中小企业股份转让系统交易单元管理办法（试行） 5. 全国中小企业股份转让系统股票异常转让实施监控指引 6. 全国中小企业股份转让系统股票转让方式确定及变更指引（试行） 7. 全国中小企业股份转让系统转让异常情况处理办法（试行）
机构业务类	1. 全国中小企业股份转让系统主办券商管理细则（试行） 2. 全国中小企业股份转让系统做市商做市业务管理规定（试行） 3. 全国中小企业股份转让系统主办券商持续督导工作指引（试行）
机构业务类	1. 全国中小企业股份转让系统主办券商管理细则（试行） 2. 全国中小企业股份转让系统做市商做市业务管理规定（试行） 3. 全国中小企业股份转让系统主办券商持续督导工作指引（试行）
投资者服务类	全国中小企业股份转让系统投资者适当性管理细则（试行）

资料来源：全国股转系统官方网站。

表 1-2　新三板部分服务指南一览表

服务指南类别	文件名称
综合类	1. 股份公司申请在全国中小企业股份转让系统公开转让、定向发行股票的审查工作流程 2. 全国中小企业股份转让系统申请材料接收须知 3. 关于做好申请材料接收工作有关注意事项的通知 4. 关于收取挂牌公司挂牌年费的通知
挂牌业务类	1. 全国中小企业股份转让系统股票挂牌业务操作指南（试行） 2. 已挂牌公司申请书及主办券商推荐意见模板 3. 全国中小企业股份转让系统挂牌协议 4. 董事（监事、高级管理人员）声明及承诺书 5. 推荐挂牌及持续督导协议 6. 持续督导协议

（续上表）

服务指南类别	文件名称
公司业务类	1. 全国中小企业股份转让系统股票发行业务指南 2. 全国中小企业股份转让系统挂牌公司持续信息披露业务指南（试行） 3. 全国中小企业股份转让系统挂牌公司年度报告内容与格式模板 4. 全国中小企业股份转让系统挂牌公司证券简称或公司全称变更业务指南（试行） 5. 全国中小企业股份转让系统挂牌公司暂停与恢复转让业务指南（试行） 6. 全国中小企业股份转让系统挂牌公司权益分配业务指南（试行） 7. 全国中小企业股份转让系统挂牌公司权益分配业务指南（试行） 8. 全国中小企业股份转让系统临时公告格式模板 9. 全国中小企业股份转让系统重大资产重组业务指南第1号：非上市公众公司重大资产重组内幕信息知情人报备指南 10. 全国中小企业股份转让系统重大资产重组业务指南第2号：非上市公众公司发行股份购买资产构成重大资产重组文件报送指南 11. 挂牌公司股票发行审查要点 12. 挂牌公司股票发行文件模板 13. 挂牌公司股票发行常见问题解答——股份支付 14. 挂牌公司股票发行备案材料审查进度表
交易监察类	全国中小企业股份转让系统交易单元业务办理指南
机构业务类	1. 全国中小企业股份转让系统主办券商相关业务备案申请文件内容与格式指南 2. 全国中小企业股份转让系统做市业务备案申请文件内容与格式指南 3. 全国中小企业股份转让系统主办券商和挂牌公司协商一致解除持续督导协议操作指南 4. 关于做好主办券商相关信息在指定平台披露工作的通知 5. 全国中小企业股份转让系统投资者适当性管理证券账户信息报送业务指南 6. 证券公司基本情况申报表 7. 证券公司参与全国中小企业股份转让系统业务协议书 8. 证券公司从事推荐业务自律承诺书 9. 证券公司从事经纪业务自律承诺书
投资者服务类	1. 全国中小企业股份转让系统股票公开转让特别风险揭示书必备条款 2. 买卖挂牌公司股票委托代理协议

资料来源：全国股转系统官方网站。

二、新三板市场制度体系的特点

为更好地支持中小微企业发展，发挥金融对经济结构调整和转型升级的支持作用，新三板围绕中小微企业成长过程中对资本市场的需求特点，建立了以信息披露为核心、最大限度减少行政审批及充分体现市场化和包容创新精神的业务规则体系。新三板市场制度体系的特点主要体现为以下方面：

（一）以信息披露为核心的准入制度

1. 不设财务指标，关注企业的规范性以及信息披露的真实性

对中介机构重点在于核查信息披露的充分、准确、完整性，督促其提高执业质量；对挂牌公司提倡以信息披露为中心，强调突出业务亮点、核心竞争力，并充分、客观揭示风险。

2. 尊重市场选择

新三板的运营机构即全国股转系统公司不对企业价值做实质性判断，而是由主办券商着眼成长性，自主遴选推荐企业，回归投资银行本质；投资者自主判断、自负盈亏；新三板做好制度安排，提高市场运行效率。

3. 挂牌条件最大限度地减少了自由裁量空间

新三板近似于注册制，业务主管机关按照"可把控、可举证、可识别"的要求制定了挂牌条件，符合条件的企业即可挂牌，最大限度减少行政审批，强化主办券商的尽职责任。

（二）"小额、便捷、灵活、多元"的投融资机制

2014年7月23日，国务院颁布的《国务院关于进一步促进资本市场健康发展的若干意见》（国发〔2014〕17号）明确提出要"加快完善全国中小企业股份转让系统，建立小额、便捷、灵活、多元的投融资机制"。具体表现在：

（1）新三板市场提供普通股票、优先股、中小企业私募债等多种融资工具。创新的融资制度安排能有效满足中小微企业小额、快捷的融资需求。

（2）有效贯彻公司自治原则，挂牌公司可以根据自身需要，自主确定发行股份数量、融资金额，且没有时间间隔要求。

（3）实行一定条件下的发行核准豁免与储架发行制度。根据相关原则，向特定对象发行股票后股东累计不超过 200 人的，证监会豁免核准。发行后股东累计超过 200 人或属于超过 200 人的发行，证监会也采取简便程序进行核准，审核时限为 20 个工作日；同时为简化挂牌公司涉及核准的发行程序，实施一次核准分次发行的储架发行制度。

（三）灵活多元的交易制度

新三板提供协议、做市和竞价 3 种转让方式，挂牌公司可根据公司自身情况及需要（做市及竞价需满足一定条件），在 3 种方式中自主选择。

（四）责权利一致的主办券商制度

新三板按照市场化和责权利一致的原则建立起了主办券商制度，形成主办券商选择企业的市场化激励约束机制，促使主办券商以销售为目的推荐企业挂牌，以提升企业价值为目的提供持续的督导和服务。

首先，主办券商推荐并持续督导是公司挂牌的重要条件，主办券商承担尽职调查和内核职责，深入了解公司情况并决定是否推荐公司挂牌，运营机构全国股转系统公司则通过检查主办券商工作底稿看其是否按规定履行了尽职调查和内核职责，以此达到使公司真实、准确、完整地披露信息的目的。

其次，主办券商在推荐公司挂牌后，要在公司挂牌期间对其履行持续督导职责，督促挂牌公司诚实守信，规范履行信息披露义务，完善公司治理。

最后，引导主办券商与挂牌公司建立长期稳定的市场化合作关系，为挂牌公司提供做市、融资、并购重组等资本市场服务，使主办券商的信誉和利益与挂牌公司的长期发展紧密联系，从而分享企业长期成长收益。

（五）严格的投资者适当性管理制度

由于挂牌公司多为中小微企业，经营不稳定，业绩波动大，投资风险相对较高，这在客观上要求投资者必须具备较高的风险识别和承受能力；同时，作为我国多层次资本市场创新发展的"试验田"，产品、制度等的创新，也要求参与市场的投资者必须具有一定的风险识别和承受能力。为此，新三板市场建立了较高的投资者准入标准，以切实防范风险外溢，维护投资者的合法权益。对于不符合投资者适当性要求的个人投资者，可以通过专业机构设计发行的基金、理财产品等间接投资挂牌公司。

第三节 新三板市场运行概况

前述已知，新三板市场经过了 2006 年"中关村股份转让试点"、2012 年"中关村试点扩容至上海张江、天津滨海、武汉东湖 3 个国家级高新园区"的不断探索和经验积累后，2013 年"中关村试点扩容至全国建立了全国股转系统"，同时构建了层次鲜明、较为完备的新三板市场制度框架体系。2014 年 1 月 24 日，首批 266 家公司在新三板集中挂牌，由此揭开了新三板市场快速发展的序幕。

一、新三板市场概览

截至 2013 年末，在新三板扩容至全国正式接受企业挂牌申请之前，累计挂牌公司仅为 356 家；扩容至全国后，2014 年末新增挂牌公司为 1 216 家，累计挂牌公司数量达 1 572 家，比 2013 年末增长 341.57%；2015 年末新增挂牌公司为 3 557 家，累计挂牌公司数量达 5 129 家，比 2013 年末增长 999.16%。与挂牌公司数量的快速增长相对应，融资金融也快速增长。如 2013 年融资金额仅有 10.02 亿元，全国扩容后的第一年即 2014 年就增长至 132.09 亿元，2015 年高达 1 216.17 亿元。具体如表 1-3 所示。

表 1-3 2006—2015 年度新三板挂牌公司规模情况

时间（年）	2006	2007	2008	2009	2010	2011	2012	2013	2014	2015
累积挂牌公司数量（家）	10	24	41	59	74	97	200	356	1 572	5 129
新增挂牌公司数量（家）	10	14	17	20	16	25	105	147	1 216	3 557
总股本（亿股）	5.47	10.68	18.86	23.59	26.90	32.57	55.27	96.81	658.35	2 959.51
融资金额（亿元）	0.50	0.69	2.46	0.25	2.71	6.48	8.55	10.02	132.09	1 216.17

资料来源：根据 Wind 数据库和全国股转系统公开数据整理，表中公司数量剔除了当年转板公司数量。

二、挂牌公司情况

自新三板扩容至全国且 2014 年正式运营以来，新三板市场快速扩张。根据全国股转系统《2015 年度统计快报》，挂牌公司在行业分布、地域分布、股本分布、股东人数分布等方面均表现出良好的发展态势。

（一）挂牌公司的行业分布

从行业分布看，截至 2015 年末的 5 129 家和 2014 年末的 1 572 家挂牌公司，均覆盖了制造业，信息传输、软件和信息技术服务业，科学研究和技术服务业，租赁和商务服务业，批发和零售业，建筑业，农、林、牧、渔业，文化、体育和娱乐业，住宿和餐饮业等 18 个全国股转系统公司发布的挂牌公司管理型行业分类，行业分布广泛。

从 2015 年末和 2014 年末挂牌公司的行业分布对比情况看，均是制造业挂牌公司数量最多，排名第二是信息传输、软件和信息技术服务业，两大行业合计占比均达 70% 以上。数量最少的是住宿和餐饮业。具体行业分布对比情况如表 1-4 所示。

表 1-4　新三板挂牌公司的行业分布情况

行业	2015 年末		2014 年末	
	公司数量	占比	公司数量	占比
制造业	2 744	53.50%	883	56.17%
信息传输、软件和信息技术服务业	1 015	19.79%	360	22.90%
科学研究和技术服务业	219	4.27%	55	3.50%
租赁和商务服务业	210	4.09%	30	1.91%
批发和零售业	169	3.29%	26	1.65%
建筑业	157	3.06%	57	3.63%
农、林、牧、渔业	119	2.32%	38	2.42%
金融业	105	2.05%	12	0.76%
文化、体育和娱乐业	104	2.03%	28	1.78%

（续上表）

行业	2015 年末		2014 年末	
	公司数量	占比	公司数量	占比
水利、环境和公共设施管理业	78	1.52%	24	1.53%
交通运输、仓储和邮政业	59	1.15%	15	0.95%
电力、热力、燃气及水生产和供应业	33	0.64%	5	0.32%
房地产业	26	0.51%	0	0
采矿业	24	0.47%	14	0.89%
卫生和社会工作	24	0.47%	11	0.70%
教育	19	0.37%	4	0.25%
居民服务、修理和其他服务业	13	0.25%	7	0.45%
住宿和餐饮业	11	0.21%	1	0.06%
综合	0	0	2	0.13%
合计	5 129	100.00%	1 572	100.00%

资料来源：根据全国股转系统《2015 年度统计快报》整理，其中行业分类参见"挂牌公司管理型行业分类指引"。

（二）挂牌公司的地域分布

从地域分布看，新三板挂牌公司地域分布日益广泛。截至 2014 年末，覆盖全国 30 个省、自治区和直辖市；截至 2015 年末，达 31 个省、自治区和直辖市，主要集中在北京、广东、江苏、上海、浙江等经济发达地区。具体地域分布对比情况如表 1-5 所示。

表 1-5　新三板挂牌公司的地域分布情况

省份	2015 年末		2014 年末	
	公司数量	占比	公司数量	占比
北京	763	14.88%	362	23.03%
广东	684	13.34%	149	9.48%
江苏	651	12.69%	171	10.88%
上海	440	8.58%	166	10.56%

（续上表）

省份	2015 年末		2014 年末	
	公司数量	占比	公司数量	占比
浙江	410	7.99%	69	4.39%
山东	336	6.55%	98	6.23%
湖北	204	3.98%	93	5.92%
河南	195	3.80%	55	3.50%
安徽	162	3.16%	45	2.86%
福建	139	2.71%	41	2.61%
四川	137	2.67%	31	1.97%
辽宁	114	2.22%	41	2.61%
湖南	110	2.14%	33	2.10%
河北	98	1.91%	23	1.46%
天津	92	1.79%	41	2.61%
陕西	64	1.25%	22	1.40%
新疆	63	1.23%	17	1.08%
江西	62	1.21%	13	0.83%
重庆	59	1.15%	22	1.40%
云南	55	1.07%	13	0.83%
黑龙江	51	0.99%	14	0.89%
吉林	41	0.80%	7	0.45%
贵州	36	0.70%	13	0.83%
宁夏	36	0.70%	14	0.89%
山西	32	0.62%	4	0.25%
广西	31	0.60%	5	0.32%
内蒙古	26	0.51%	3	0.19%
甘肃	17	0.33%	3	0.19%
海南	16	0.31%	3	0.19%
青海	3	0.06%	1	0.06%
西藏	2	0.04%	0	0
合计	5 129	100.00%	1 572	100.00%

资料来源：根据全国股转系统《2015 年度统计快报》整理。

（三）挂牌公司的股本分布

从股本分布看，截至 2015 年末和 2014 年末，均是 1 000—5 000 万股区间的挂牌公司数量最多，占比分别为 56.85% 和 60.05%；其次是 5 000—10 000 万股区间的，占比分别为 23.57% 和 20.61%。具体股本分布对比情况如表 1－6 所示。

表 1－6　新三板挂牌公司的股本分布情况

股本（万股）	2015 年末		2014 年末	
	公司数量	占比	公司数量	占比
500 以下	25	0.49%	1	0.06%
500—1 000	447	8.72%	214	13.61%
1 000—5 000	2 916	56.85%	944	60.05%
5 000—10 000	1 209	23.57%	324	20.61%
10 000 以上（含 10 000）	532	10.37%	89	5.66%
合计	5 129	100.00%	1 572	100.00%

资料来源：根据全国股转系统《2015 年度统计快报》整理。

（四）挂牌公司的股东人数分布

从股东人数分布看，截至 2015 年末和 2014 年末，主要集中在 3—50 人区间范围内，占比分别为 74.03% 和 80.47%；200 人以上公司占比分别为 4.04% 和 0.76%。具体股东人数分布对比情况如表 1－7 所示。

表 1－7　新三板挂牌公司的股东人数分布情况

股东人数（人）	2015 年末		2014 年末	
	公司数量	占比	公司数量	占比
2	397	7.74%	146	9.29%
3—10	1 741	33.94%	669	42.56%
10—50	2 056	40.09%	596	37.91%
50—100	453	8.83%	98	6.23%
100—200	275	5.36%	51	3.24%

（续上表）

股东人数（人）	2015 年末		2014 年末	
	公司数量	占比	公司数量	占比
200 以上	207	4.04%	12	0.76%
合计	5 129	100.00%	1 572	100.00%

资料来源：根据全国股转系统《2015 年度统计快报》整理。

三、新三板挂牌公司与中小板、创业板公司的总体经营情况对比

（一）经营规模对比

如表 1-8 所示，新三板挂牌公司的经营规模远远低于创业板和中小板的水平。2014 年末，新三板员工总数平均值不到中小板平均值的 1/13，约占创业板平均值的 1/6；总资产平均值不到中小板平均值的 1/20，约占创业板平均值的 1/7；净资产平均值更低，不到中小板均值的 1/22，不到创业板平均值的 1/11。此外，营业收入和净利润也和中小板、创业板不在一个量级，大大低于中小板和创业板公司平均水平，因此市场分层特征非常明显。

表 1-8　新三板挂牌公司与创业板、中小板公司的经营规模对比情况

市场	2015 年末		2014 年末（平均值）				
	公司数量（家）	股本（亿股）	员工总数（人）	总资产（万元）	净资产（万元）	营业收入（万元）	净利润（万元）
新三板	5 129	2 959.51	227	23 210	9 210	13 201	1 015
中小板	776	4 853.94	3 043	489 433	208 208	271 280	17 593
创业板	492	1 840.45	1 312	161 233	105 379	79 416	9 382

资料来源：根据 Wind 数据库整理。

（二）主要财务指标对比

对比新三板挂牌公司与中小板、创业板公司的主要财务指标可知（如表1-9所示）：

（1）在盈利能力方面，新三板挂牌公司的净资产收益率和总资产收益率都高于中小板和创业板公司，但每股收益却低于两大板块公司，特别是和创业板公司差距较大。

（2）在偿债能力方面，新三板挂牌公司资产负债率高于中小板和创业板公司，这和我国上市公司偏好股权融资有关。

（3）在成长能力方面，新三板市场的成长性特征明显，营业收入增长率和净利润增长率都高于中小板和创业板。

表1-9 新三板挂牌公司与创业板、中小板公司的主要财务指标对比情况

市场	2015年末	2014年末（平均值）					
	公司数量（家）	盈利能力			偿债能力	成长能力	
		净资产收益率（%）	总资产收益率（%）	每股收益（%）	资产负债率（%）	营业收入增长率（%）	净利润增长率（%）
新三板	5 129	13.276	9.429	0.345	44.238	37.284	130.129
中小板	776	7.282	6.575	0.358	38.525	12.630	-0.814
创业板	492	10.610	8.804	0.512	29.848	23.782	32.310

资料来源：根据Wind数据库整理。

综上，虽然新三板整体规模较小，但仍然有不少表现突出的公司。综合对照创业板和中小板IPO中关于资产要求和盈利要求方面的条件，截至2015年9月30日，依据新三板挂牌公司公布的2012—2014年报数据，经不完全统计，在新三板挂牌的3 585家公司中有600家左右的公司满足创业板IPO的要求，有60余家公司满足中小板IPO的要求。

第四节　科技型企业新三板挂牌的重要性

通常，科技型企业是指科技人员领办或创办，主要从事高新技术产品的研制、开发、生产或服务的企业，是知识集约度高，谋求产品、服务等的高附加值，吸收高额资本的企业。其中高新技术企业是科技型企业的核心构成部分。和其他企业相比，科技型企业因天生具有的技术风险和市场风险使得融资难这个问题更为突出和严重。鼓励其进军资本市场是化解科技型企业的融资困境、拓宽其融资渠道的路径之一。但目前我国场内交易市场包括主板、中小板、创新板等都对拟上市企业在主体资格、公司治理、股本规模以及财务等方面提出了较高的要求，且其市场容量也有限，大多数科技型企业被排除在外。例如，根据《2013年火炬统计手册》，2013年末高新技术企业数量有 54 683 家，但上市高新技术企业仅有 2 288 家，占比 4.2%。因此，挂牌准入门槛低、容量大、范围广、无财务指标门槛和盈利要求的新三板市场成了科技型企业进军资本市场的首要选择。

具体而言，科技型企业新三板挂牌具有以下重要作用：

一、促进公司规范治理

众所周知，规范的公司治理是企业获取金融服务、对接外部资本的基本前提，也是实现公司可持续发展、确保基业长青的根本保障。对科技型企业而言，挂牌前，主办券商、律师事务所、会计师事务所等专业中介机构将帮助公司建立起以"股东大会、董事会、监事会"三会为基础的现代法人治理结构，梳理、规范业务流程和内部控制制度，大大提升企业经营决策的有效性和风险防控能力。挂牌后，主办券商还将对公司进行持续督导，保障公司持续规范运营。

【案例 1 - 1】

双杰电气（430049）于 2009 年 2 月 18 日在新三板挂牌，其主营业务为配电及控制设备的研发、生产和销售，主要产品包括环网柜、箱式变电站。

挂牌前，公司重技术、轻管理，管理理念、治理结构、规范意识滞后。为顺利挂牌新三板，经主办券商、律师事务所、会计师事务所等中介机构的改制辅导，健全了股东大会、董事会、监事会，形成制衡机制；聘请了独立董事，制定关联交易、内控体系等系列管理制度，大大提高了公司的规范治理水平。挂牌后，在主办券商的持续督导下，公司持续规范运营。

二、提升公司形象

从根本上讲，企业的信誉度是由企业信息公开程度决定的。科技型企业新三板挂牌后，成了公开披露信息的公众公司。一方面，随着公司信息的公开，挂牌公司在公众、客户、政府和媒体中的形象和认知度都明显提升，在市场拓展及获取地方政府支持方面都更为容易。另一方面，挂牌公司行为也将受到一定的监管和监督，间接促进了公司的规范治理，进一步提升了公司形象。

【案例1-2】

京鹏科技（430028）2003年10月10日成立，2006年11月6日完成股改，2008年4月30日在新三板挂牌，主要从事温室研究、设计、生产、销售、安装和服务。挂牌后，公司形象得到了显著提升，具体表现如下：

（1）政府支持政策获取能力大大增强。在新三板挂牌庆典会上，来自国务院政策研究室、农业部、科技部各部门相关领导纷纷到会祝贺，使得"京鹏科技"品牌在政府部门中的品牌形象和知名度大为提升，也为其后来的发展获得了政策支持。

（2）品牌和市场拓展能力大大提升。自2008年新三板挂牌以来，京鹏科技在国内高端温室市场的份额超过了30%。同时，由于国外客户对国内市场缺乏一定程度的了解，因此十分重视企业品牌和信誉度，而在新三板挂牌恰成为国外客户考量企业的一个重要加分指标，这将极大地助推京鹏科技国外市场的开拓。

（3）投资者关注度大幅提升。2008年在新三板挂牌后，2009年即得到了投资机构的广泛关注。2009年，京鹏科技荣获北京中关村高新技术企业协会、中关村高新技术企业协会投融资分会颁发的"中关村最值得PE关注企业"证书。2010年，数十家投资机构先后主动联系公司洽谈合作。

三、促使公司价值发现

一般来说，普通公司的估值方式较为单一，通常以净资产为基础估算，不能体现出企业的发展潜力，但资本市场看重的却是企业未来的成长性而非过往表现。因此，科技型企业在新三板挂牌后，二级市场会充分挖掘出公司的潜在价值，企业估值基准也会从挂牌前的净资产变为成长预期。新三板实践中，很多企业一经挂牌就受到众多战略投资者的青睐，公司估值水平得到显著提高。

自 2006 年以来，新三板挂牌公司定向增资发行次数、融资金额、发行股数和平均市盈率均逐年增加（如表 1-10 所示）。截至 2014 年末，累计实施了 439 次定向增资，其中 80% 以上的融资发生在 2011 年后；与此对应，平均市盈率也从 2006 年的 12.68% 上升至 35.27%，新三板的价值发现功能正在逐渐释放。

表 1-10　新三板挂牌公司历年定向增资次数和总额

年度	2006	2007	2008	2009	2010	2011	2012	2013	2014
发行次数	1	2	5	2	8	10	24	60	327
融资金额（万元）	5 000	6 875	24 565	5 639	35 987	64 818	85 886	100 236	1 299 878
发行股数（万股）	1 250	3 292	5 620	956	6 867	8 007	19 292	29 194	264 298
平均市盈率（%）	12.68	28.89	16.33	11.13	19.23	21.33	20.72	21.44	35.27

资料来源：全国股转系统官网统计。

四、股票可公开转让，股份流动性增强

科技型企业申请新三板挂牌前，股权缺乏公开流动的场所和途径。而挂牌后，公司股份则可以在新三板市场公开转让、自由流通。股票交易方式除了协议转让外，还可选择能有效盘活市场流动性的做市转让和竞价转让。股份适度流动不仅方便投资者的进入和退出，还可以带来流动性溢价。

五、利于直接融资

新三板"小额、便捷、灵活、多元"的融资制度安排，符合中小微企业尤其是科技型企业的融资需求特征。在新三板挂牌后，公司可以根据自身发展需要，在挂牌同时发行股票，或通过发行股票、债券、优先股等多元产品进行融资。

如表 1 - 11 所示，统计了部分新三板挂牌公司的定向融资情况。

中海阳（430065）主营业务为太阳能光伏、光热发电系统集成，于 2010 年 3 月 19 日挂牌，并在挂牌当年就启动了两次定向增资，具体如下：

第一次增资：2010 年 6 月启动，2010 年 7 月 21 日正式实施，以每股 9 元的价格增资 1 250 万股，共募集资金 11 250 万元，注册资本增至 6 000 万元。此项定向增资从公告募集方案到完成工商登记变更，历时仅 3 个月。

第二次增资：2010 年 11 月启动，2011 年 3 月 17 日正式实施，以每股 21.2 元的价格增资 1 000 万股，募集资金 21 200 万元，注册资本增至 7 000 万元。

表 1 - 11　部分新三板挂牌公司定向融资情况表

公司简称及代码	定增日期	募集资金（万元）
中海阳（430065）	2011 - 03 - 17	21 200
现代农装（430010）	2011 - 08 - 29	18 000
星昊医药（430017）	2012 - 10 - 26	16 961
中海阳（430065）	2010 - 07 - 21	11 250
京鹏科技（430028）	2012 - 06 - 07	8 459
中教股份（430176）	2013 - 09 - 04	7 500
指南针（430011）	2008 - 01 - 08	7 315
中科软（430002）	2012 - 06 - 08	7 200
双杰电气（430049）	2012 - 02 - 04	7 200

资料来源：全国股转系统官网统计。

六、信用增进，更易获得信用贷款

企业在新三板挂牌后，成为公众公司纳入了证监会统一监管，须履行充分、及时、完整信息的披露义务。而企业经营信息的公开披露减少了公众与企业间的信息不对称，信用增进效应十分明显。因此，挂牌公司在获得直接融资的同时，还可以向银行、小贷公司等申请信用贷款，也可参考二级市场价格向银行、证券公司等申请股权质押贷款。新三板已与多家银行建立了战略合作关系，相关银行均开发了针对挂牌公司的专属产品。

【案例 1 - 3】

九恒星（430051）主营业务为研发、生产、销售非接触智能卡、电子标签、双界面卡及射频识别产品的制造设备、检测设备以及读写设备等。通过新三板，九恒星提高了公司知名度，提高了企业无形资产价值，打开了一扇可以快速融资的大门，并获得了多项融资支持，具体包括：北京银行提供的专利无形资产质押贷款支持；获得交通银行的小企业流动资金信用贷款帮助；在中关村担保公司的担保下，光大银行给予的法人房产和公司无形资产质押的贷款额度支持等。

七、利于并购重组

资本市场平台的并购重组是优化资源配置、推动产业结构调整与升级的重要战略途径。新三板挂牌公司通常处于细分行业领先地位，增长潜力大，发展过程中主动整合产业链上下游企业，以及被上市公司等收购的情况时有发生（如表 1 - 12 所示）。根据 2014 年 6 月 23 日颁布的《非上市公众公司收购管理办法》及《非上市公众公司重大资产重组管理办法》规定，并购重组减少了事前行政审批事项，突出企业自治，降低并购重组成本。科技型企业在新三板挂牌后，可借助市场平台进行产业整合，实现强强联合、优势互补的乘法效益。

表 1-12　部分新三板挂牌公司利用募集资金进行并购事件统计表

公司名称	主营业务或产品	挂牌时间	定增时间	募集资金（万元）	收购对象	收购原因
北京时代（430003）	逆变焊机、大型焊接成套设备、专用焊机等	2006	2010	6 000	瓜州顶松机械设备制造有限公司100% 股权	介入下游，拓展业务发展空间
指南针（430011）	证券分析软件开发和信息服务	2007	2007	7 315	3 000 万元注资子公司用于并购	完善产业链，巩固行业地位
凯英信业（430032）	计算机及外设、软硬件产品、系统集成	2008	2011	1 650	中电亿商100%股权	标的公司云平台技术有利于业务整合，提升产品竞争力
赛亿科技（430070）	各种焊接材料、热喷涂材料	2009	2012	1 500	武汉华材100%股权项目	完善产品线，技术与业务互补
东方生态（430091）	节水灌溉产品	2011	2012	1 408	泽升工程、三通四联100%股权	提高市场占有率并弥补业务单一性
中卉生态（430254）	建筑绿化工程设计、施工与养护服务及建筑绿化节能产品的销售	2013	2013	1 180	400 万元用于收购厦门中卉生物工程有限公司100%股权	资源整合，提升规模优势以及业务抗风险能力、解决潜在同业竞争

八、利于实施股权激励，吸引人才

科技型企业在发展中普遍面临人才、资金两大瓶颈，而股权激励是吸引人才的重要手段。新三板支持挂牌公司以限定性股票、期权等多种方式灵活实行股权激励计划。企业可以根据自身需要自主选择股权激励方式，只要履行信息披露即可，这为公司吸引并留住核心人才创造了条件。此外，由于挂牌公司股权有了公允的市场定价和顺畅的进出通道，为股权激励的实施提供了更进一步的保障。

【案例 1-4】

中航新材（430056，原用名"百慕新材"）2009 年 7 月 1 日挂牌。公司主要从事先进功能涂料产品的研发、生产、销售，并承接防腐、保温、防水工程。其具有两大特点：一是技术依赖性高，拥有一系列专利技术，专有技术人才以及管理人员是企业的发展核心；二是企业市场化程度高，掌握市场资源的营销管理人员成为市场争夺的焦点。为吸引并留住核心人才，公司挂牌后，于2011年采取股权激励，吸引员工入股。核心团队对公司未来充满信心，人员稳定，业绩稳定增长。

第五节　挂牌条件与挂牌流程

一、挂牌条件

为适应中小微企业尤其是科技型企业的现状和发展要求，给那些尚未盈利但具有较强经营活动和未来发展潜力的中小微企业提供一个公开转让股份、发行股票融资、并购重组等资本市场服务平台，新三板降低了市场准入门槛，对企业的规模、收入、利润等财务指标不设门槛，具有较好的市场包容性，不同于首次公开发行（IPO）条件。新三板不过多关注企业的历史问题，而是着眼于企业的未来成长性。

（一）新三板挂牌条件的具体内容

根据《国务院决定》中"境内符合条件的股份公司均可通过主办券商申请在全国股份转让系统挂牌"这一新三板挂牌准入指导原则，《全国中小企业股份转让系统业务规则（试行）》（股份转让系统公告〔2013〕40号）第二章股票挂牌第1条细化了新三板挂牌条件，具体规定如下：

股份有限公司申请股票在新三板挂牌，不受股东所有制性质的限制，不限于高新技术企业，应当符合下列条件：

（1）依法设立且存续满两年。有限责任公司按原账面净资产折股整体变更为股份有限公司的，存续时间可以从有限责任公司成立之日起计算；

（2）业务明确，具有持续经营能力；

（3）公司治理机制健全，合法合规经营；

（4）股权明晰，股票发行和转让行为合法合规；

（5）主办券商推荐并持续督导；

（6）全国股转系统公司要求的其他条件。

（二）新三板挂牌条件与 IPO 条件对比

综合上述新三板挂牌条件看，尽管其与主板（中小板）、创业板 IPO 条件相比（如表 1 – 13 所示），没有具体的资产规模、股本金额、盈利情况等财务指标要求，但在整个挂牌流程中财务与会计问题始终贯穿其中，而且是市场主体（挂牌公司、投资者）、中介机构（主办券商、会计师事务所、律师事务所等）和监管机构（全国股转系统公司、证监会）等市场参与人的关注重点。

（三）新三板挂牌条件关系图解

从上述新三板挂牌条件看，前 4 个条件是针对申请挂牌企业，即申请挂牌企业必须在主体资格、公司业务、公司治理、公司股权 4 个方面符合相关法律法规要求；第 5 个条件既是挂牌条件也是挂牌流程的关键环节之一，即企业申请新三板挂牌须经主办券商推荐；主办券商须对企业进行尽职调查和内核，对公司是否符合挂牌条件发表独立意见。具体而言，新三板挂牌条件之间的相互关系如图 1 – 4 所示。

从图 1 – 4 可知，对申请挂牌企业而言，须在主体资格、公司业务、公司治理、公司股权 4 个方面合法合规。由于新三板实行主办券商制度，因此，申请新三板挂牌，必须经主办券商推荐，企业不可自行申请。现分述之。

1. 条件一：依法设立且存续满两年

挂牌条件一是有关公司主体资格的合法合规性问题。所谓主体资格，是指商事主体的法律人格，是商事主体作为民事主体必须取得的法律承认的独立权利和独立义务的主体身份，主体资格需注册登记取得。而进入新三板挂牌的商事主体，必须是取得股份公司的主体资格。股份公司设立方式包括两种：一是改制设立，二是新设设立。

表 1-13　新三板挂牌条件与 IPO 条件对比

项目	新三板挂牌条件	创业板 IPO 条件	主板（中小板）IPO 条件
主体资格	依法设立且存续满 2 年的股份公司	依法设立且存续满 3 年的股份公司	依法设立且存续满 3 年的股份公司
主营业务	业务明确，可同时经营一种或多种业务	主要经营一种业务，最近 2 年内没有发生重大变化	最近 3 年内没有发生重大变化
盈利情况	具有持续经营能力，指公司基于报告期内的生产经营状况，在可预见的将来，有能力按照既定目标持续经营下去	最近 2 年连续盈利，净利润累计不少于 1 000 万元且持续增长；或最近 1 年盈利，且净利润不少于 500 万元，最近 1 年营业收入不少于 5 000 万元。净利润以扣除非经常性损益前后孰低者为计算依据	最近 3 个会计年度净利润均为正且累计超过 3 000 万元，以扣除非经常性损益前后孰低为准；最近 3 个会计年度经营活动产生的现金流量净额累计超过 5 000 万元，或者最近 3 个会计年度营业收入累计超过 3 亿元
资产	无	最近一期末净资产不少于 2 000 万元，且不存在未弥补亏损	最近一期末无形资产（扣除土地使用权、水面养殖权和采矿权等之后）占净资产比例不超过 20%；最近一期末不存在未弥补亏损
股本	符合《公司法》规定：500 万元以上（含 500 万元）	发行后股本总额不少于 3 000 万元	发行前股本总额不少于 3 000 万元，发行后股本总额不少于 5 000 万元
公司治理	公司治理机制健全，合法规范经营	具有完善的公司治理结构；最近 2 年董事和高管没有重大变化，实际控制人没有变更	具有完善的公司治理结构；最近 3 年董事和高管没有重大变化，实际控制人没有变更
持续督导	主办券商持续督导	证券上市当年剩余时间及其后 3 个完整会计年度	证券上市当年剩余时间及其后 2 个完整会计年度

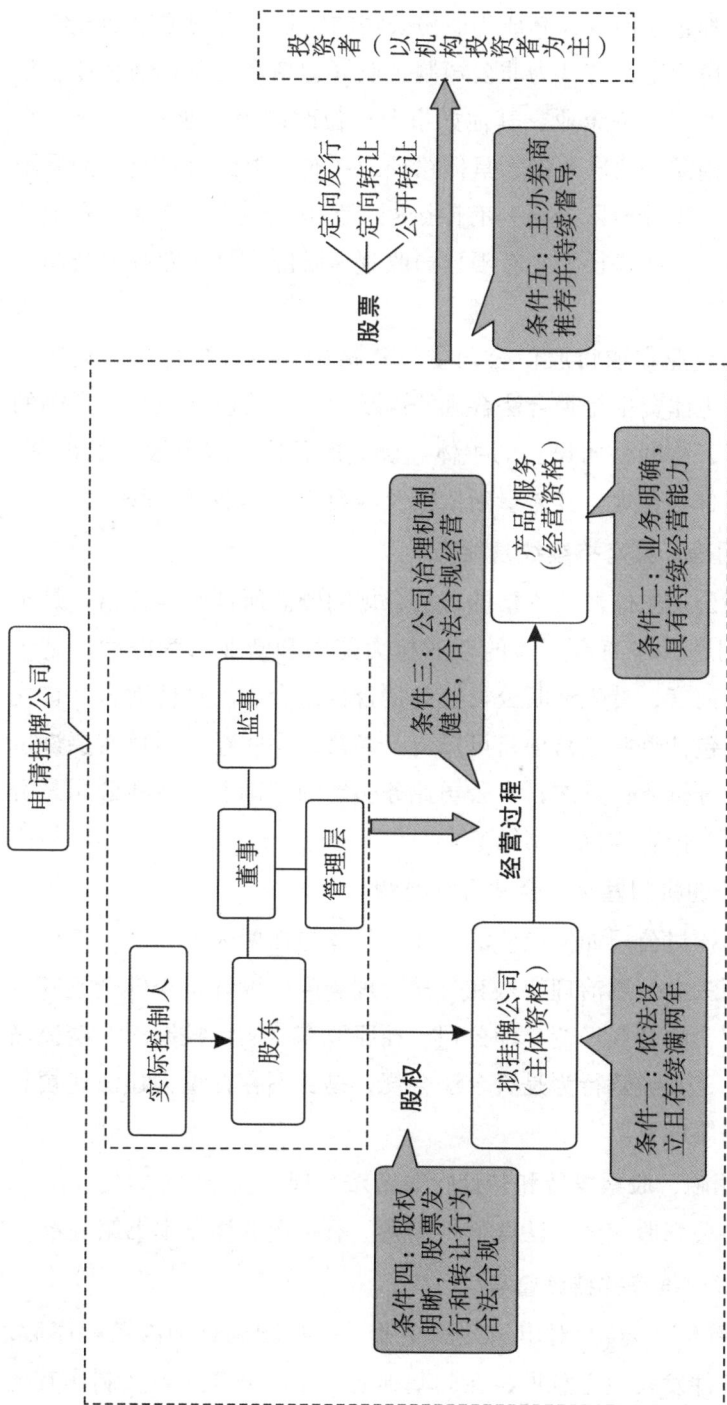

图1-4 新三板挂牌条件图解

备注：条件一：符合市场主体登记的法律规范；
条件二：符合市场客体（经营资格）的法律规范；
条件三：符合市场主体经营行为的法律规范；
条件四：符合股权取得尤其是转让的法律规范；
条件五：符合主办券商推荐制度的法律规范。

因此，对拟申请挂牌企业而言，其成为股份公司的路径，需视拟申请挂牌企业改制前的主体资格身份而定：若其为非公司制企业（包括全民所有制企业、集体所有制企业、联营企业、三资企业、其他如事业单位改制为企业）、独资及合伙企业的非有限公司，则需经两次改制，具体路径为：非有限公司先改制为有限公司再改制为股份公司（即非有限公司→有限公司→股份公司）；若其为有限公司，则只需经一次改制，具体路径为：有限公司改制为股份公司（即有限公司→股份公司）。

综上，拟申请挂牌企业在取得股份公司主体资格中，需合法合规。具体而言，对其取得股份公司主体资格是否合法合规的诊断中，需梳理其设立所遵循的法律法规，以此为依据，诊断公司设立的主体、设立的程序，以及股东的出资、出资方式及比例等是否合法合规。具体诊断依据及内容详见本书第二章。

2. 条件二：业务明确，具有持续经营能力

挂牌条件二是有关公司主体经营资格的合法合规问题。所谓经营资格，是指商事主体的营业准入问题，即商事主体的营业权力能力和营业行为能力。基于此，对拟申请挂牌公司而言，首先诊断公司业务是否合法合规。具体而言，首先需了解公司业务范围，包括哪些经营项目可以自由经营，哪些经营项目需要许可经营，是否取得相关业务资质；其次，在公司业务明确的基础上，诊断公司是否具有持续经营能力。有关内容详见本书第三章。

3. 条件三：公司治理机制健全，合法合规经营

挂牌条件三主要是探讨公司如何经营的问题，具体包括两大方面：一是公司治理机制健全，即公司三会一层治理架构和公司治理制度的设计是否健全且其运行是否有效；二是公司合法合规经营，即公司、控股股东、实际控制人、董监高是否依法开展经营活动，其经营行为是否合法合规，是否不存在重大违法违规行为。有关内容详见本书第四章。

4. 条件四：股权明晰，股票发行和转让行为合法合规

挂牌条件四是有关公司股权的合法合规性问题。有关内容详见本书第五章。

5. 条件五：主办券商推荐并持续督导

挂牌条件五主要探讨主办券商对申请挂牌企业进行尽职调查和内核程序后，对公司是否符合挂牌条件发表独立意见，在此基础上，完成推荐报告及制作其他申请文件等问题。有关内容详见本书第六章。

二、挂牌流程

根据新三板主办券商制度安排，公司申请新三板挂牌，必须由主办券商推荐，企业不可自行申报。

具体而言，申请新三板挂牌，主要经历三大流程（如图1-5所示）：一是企业挂牌条件诊断；二是主办券商推荐；三是监管部门挂牌审核。在整个挂牌流程中，企业、中介机构（主办券商、会计师事务所、律师事务所等）、监管部门（全国股转系统公司或证监会）均围绕企业的挂牌条件展开工作。

（一）企业挂牌条件诊断

根据《全国中小企业股份转让系统业务规则（试行）》的规定，申请新三板挂牌的企业必须在主体资格、公司业务、公司治理、公司股权4个方面符合规范要求。为此，申请挂牌企业应结合自身实际情况，对照挂牌条件，对"依法设立、公司业务和持续经营能力、公司治理机制、公司股权明晰"4个方面进行自我诊断和评估。其中依法设立股份公司的改制工作是本阶段的核心，其他3方面的合法合规性可以随改制工作一并进行。

（二）主办券商推荐

本阶段既是挂牌条件，也是挂牌流程中的重要一环。企业经过前述的自我诊断和评估后决议申请新三板挂牌，应选择合适的主办券商，并与之签署《推荐挂牌并持续督导协议》。接着主办券商会统筹、协调会计师事务所、律师事务所等中介机构对申请挂牌公司进行尽职调查和内核程序，对公司是否符合挂牌条件发表独立意见，完成推荐报告及其他有关申请文件的制作。

（三）监管部门挂牌审核

经过主办券商推荐阶段后，需向监管部门提交挂牌申请文件进行核查。其中，对股东人数未超200人的公司，由全国股转系统公司履行审查程序并出具是否同意挂牌的审查意见；对股东人数超过200人的公司，需由证监会履行核查程序，出具是否同意挂牌的核准批文。

监管部门挂牌审核：
A. 未超200人公司：
全国股转系统公司
负责审查
B. 200人公司：由中
国证监会负责核查

主办券商推荐：
对申请挂牌企业进
行尽职调查和内核
程序，判断其是否
符合挂牌条件

企业挂牌条件诊断：
条件1：依法设立且存续满两年
条件2：业务明确，具有持续经营能力
条件3：公司治理机制健全，合法合规经营
条件4：股权明晰，股票发行和转让行为合法合规

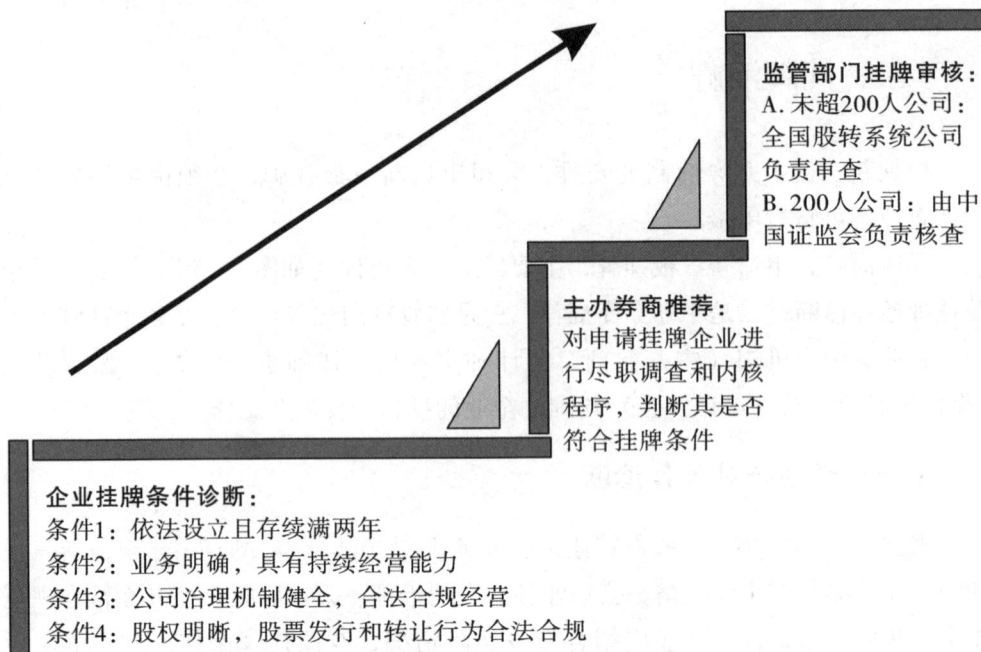

图 1－5　新三板挂牌流程

第二章　企业挂牌条件一：依法设立

什么样的企业可以挂牌新三板？

为促进创新型、创业型、成长型中小微企业的发展，新三板挂牌的主体资格要求比较宽松。不论是国有企业、民营企业还是外资企业，不论是否是高新技术企业，不论企业规模大小，不论企业是否盈利，都可以申请挂牌新三板。但是，挂牌意味着股份可以自由转让，而我国法律只允许具有"股份有限公司"这种组织形式的企业的股份可以自由转让。因此，申请挂牌企业必须是股份有限公司。诊断申请挂牌的股份有限公司是否能挂牌新三板，首先是诊断"挂牌主体"本身是否是"合法的股份有限公司"，且合法地存续了两年以上，即所谓的"依法设立且存续满两年"。挂牌首要条件实际上是要解决挂牌主体是否具有合法资格的问题。如果不具备这个资格，再好的公司都无法在新三板挂牌。

目前，我国大量的中小微企业设立时采用的组织形式是有限责任公司。为了促进更多的企业挂牌新三板，对于本身的组织形式是有限责任公司的企业，新三板业务规则中留下了一个"后门"——可以将有限责任公司按原账面净资产值折股，整体变更为股份有限公司。整体变更设立的股份有限公司，存续时间从有限责任公司成立之日起计算。因此，整体变更设立的股份有限公司，诊断依法设立就分成了两个层次的问题，首先是诊断原有限责任公司的新设立的合法性，然后诊断股份有限公司变更设立的合法性。

本章主要讨论申请挂牌公司主体资格合法性的诊断与评估问题。

第一节　概述

一、对"依法设立且存续满两年"认定标准的阐释

根据《全国中小企业股份转让系统股票挂牌条件适用基本标准指引（试行）》（以下简称《挂牌条件标准指引》），对挂牌条件"依法设立且存续满两年"的认定标准的阐释如下：

（一）依法设立

依法设立，是指公司依据《公司法》等法律、法规及规章的规定向公司登记机关申请登记，并已取得企业法人营业执照。

1. 公司设立的主体、程序合法、合规

（1）国有企业需提供相应的国有资产监督管理机构或国务院、地方政府授权的其他部门或机构关于国有股权设置的批复文件。

（2）外商投资企业须提供商务主管部门出具的设立批复文件。

（3）《公司法》修改前（2006 年 1 月 1 日）设立的股份有限公司，须取得国务院授权部门或者省级人民政府的批准文件。

2. 公司股东的出资合法、合规，出资方式及比例应符合《公司法》相关规定

（1）以实物、知识产权、土地使用权等非货币财产出资的，应当评估作价，核实财产，明确权属，财产权转移手续办理完毕。

（2）以国有资产出资的，应遵守有关国有资产评估的规定。

（3）公司注册资本缴足，不存在出资不实情形。

（二）存续两年

存续两年是指存续两个完整的会计年度。

（三）整体变更

有限责任公司按原账面净资产值折股整体变更为股份有限公司的，存续时间可以从有限责任公司成立之日起计算。整体变更不应改变历史成本计价原则，不应根据资产评估结果进行账务调整，应以改制基准日经审计的净资产额为依据折合为股份有限公司股本。申报财务报表最近一期截止日不得早于改制基准日。

二、对"依法设立且存续满两年"的诊断路径

综上所述，诊断申请挂牌主体是否"依法设立且存续满两年"，需要分为新设立时就是股份有限公司和新设立时不是股份有限公司两种不同情况。

对新设立时就采用股份有限公司这种组织形式的企业，只要整个新设立过程是合法的并且存续满两年，申请挂牌公司就具有合法的主体资格，满足首要的挂牌条件。因此，此类企业诊断比较简单，只需要进行"新设合法诊断"和"存续满两年诊断"。

目前，大多数申请挂牌主体新设立时不是股份有限公司，而是有限责任公司。也有个别申请挂牌主体设立时是外商投资企业、国有企业或者事业单位。此时，申请挂牌主体依然要进行"新设合法诊断"。因为申请挂牌主体的存续时间是从最初成立之日起计算的，而不是从改制为股份有限公司之日起计算的。除了新设合法诊断，此类企业还需要进行"变更设立合法诊断"，诊断整体变更的过程是否合法。

（一）新设合法诊断

新设合法诊断可采取以下"一找三看"的路径进行分析：

"一找"指寻找确定"依法设立"里面的"法"所规定的新设立条件，即找到诊断的依据。比如设立股份有限公司和有限责任公司都要依据《公司法》。我国《公司法》自1993年制定后，至今已经过4次修订。按照实体法从旧的原则，设立公司依据的是设立当时有效的《公司法》。诊断申请挂牌主体是否"依法设立"，需要根据设立当时有效的"法"的具体条款要求。

"三看"中首先看设立公司的主体，即股东主体是否具备合法资格。公司股东分为自然人股东和法人股东，法律各自有不同的适格性要求。

其次看设立公司的程序，公司设立应履行完备的手续。特殊性质的公司或者在一定时期设立的公司，设立前要求有相应的批复文件。

最后看设立公司的资源、股东的出资是否合法。设立公司实际上就是股东把原本是自己的"钱"交给公司，从而换取公司股权。看出资是否合法是诊断依法设立的重点所在。

新设合法诊断如图 2 - 1 所示。

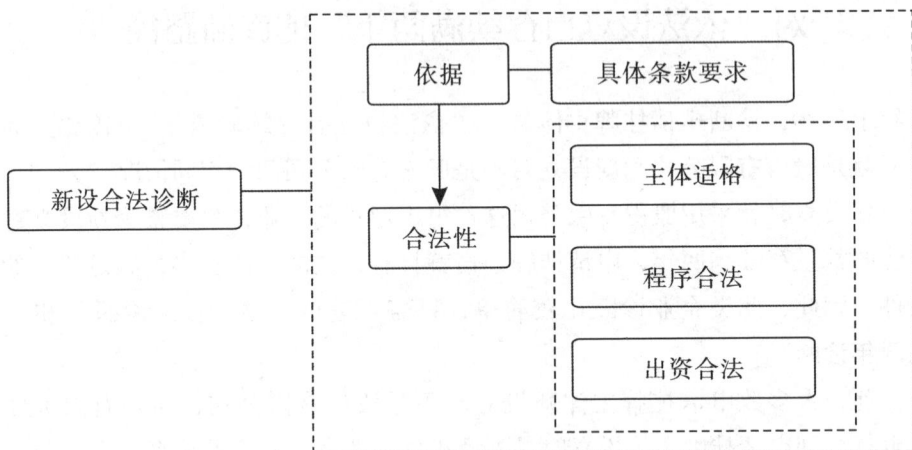

图 2 - 1　新设合法诊断

（二）变更设立合法诊断

主体改变其组织形式，通常被称为改制。若申请挂牌主体新设立时不是股份有限公司，则情况非常复杂。多数挂牌主体新设立时是有限责任公司，有限责任公司按原账面净资产值折股整体变更为股份有限公司，被称为整体变更。本章中的改制，若没有特别指出，都是指有限责任公司整体变更为股份有限公司。这里，重点对整体变更的合法性进行诊断，即"变更设立合法诊断"。

变更设立合法诊断可采取以下"三看"的分析路径进行：

首先，看改制工作流程。公司改制的许多工作，特别是具体操作阶段的工作，需要按照一定流程进行。

其次，看改制成本。公司改制不仅仅是由有限责任公司这种组织形式变为股份有限公司，改制关键是要建立起规范的公司治理机制，梳理并解决历史遗留下来的不规范的做法。建立规范的公司治理机制，梳理并解决历史遗留的不规范问题，公司（股东）需要付出一定的代价，这就是改制成本的主要内容。部分公司改制成本过高，是制约有限责任公司进行改制的关键因素之一。

最后，看改制折股方案。改制折股方案是股改最终结果的体现。折股方案不仅影响公司的股份数，而且影响未来股权稀释。

由于多数申请挂牌的企业原本都是有限责任公司，并且改制过程因涉及业务、流程等重组会变得比较复杂。因此，诊断整体变更企业的合法性成为企业、主办券商、会计师事务所、律师事务所等中介机构，全国股转系统公司或证监会、机构投资者或个人投资者等共同关注的焦点和难点问题之一。整体变更设立合法诊断，如图 2 - 2 所示。

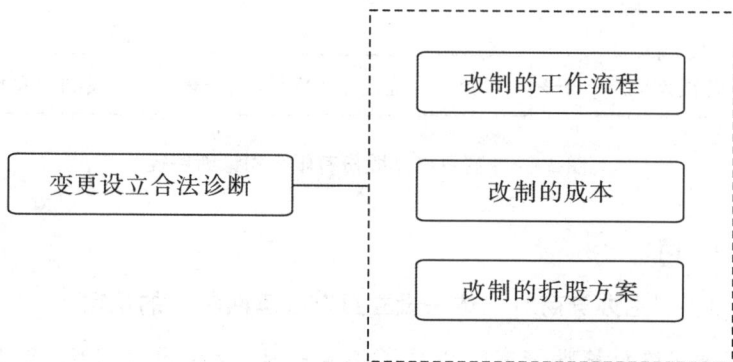

图 2 - 2　变更设立合法诊断

（三）存续满两年诊断

在诊断"新设合法"和"变更设立合法"之后，接着要对公司设立是否存续满两年进行诊断。存续满两年指申请挂牌前已经存续两个完整的会计年度。公司只有存续满两年，才能提供基本的经营资料，是进一步诊断公司是否"业务明确，具有持续经营能力"的必要条件。

（四）不同类型公司的诊断路径图

对首要挂牌条件"依法设立且存续满两年"，针对不同类型的公司，诊断路径不同。

新设立时是股份有限公司，只需要进行两步诊断，即"新设合法诊断"和

"存续满两年诊断"，如图 2 - 3 所示。

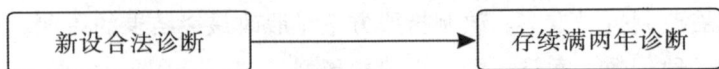

图 2 - 3　新设立股份有限公司诊断路径

新设立时不是股份有限公司，至少需要进行三步诊断。多数申请挂牌公司新设立时是有限责任公司，然后整体变更设立为股份有限公司。对这类公司来说，需要进行三步诊断，即"新设合法诊断""变更设立合法诊断"和"存续满两年诊断"，如图 2 - 4 所示。

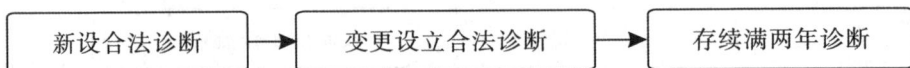

图 2 - 4　变更设立股份有限公司诊断路径

【案例 2 - 1】

主办券商对"依法设立且存续满两年"的认定

广州汇量网络科技股份有限公司（汇量科技　834299）2015 年 11 月 25 日挂牌。公司主要从事移动数字营销业务和移动网游海外发行业务。

根据中信建投证券股份有限公司《关于推荐广州汇量网络科技股份有限公司股票在全国中小企业股份转让系统挂牌的推荐报告》：

汇量科技成立于 2015 年 7 月 15 日，其前身为广州汇韬信息科技有限公司（以下简称"广州汇韬"）。广州汇韬成立于 2012 年 3 月 30 日，是一家由自然人钟智勇、周卓鹏共同以货币方式出资设立的有限责任公司。2012 年 3 月 23 日，广州中庆会计师事务所出具了《2012 年度验资报告》（中庆验字 2012050012854），根据该报告，截至 2012 年 3 月 23 日，广州汇韬已收到其股东投入的资本 100.00 万元。

此后，广州汇韬经 4 次股权转让和 1 次增资，并于 2015 年上半年引入了由以段威为核心创立的 Mobvista 业务体系，公司股权结构相应变化。2015 年 5 月 26 日，广州市工商局天河分局向广州汇韬核发了新的《营业执照》，注册资本为 131.151 4 万元，法定代表人为段威。

2015 年 7 月 7 日，广州汇韬召开股东会作出同意公司形式由有限责任公司整体变更为股份有限公司的决议，由公司 11 名股东作为股份有限公司的发起人；同意以广州汇韬截至 2015 年 5 月 31 日经审计的净资产值 7 674.897 849 万元作为折股基础，折合为股份有限公司股本 7 493.733 2 万股，每股面值 1.00 元，均为普通股，超过注册资本的净资产计入资本公积。广州汇韬整体变更为股份有限公司后，各股东持股比例保持不变，广州汇韬的债权债务由整体变更设立后的股份有限公司承继。

2015 年 7 月 10 日，广州汇韬全体股东签署《广州汇量网络科技股份有限公司发起人协议》，约定将广州汇韬从有限责任公司整体变更为股份有限公司。

2015 年 7 月 10 日，天健会计师事务所（特殊普通合伙）广东分所出具《验资报告》（天健粤验〔2015〕40 号），验证截至 2015 年 7 月 10 日，公司已收到全体发起人以所拥有的截至 2015 年 5 月 31 日公司经审计的净资产折股后的注册资本 7 493.733 2 万元。

2015 年 7 月 15 日，广州市工商局向公司核发《营业执照》（注册号 440106000583864），广州汇韬改名为广州汇量网络科技股份有限公司。公司变更为股份有限公司是以 2015 年 5 月 31 日经审计的净资产值整体折股，公司的经营业绩可以连续计算，可认定公司存续已满两年。

因此，主办券商认为公司符合"依法设立且存续满两年"的要求。

（资料来源：汇量科技《主办券商推荐报告》第 3－4 页）

第二节　新设合法

《国务院决定》规定，境内股份公司只要符合条件的，均可通过主办券商申请在新三板挂牌，公开转让股份，进行股权融资、债权融资、资产重组等。

中国证券监督管理委员会〔2013〕49 号公告规定，境内符合条件的股份公司均可提出股票在新三板挂牌公开转让、定向发行证券的申请。

《全国中小企业股份转让系统业务规则（试行）》规定，股份有限公司不受股东所有制性质的限制，不限于高新技术企业，均可申请股票在新三板挂牌。

《挂牌条件标准指引》的规定，外商投资企业可申请在新三板挂牌，但申请时须提供商务主管部门出具的外商投资企业设立批复文件。同时，该指引规定了申请挂牌前外商投资企业的股权转让应遵守商务主管部门的规定。

因此，可以申请在新三板挂牌的企业既包括一般的股份有限公司，也包括外商投资股份有限公司。一般的股份有限公司指自然人股东没有外国公民、法人股东没有外国企业的股份有限公司，否则视为外商投资股份有限公司。外商投资企业身份合法最主要是要有设立的批复文件。

最初设立时已经是股份有限公司并且是合法的——依法设立且存续两年，可以直接申请挂牌不需要进行股份制改造。否则，仍然需要进行相应的资产重组，即将公司的资产和业务装入一个合法的"壳"中。

一、依法设立的依据

依法设立，是指企业依据《公司法》等法律、法规及规章的规定向登记机关申请登记，并已取得企业法人营业执照。根据企业设立时组织形式的不同，依法设立实际上依据不同的法律或者不同的条款。相关的法律、法规会被修订，按照实体法从旧的原则，依法设立需要找到设立时有效的法律条款要求。下面简要介绍如何确定申请挂牌主体新设时最常见的组织形式即有限责任公司和股份有限公司所涉及的法律条款，以及外商投资企业涉及的法律条款。

（一）《公司法》

企业设立最常见的组织形式——有限责任公司和股份有限公司，都是根据《公司法》设立的。我国的《公司法》，于1993年12月29日第八届全国人民代表大会常务委员会第五次会议通过，自1994年7月1日起实施，到2015年止，已经经过四次修订。

1999年12月25日，第九届全国人民代表大会常务委员会第十三次会议通过《关于修改〈中华人民共和国公司法〉的决定》，《公司法》进行了第一次修订。1999年修订后的《公司法》，自颁布日起实施。1999年修订后的《公司法》，主要是授权国务院放宽高新技术公司中发起人以工业产权和非专利技术作价出资的金额占公司注册资本的比例。

2004年8月28日，第十届全国人民代表大会常务委员会第十一次会议通过《关于修改〈中华人民共和国公司法〉的决定》，《公司法》进行了第二次修正。2004年修订的《公司法》，删去了"以超过票面金额为股份发行价格的，须经国务院证券管理部门批准"的规定。

2005 年 10 月 27 日，第十届全国人民代表大会常务委员会第十八次会议通过修订后的《公司法》，于 2006 年 1 月 1 日起开始施行，这是《公司法》的第三次修订。2005 年修订的《公司法》取消了设立股份有限公司须取得国务院授权部门或者省级人民政府的批准文件的规定，取消了按照公司经营内容区分最低注册资本额的规定，将无形资产占注册资本比例放宽到 70%。

2013 年 12 月 28 日，第十二届全国人民代表大会常务委员会第六次会议通过《关于修改〈中华人民共和国海洋环境保护法〉等七部法律的决定》，《公司法》经过第四次修订，于 2014 年 3 月 1 日起实施。2013 年修订的《公司法》取消了法定资本最低限额、首次出资比例、货币出资比例和缴足出资期限的限制。

1999—2013 年对《公司法》的四次修订，逐步取消了相关部门的审批权，降低了公司设立的门槛，有利于社会资本的创新。根据新法先于旧法的原则，修订的《公司法》实施后设立的股份有限公司，适用修订后的《公司法》。但是，按照实体法从旧的原则，股份有限公司适用的是设立当时有效的《公司法》。因此，即使 2005 年修订的《公司法》取消了设立股份有限公司须取得国务院授权部门或者省级人民政府的批准文件的规定，但在 2006 年 1 月 1 日前设立的股份有限公司，依然需要证明自己有国务院授权部门或者省级人民政府的批准文件，否则就是不合法的。2013 年修订的《公司法》取消了法定资本最低限额、首次出资比例、货币出资比例和缴足出资期限的限制，但在 2014 年 3 月 1 日前设立的股份有限公司仍然必须满足 500 万的法定资本最低限额和 30% 的最低货币出资比例等限制。

（二）外资投资企业涉及的法律条款

外商投资企业分为中外合资经营企业、中外合作经营企业和外资企业。2014 年 3 月 1 日前，设立中外合资经营企业适用《中外合资经营企业法》《中外合资经营企业法实施条例》的规定；设立中外合作经营企业适用《中外合作经营企业法》《中外合作经营企业法实施细则》的规定；设立外资企业适用《外资企业法》《外资企业法实施细则》的规定。2013 年修订的《公司法》实施后设立的外商投资企业，外商投资的有限责任公司和股份有限公司适用 2013 年修订的《公司法》，但上述关于外商投资企业的法律仍然有效。比如，《中外合资经营企业法实施条例》规定，在中国境内设立中外合资经营企业，必须经商务部门审查批准。批准后，由商务部发给批准证书。凡具备下列条件的，国务院授权省、自治区、直辖市人民政府或者国务院有关部门审批并报商务部门备案：①投资总额在国务院规定的投资审批权限以内，中国合营者的资金来源已经落实的；②不需要国家增拨原材料，不影响燃料、动力、交通运输、外贸出口配额等方面的全国平衡的。因此，即使 2014 年 3 月 1 日后设立中外合资经营企业，仍然需要商务部门审批或者授权部门审批后备案。

二、申请挂牌主体资格的合法性

依法设立要解决挂牌公司的主体资格的合法性问题，可以分为 3 个方面。

（一）设立的股东适格

设立的股东适格即要求设立公司的股东不存在相关法律、法规规定不得或限制成为企业股东的情形。因为公司设立后可能发生股权变更，挂牌核准时主要侧重于申请挂牌时的公司股东身份是否存在不适格，这部分内容属于股权明晰要求。因此，这里仅简单介绍股东适格的主要要求，具体案例参见第五章的相关案例。

公司的股东可以分为自然人股东和法人股东 2 大类。

1. 自然人股东适格

非外商投资的股份有限公司，公司的自然人股东要求均为中国公民，不存在相关法律、法规、规范性法律文件及公司章程规定的不适合担任公司股东的情况。

相关法律、法规、规范性法律文件包括：《公司法》、《中华人民共和国公务员法》、《关于严禁党政机关和党政干部经商、办企业的决定》（中发〔1984〕27号）、《关于"不准在领导干部管辖的业务范围内个人从事可能与公共利益发生冲突的经商办企业活动"的解释》（中纪发〔2000〕4 号）、《关于省、地两级党委、政府主要领导配偶、子女个人经商办企业的具体规定（试行）》（中纪发〔2001〕2 号）、《中共中央办公厅、国务院办公厅关于县以上党和国家机关退（离）休干部经商办企业问题的若干规定》（中办发〔1988〕11 号）、《中国人民解放军内务条令》（军发〔2010〕21 号）等。

2. 法人股东适格

民法通则将法人分为企业法人、机关、事业单位和社会团体法人。

企业法人和社会团体法人可以成为公司股东。因政企分开，机关不能作公司的股东。对于事业单位，根据《国家工商行政管理局关于企业登记管理若干问题的执行意见》（工商企字〔1999〕第 173 号）的规定，事业单位具备法人资格的，可以作为公司股东或投资开办企业法人，但依照中共中央、国务院的规定不得经商的企业除外。

（二）设立的程序合法

设立的程序合法指设立公司的程序符合设立当时《公司法》等法律、法规的要求，主要是设立公司过程中需要进行相应的审批或者备案手续。具体来说，主要有以下几点：

第一，国有股份有限公司需提供相应的国有资产监督管理机构或国务院、地方政府授权的其他部门、机构关于国有股权设置的批复文件。

第二，外商投资企业须提供商务主管部门出具的设立批复文件。

第三，2006 年 1 月 1 日前设立的股份公司，须取得国务院授权部门或者省级人民政府的批准文件。

第四，2015 年 3 月 20 日之后申报的公司属于私募投资基金管理人或私募投资基金，必须履行登记备案程序。

因此，可以分 4 种情况诊断公司设立程序的合法性。

1. 国有股份有限公司

国有股份有限公司受国有资产监督管理机构或国务院、地方政府授权的其他部门、机构的监管，因此在设立时需要有相关的国有股权设置的批复文件。

虽然《挂牌条件标准指引》仅提到国有股份有限公司，但依据相关法规，国有有限责任公司的设立同样适用此规定。案例 2 - 2 就是一个国有有限责任公司设立的案例。

【案例 2-2】

国有股权出资瑕疵案例（欧丽信大　430528）

郑州欧丽信大电子信息股份有限公司（欧丽信大　430528）2014 年 1 月 24

日挂牌，公司主要经营人防警报系统及短波、超短波电台的研发、制造、销售。

欧丽信大于 2009 年 6 月 22 日由郑州欧丽信大电子信息有限公司（以下简称"欧丽有限"）整体变更设立。欧丽有限于 2002 年 10 月 31 日，由欧丽集团和自然人股东共同出资 350 万元组建。欧丽集团为国有企业，且在有限公司成立时对有限公司出资 250 万元，持有占注册资本 71.4% 的股权，为有限公司的控股股东。

问题

公司股东之一欧丽集团为国有企业。欧丽集团未按照规定办理国有股权设置的批复，也未办理国有产权占有登记。有限公司的设立过程存在国有股权出资瑕疵。

解决方案

2005 年 9 月 1 日，郑州市国有资产监督管理委员会为欧丽集团持有的 200 万国有法人股办理《企业国有资产产权登记证》，补充认可国有股权出资。

2013 年 2 月 6 日，河南省国有资产监督管理委员会出具的《关于郑州欧丽信大电子信息股份有限公司国有股权确认的批复》（豫国资产权〔2013〕9 号），确认欧丽集团持有欧丽信大 33.33% 的国有股权。

（资料来源：欧丽信大《公开转让说明书》第 10 – 11 页）

由于历史原因，很多国有公司在设立时没有取得有关部门关于国有股权设置的批复文件。这种国有股权出资瑕疵是很常见的，一般可以通过从现在的主管部门取得确认批复来弥补瑕疵。

2. 外商投资企业

依据我国法规，外商投资企业设立需要经过国家商务主管部门审批；投资总额在一定投资审批权限以内的可以将审批权下放至省、自治区、直辖市商务行政主管部门。

展唐科技（430635）是首家在新三板挂牌的外商投资企业。下面的案例便是展唐科技的设立过程。

【案例 2 – 3】

外商投资企业设立案例（展唐科技　430635）

展唐通信科技（上海）股份有限公司（展唐科技　430635）2014 年 2 月 19

日挂牌。公司主要从事基于 TD－SCDMA 无线通信解决方案及终端产品（手机整机、模块、主板等）的研发、设计、生产和销售。

展唐科技于 2013 年 9 月 6 日由展唐通讯科技（上海）有限公司（以下简称"展唐有限"）整体变更形成。

北京速通和 CG MOBILE（HK）于 2007 年 7 月 18 日签署《中外合资经营展唐通讯科技（上海）有限公司章程》，展唐有限设立时的投资总额为 200 万美元。

根据自 2004 年 5 月 19 日起开始实施至展唐有限设立时依然适用的《国务院关于第三批取消和调整行政审批项目的决定》，3 000 万美元以下外商投资企业的设立审批权下放管理层级至省、自治区、直辖市商务行政主管部门。

根据上海市人民代表大会常务委员会于 1996 年 9 月 4 日发布、自 1996 年 10 月 1 日起开始实施至展唐有限设立时依然适用的《上海市外商投资企业审批条例》第五条的规定，上海市外国投资工作委员会主管上海市外商投资企业的审批工作。

由于展唐有限设立时的投资总额为 200 万美元，其设立审批权限在省级商务行政主管部门——上海市外国投资工作委员会。2007 年 8 月 23 日，上海市外国投资工作委员会下发《关于同意设立展唐通讯科技（上海）有限公司的批复》，批复同意设立展唐有限，同意投资者签署的展唐有限合资合同和章程。

2007 年 9 月 5 日，上海市人民政府核发《中华人民共和国台港澳侨投资企业批准证书》（商外资沪合资字〔2007〕2985 号）。

2007 年 9 月 12 日，上海市工商行政管理局核准展唐有限设立，颁发了注册号为 310000400539589（市局）的企业法人营业执照，公司住所为上海市徐汇区虹漕路 461 号软件大厦 3F、3G 室，法定代表人为曹刚，注册资本为 1 400 000 美元，北京速通和 CG MOBILE（HK）分别出资 80 000 美元和 1 320 000 美元，占注册资本的比例分别为 5.71% 和 94.29%。企业类型为有限责任公司（台港澳与境内合资），经营范围为从事与电子通信相关的技术和产品的研究开发、技术转让，并提供相关的技术咨询、技术服务。

2007 年 10 月 30 日，上海佳华会计师事务所出具佳业外验字（2007）0407 号的《验资报告》，经验审，截至 2007 年 10 月 19 日，公司已收到注册资本合计 1 032 000 美元，其中收到北京速通 12 000 美元、CG MOBILE（HK）1 020 000 美元。

2007 年 11 月 21 日，上海市工商行政局就本次出资换发了企业法人营业执照〔注册号：310000400539589（市局）〕。

（资料来源：展唐科技《公开转让说明书》第 19－25 页）

3. 2006 年 1 月 1 日前设立的股份公司

虽然《公司法》在 2005 年修订后，取消了设立股份公司须取得国务院授权部门或者省级人民政府的批准文件的规定。但在 2006 年 1 月 1 日前设立的股份公司，仍然适用旧《公司法》，诊断是否合法设立仍需要看设立当时是否取得合法手续。

【案例 2－4】

2006 年前的股份公司设立案例（竞天科技　831334）

上海竞天科技股份有限公司（竞天科技　831334）2014 年 11 月 27 日挂牌。公司主要从事网络化视频监控系统的集成服务。

竞天科技设立于 1998 年 2 月 9 日。经上海市人民政府《关于同意设立上海竞天科技股份有限公司的批复》〔沪府体改审（1997）023 号〕批准，朱建宾等 14 名自然人于 1997 年 10 月 25 日召开创立大会，共同出资发起设立竞天科技。公司设立时注册资本为 3 000 万元，经上海光华会计师事务所出具的《验资报告》〔沪光会验字（98）第 027 号〕审验，上述出资已由股东以货币方式全额缴足。公司于 1998 年 2 月 9 日取得由上海市工商行政管理局核发的企业法人营业执照。

（资料来源：竞天科技《公开转让说明书》第 27 页）

4. 私募投资基金

根据《中华人民共和国证券投资基金法》《私募投资基金监督管理暂行办法》及《私募投资基金管理人登记和基金备案办法（试行）》，私募投资基金管理人或私募投资基金必须履行登记备案程序。

（三）股东的出资合法

公司股东的出资合法、合规，出资方式及比例应符合设立时有效的《公司法》相关规定。

第一，以实物、知识产权、土地使用权等非货币财产出资的，应当评估作价，核实财产，明确权属，财产权转移手续办理完毕。

第二，以国有资产出资的，应遵守有关国有资产评估的规定。

第三，设立当时存在注册资本最低限额、首次出资比例、货币出资比例、无形资产出资比例和缴足出资期限的限制，应符合设立时有效的《公司法》相关规定。

第四，公司注册资本缴足，不存在出资不实情形。

1. 非货币财产出资

法律规定非货币财产出资，应当评估作价，明确权属。

以非货币财产出资的常见瑕疵有两种情况。第一种是以非货币资产出资但没有进行资产评估，这是最常见的出资不规范的行为。

【案例 2 - 5】

非货币财产出资案例（安华智能　430332）

湖北安华智能股份有限公司（安华智能　430332）2013 年 10 月 22 日挂牌。公司主要经营信息系统机房及智能化系统设计、集成、软件开发及数据分析、室内净化及环保工程、暖通及装饰工程的设计、施工和技术服务及技术咨询，为客户提供各类数据中心技术环境整体解决方案。

安华智能是 2013 年 7 月 19 日由武汉市安华电子技术工程有限责任公司（以下简称"安华有限"）整体变更设立的股份有限公司。安华有限于 1998 年 6 月 15 日由股东杨剑波等自然人发起设立，各股东出资 1 200 万元，其中实物出资共计 1 031 万元。

问题

公司股东用于实物出资的附后发票时间为 1997 年 11 月 1 日至 1998 年 4 月 20 日。由于其所投入的实物资产均为新购资产，实际投入时间与购买时间间隔不长，安华有限股东在投入时未对实物出资进行评估，直接以购买发票所载明的价值为作价依据。

解决方案

根据安华有限成立时适用的《公司法》第二十四条的规定，有限责任公司的股东用于出资的实物必须进行评估作价，核实财产。

公司发现这个问题距离设立时的时间过长，股东投入的实物资产以库存实物形式入公司财务账目，已经用于公司对外施工的各个工程项目，无法进行评估。为了规范公司股东的出资行为，安华有限的股东决议对1998年公司成立时未经评估的实物出资部分，以货币资金形式再行等额出资，即各股东按出资比例认缴共计1 031万元。

（资料来源：安华智能《公开转让说明书》第18－20页）

非货币资产未按照要求评估就出资，属于不符合依法设立条件的重大瑕疵之一。申请挂牌前必须对这一瑕疵进行纠正。

通常的纠正措施按照从易到难的思路来选择。如果出资资产能够评估，应补充评估程序，并对原出资额和评估额之间的差价予以弥补。注意评估资产需要根据出资时而不是补充评估时的资产价值来确定。多数情况下，由于出资时距离发现问题的时间过长，出资资产无法补充评估程序。在不能评估时，通常的做法是补充或者替换为其他的资产，比如案例2－5中以货币资金进行补充。补充或者替换为其他的资产，对出资股东的利益会有影响，特别是股权变更复杂的公司。因此，在没有其他办法时，公司才会选择补充或者替换为其他的资产的方案。

以非货币财产出资的第二种常见瑕疵是以权属不明确的资产出资，这也是出资过程中的常见问题。

【案例2－6】

权属不明确的资产出资案例（速升装备　430514）

江苏速升自动化装备股份有限公司（速升装备　430514）2014年11月27日挂牌。公司是集研发、设计、制造、安装、维修及技术咨询服务于一体的智能自动化系统集成装备供应商。

速升装备是2011年10月24日由速升物流整体变更设立。速升物流是2003年7月4日由王树生、郑卫星、王辉、张学东、无锡速升共同出资组建，其中王树生和郑卫星以三项实用新型专利评估作价出资。

问题

王树生用于出资的专利申请时间为2001年11月，郑卫星用于出资的专利申请时间为2001年12月。在该期间，王树生担任无锡速升执行董事和经理，郑卫星担任无锡速升监事和工程部部长，除此之外，王树生、郑卫星在该期间没有在其他公司任职。因此，三项实用新型专利是归属于王树生、郑卫星还是无锡速升，可能存在争议。

解决方案

速升装备在《公开转让说明书》中进行了王树生、郑卫星拥有的专利不属于职务发明的论述，并且由无锡速升的股东出具了《声明与承诺》，确认无锡速升当时未开展与所出资专利有关的研发活动，王树生、郑卫星用于出资的上述专利属于其独立完成的个人研究成果，不属于职务发明创造，王树生、郑卫星对上述专利拥有完全的权利，不存在争议和纠纷的情形，无锡速升的股东本人不曾亦不会就上述专利主张任何权利。

（资料来源：速升装备《公开转让说明书》第18－20页）

专利等无形资产是最容易产生权属不明确的资产。个人在任职期间取得的专利，到底是归属个人，还是作为职务发明归属任职法人，需要根据具体情况来判断。案例2－6中，出资人原任职法人无锡速升的股东出具《声明与承诺》，是纠正出资瑕疵的常见做法。

2. 国有资产出资

涉及国有资产出资是否需要评估的法规有《国有资产评估管理办法》（国务院令第91号）、《国有资产评估管理办法施行细则》（国有资产管理局国资办发〔1992〕36号）、《国有资产评估管理若干问题的规定》（财政部令第14号）和《企业国有资产评估管理暂行办法》（国有资产管理局12号令）等。

国有企业整体或者部分改建为有限责任公司或者股份有限公司或者以非货币资产对外投资，需要进行资产评估。

【案例2－7】

国有企业出资案例（亚成生物　831523）

兰州亚成生物科技股份有限公司（亚成生物　831523）2014年12月17日挂牌。公司的主要业务是天然肠衣的加工和销售。

亚成生物是2013年7月25日由兰州高新技术产业开发区亚成肠衣有限公司（以下简称"亚成有限"）整体变更设立的股份有限公司。亚成有限是于1998年

6月20日由兰州高新技术产业开发区进出口有限责任公司（以下简称"进出口公司"）、王爱东、达朝继共同出资120万元设立的。其中，进出口公司实物资产出资105万元，占亚成有限87.5%的股权。

问题

进出口公司是国有企业。进出口公司设立亚成有限时，出资的实物资产为肠衣一批，共有11张商品销售发票，记载金额为105万元。出资时未委托评估机构评估，直接以其商品发票记载价格作价。

由于时间久远，公司存档不规范，无法提供实物转移手续文件。该批实物出资已销售。

解决方案

1999年7月20日，进出口公司与兰州高新技术产业开发区管委会开发总公司（以下简称"开发总公司"）签订《股权转让协议书》，约定进出口公司将亚成有限的105万元股权转让给开发总公司。

1999年7月30日，亚成有限召开股东会，全体股东一致同意，股东进出口公司将其持有的亚成有限87.5%的股权转让给开发总公司，由开发总公司以货币资金形式将105万元投入到亚成有限。开发总公司将80万元现金和25万元债权投入到亚成有限，将进出口公司于亚成有限设立时未经评估的实物出资置换。

2014年10月24日，兰州高新技术产业开发区管理委员会出具说明，前述实物出资以及现金置换行为合法有效，不涉及国有资产流失，现高科投资发展集团公司持有亚成生物股份合法有效。

（资料来源：亚成生物《公开转让说明书》第19-21页）

以国有资产出资，遵循的也是和以非货币资产出资一样的法则，应该按照评估价值确定，而不能直接以发票价格确定。能够评估的应补充评估程序，并对原出资额和评估额之间的差价予以弥补。不能评估的，通常的做法是补充或者替换为其他的资产。

3. 法定最低限额和出资比例限制

2013年前设立的公司，不仅有法定资本最低限额，而且有首次出资比例、货币出资比例和缴足出资期限的限制。

出资比例中法律规定变化较大、容易出现出资瑕疵的是无形资产出资。1994年《公司法》规定发起人以工业产权、非专利技术作价出资的金额不得超过注册资本的 20%；1999 年《公司法》修订后，放宽高新技术公司中发起人以工业产权和非专利技术作价出资的金额占公司注册资本的比例；2005 年《公司法》修订后，将无形资产占注册资本比例放宽到 70%；2013 年《公司法》修订后，无形资产比例不再设限制。

【案例 2-8】

无形资产出资比例过高案例（星通联华 430614）

北京星通联华科技发展股份有限公司（星通联华 430614）2014 年 1 月 24 日挂牌。公司是基于物联网技术，为交通、地灾、建筑、环保等领域提供监测与治理系统开发服务及相关产品销售和检测服务的高新技术企业。

星通联华于 2013 年 9 月 10 日由北京星通联华科技发展有限公司（以下简称"星通有限"）整体变更设立。星通有限于 2002 年 4 月 22 日由 3 家法人股东出资共同设立，注册资本为 500 万元。其中，华联恒基以货币出资 250 万元，占比50%；鑫晶达科技以无形资产"中国公路交通网"和"中国公路沥青电子商务平台"出资，经评估作价 175 万元，占比 35%；武汉立得以无形资产"道路维修数据的自动提取与建库"出资，评估作价 75 万元，占比 15%。

问题

星通有限于 2002 年 4 月 22 日成立，适用 1999 年修订后的《公司法》。当时有效的《公司法》规定"发起人以工业产权、非专利技术作价出资的金额不得超过注册资本的 20%，国家对采用高新技术成果有特别规定的除外"。

星通有限设立时，股东作为出资的非专利技术占比 50%，超过当时《公司法》规定的 20%。作为出资的非专利技术虽经过技术鉴定，但未通过国家科委或省级科技管理部门的认定，不属于高新技术成果，即不符合《公司法》中"国家对采用高新技术成果有特别规定的除外"的相关规定。因此，星通有限设立时各股东非专利技术出资比例不符合当时有效的《公司法》对出资比例的要求。

解决方案

星通联华《公开转让说明书》中对此进行了披露，认为鉴于：①该等非专利技术出资比例得到主管部门工商局的认可且该出资已经实际到位；②至 2012年，该等非专利技术账面价值已全部摊销完，净值为 0；③星通有限整体变更设立股份有限公司时已不存在无形资产出资超法定比例的情形。此瑕疵对星通联华申请挂牌并公开转让不构成实质性障碍。

（资料来源：星通联华《公开转让说明书》第 16 – 19 页）

设立时存在注册资本最低限额、首次出资比例、货币出资比例、无形资产出资比例和缴足出资期限的限制，一般由于公司已经取得工商注册登记，并且现行有效的《公司法》对相关限制都已经取消，在申请挂牌时，公司可以通过取得工商管理局的证明或者律师声明等方式，表明此瑕疵对公司申请本次挂牌并公开转让不构成实质性障碍。

4. 注册资本缴足

2013 年修订的《公司法》实施前设立的公司，股东应自公司成立之日起两年内缴足注册资本，投资公司可以在五年内缴足。即使在申请挂牌前没有超过法定最长缴足期限，也必须先缴足注册资本才能申请挂牌。

2013 年修订的《公司法》将注册资本实缴登记制改为认缴登记制。工商部门只登记公司认缴的注册资本总额，无须登记实收资本，也不再收取验资证明。法律对注册资本缴足期限不设任何限制。但是，即使注册资本缴足期限不设限制，公司拟申请挂牌新三板时，股东仍需要先缴足认缴的注册资本，公司才具备挂牌资格。

【案例 2 – 9】

注册资本缴足案例（炜田新材　834153）

广东炜田环保新材料股份有限公司（炜田新材　834153）2015 年 11 月 18 日挂牌。公司主要业务是周转箱、卡板、中空板等塑料物流产品的生产和销售。

炜田新材是 2015 年 6 月 15 日由东莞市炜田塑胶制品有限公司（以下简称"炜田有限"）整体变更设立的。炜田有限于 2008 年 4 月 7 日设立，注册资本 300 万元。2014 年 7 月 12 日，公司决定增加注册资本，将注册资本从 300 万元增加至 990 万元。股东黄真英以货币方式出资 690 万元，在 2024 年 12 月 31 日前缴足。

问题

截至 2015 年 3 月 26 日，股东实际增加出资 150 万元，注册资本未缴足。

解决方案

为挂牌新三板，股东于 2015 年 3 月 27 日出资将剩余的 540 万元缴足。

（资料来源：炜田新材《公开转让说明书》第 23 页）

缴足注册资本，是申请挂牌新三板必须达到的要求。如果股东没有足够的财力，公司也可以减少注册资本。

三、存续两年

（一）要求存续两年的原因

挂牌新三板的主要是中小企业。中小企业的特点是规模小、发展快，但同时抗风险的能力也很弱。据统计，中小企业的平均寿命约为 2.5 年。新三板挂牌条件要求公司存续两年，可以限制刚设立不久还没有持续经营能力的公司挂牌，从而避免给新三板带来过大的风险。

（二）存续两年的正确理解

对于新设立不久并希望尽快挂牌的公司，正确理解存续两年可以帮助公司掌控挂牌工作的进程。比如，股份有限公司于 2014 年 3 月 1 日设立，什么时候可以申请挂牌？

对存续两年的理解有两种看法：一种看法是，两年等于二十四个月，因此存续二十四个月后，即 2016 年 3 月 1 日后就可以申请挂牌；另一种看法是，只要公司能够提供两个会计年度的财务报告就是存续两年，因此 2015 年 12 月 31 日后公司能提供 2014 年和 2015 年的财务报告就可以申请挂牌。

为避免实践中的争议，《挂牌条件标准指引》对此专门作出规定，存续两年是指存续两个完整的会计年度。《中华人民共和国会计法》规定，会计年度自公历 1 月 1 日起到 12 月 31 日止。2014 年 3 月 1 日设立的股份有限公司，需经过 2015 年 1 月 1 日到 2016 年 12 月 31 日两个完整的会计年度后才可以申请挂牌。

第三节　变更设立

新三板服务的企业主要是中小企业。2013 年修订的《公司法》实施前，股份有限公司注册资本的最低限额为 500 万元，并且管理比较规范，所以在这之前设立的多数中小企业采取的组织形式是简单、管理灵活性较大的有限责任公司。股份有限公司申请股票在新三板挂牌，条件之一是"依法设立且存续满两年"。如果重新设立新的股份有限公司再申请挂牌，至少需要两年的时间。这样，新三板挂牌条件简单、审查快的优势就荡然无存了。

为了促进更多的企业在新三板挂牌，对于本身的组织形式是有限责任公司的企业，新三板业务规则中留下了一个"后门"——可以将有限责任公司按原账面净资产值折股整体变更为股份有限公司。这样变更后，存续时间可以从有限责任公司成立之日起计算。变更后的股份有限公司，适用的法律为变更日有效的《公司法》。

有限责任公司按原账面净资产值折股整体变更为股份有限公司的，存续时间可以从有限责任公司成立之日起计算。整体变更不应改变历史成本计价原则，不应根据资产评估结果进行账务调整，应以改制基准日经审计的净资产额为依据折合为股份有限公司股本。申报财务报表最近一期截止日不得早于改制基准日。

有限责任公司整体变更为股份有限公司的过程，实际业务中一般称为股份制改造，简称为股改或者改制。

一、改制的流程

总体来说，改制分为准备阶段、操作阶段和收尾阶段三部分，每阶段都有各自具体的工作内容，具体参见图 2-5。

拟改制企业	主办券商、会计师事务所、律师事务所等中介机构	工商行政管理机构
聘任相关中介机构	中介机构进行前期调查	
落实方案，做好规范	召开中介协调会，制订改制方案	
召开董事会		
办理变更名称预核准	会计师事务所进行审计，出具《审计报告》	
召开股东会，审议改制方案，对股改作出决议	评估机构进行资产评估，出具《资产评估报告》（如需）	
签订发起人协议	会计师事务所验资，出具《验资报告》（如需）	
召开职工大会，选举职工监事和职工董事（如需）	律师事务所协助公司制作改制的相关文件	
召开创立大会暨第一届股东大会		
召开董事会、监事会		
准备改制相关申报材料		向工商行政管理部门申请变更登记
办理证明更名、资产权属变更、完善内部控制制度等		核发股份有限公司《企业法人营业执照》

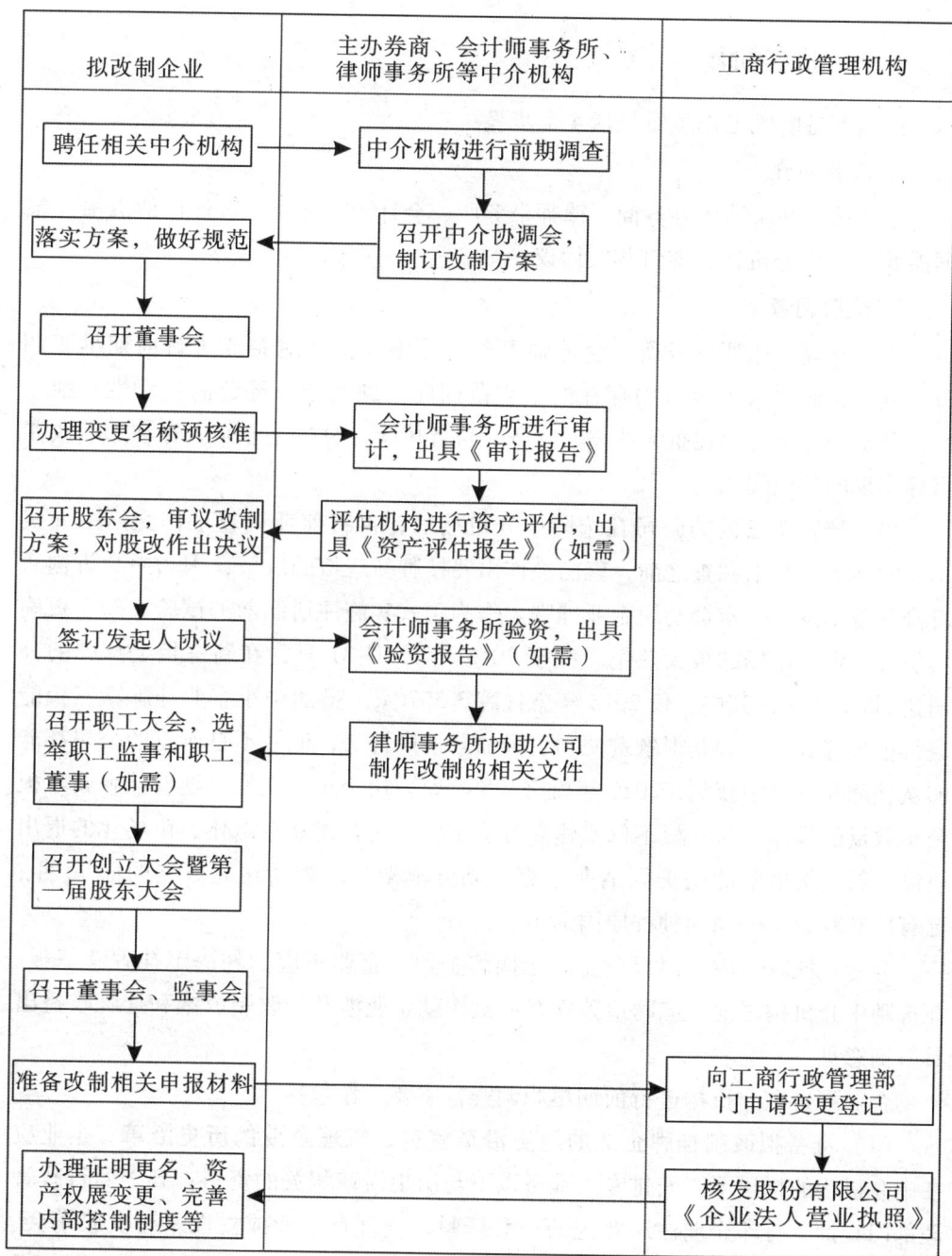

图 2-5　改制的流程

（一）准备阶段

改制准备阶段工作主要包括 4 个步骤：

1. 选聘中介

企业选定并聘请主办券商、律师事务所、会计师事务所、资产评估机构（根据需要）等中介机构，签订相关协议。

2. 前期调查

主办券商、律师事务所、会计师事务所等中介机构对企业进行前期尽职调查，发现企业在历史经营中存在的不规范问题，判断企业经营的持续性、独立性，分析企业是否存在重大法律、财务、税务风险，分析企业是否存在影响改制目标实现的其他问题。

申请挂牌新三板的公司在选聘中介机构后，再将前期调查工作交给中介机构，实际上是在未调查之前，就已经作出要挂牌新三板的决策，因为中介机构从自身利益出发，一定会劝说企业挂牌。作为正式实施注册制前的试验，新三板确实引发了资本市场的极大热情。截至 2015 年 12 月 31 日，在新三板上挂牌的公司达到 5 129 家；其中，仅 2015 年就挂牌 3 557 家。虽然中小企业挂牌新三板能获得很多好处，比如获得融资便利、增加公司声誉等，但并不是所有的公司都能够从挂牌新三板中获利，2015 年就有 2 895 家公司全年无交易。随着挂牌新三板公司数量的增加，新三板不仅要建立分层制度，还要建立常态化、市场化的退出机制。新三板借鉴的是美国纳斯达克的制度框架，而纳斯达克成立的前 23 年，已有 13 000 万家公司因种种原因退市。

为避免挂牌后成为僵尸企业甚至摘牌企业，企业不应匆匆决定挂牌新三板。在选聘中介机构之前，应聘请独立咨询机构就企业涉及的改制成本和挂牌收益出具咨询意见。

企业配合中介机构进行前期尽职调查，主要工作包括：

（1）**准备拟改制挂牌企业的历史沿革资料，梳理企业的历史沿革**。企业应在中介机构的指导下，安排专人准备以下与历史沿革相关的资料：到工商行政管理部门查询、打印企业注册登记的全套资料；整理自企业成立以来历次股东会、董事会决议及会议记录；整理历次中介机构出具的审计报告、验资报告、评估报告；整理历次公司股权变更、登记变更时相关机构的批准文件（如有）；整理历届股东、董事、监事、高级管理人员的简历等资料。

企业及中介机构在此基础上梳理企业的历史沿革，分析企业设立、变更程序的合规性，公司股东、董事、监事及高级管理人员任职的适格性。

企业及中介机构应将历次股权变更工商记录与审计报告、验资报告、评估报告（如有）及公司财务资料进行比较，询问财务人员，分析股东出资是否及时、到位，出资方式是否符合有关法律、法规的规定。

（2）**准备财务资料，进行清产核资，规范报告期会计核算**。这一阶段的主要工作内容包括：

①企业会计人员应当整理企业报告期及期初的全部财务资料，整理企业出资、投资、长期资产购置、长期债务、并购重组等业务入账及后续会计核算的财务资料，包括会计报表、账簿、会计凭证、纳税报表及凭证等。

②企业会计人员应当盘点、清查公司财物，进行账实核对、往来账项核对。在盘点、核对的基础上，企业应对盘盈盘亏、废旧毁损财物、坏账等进行财务处理，追回企业被违规占用的资金、资产。

③企业会计人员与中介机构财务人员共同分析报告期内企业财务基础是否健全，期初数据是否真实，报告期会计处理是否规范，会计资料是否完整。如果存在因会计基础薄弱（如账表不符、账证不符、账实不符、多套账等）导致财务数据失实的情形，企业应当考虑进行账务整改，形成一套以原始凭证为依据，符合会计准则的财务资料。

④企业会计人员应当整理企业对外投资的财务资料，梳理对外投资关系，协调、整理纳入合并报表范围子公司的财务资料。纳入合并报表范围子公司的财务规范要求适用拟挂牌母公司的标准。

⑤企业会计人员在中介机构的指导下，梳理企业报告期关联方、关联关系以及存在的关联交易，分析关联交易的决策程序的规范性、存在的必要性及交易价格的公允性。

⑥企业会计人员应协调企业业务人员整理公司报告期内的重大合同，初步分析合同的执行情况，并综合研发支出、生产能力、偿债能力等因素，分析企业的可持续经营能力。

（3）**准备对外投资相关资料，梳理企业对外投资情况**。企业相关工作人员应当整理对外投资的相关资料，如公司对外投资的决策文件、批复文件、登记备案文件，并结合财务资料梳理企业对外投资关系；协调子公司打印工商登记资料，梳理子公司的历史沿革，了解其设立、变更的规范性，出资的真实性等情况。

（4）**整理拟改制挂牌企业关联方的相关资料，梳理关联方关系，分析企业是否存在同业竞争**。企业应在律师的指导下，认定拟改制挂牌企业的关联方，整理关联方的相关资料，梳理出企业的关联方关系。关注企业控股股东、实际控制人及其控制的其他企业，通过询问相关人员、查阅营业执照、实地走访生产或销售部门等方式，了解公司控股股东、实际控制人及其控制的其他企业是否与拟改制挂牌企业构成同业竞争，了解同业竞争形成的原因、存在的必要性、对拟挂牌企业未来经营能力的影响，初步探讨避免同业竞争的可能方案。

（5）**梳理企业业务流程，分析企业经营的合法性**。企业应在律师的指导下梳理公司的业务类型、各类业务的流程，整理企业各项业务资质，供、产、销环节应有的批文证照，产品认证证书，环保、消防的评估、验收等资料（根据具体情况提供相应的资料），分析企业经营是否符合相关法律、法规的要求。

（6）**整理公司法务资料，分析相关主体是否存在重大违法违规行为**。在律师的指导下，整理企业报告期内的诉讼资料、处罚资料，分析公司、实际控制人、控股股东、公司董事、监事、高级管理人员在最近 24 个月内是否存在重大违法违规行为。

（7）**整理公司各项规章制度，分析公司内部控制制度的合理性、执行的有效性**。

（8）**初步确定股份公司董事、监事、高级管理人员的设置及人选**。控股股东、实际控制人应与公司董事、监事、高级管理人员沟通，初步确定股份公司董事、监事、高级管理人员的设置及人选，并准备这些人员的简历资料。

3. 制订改制方案

主办券商牵头各中介机构进行初步调查后，汇总拟改制挂牌企业从设立到拟改制前存在的历史问题，并与控股股东、实际控制人、高级管理人员讨论，拟定相关的解决方案。如果公司需要进行业务调整、资产调整以及股权调整，同样拟订方案。在此基础上形成改制挂牌整体方案和工作时间表，初步确定改制基准日。

4. 落实改制方案、做好规范

主办券商牵头，各中介机构协同拟改制挂牌企业落实改制挂牌方案，逐项解决初步调查汇总的问题及由此引发的新问题，总体把握改制挂牌方案落实的质量和时间进度，判断是否符合挂牌的基本要求。

解决历史遗留的不规范问题，是拟改制挂牌企业改制工作中的重点。改制不仅仅是企业组织形式由有限责任公司变更为股份有限公司，更要通过这一过程解决企业的历史遗留问题，使得企业符合依法设立、业务持续、股权明晰、治理有序等新三板挂牌条件。

因为依法设立、业务持续、股权明晰、治理有序的诊断过程在本章和之后三章有详细的阐述和案例，这里仅涉及改制流程以及改制成本和方案问题。

另外，新三板业务规则规定，如果公司在改制的同时进行增资操作，公司连续经营期间将中断，视同新设股份有限公司，重新计算经营期。因此，公司不会在改制的同时增资。如果公司本身的净资产规模不大，打算增资，可以在改制前进行增资，也可以在改制完成后进行增资。

【案例 2 - 10】

改制前增资案例（栋方股份　835056）

广州栋方生物科技股份有限公司（栋方股份　835056）2015 年 12 月 21 日挂牌。公司主要经营化妆品的研发、生产和销售。

栋方股份是 2015 年 8 月 4 日由广州栋方日化有限公司（以下简称"栋方有限"）整体变更设立。

2003 年 9 月 3 日，栋方有限由谢超华等自然人以货币出资设立，设立时注册资本为 200 万元。

2012 年 8 月 3 日，经栋方有限召开股东决议，同意增加注册资本，由原注册资本 200 万元，增加到 500 万元；同意股东谢超华原出资 120 万元，该次增资中认缴注册资本 180 万元，增资后累计出资额为 300 万元，占增资后公司注册资本 500 万的 60%；股东唐新明原出资 80 万元，该次增资中认缴注册资本 120 万元，增资后累计出资额为 200 万元，占增资后公司注册资本 500 万的 40%。

2013 年 8 月 26 日，经栋方有限召开股东会决议，同意增加注册资本，由 500 万元增加至 1 200 万元；此次增资股东谢超华出资 420 万元，增资后累计出资 720 万元，占增资后公司注册资本的 60%；股东唐新明增加出资 280 万元，增资后累计出资 480 万元，占增资后公司注册资本的 40%。

2013 年 12 月 10 日，经公司股东会决议，同意增加注册资本，由 1 200 万元增加至 1 800 万元；此次增资股东谢超华出资 360 万元，增资后累计出资 1 080 万元，占增资后公司注册资本的 60%；股东唐新明增加出资 240 万元，增资后累计出资 720 万元，占增资后公司注册资本的 40%。

2014 年 6 月 4 日注册资本由 1 800 万元增加至 2 769.231 万元，由此次增资股东青岛金王出资 969.231 万元。本次增资完成后，股东谢超华出资 1 080 万元，持股比例为 39%；股东唐新明出资 720 万元，持股比例为 26%；股东青岛金王出资 969.231 万元，持股比例为 35%。

2015 年 6 月 23 日，栋方有限全体股东共同签署了《发起人协议书》，约定栋方有限全体股东作为发起人，将有限公司整体变更设立为股份有限公司。

（资料来源：栋方股份《公开转让说明书》第 13 – 17 页）

有限公司增资的手续比股份有限公司简单，很多公司选择改制前增资。改制前增资，如果引入机构投资者，鉴于有限公司的治理机制可能存在瑕疵，一般机构投资者会要求和公司原投资者签订对赌协议。

由于有限公司的股东人数不能超过 50 人，如果引入较多的投资者，也可以在改制后增资。新三板挂牌公司中有很多公司是在改制后增资。

【案例 2 – 11】
改制后增资案例（硅谷天堂　833044）

硅谷天堂资产管理集团股份有限公司（硅谷天堂　833044）2015 年 7 月 30 日挂牌。公司主要进行投资管理、资产管理和投资咨询。

硅谷天堂由硅谷天堂创业投资有限公司（以下简称"硅谷有限"）整体变更设立。硅谷有限成立于 2006 年 8 月，成立时注册资本 5 000 万元。2010 年 11 月 19 日，硅谷有限原股东 45 人将硅谷有限整体变更设立硅谷天堂。

2010 年 12 月 15 日，公司增资 5 000 万元，总股本由 15 000 万股增至 20 000 万股，引入深圳市兴东立创业投资合伙企业（有限合伙）等相关新股东。增资后，公司股东增至 51 人。

（资料来源：硅谷天堂《公开转让说明书》第 36 – 53 页）

（二）操作阶段

拟改制挂牌企业经过改制准备阶段的工作，历史遗留问题经规范符合企业在新三板挂牌的条件，已经具备实现改制目标的基础时，才可以进行改制操作阶段的工作。

改制操作阶段的工作主要包括以下步骤：

1. 启动股份制改造

有限责任公司召开董事会，决议进行改制，确定改制基准日；决议聘请中介机构，启动改制工作。如果有限公司没有董事会（只设执行董事）的，执行董事需要就启动改制提交工作报告。

2. 办理变更名称预核准

到有限责任公司登记的工商行政管理部门办理拟成立股份有限公司名称预核准手续，该名称预核准有效期为 6 个月。

3. 报表审计

企业完成以改制基准日为会计报表日的会计核算、封账工作。会计师事务所出具审计报告初稿，与企业、主办券商、律师事务所、评估事务所（如需）进行沟通后，出具正式《审计报告》。

4. 资产评估

根据《国有资产评估管理办法》（国务院令第 91 号）、《国有资产评估管理办法施行细则》（国有资产管理局国资办发〔1992〕36 号）、《国有资产评估管理若干问题的规定》（财政部令第 14 号）和《企业国有资产评估管理暂行办法》（国有资产管理局 12 号令）等，国有企业整体或者部分改制为股份有限公司，需要进行资产评估。

评估机构对企业改制基准日经审计的净资产进行评估，出具评估报告初稿，与企业、主办券商、会计师事务所、律师事务所进行沟通后，出具正式《资产评估报告》。

5. 召开股东会

有限责任公司召开股东会，审议《审计报告》《资产评估报告》（如需）以及改制方案，就整体折股方案、出资方式、出资比例、变更公司类型等事项作出决议。股东会应当提前 15 日通知全体股东（公司章程或全体股东另有约定的除外）。股东会作出变更公司形式的决议必须经代表三分之二以上有表决权的股东通过。

6. 签订发起人协议

公司在律师的指导下，批准发起人协议。股份公司发起人签订发起人协议，确定各发起人的股权比例，设立股份有限公司筹备委员会，或指定专人负责筹备事宜，发出召开股份有限公司创立大会暨第一次股东大会的通知。

7. 验资

中介机构进行验资，出具《验资报告》（如需）。

8. 制作规章制度

公司在律师的指导下，制作《股份有限公司章程（草案）》及"三会"议事规则、《关联交易管理办法》等规章制度，准备申办工商变更登记的相关文件。

9. 召开职工大会（如需）

召开职工大会选举职工监事和职工董事（如需）。

10. 召开创立大会暨第一届股东大会

发起人应当在创立大会召开 15 日前将会议日期通知各认股人。创立大会应有代表股份总数过半数的发起人出席。创立大会通常行使下列职权：审议发起人关于公司筹办情况的报告；通过公司章程；选举董事会成员（5—19 人）；选举监事会成员（3 名以上，职工监事须占三分之一以上）；对公司的设立费用进行审核；对发起人用于抵作股款的财产的作价进行审核；发生不可抗力或者经营条件发生重大变化直接影响公司设立的，可以作出不设立公司的决议。创立大会一般也将审议通过股东大会议事规则、董事会议事规则、监事会议事规则、对外投资制度、对外担保制度、关联交易制度等。

11. 召开董事会和监事会

召开董事会，选举董事长，决定聘任经理；召开监事会，选举监事会主席等。

12. 准备申报资料

公司准备整体变更为股份有限公司的相关申报资料。

13. 申请变更登记

向工商行政管理部门申请变更登记，领取股份有限公司企业法人营业执照。

（三）收尾阶段

改制收尾阶段，主要应做好以下后续工作：制作股份有限公司公章，变更相关证照、账户名称，办理相关资产和资质过户手续；通知客户、供应商、债权债务人等利益相关人公司改制更名事宜；制定修改公司内部规章制度，完善公司治理和内部控制。

拟改制挂牌企业改制收尾阶段的主要工作如下：

1. 制作股份有限公司公章，变更相关证照、账户名称，办理相关资产和资质过户手续

公司应制作股份有限公司公章，去税务机关、开户银行、社保机构、质监局、海关（如需）、外管局（如需）等单位将原有限责任公司名下的所有证照、账户名称变更至股份有限公司名下，包括组织机构代码证、税务登记证、银行开户许可证、银行贷款证（如有）、社保基本户等。

公司属于特殊行业的，需办理相关的行业许可证名称变更手续，如特许经营权证书，生产型企业的生产许可证，进出口企业的对外贸易经营资格备案表、海关报关注册登记证、检验检疫备案证书，外商投资企业批准证书（外资企业）等。

原有限责任公司名下所有登记公示的资产（如土地、房产、车辆、知识产权）及资质证书，应及时更名过户至股份有限公司名下。

2. 通知客户、供应商、债权债务人等利益相关人公司改制更名事宜

公司取得股份有限公司企业法人营业执照后，应及时将公司改制更名事宜告知客户、供应商、债权债务人等利益相关人，以便公司对外账务往来、订立合同、收开发票等业务顺利进行。

3. 制定、修改公司内部规章制度，完善公司治理和内部控制

股份有限公司应在中介机构的指导下，制定、修改公司各项规章制度，完善公司内部控制。制定、完善公司治理的配套规则，健全公司财务管理，做到业务、资产、人员、财务、机构独立完整。

二、改制成本

改制成本主要来自于以下 3 个方面：

（一）规范成本

企业规范成本主要包括：建立健全公司治理机制，完善内部控制，维持其正常运行的成本，如董事会、监事会和股东大会的运行成本；规范历史经营中遗留问题的支出，如补缴出资、补缴欠税、不合规问题纠正及风险化解支出等。董事会、监事会和股东大会的运行和规范，在第四章中有详细的阐述。这里仅涉及历史遗留问题的规范，主要是补缴出资和补缴欠税两种情况。

1. 补缴出资

合法出资是挂牌新三板"依法设立"条件中的核心部分。出资不实必然影响挂牌新三板的主体的合法性。因此，无论是中介机构还是全国股转系统公司，对出资问题都会重点关注，这也是挂牌新三板不容触碰的红线。公司历史沿革中，凡是涉及出资的问题，比如实物资产未评估、资产权属有争议等，大多要求股东以其他资产来弥补。补缴出资案例参见案例 2 – 5。补缴出资会给股东带来额外压力。

2. 补缴欠税

补缴欠税支出是规范成本中涉及金额较大的部分。很多有限责任公司在业务运营中或多或少存在少计收入、将与销售收入无直接关系的成本做税前抵扣和用于税前抵扣的票据不规范等问题。比如，阿里巴巴集团和北京大学国家发展研究院在 2012 年发布《中西部小微企业经营与融资现状调研报告》称，受访企业有 9 成承认逃税。非公众公司没有强制披露义务，不需要注册会计师进行年度审计，仅需要对税务机关进行纳税申报。除非税务机关来公司查账，公司存在的种种问题会被隐藏起来。

当公司申请挂牌新三板成为非上市公众公司时，由主办券商牵头，律师出具法律意见书，会计报表经注册会计师审计。主办券商和注册会计师会要求公司规范历史遗留问题。如果中介机构未发现问题或发现问题后未能要求公司进行规范，挂牌后问题被曝光，中介机构也会承担法律责任。因此，补缴欠税问题是改制涉及的难点和重点问题之一。

补缴欠税问题，可能涉及企业所得税、个人所得税、增值税、营业税和取得不恰当的税收优惠等。在实际操作中，部分企业选择了补税。除了规范公司运营，选择补税的一个很重要的原因是希望公司披露的财务报表体现更多的利润，当进行定增或者股权转让时，每股价格可以更高一些。但是，进行改制时，前几年的税表早就交上去了，如果突然大幅调整，不仅挂牌时会引起全国股转系统公司的关注，未来可能还有法律风险隐患。通常的做法是，通过以前年度会计差错调整，补缴税款和（或）滞纳金，但不能被处罚；取得主管税务机关出具的相关证明。

目前还没有处罚新三板挂牌财务造假的先例。因此，也有部分企业融资和股权转让意愿不强时，选择改制前不补税，直接披露造假的但与之前给税务部门一致的财务报表。

【案例 2 - 12】

补缴欠税案例（勇辉生态　833087）

绵阳市勇辉生态农业股份有限公司（勇辉生态　833087）2015 年 8 月 4 日挂牌。公司主要从事牲畜、家禽的饲养以及农产品初加工。根据《中华人民共和国企业所得税法实施条例》的规定，自 2008 年 1 月 1 日起，公司免征企业所得税。勇辉生态报送挂牌材料时，已取得地税主管部门关于公司合法合规纳税的证明。

勇辉生态 2015 年进行 2014 年企业所得税汇算，汇算清缴在当地地税所已经完成并缴纳相关的税费，上级地税部门在审核时发现根据最新审批制度需要重新履行审批手续。

勇辉生态请中信和润税务师事务所对公司历年账务进行了税务自查清理。在税务自查清理过程中，根据税务师事务所提出的专业建议，结合税法规定，主要对历年政府补贴收入进行调整，并于 2015 年度一次性补缴了企业所得税及滞纳金 1 974 558.56 元，其中企业所得税 1 330 862.17 元，滞纳金 643 696.39 元；同时补缴营业税金及附加费 166 559.98 元，共计 2 141 118.54 元。

主管税务部门未对公司上述事项给予处罚。勇辉生态披露时认为本事项应为会计前期差错，拟采用追溯重述法调整更正相应年度财务报表。

（资料来源：勇辉生态《关于自查补缴税款的公告》）

（二）重组成本

企业重组成本主要包括：为更有利于企业未来发展和资本运作，进行业务调整，资产置换、剥离、处置，股权调整，股权激励等操作所支出的税费。

（三）中介机构费用

中介机构费用主要包括：主办券商财务顾问费用、律师费用、会计师事务所审计费用、资产评估费用等。

中介机构费用由企业和中介机构自由协商确定。企业应当在自身业务的复杂程度、市场平均价格水平、中介机构的声誉及执业质量三者之间寻找平衡，不应当一味追求低成本。如果只挂牌新三板，不在挂牌时同时定增，一般主办券商的费用在 100 万到 200 万元之间，律师和会计师的费用均在 30 万至 50 万元之间。如果涉及定增，会按照定增时能够获得资金的一定比例收取费用。

中介机构费用和公司规模、业务复杂程度有一定关系，但和规模大小的相关程度不大。因此，对于中小微企业来说，中介机构费用仍是一笔不小的支出。目前，很多地方政府出台了鼓励企业改制及挂牌的补贴政策，一般可以覆盖中介机构费用。

三、折股方案

整体变更股份制改造方式下，公司以经审计的账面净资产值整体折股作为股份有限公司发起人股东的出资，这样变更后，存续时间可以从有限责任公司成立之日起计算。

改制时，非国有企业可以进行资产评估，国有企业必须进行资产评估。改制企业经评估的净资产值不应低于审计的净资产值。这样，改制企业经评估的净资产值都会高于审计的净资产值。但是，以评估的净资产值进行评估调账作为改制的发起人出资额，公司连续经营时间将中断，视同新设股份有限公司，重新计算经营期。因此，如果公司希望通过改制达到快速挂牌新三板的目的，不能以评估的净资产值作为改制的发起人出资额。

公司经审计的净资产值应按照一定的比例折合成股份有限公司股份，这就是公司的整体折股方案。整体折股方案的法定要求是折股比例不能低于 1∶1，因为《公司法》要求设立公司时每股净资产不能低于 1 元。经审计的净资产值和公司股份数的差额部分计入资本公积。折股数量和折股比例应根据企业的规模和股东的要求制定。

实务中，有限责任公司改制折股方案大体可以分为两种：第一种是公司改制后的股本和原有限责任公司的实收资本相等，第二种是公司经审计的净资产值折合形成的股份大于原有限责任公司实收资本。不存在公司经审计的净资产值折合形成的股份小于原有限责任公司实收资本的情况。

（一）按原实收资本折股

如果公司改制后的股本和原有限责任公司的实收资本相等，公司只需要将基准日经审计的除实收资本外的全部所有者权益转入资本公积。这种改制折股方案不涉及任何公司和股东的纳税义务。

【案例2－13】

按原实收资本整体折股改制（中喜生态　831439）

中喜生态产业股份有限公司（中喜生态　831439）2014年12月8日挂牌。公司的主营业务是苗木研发、培育及销售。

中喜生态是由中喜园林产业有限责任公司（以下简称"中喜有限"）整体变更设立。审计基准日2014年5月31日，中喜有限的净资产133 475 962.82元，实收资本5 000万元。中喜有限将经审计的净资产按1：0.3746的比例折合为中喜生态的股份，折合后公司股本为5 000万元，每股面值1元，股份共计5 000万股；剩余净资产83 475 962.82元计入资本公积。全体股东以其在中喜有限拥有的净资产份额认购中喜生态股份，各股东按其在中喜有限的出资比例持有股份有限公司的股份。

（资料来源：中喜生态《公开转让说明书》第20－21页）

按原实收资本折股看上去比较简单，实际上很多企业在改制前已经通过增资或者股权转让等手段，完成了达到一定股份规模以及实际控制人掌握足够股权的操作。

（二）大于原实收资本折股

选择经审计的净资产值折合形成的股份大于原有限责任公司实收资本的折股方案，可以在改制时扩大公司股本，使得公司规模看上去大一些，这对一些小公司比较有吸引力。比如，2014年前的旧《公司法》有规定500万元是股份有限公司法定资本最低限额，因此小公司认为股本达到500万元会显得公司比较规范。2015年出台的新三板分层指南要求成长型公司股本不少于2 000万元，也可以看出达到一定股本金额对于公司具有吸引力。

但是，大于原实收资本折股可能产生股东个人所得税。根据《国家税务总局关于盈余公积金转增注册资本征收个人所得税问题的批复》（国税函〔1998〕333 号）、《国家税务总局关于进一步加强高收入者个人所得税征收管理的通知》（国税发〔2010〕54 号）等法律、法规的要求，有限责任公司整体变更为股份有限公司时，自然人股东将未分配利润、盈余公积和除股票溢价发行外的其他资本公积转增注册资本和股本时，公司股东应当按照"利息、股息、红利所得"项目计征个人所得税。

当折合的公司股份比原注册资本多时，实质就是公司以未分配利润等转增股本。除股份溢价形成的资本公积转增注册资本和股本不产生个人所得税，其他项目从税法上讲都涉及个人所得税。

自 2003 年开始，个人所得税由地方税务局征收，中央和地方共享，中央占 60%，地方占 40%。在实际操作中，各地方政府为培育中小企业挂牌或上市，对于拟挂牌或上市企业改制时转增股本自然人股东缴纳个人所得税问题，纷纷出台地方政策，或者给予一定的宽限期，或者延至成功挂牌或上市时再缴纳。

【案例 2－14】

大于原实收资本整体折股改制（天劲股份　831437）

广东天劲新能源科技股份有限公司（天劲股份　831437）2014 年 12 月 8 日挂牌。公司主要经营锂离子电池、电芯的研发、生产及销售业务。

2014 年 5 月 30 日，大华会计师事务所出具了"大华审字〔2014〕005550 号"《审计报告》，截至审计基准日 2014 年 2 月 28 日，天劲有限经审计的净资产为 32 072 917.72 万元，实收资本 1 000 万元。2014 年 6 月 3 日，中通诚资产评估有限公司出具了"中通评报字〔2014〕126 号"《资产评估报告》，截至评估基准日 2014 年 2 月 28 日，天劲有限净资产评估值为人民币 3 619.06 万元。

2014 年 6 月 3 日，天劲有限以公司经审计的净资产 32 072 917.72 元折合为股份有限公司的股本总额 30 000 000 股（每股面值 1 元），折股后公司股东持股比例不变，净资产与注册资本之间的差额计入资本公积。

深圳市人民政府于 2009 年 4 月 23 日召开了市中小企业上市培育工作领导小组会议并形成《市政府办公会议纪要》（190）号，会议决议："关于拟上市企业改制时转增股本自然人股东缴纳个人所得税问题，请市地税局研究具体办法，总的原则是要给予一定的宽限期，或延至成功上市时再缴纳。"

针对企业整体变更过程中导致的自然人股东缴纳个人所得税问题，股东曾洪华、曾宪武及叶茂均承诺："如相关税收征管机关要求天劲股份就整体变更之事宜代本人扣缴相关的个人所得税，本人将自行履行纳税义务，并自愿承担由此引起的全部滞纳金或罚款；如因此导致天劲股份承担责任或遭受损失，本人将及时、足额地向天劲股份赔偿其所发生的与此有关的所有损失。"

主办券商认为：鉴于深圳市人民政府办公厅《市政府办公会议纪要》（190）号已对整体变更涉及的个人股东所得税确定了缓缴的指导性原则，且自然人股东曾洪华、曾宪武和叶茂已出具切实、有效的补缴个人所得税的承诺，上述自然人股东未缴纳个人所得税的情形不会对天劲股份新三板挂牌构成实质障碍。

律师认为：有限责任公司整体变更设立股份有限公司时股东未缴纳个人所得税的情形不会对本次挂牌造成实质性影响。

（资料来源：天劲股份《公开转让说明书》《主办券商推荐报告》和《律师意见书》）

在案例 2 - 14 中，天劲有限的实收资本是 1 000 万元，改制为股份有限公司，折合股份 3 000 万元，增加了 2 000 万元。如果按照 20% 的税率，整体变更会导致自然人股东缴纳个人所得税 400 万元。

天劲有限是深圳公司，鉴于深圳市人民政府办公厅《市政府办公会议纪要》（190）号已对整体变更涉及的个人股东所得税确定了缓缴的指导性原则，深圳地方税务局不会要求股东在企业整体变更时缴纳个人股东所得税。但为避免未来的法律纠纷，主办券商和律师在出具同意意见前，都会要求股东承诺如相关税收征管机关要求公司就整体变更之事宜代股东扣缴相关的个人所得税，股东将自行履行纳税义务，并自愿承担由此引起的全部滞纳金或罚款；如因此导致公司承担责任或遭受损失，股东将及时、足额地向公司赔偿其所发生的与此有关的所有损失。

四、特殊类型企业改制

新三板的挂牌主体，多数是由自然人设立的有限责任公司整体变更形成的股份有限公司。但一些特殊类型的公司，可能经过复杂的历史沿革。核准挂牌主体是否合法，需要诊断主体从最初设立到申请挂牌前的全部变更过程是否合法。

（一）事业单位改制

申请挂牌主体如果是由事业单位或者事业单位的附属单位变更设立，不仅需要诊断从有限责任公司整体变更为股份有限公司过程是否合法，而且需要诊断事业单位或者事业单位的附属单位改制为有限责任公司的过程是否合法。

2011 年 3 月 23 日，中共中央国务院关于分类推进事业单位改革的指导意见，在清理规范基础上，按照社会功能将现有事业单位划分为承担行政职能、从事生产经营活动和从事公益服务 3 个类别。对从事生产经营活动的，逐步将其转为企业。

实际上，在 2011 年之前，已经有大量从事生产经营活动的事业单位或者事业单位的附属单位转变为企业。由于事业单位分布较广、类型复杂，转变为企业时并未有统一的要求，可以灵活选择企业组织形式。一般来说，事业单位转企改制有 3 种选择（如图 2-6 所示）。第一，事业单位或者事业单位的附属单位直接改制为股份有限公司。但是，改制为股份有限公司不仅要引入资本，而且对公司规范性的要求较高，因此较少被选用。第二，事业单位或者事业单位的附属单位改制为有限责任公司。改制为有限责任公司可以引入资本，并且治理结构灵活，这是很多事业单位选择的转企改制方案。第三，事业单位或者事业单位的附属单位改制为国有独资公司。改制为国有独资公司这种特殊的有限责任公司，不需要引入资本，可能涉及的国有资产流失问题会少一些，因此主管部门在避免承担过多责任的情况下，倾向选择这种方案。

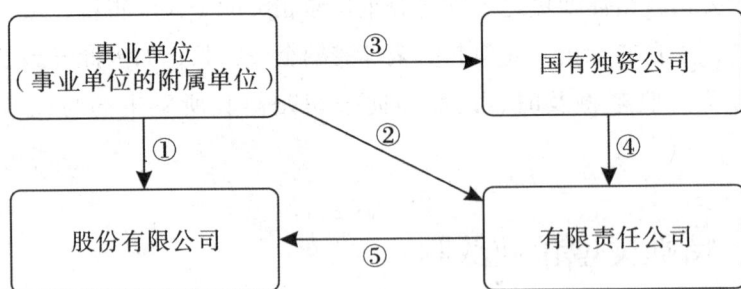

图 2-6　事业单位改制路径

申请挂牌的股份有限公司，如果是从事业单位或者事业单位的附属单位转企改制逐步变更形成的，可能存在以下 3 种路径：

1. 一步走的路径

一步走的路径即事业单位直接改制为股份有限公司，实质上是以事业单位或者事业单位的附属单位经过清产核资后的资产出资，与其他发起人一起发起设立股份有限公司。这种情况下，与其他发起新设股份有限公司一样，依法设立诊断只需要进行新设合法诊断。

2. 两步走的路径

两步走的路径即事业单位或者事业单位的附属单位首先改制为有限责任公司，然后有限责任公司整体变更为股份有限公司。

3. 三步走的路径

三步走的路径即事业单位或者事业单位的附属单位首先改制为国有独资公司，然后国有独资公司改制为有限责任公司，最后有限责任公司整体变更为股份有限公司。

【案例 2 - 15】

事业单位分步改制案例（瑞纽机械　831203）

上海瑞纽机械股份有限公司（瑞纽机械　831203）2014 年 10 月 24 日挂牌。公司主要从事核电和铁路专用设备的研发、生产、销售、维修及技术服务。

瑞纽机械最初为上海理工大学的附属工厂，属于事业单位的附属单位。从事业单位的附属单位到股份有限公司，经历了 3 次改制。

一、事业单位的附属单位改制为国有独资公司

2009 年 3 月 27 日，上海理工大学向上海市教育委员会提交《上海理工大学关于附属工厂、附属二厂改制的请示》（上理工〔2009〕29 号），经上海理工大学校长办公会讨论决定，将附属工厂的资产划转至附属二厂，再将附属二厂整体改制变更为一人有限责任公司；同时提请对资产划入后的附属二厂整体资产进行评估及评估备案。

2009 年 4 月 29 日，上海市教育委员会出具《上海市教育委员会关于同意上海理工大学附属工厂和附属二厂进行企业改制的批复》（沪教委国资〔2009〕20 号），同意将上海理工大学附属工厂整体资产划转至上海理工大学附属二厂，将上述二者合并，并对合并后的上海理工大学附属二厂整体资产进行评估和评估备

案；合并后改制成上海理工资产法人独资的一人有限责任公司，名称为上海瑞纽机械装备制造有限公司，注册资本为 1 115.00 万元。

2009 年 5 月 15 日，上海沪港金茂会计师事务所有限公司出具《上海理工大学附属工厂净资产审计报告》［沪金审财（2009）第 F246 号］，截至 2009 年 4 月 30 日，上海理工大学附属工厂净资产为 8 514 472.79 元。上海沪港金茂会计师事务所有限公司出具上述报告时持有企业法人营业执照（3101062011022），营业范围中包括资本验证、专项审计及清算等，具备国有资产审计资格。

2009 年 7 月 30 日，上海东洲资产评估有限公司出具《企业价值评估报告》，上海理工大学附属二厂整体价值为 79 270 000.00 元。上海东洲资产评估有限公司出具《企业价值评估报告》时持有企业法人营业执照（310226000077229），营业范围中包括企业资产评估及咨询（A 级）。此外，上海东洲资产评估有限公司持有财政部和中国证券监督管理委员会共同颁布的《证券期货相关业务评估资格证书》（证书编号：0210049005）和上海市国有资产监督管理委员会颁布的《资产评估资格证书》（第 31020001 号），具备国有资产评估资格。

2009 年 8 月 27 日，立信会计师事务所有限公司出具《验资报告》［信会师报字（2009）第 24182 号］，验证公司净资产为 50 270 000.00 元，注册资本为 11 150 000.00 元，差额计入资本公积。2009 年 8 月 28 日，公司就上述事项依法办理了工商变更登记手续。

二、国有独资公司改制为有限责任公司

2009 年 11 月 20 日，上海市教育委员会出具《上海市教育委员会关于同意上海瑞纽机械装备制造有限公司融资改制的批复》（沪教委国资〔2009〕56 号），同意公司改制为多元合作投资的有限责任公司。2009 年 11 月 29 日，公司召开股东会作出决议，同意新增注册资本 10 712 745.00 元，分别由元福投资、瑞纽投资、通合投资、通合弦月投资、乾慧投资 5 家机构和焦峰、谢铭刚、贺明健、卫文江 4 位自然人以货币认缴，增资价格为每单位注册资本 4.87 元。

三、有限责任公司整体变更为股份有限公司

2013 年 11 月 8 日，公司召开股东会并作出决议，同意有限责任公司整体变更为股份有限公司，聘请立信会计师事务所和银信资产评估有限公司作为审计和评估机构。

2014 年 2 月 18 日，立信会计师事务所（特殊普通合伙）出具了《审计报告》（信会师报字〔2014〕第 120763 号）。截至 2013 年 12 月 31 日，有限责任公司净资产为 133 661 873.59 元。

2014 年 2 月 20 日，银信资产评估有限公司出具《上海瑞纽机械装备制造有限公司股份制改制股东全部权益价值评估报告》[银信资评报（2014）沪第 75号]。截至 2013 年 12 月 31 日，有限责任公司净资产评估值为 18 964.19 万元。

2014 年 2 月 28 日，上海市教育委员会出具《上海市教育委员会关于同意上海瑞纽机械装备制造有限公司股份制改制及资产评估立项的批复》（沪教委国资〔2014〕4 号），同意上海理工大学对上海瑞纽机械装备制造有限公司进行改制，改制后的公司名称为"上海瑞纽机械股份有限公司"，总股本 3 000.00 万元，上海理工资产认购 1 530.00 万股，占总股本的 51.00%；同意上海瑞纽机械装备制造有限公司整体资产进行评估立项，评估基准日为 2013 年 12 月 31 日。

2014 年 3 月 23 日，有限责任公司召开股东会并作出决议，同意将经审计的净资产 133 661 873.59 元中的 30 000 000.00 元折合 30 000 000.00 股作为股份有限公司股本总额，每股面值 1.00 元，剩余 103 661 873.59 元净资产转入股份有限公司资本公积金。原有 7 名股东以其在有限责任公司拥有权益所对应的有限责任公司净资产按发起人协议的约定投入股份责任公司，各发起人的持股比例不变。2014 年 3 月 23 日，有限责任公司全体股东签署了发起人协议。

2014 年 3 月 23 日，公司依法召开了股份责任公司创立大会，审议通过了股份责任公司章程，选举了第一届董事会成员及第一届监事会中的非职工代表监事，审议股份责任公司筹备工作及费用情况。

2014 年 4 月 8 日，立信会计师事务所（特殊普通合伙）出具《验资报告》（信会师报字〔2014〕第 122608 号），截至 2014 年 3 月 31 日，公司已收到全体股东以其拥有的公司净资产折合的股本 30 000 000.00 万元。

2014 年 4 月 25 日，上海市工商行政管理局向股份有限公司核发了企业法人营业执照（注册号：310112000034321）；公司住所：浦东新区宣桥镇园德路 105号；法定代表人：谢铭刚；注册资本：30 000 000.00 万元；公司类型：股份有限公司。

（资料来源：瑞纽机械《公开转让说明书》第 14 - 23 页）

（二）外商投资企业改制

外商投资企业分为中外合资经营企业、中外合作经营企业和外资企业。

根据《中外合资经营企业法》《中外合资经营企业法实施条例》的规定，外商投资企业若为中外合资经营企业，其组织形式为有限责任公司。

根据《中外合作经营企业法》《中外合作经营企业法实施细则》的规定，外商投资企业若为中外合作经营企业，其组织形式包括依法取得中国法人资格的合作企业和不具有法人资格的合作企业，若合作企业依法取得中国法人资格的，为有限责任公司。

根据《外资企业法》《外资企业法实施细则》的规定，外商投资企业若为外资企业，其组织形式为有限责任公司，但经批准也可以为其他责任形式。

实践中，外商投资企业一般是依据前述的法律、法规设立的，因此外商投资企业不论是中外合资经营企业、中外合作经营企业还是外资企业，一般的组织形式是有限责任公司。因此，在新三板挂牌上市前，外商投资企业一般会先进行改制，将公司整体变更为股份有限公司。其中，外资企业属外商独资企业，整体变更为股份有限公司前还须引入中国股东。

外商投资企业变更为股份有限公司主要是依据《关于设立外商投资股份有限公司若干问题的暂行规定》（外经贸部令1995年第1号）。

【案例2-16】
外商投资企业整体改制案例（展唐科技　430635）

展唐通讯科技（上海）股份有限公司（展唐科技　430635）2014年2月19日挂牌。公司主要从事基于TD-SCDMA无线通信解决方案及终端产品（手机整机、模块、主板等）的研发、设计、生产和销售。

展唐科技于2013年9月6日由展唐通讯科技（上海）有限公司（以下简称"展唐有限"）整体变更形成。

2013年2月1日，立信会计师事务所（特殊普通合伙）对展唐有限截至2012年11月30日的财务报表进行了审计，并出具了编号为信会师报字〔2013〕第150571号的《审计报告》，经审计确认的展唐有限2012年11月30日账面净资产为人民币85 054 028.21元。

2013年2月5日，银信资产评估有限公司出具银信资评报字（2012）沪第614号《展唐通讯科技（上海）有限公司拟股份制改制净资产评估报告》，经评估，截至2012年11月30日，展唐有限的所有者权益（净资产）清查调整后账面值为8 505.40万元，评估值为人民币8 821.61万元。

2013 年 5 月 8 日，上海市商务委员会下发《市商务委关于同意展唐通讯科技（上海）有限公司改制为外商投资股份有限公司的批复》（编号：沪商外资批〔2013〕1567 号）。

2013 年 5 月 10 日，上海市人民政府向公司换发《中华人民共和国外商投资企业批准证书》（编号：商外资沪股份字〔2007〕2985 号）。

2013 年 5 月 17 日，展唐通讯科技（上海）股份有限公司召开了创立大会暨第一次股东大会、第一届董事会第一次会议、第一届监事会第一次会议，分别对公司整体变更设立股份有限公司、公司筹办情况、公司章程、董事会与监事会设立与人员选举等事项进行了讨论，并形成了会议决议。展唐通讯科技（上海）有限公司整体变更为股份有限公司，按不高于评估后的净资产折股，折合股本总额 80 000 000 股，每股人民币 1 元，注册资本为人民币 80 000 000 元，折股比例是 1∶0.965 3，净资产超过注册资本部分，共计 2 877 176.78 元进入资本公积。

2013 年 8 月 28 日，立信会计师事务所（特殊普通合伙）接受验资委托，出具了信会师报字〔2013〕第 113802 号《验资报告》。截至 2013 年 5 月 17 日，公司已收到全体股东经评估的净资产折股缴纳的注册资本 80 000 000 元，超过认缴的注册资本金额人民币 2 877 176.78 元计入资本公积。

2013 年 9 月 6 日，上海市工商行政管理局准予企业进行整体改制，有限责任公司的整体改制经过了董事会和股东大会的表决同意，评估师事务所出具了评估报告，会计师事务所出具了验资报告，公司办理了相关变更手续，本次改制符合公司章程和法律法规相关规定。

（资料来源：展唐科技《公开转让说明书》第 19 - 20 页）

第三章　企业挂牌条件二：
业务明确与持续经营能力

　　上章探讨了申请新三板挂牌的首要条件诊断主体资格问题，即必须是"依法设立且存续满两年"。接下来，需要诊断公司的经营资格问题，即公司可以依法开展哪些业务，是否具备经营这些业务的持续能力。简言之，"公司是做什么的、是否合法合规、能否持续经营下去"。由于新三板是为创新型、创业型、成长型中小微企业发展服务，为了不把那些尚未盈利但具有较强经营活动和未来发展潜力的中小微企业挡在门外，监管部门在对公司业务及其财务方面挂牌条件的设置上给予了极大的包容性，对其利润、收入、资产规模等硬性财务指标不设门槛，但要求申请挂牌公司必须"业务明确，具有持续经营能力"，这是一个原则导向的挂牌条件，主观性较强。因此，如何诊断申请挂牌公司的业务是否明确、是否具有持续经营能力，就成为企业、主办券商、会计师事务所、律师事务所等中介机构，全国股转系统公司或证监会、机构投资者或个人投资者等共同关注的焦点和难点问题之一。

　　本章主要讨论公司"业务明确"和"持续经营能力"的诊断与评估问题。

第一节　概述

一、对"业务明确，具有持续经营能力"认定标准的阐释

根据《挂牌条件标准指引》，对挂牌条件"业务明确，具有持续经营能力"的认定标准的阐释如下：

（一）业务明确

业务明确，是指公司能够明确、具体地阐述其经营的业务、产品或服务、用途及其商业模式等信息。

公司可同时经营一种或多种业务，每种业务应具有相应的关键资源要素，该要素组成应具有投入、处理和产出能力，能够与商业合同、收入或成本费用等相匹配。

（1）公司业务如需主管部门审批，应取得相应的资质、许可或特许经营权等。

（2）公司业务须遵守法律、行政法规和规章的规定，符合国家产业政策以及环保、质量、安全等要求。

（二）持续经营能力

持续经营能力，是指公司基于报告期内的生产经营状况，在可预见的将来，有能力按照既定目标持续经营下去。

（1）公司业务在报告期内应有持续的营运记录，不应仅存在偶发性交易或事项。营运记录包括现金流量、营业收入、交易客户、研发费用支出等。

（2）公司应按照《企业会计准则》的规定编制并披露报告期内的财务报表，公司不存在《中国注册会计师审计准则第1324号——持续经营》中列举的影响其持续经营能力的相关事项，并由具有证券期货相关业务资格的会计师事务所出

具标准无保留意见的审计报告。

财务报表被出具带强调事项段的无保留审计意见的，应全文披露审计报告正文以及董事会、监事会和注册会计师对强调事项的详细说明，并披露董事会和监事会对审计报告涉及事项的处理情况，说明该事项对公司的影响是否重大，影响是否已经消除，违反公允性的事项是否已予纠正。

（3）公司不存在营业期限届满，股东大会决议解散，被吊销、撤销或责令关闭等依据《公司法》第一百八十一条规定解散的情形，或法院依法受理重整、和解或者破产申请。

二、对"业务明确，具有持续经营能力"的诊断路径

综上所述，尽管对诊断申请挂牌公司是否"业务明确，具有持续经营能力"具有较强的主观性，但在"可把控、可举证、可识别"的原则指导下，可采取"六看"的分析路径，如图3-1所示。

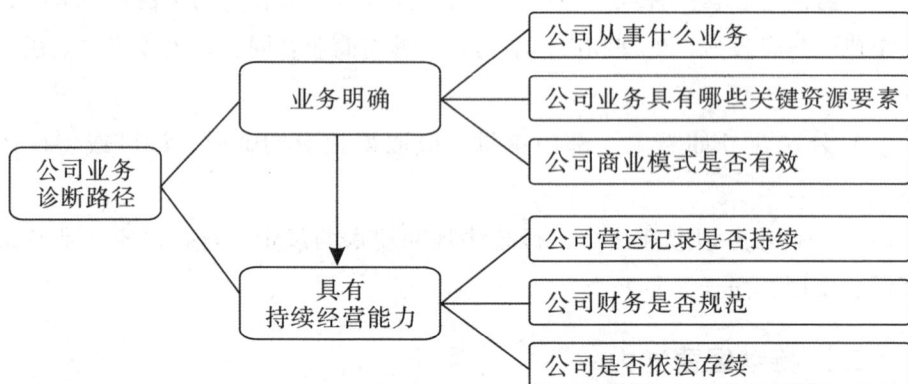

图3-1　公司业务明确且具有持续经营能力的诊断路径

（一）"业务明确"的三看

一看公司从事什么业务。即提供哪些产品或服务，有何用途；属于哪个行业，行业前景如何；公司业务是否合法合规，即是否需要取得相关资质、许可或特许经营权，是否符合国家产业政策以及环保、质量、安全等要求。

二看公司业务具有哪些关键资源要素。这些要素包括技术与研发情况、主要无形资产、业务资质、重要固定资产、员工情况等。

三看公司商业模式是否有效。即公司如何运用其拥有的关键资源要素提供产品或服务，面向哪些客户，以何种方式营销，收益和现金流情况如何，未来成长性的潜力如何等。

（二）"持续经营能力"的三看

一看公司营运记录是否持续。即公司业务在报告期内是否有持续的现金流量、营业收入、交易客户、研发费用支出等营运记录。

二看公司财务是否规范。包括公司本身对企业会计准则的遵循情况、会计师事务所对其财务报表的审计意见类型。

三看公司是否依法存续。即公司是否存在营业期限届满，股东大会决议解散，被吊销、撤销或责令关闭等依据《公司法》规定解散的情形，或法院依法受理重整、和解或者破产申请。

【案例 3 - 1】

主办券商对"业务明确，具有持续经营能力"的认定

广州汇量网络科技股份有限公司（汇量科技　834299）2015 年 11 月 25 日挂牌。其主营业务为移动数字营销业务以及移动网游海外发行业务。

中信建投证券股份有限公司在《关于推荐广州汇量网络科技股份有限公司进入全国中小企业股份转让系统的推荐报告》：

汇量科技创立之初主营技术服务及代理业务，该业务未实现规模化运作。随着我国经济发展转型的逐步深化和移动互联网产业的快速发展、无线应用种类持续丰富、数字营销需求呈爆发式增长。2015 年 5 月，汇量科技直面机遇，通过资产重组方式整体引入 Mobvista 业务体系和管理团队，立足中国放眼世界，搭建全球移动互联网广告投放平台，主营业务转型为移动数字营销服务和移动网游海外发行业务，业务明确。

对于移动数字营销服务，主要通过全球移动数字广告投放平台 Mobvista 为广告主提供产品推广服务；对于移动网游海外发行业务，公司搭建了 Vstargame 发行平台，为游戏内容开发商提供面向海外的一体化发行服务。与现有业务体系相对应，公司已在流量来源、技术储备、运营体系等关键资源要素方面形成了体

系，并已向广泛的客户群提供了服务，该等要素组成应具有投入、处理和产出能力，能够与其商业合同、收入或成本费用等相匹配。

公司的经营并不需要取得资质或许可，亦不存在超越资质、经营范围，使用过期资质的情形。

公司所在行业不属于重污染行业。公司日常经营过程中不涉及建设项目的环保合规性，不涉及办理排污许可、环评等行政许可的情况。公司日常生产经营遵守相关环保规定，公司日常环保经营合法合规，不存在环保违法和受处罚的情况。公司不需要取得相关部门的安全生产许可。公司日常经营不涉及建设项目安全设施验收等安全生产相关问题。公司不存在安全生产方面的事故、纠纷、处罚。

公司已建立了质量控制体系，并在实际运营中遵照质量控制体系和相关法律法规、规范性文件进行质量控制。公司不存在因违反有关产品质量和技术监督方面的法律法规而受到处罚的情形。

Mobvista 业务体系自 2013 年成立以来，立足国内面向全球，主要经营数字营销业务和移动网游海外发行移动互联网游戏的海外运营业务，实现了业务规模的快速扩张，并拥有持续经营的运营记录。随着 Mobvista 业务体系的整体引入和整合完毕，在可预见的将来，公司具有按照既定目标持续经营的能力。

公司按照《企业会计准则》的规定编制并披露报告期内的财务报表，公司不存在《中国注册会计师审计准则第 1324 号——持续经营》中列举的影响其持续经营能力的相关事项，并由天健会计师事务所（特殊普通合伙）出具了标准无保留意见的审计报告。公司不存在依据《公司法》第一百八十条规定解散的情形，或法院依法受理重整、和解或者破产申请的情形。

公司满足《全国中小企业股份转让系统股票挂牌条件适用基本标准指引（试行）》中关于持续经营能力的要求，公司具有持续经营能力。因此，项目小组认为公司符合"业务明确，具有持续经营能力"的要求。

（资料来源：汇量科技《主办券商推荐报告》第 4－5 页）

第二节　业务明确

如何诊断申请挂牌公司是否"业务明确"？通俗地讲，就是看公司"做什么、用什么做、怎样做"。据此，即可按照"业务/产品或服务（产出问题）→关键资源要素（投入问题）→商业模式（公司投入、产出的结合问题）"的分析路径予以把控、举证和识别，具体如图3-2所示。

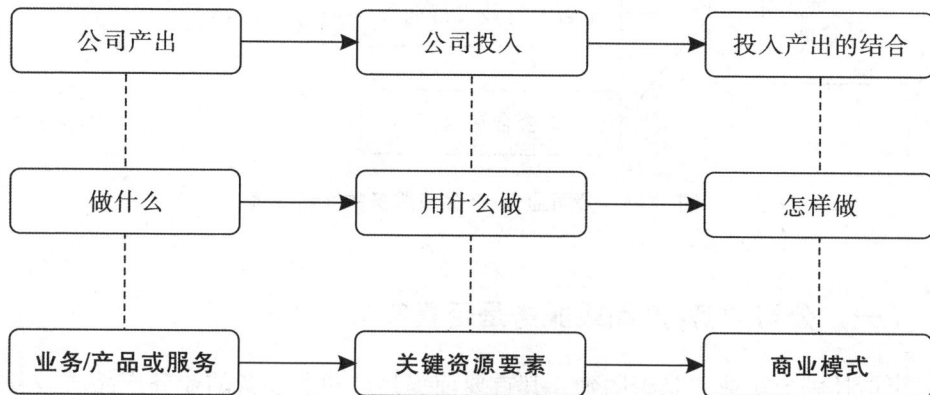

图3-2　公司业务明确与否的诊断路径

一、看公司做什么：业务/产品或服务

对公司业务/产品或服务的诊断，主要是"看公司做什么"。根据《挂牌条件标准指引》规定，申请挂牌公司必须能够明确、具体地阐述其经营的业务、产品或服务；公司可同时经营一种或多种业务；公司业务如需主管部门审批，应取得相应的资质、许可或特许经营权等，以及公司业务须遵守法律、行政法规和规章的规定，符合国家产业政策以及环保、质量、安全等要求。基于此，可按照公司"业务范围→产品或服务及用途→所属行业→业务合法合规"的分析路径，分别予以判断公司所经营的业务/产品或服务是否真实、是否有发展前景、是否合法合规，具体如图3-3所示。

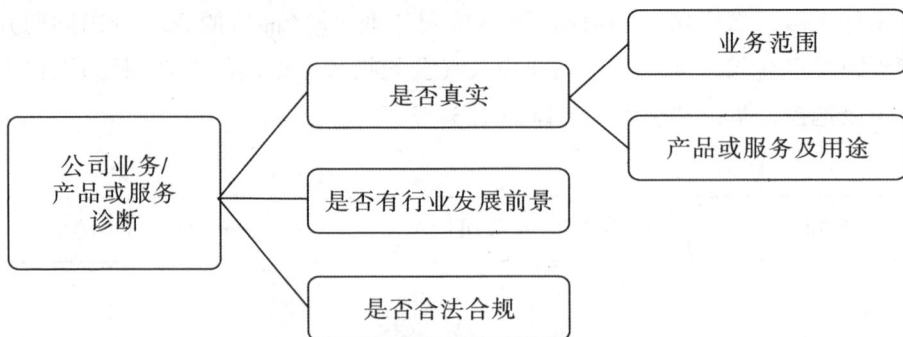

图 3 - 3　公司业务/产品或服务的诊断路径

（一）公司业务/产品或服务是否真实

申请挂牌公司业务是否明确，其首要前提是公司所经营的业务产品或服务是真实存在的。换言之，公司是实实在在有业务活动在周而复始地运营的。

1. 公司的业务范围

要判断公司做什么业务，可从两方面进行。一是查看公司营业执照的经营范围。这是公司的注册业务，其业务范围往往涉及很多，但并不意味着公司对此都有经营。二是考察公司报告期内营业收入的来源结构，以判断公司的经营业务种类。即通过公司最近两年及最近一期的不同业务类型的营业收入实现情况，可了解到公司当前经营的不同业务种类、业务划分标准以及主营业务。

2. 公司产品或服务及用途

在对公司所经营的业务进行初步判断和了解的基础上，需进一步分析公司提供哪些产品或服务，有何用途。分析的内容包括但不限于：

（1）产品或服务的种类；

（2）每种产品的功能和用途以及特定消费群体，或服务所满足的客户需求及特定消费群体；

（3）每种产品的技术含量（所应用的关键技术及所达到的技术指标）或服务的质量；

（4）每种产品或服务是否向消费者提供保障（售后服务等）；

（5）报告期内各期每种产品或服务的规模，需求状况及其对价格的影响；

（6）各类产品或服务在公司业务中的重要性，包括在销售收入及利润中的比重，在行业中所占的市场份额和变动趋势；

（7）公司对提高现有产品或服务质量、增强竞争力等方面将采取的措施以及公司新产品或服务种类的开发计划。

（二）公司所属行业是否有发展前景

1. 公司所属行业的划分标准

当公司从事两种或两种以上业务时，对其所属行业的划分需遵循相应的标准。主要有以下几种行业分类标准：

（1）**证监会对上市公司的行业分类标准**。根据证监会《上市公司行业分类指引（2012 年修订）》规定，上市公司行业分类标准为：以上市公司营业收入等财务数据为主要分类标准和依据，所采用财务数据为经过会计师事务所审计并已公开披露的合并报表数据；当上市公司某类业务的营业收入比重大于或等于50%，则将其划入该业务相对应的行业。当上市公司没有一类业务的营业收入比重大于或等于50%，但某类业务的收入和利润均在所有业务中最高，而且均占到公司总收入和总利润的30%以上（包含本数），则该公司归属该业务对应的行业类别。不能按照上述分类方法确定行业归属的，由上市公司行业分类专家委员会根据公司实际经营状况判断公司行业归属；归属不明确的，划为综合类。

（2）**国民经济行业分类标准**。根据国民经济行业分类（GB/T 4754—2011）的规定，单位行业分类标准为：以单位的主要经济活动确定其行业性质。当单位从事一种经济活动时，则按照该经济活动确定单位的行业；当单位从事两种以上的经济活动时，则按照主要活动确定单位的行业。

（3）**新三板对挂牌公司的行业分类标准**。为加强挂牌公司分类监管、满足市场投资需求、完善市场功能，全国股转系统公司于 2015 年 3 月 18 日发布了《挂牌公司管理型行业分类指引》和《挂牌公司投资型行业分类指引》。

挂牌公司管理型行业分类标准为：以挂牌公司营业收入等财务数据为主要分类依据，所采用财务数据为经会计师事务所审计并已公开披露的最近一年合并报表数据。当挂牌公司某项业务的营业收入占比大于或等于50%，将其归入该项业务所属行业类别；当挂牌公司没有一类业务的营业收入比重大于或等于50%，但营业收入比重最高业务（相同类别的主营业务产品合并同类项）的营业收入高于次高行业 5 个百分点之上，将其归于该项业务所属的行业类别，无论该业务的营业利润情况如何；当挂牌公司没有一类业务的营业收入比重大于或等于

50％，并且营业收入比重最高的前两项业务的营业收入比重之差在 5 个百分点之内，归于其中营业利润最高的业务所属的行业类别；挂牌公司行业分类中当门类级别出现多项营业收入和营业利润极为相近的情况，可酌情将挂牌公司归入综合类。

挂牌公司投资型行业分类标准为：以挂牌公司营业收入、营业利润等财务数据为主要分类依据，所采用财务数据为经会计师事务所审计并已公开披露的最近一年合并报表数据。当挂牌公司某类业务的营业收入占比大于或等于 50％，且营业利润不低于 30％，则将其划入该业务相对应的行业；当挂牌公司某类业务的营业收入占比大于或等于 50％，但营业利润占比低于 30％，则参考公司自身所描述的主营业务所属行业类别；若没有业务营业收入占比在 50％ 及以上，而某类业务的营业收入和营业利润占比均在所有业务中最高，则将其划入该业务相对应的行业；若没有业务营业收入占比在 50％ 及以上，且营业收入占比最高与营业利润占比最高的业务不一致，则参考公司自身对主营业务的描述、发展规划等确认公司行业归属。

2. 公司行业概况及公司在行业中的竞争地位

在了解了公司业务、产品或服务，以及所属行业后，为了判断公司业务的未来发展潜力，还需进一步分析以下两项内容：

（1）**公司行业概况**。即需要审慎、客观地分析公司所处细分行业的基本情况和特有风险（如行业风险、市场风险、政策风险等），具体包括但不限于：

①行业所处的生命周期和行业规模；

②行业与行业上下游的关系（即行业价值链的构成）；

③行业的竞争程度及行业壁垒；

④国家对该行业的监管体制和政策扶持或限制，以及产业政策对该行业的影响；

⑤影响该行业发展的有利和不利因素。

（2）**公司在行业中的竞争地位**。即在公司行业概况分析基础上，可从公司的技术优势、产品的技术指标或服务的标准要求、研发投入能力和技术储备、专利数量等方面，分析公司与竞争对手及潜在竞争对手之间或与行业平均水平相比的优劣势，进而判断公司在行业中的竞争地位。

（三）公司业务是否合法合规

在明确了公司从事什么业务、提供哪些产品或服务、有何用途、属于哪个行业以及行业前景如何等问题之后，还需特别关注公司业务的合法合规性。

根据《民法通则》《公司法》《行政许可法》《企业法人登记管理条例》《公司登记管理条例》《企业经营范围登记管理规定》《企业登记前置许可项目目录》《企业登记后置许可项目目录》《政府核准的投资项目目录》《基础设施和公用事业特许经营管理办法》《产业结构调整指导目录》《中华人民共和国环境保护法》《中华人民共和国产品质量法》《中华人民共和国标准化法》《中华人民共和国安全生产法》等法律、法规，公司经营的业务必须遵守法律、行政法规和规章的规定，如"企业法人应当在核准登记的经营范围内从事经营""公司的经营范围中属于法律、行政法规规定须经批准的项目，应当依法经过批准""经营范围分为许可经营项目和一般经营项目""对涉及公共安全、经济安全、社会公益和环境生态的营业领域和经营环节，须取得行政许可""许可经营项目包括前置许可经营项目和后置经营许可项目"等。

综上所述，对公司业务合法合规性的判断，可结合公司营业执照的"经营范围"及其相关的法律、法规予以综合诊断：①公司业务是否为许可经营项目，即是否须经主管部门审批，是否取得相应的资质、许可或特许经营权；②公司业务是否遵守法律、行政法规和规章的规定，是否符合产业政策、环保、质量、安全等要求。现分述之。

1. 业务资质

对公司是否取得相关业务资质的关注，主要是为了排查公司从事某项特定业务是否存在法律障碍。具体来说，需诊断以下内容：

（1）公司是否具有经营业务所需的全部资质、许可、认证、特许经营权；

（2）公司是否存在超越资质、范围经营，使用过期资质的情况；

（3）公司是否存在相关资质将到期的情况。

【案例3-2】

无证券投资咨询资质（麟龙股份　430515）

沈阳麟龙科技股份有限公司（麟龙股份　430515）2014年1月24日挂牌，

主营业务：证券软件研发、销售及系统服务，向投资者提供金融数据、数据分析服务及证券投资咨询服务。经营范围：许可经营项目：辽宁省内经营第二类增值电信业务中的互联网信息服务（不含新闻、出版、教育、医疗保健、药品、医疗器械、文化、广播电影电视节目和电子公告服务等内容）；一般经营项目：计算机软件制作及相关技术咨询和售后服务。

问题

公司不具有证券投资咨询业务资质。

解决方案

报告期内，公司销售的麟龙选股决策系统产品具有证券投资咨询功能。依据2006年12月12日发布的《国务院办公厅关于严厉打击非法发行股票和非法经营证券业务有关问题的通知》、2011年1月实施的《证券投资顾问业务暂行规定》等规定，向投资者销售或者提供"荐股软件"，并直接或者间接获取经济利益的，属于从事证券投资咨询业务，应当经证监会许可，取得证券投资咨询业务资格。违反上述规定的，应坚决予以取缔，并依法追究法律责任。由于公司在2011年7月前不具备证券投资咨询业务资格，因此公司销售荐股软件的行为存在不规范之处。为规范上述行为，公司于2011年7月收购了具备证券投资咨询资质的麟龙投顾100%股权，并对公司产品及销售分工进行了调整，即由麟龙投顾销售含有荐股功能的软件，麟龙科技销售不含有荐股功能的软件。针对公司的整改方案，中国证监会辽宁监管局对公司进行了现场核查，并于2013年4月12日出具了《核查意见函》（辽证监机构字〔2013〕19号），认定"你公司及关联方能够于2013年3月底前按你公司提交的整改方案予以整改，落实关于荐股软件的有关监管要求，我局对由你公司销售具有荐股功能软件的整改情况无异议"。

公司律师认为公司已就销售荐股软件的不规范行为进行了整改，并通过了中国证监会辽宁监管局的核查，公司未因销售荐股软件的不规范行为受到处罚，因此上述不规范行为不构成重大违法违规行为。

（资料来源：根据麟龙股份《公开转让说明书》第69页整理）

从麟龙股份解决不具有证券投资咨询业务资质的方案看，其主要策略是：①公司按相关监管部门要求进行整改，通过监管部门的核查；②律师对无该瑕疵发表明确意见；③如实披露。

【案例3-3】

不具备酒类销售资质（三艾广告 832048）

江苏三艾国际广告股份有限公司（三艾广告 832048）2015年3月挂牌，其主营业务范围是设计、制作、发布灯箱、横幅、路牌、橱窗、印刷品、礼品广告，代理国内同类广告业务，钢结构工程的施工，室外装修工程施工等。

问题

公司超越资质、范围经营酒类销售业务。

公司不具备酒类销售资质而向中化镇江焦化有限公司销售35 760.00元的泸州老窖酒，请主办券商、律师补充核查以上事项，核查公司无资质销售酒的行为是否构成重大违法行为、存在的法律风险及相应风险控制措施。

解决方案

经主办券商及律师核查，公司不具备酒类销售资质而向中化镇江焦化有限公司销售35 760.00元的泸州老窖酒，公司销售上述泸州老窖酒属偶发交易，并不具有持续性，公司已承诺剩余的泸州老窖酒将全部用于公司业务招待。依据《酒类流通管理办法》《中华人民共和国公司登记管理条例》之相关规定：未按规定办理酒类流通备案登记的，由商务主管部门给予警告，责令其限期改正；逾期拒不改正的，可视情节轻重，对酒类经营者处二千元以下罚款，并可向社会公告；公司登记事项发生变更时，未依照本条例规定办理有关变更登记的，由公司登记机关责令限期登记。因此，公司因无证销售上述泸州老窖酒的行为可能引致的行政处罚包括但不限于：警告、责令改正等。

2015年1月20日，公司实际控制人韩春东、徐小琴出具承诺：承担未来所有公司因此次无资质销售酒类的行为引致的处罚及损失。同时，公司承诺将严格贯彻落实国家工商管理法律、法规，完善内部控制制度及合规管理体系，规范业务流程，确保合法合规经营。

（资料来源：根据三艾广告《公开转让说明书》第42-43页整理）

从三艾广告不具备酒类销售资质的解决方案看，其主要策略是：①说明属偶发交易，并不具有持续性的理由；②实际控制人作出承诺，承担未来所有因此次事件或将引致公司的处罚及损失，同时承诺整改；③分析为非重大违法行为的原因；④如实披露。

【案例3-4】

《网络文化经营许可证》的续期问题（页游科技　430627）

成都页游科技股份有限公司（页游科技　430627）2014年1月24日挂牌，主营业务为网络游戏产品的开发和运营服务，且在申请新三板挂牌的报告期（2011年1月1日—2013年7月31日）内具有相关业务资质。

问题

在公司持有的相关业务资质中，《网络文化经营许可证》（川网文〔2010〕0531-8号）有效期为2010年11月23日—2013年11月23日，即将到期。因此，对即将到期的《网络文化经营许可证》资质的续办情况成为挂牌审核的重点。

解决方案

此证书的有效期截至2013年11月23日，公司正在申请续办。2014年1月13日，四川省文化厅市场处出具《情况说明》中称："按照文化部网上申报试点要求，该公司已通过网络系统平台进行了电子提交和申报。但由于该网络平台处于试点阶段，目前遇到技术故障，短期内无法修复，导致电子申报流程截至今日没有完成。预计系统平台于2014年1月20日前能够正式运行。届时通过网络平台换发许可证。目前我处对成都页游科技股份有限公司关于申请更名和《网络文化经营许可证》到期续签的纸质申报材料进行了初审，符合申请续办和更名条件。"根据此说明，公司将在系统平台正式运行后成功续办《网络文化经营许可证》。2014年1月14日，公司已收到编号为51000-20140114-000456的《四川省人民政府政务服务中心部门服务事项受理通知书》，正式受理公司的续办申请和更名申请（即由成都页游科技有限责任公司变更为成都页游科技股份有限公司）。

（资料来源：根据页游科技《公开转让说明书》第44-45页整理）

从上述页游科技《网络文化经营许可证》的续期问题的解决方案看，其主要策略是：如实披露《网络文化经营许可证》的续办情况。

2. 产业政策

对公司业务所属行业及生产产品是否符合国家产业政策要求，主要关注该行业和产业是否属于《产业结构调整指导目录》中的淘汰类，是否存在产业限制。

如属于限制范围，则分析对企业经营的影响及公司将采取的应对措施和效果等情况，以及未来业务调整或战略调整的计划与可行性和对经营持续性的影响等，并如实披露详情；如不属于，则对照国家近年及目前产业政策，对公司产业状况进行对比分析，说明其符合政策，属于非限制性行业、业务的原因。

【案例3－5】

公司业务或属产业限制行业（鸿大股份　832543）

衡阳鸿大特种钢管股份有限公司（鸿大股份　832543）2015年8月4日挂牌，主营业务为钢管研发、加工、销售及金属制品的进出口贸易。

问题

请主办券商、律师核查以下事项并发表明确意见：公司业务是否符合国家产业政策要求，是否属于国家产业政策限制发展的行业、业务。

解决方案

经核查公司营业执照经营范围、审计报告中主营业务收入来源，以及《产业结构调整指导目录》（2011年本，2013年修订），公司主营业务为钢管研发、加工、销售及金属制品的进出口贸易，属于金属制品业下金属结构制造子行业，不属于《产业结构调整指导目录》规定的限制类或淘汰类产业，符合国家产业政策。

（资料来源：根据鸿大股份《补充法律意见书》第41－44页整理）

从律师对鸿大股份的业务是否符合国家产业政策要求的核查方案看，其主要策略是：①对照国家近年及目前产业政策，对公司产业状况进行对比分析，说明其符合政策，属于非限制性行业、业务的原因；②如实披露会受产业政策变动影响的原因和内容；③作相应风险提示。

3. 环保

对公司业务是否符合环保要求，可从以下4大方面进行诊断：

（1）**公司所处行业是否为重污染行业，以及认定的依据**或参考。根据环保部《上市公司环保核查行业分类管理名录》（环办函〔2008〕373号）等有关规定，重污染行业包括火电、钢铁、水泥、电解铝、煤炭、冶金、建材、采矿、化工、石化、制药、酿造、造纸、发酵、加工、纺织、制革业。

（2）**若公司不属于重污染行业，则需判断**：①公司建设项目的环保合规性，包括且不限于公司建设项目的环评批复、环评验收及"三同时"验收等批复文件的取得情况；②公司是否需要办理排污许可证以及取得情况；③结合公司的业务流程诊断公司日常环保合规情况，是否存在环保违法和受处罚的情况。

（3）**若公司属于重污染行业，则需诊断**：①公司建设项目环保事项的合法合规性问题，包括公司建设项目的环评批复、环评验收及"三同时"验收等批复文件的取得情况。建设项目未完工或尚未取得相关主管部门的验收文件的，需查看环评批复文件中的环保要求的执行情况。②公司污染物排放问题。即公司是否存在污染物排放。若存在污染物排放，需查看公司的排污许可证取得和排污费缴纳情况，公司是否属于污染物减排对象，公司的排放是否符合标准，是否遵守重点污染物排放总量控制指标。③公司的日常环保运转问题，包括公司有关污染处理设施是否正常有效运转；公司的环境保护责任制度和突发环境应急预案建设情况；公司是否存在公司工业固体废物和危险废物申报和处理情况；公司是否有禁止使用或重点防控的物质处理问题。④公司是否被环保监管部门列入重点排污单位名录，是否依法公开披露环境信息。⑤公司是否存在环保事故、环保纠纷或潜在纠纷，是否存在处罚等；公司曾受到处罚的，是否构成重大违法行为，以及公司的相关整改情况。

（4）**公司是否存在排污许可、环评等行政许可手续未办理或未办理完成等环保违法情形**。若存在，则需进一步诊断其违法原因以及公司的补救措施，相应补救措施的进展及是否可行、可预期，并分析公司存在的风险、相应的风险管理措施及其有效性、风险可控性，以及是否影响公司的持续经营能力。

【案例 3 – 6】

子公司建设项目无法获得环评竣工验收（八亿时空 430581）

北京八亿时空液晶科技股份有限公司（八亿时空 430581）2014 年 1 月 24 日挂牌，主营业务为液晶材料的研发、生产和销售。

问题

公司子公司北京市金讯阳光电子材料科技有限公司（以下简称"金讯阳光"）的"合成及提纯工序的项目建设"无法获得环评竣工验收。

解决方案

2010 年，金讯阳光就合成及提纯工序的小试及中试向北京市昌平区环境保护局申请办理环评手续。2010 年 12 月 31 日，金讯阳光取得了北京市昌平区环境保护局《关于"北京市金讯阳光电子材料科技有限公司研发基地项目"建设项目环境影响报告书审查的批复》（昌环保审字〔2011〕0001 号），同意该项目建设。由于政策原因，金讯阳光合成及提纯工序的项目建设无法获得环保局竣工验收的批复。

金讯阳光合成及提纯工序的项目建设取得了环保局同意建设的批复，但由于项目建设期间北京市政府出台的相关规定导致其项目建设竣工后无法取得环评竣工验收批复。在未获得环评竣工验收批复的情形下，金讯阳光实际从事合成及提纯工序的经营，存在不规范的情况。

根据《建设项目环境保护管理条例》第二十八条规定，建设项目需要配套建设的环境保护设施未建成、未经验收或者经验收不合格，主体工程正式投入生产或者使用的，由审批该建设项目环境影响报告书、环境影响报告表或者环境影响登记表的环境保护行政主管部门责令停止生产或者使用，可以处 10 万元以下的罚款。

公司一贯重视环境保护问题，通过了 ISO14001 环境管理体系认证，制定了《质量、环境管理手册》《质量、环境管理体系程序文件》《污水处理应急预案》《应急准备和响应控制程序》《质量环境管理体系考核制度》《环境管理分解目标》等制度，建立了一整套环境保护和治理制度。公司建有污水处理池，由专人负责日常运行，每日对污水处理效果进行监测。2011 年、2012 年、2013 年，金讯阳光均与具有《危险废物经营许可证》的金隅红树林签署《技术服务合同》，委托金隅红树林对金讯阳光产生的危险废弃物进行无害化集中处置，并向金隅红树林支付废弃物处置技术服务费。2011 年，公司聘请了第三方检测机构对公司污水、噪声排放进行了检测；2012 年，公司聘请了第三方检测机构对公司污水、噪声、大气排放进行了检测；2013 年，公司聘请了第三方检测机构对公司污水、噪声、大气排放进行了检测。检测结果显示公司污染排放符合相关规定。

2013 年 9 月 13 日，金讯阳光取得北京市昌平区环境保护局出具的《关于北京市金讯阳光电子材料科技有限公司环保守法情况的说明》，自 2010 年 8 月 1 日至 2013 年 8 月 31 日未因违反环保法律、法规受到过行政处罚。公司计划未来整体搬迁至北京石化新材料科技产业基地，新厂区建设已取得相关的国有土地使用权、《北京市非政府投资工业固定资产投资项目备案通知书》和《建设用地规划许可证》等手续，目前正在办理环评等其他项目建设审批手续。待新厂区建设完工后，公司生产活动将搬迁至新厂区进行，公司承诺将根据相关法律、法规规定申请环评批复及环评验收，并在取得环评验收后从事生产活动。公司实际控制人赵雷承诺："若八亿时空及其控股子公司因违反环境保护相关法律、行政法规及规范性文件规定而受到相关个人/法人或环境保护主管部门的追偿或处罚，本人同意以自身资产无条件地全额承担八亿时空及其控股子公司因此产生的相关费用及损失。"

（资料来源：根据八亿时空《公开转让说明书》第5-7页整理）

从八亿时空的子公司建设项目无法获得环评竣工验收的解决方案看，其主要策略是：①阐明未获环评竣工验收是政策原因；②制订、履行整体搬迁计划；③实际控制人承诺承担连带责任；④如实披露并作重大风险提示。

【案例3-7】
公司未办理环保许可手续（大树智能 430607）

南京大树智能科技股份有限公司（大树智能 430607）2014年1月24日挂牌，主营业务为自动化控制设备的研发、设计、生产及销售，以技术为依托为客户提供自动化控制系统解决方案。公司现阶段主要为烟草制品行业客户提供工业自动化控制产品及系统解决方案，核心产品为用于提升卷烟质量的检测与质量控制类产品、用于提升卷烟机械设备性能的电控系统解决方案等。

问题

公司未办理环保许可手续。

解决方案

1. 公司2013年搬迁之前的环保许可情况

（1）1993年成立至1997年搬迁之前的期间。大树有限成立于1993年2月19日，1997年搬迁至原生产经营用地江宁经济开发区经一路抱淮街8号。在此期间，与环保许可相关的《建设项目环境保护管理条例》《中华人民共和国环境影响评价法》（主席令第77号）尚未发布实施。

（2）1997年搬迁后至2013年搬迁之前的期间。1997年大树有限搬迁后一直在江宁开发区经一路抱淮街8号生产经营，直至2013年10月再次搬迁至现有租赁厂房江宁科学园乾德路9号。根据公司提供的说明，在此期间大树有限未进行过大型改扩建项目和技术改造项目。

1998 年 11 月 18 日，国务院发布并施行《建设项目环境保护管理条例》（国务院令第 253 号），根据该条例第五条，改建、扩建项目和技术改造项目必须采取措施，治理与该项目有关的原有环境污染和生态破坏。

经核查，大树有限自成立至 2013 年 10 月期间未办理相关环保许可手续。

2．公司 2013 年搬迁之后的环保许可情况

2013 年 10 月，公司搬迁至现有租赁厂房江宁科学园乾德路 9 号进行经营生产。2013 年 12 月 10 日，公司取得南京市江宁区环境保护局核发的《建设项目环保业务咨询表》，根据该表，南京市江宁区环境保护局建议建设单位可委托有资质的环评单位编制环境影响报告表。

2013 年 12 月 22 日，南京国环环境科技发展股份有限公司编制《建设项目环境影响报告表》，建设项目为"南京大树智能科技股份有限公司年产在线视觉检测装置 50 套、在线振动分选装置 10 套、异物剔除系统 10 套建设项目"，建设地点为南京市江宁高新区乾德路 9 号，大树智能租用大树环保 3# 车间部分房屋进行建设项目。

2013 年 12 月 29 日，南京市江宁区环境保护局出具审批意见，根据该审批意见，在大树智能落实该批复要求前提下同意建设；经其研究，同意南京国环环境科技发展股份有限公司的环评结论与建议，大树股份在生产和环境管理中，须认真落实报告表中提出的各项污染防治措施，并重点注意排水、排气等污染防治措施，项目竣工后，按规定来该局办理试生产核准手续，试生产三个月内完成环保专项验收。

截至本说明书签署之日，大树智能建设项目已竣工，项目建设符合上述南京市江宁区环保局审批意见的要求，目前大树智能正在按照上述审批意见的要求申请"试生产核准手续"以及"建设项目环保设施竣工验收"。

2014 年 1 月 7 日，律师针对公司上述建设项目环保验收事项对南京市江宁区环境保护局进行了访谈，了解到该局主要负责监督管理南京市江宁区辖区环境保护工作。根据本次访谈的情况，了解到"大树股份目前营业执照所核准的经营范围内不包含对环境影响较大或污染较严重的业务；大树股份目前建设项目环保竣工验收不存在实质性障碍；大树股份未因环评事项受到过行政处罚，该局也没有收到过关于大树股份的环评投诉"。

3．公司的日常经营环保守法情况

2013 年 10 月搬迁之前公司生产经营场所在江宁经济开发区经一路扼淮街 8

号，2013 年 10 月搬迁至江宁区科学园乾德路 9 号，公司在生产过程中的主要致污物为生活废水、噪声、固体废物，经采取防治措施后未对环境造成污染。公司在搬迁前及搬迁后的生产过程中均未受到过环保部门的处罚，也未因环境保护事项而受到过投诉。

就公司搬迁前的环保守法情况，2013 年 8 月 19 日，南京市江宁区环境保护局出具证明，确认："南京大树智能科技股份有限公司系我局辖区内企业，近三年没有因违反环境法律、法规受到行政处罚的行为。"

就公司搬迁后已经依法申请的环评许可事宜，2013 年 12 月 13 日，南京市江宁区环境保护局出具说明："南京大树智能科技股份有限公司迁至江宁科学园乾德路 9 号进行经营生产的环评许可事宜已经我局受理。截至本说明出具日，公司的环评手续尚在办理之中。公司搬迁以来的生产经营活动无违反国家环境保护方面的法律、法规和规范性文件的情形。"

4. 公司实际控制人出具的承诺

2013 年 12 月 30 日，公司实际控制人王李苏出具了《关于环评的书面承诺》，承诺"在本人实际控制公司期间（即 2012 年 6 月至本承诺出具之日），公司自 2012 年 6 月至 2013 年 10 月在南京江宁开发区经一路把淮街 8 号经营期间未办理相关许可环保手续；2013 年 10 月搬迁至南京江宁科学园乾德路 9 号后，环评许可手续尚在办理之中。截至本承诺签署日，公司没有因上述未办理环境影响批复手续而受到行政处罚，也未收到环境保护主管行政部门责令限期补办手续的通知。若公司未来因上述未办理环境影响批复手续而被相关部门处罚的，本人将自愿以现金形式向公司足额补偿因该处罚给公司带来的全部经济损失"。

2013 年 12 月 30 日，大树有限原实际控制人王李宁出具了《关于环评的书面承诺》，承诺"在本人实际控制大树有限期间（即大树有限成立之日至 2012 年 6 月），大树有限一直未办理相关许可环保手续，大树有限未因上述未办理相关许可环保手续而受到环境保护主管行政部门行政处罚，也未收到环境保护主管行政部门责令限期补办手续的通知。若公司未来因在本人实际控制大树有限期间未办理环境影响许可手续而被相关部门处罚的，本人将自愿以现金形式向公司足额补偿因该处罚给公司带来的全部经济损失"。

主办券商和律师认为公司及子公司具有生产环节所需的相关资质。根据环保主管部门出具的证明，报告期内公司没有因违反环境法律、法规受到行政处罚，公司 2013 年搬迁以来无违反国家环境保护方面的法律、法规和规范性文件的情形；公司目前已经取得了主管环保部门对公司生产建设项目环评手续的审批意见；公司实际控制人王李苏、原实际控制人王李宁也已分别就上述环评事宜出具了书面承诺。除发生不可预见情形外，公司通过建设项目环保设施竣工验收不存在实质性障碍，公司的环评事项不会对公司的生产经营活动产生重大影响，不会对本次公司股份申请进入全国中小企业股份转让系统挂牌构成实质性障碍。

（资料来源：根据大树智能《公开转让说明书》第 70－73 页整理）

从大树智能未办理环保许可手续的解决方案看，其主要策略是：①补申请环保评价，环保局证明通过验收不存在实质性障碍；②如实披露，实际控制人承诺承担连带责任。

【案例 3－8】

环保罚款（禾益化学　430478）

安徽禾益化学股份有限公司（禾益化学　430478）2014 年 1 月 24 日挂牌，主营业务为医药中间体的研发、生产和销售。

问题

公司在 2011 年第 4 季度因水污染物超标，被安徽省环保厅要求责令停止生产，罚款 12 000 元。

解决方案

公司在 2011 年第 4 季度安徽省环保厅环境监察时，因公司雨污分流系统不完善，部分车间设备清洗水、地面冲洗水进入厂区雨水明渠，雨水和污水汇流经总排口排外，导致水污染物超标，被安徽省环保厅要求责令企业停止生产，并被天长市环境保护局处以罚款 12 000 元。根据天长市环境保护局出具的《关于天长市禾益化学药品有限公司环境问题的监察意见》和《关于天长市禾益化学药品有限公司恢复生产的意见》，公司停业整顿的具体起始时间为 2011 年 12 月 26 日至 2012 年 1 月 21 日。公司已经履行行政处罚决定并且采取有效措施进行整改。2013 年 9 月，滁州市环境保护局和天长市环境保护局分别出具证明，认定上述行为不构成重大违法违规行为。

（资料来源：根据禾益化学《公开转让说明书》第 57 页整理）

从禾益化学环保罚款的解决方案看，其主要策略是：①环保部门出具不属于重大违法违规行为的证明；②如实披露。

4. 质量标准

对公司产品质量标准问题的关注，需了解以下事项：

（1）公司采取的质量标准；

（2）公司的质量标准是否符合法律、法规规定。

【案例 3 - 9】

律师对（耶萨智能 832269）质量标准合法合规性的核查

广东耶萨智能科技股份有限公司（耶萨智能 832269）2015 年 4 月 13 日挂牌，主营业务为智能、益智类玩具的研发设计、生产加工及出口销售。

问题

请律师核查以下事项：①公司采取的质量标准；②公司的质量标准是否符合法律、法规规定。

解决方案

（1）经查阅公司相关资质证书、询问公司分管负责人及现场调查，目前公司的生产经营活动所采取的质量检测主要分为两类：一是国家质检总局、国家认监委等部门发布的关于玩具产品的国家标准、行业标准，包括《GB 6675 - 2003 国家玩具安全技术规范》《GB 19865 - 2005 电玩具的安全》《出口玩具生产企业质量许可（注册登记）审核要求》《进出口玩具检验监督管理办法》等；二是公司玩具主要出口目的国俄罗斯采取的海关联盟技术规范（CU - TR）认证。

另外，公司的玩具出口需由国家出入境检验检疫局根据相关标准进行抽检和检验。公司下属的汕头市乐尔玩具实业有限公司已于 2014 年 4 月 1 日获得了广东出入境检验检疫局颁发的《出口玩具质量许可证》，有效期至 2017 年 3 月 31 日。同时，公司会根据客户要求，按照产品自产和授权生产的区分，组织下属工厂或合作厂商，将产品送交有检测资质的检测机构进行 EN71 等产品认证。检测项目包括可溶性重金属含量测试（铅、镉、铬、砷、钡、汞、硒、锑等），物理性和机械性测试，易燃性测试，化学性能测试，包装材料有毒元素测试，甲醛、增塑剂、偶氮、邻苯二甲酸酯类含量，塑料检测、涂料检测、辅料检测、总铅检测等。对客户未明确要求的，考虑到检测成本，一般不作专门产品认证。

（2）经核查，本所律师认为，公司的质量标准符合法律、法规和其他规范性文件的规定。

（资料来源：根据耶萨智能《补充法律意见书（一）》第 26 – 27 页整理）

5. 安全生产

对公司安全生产问题的判断，需核查以下事项：

（1）公司是否需要并取得相关部门的安全生产许可，建设项目安全设施验收情况；

（2）公司日常业务环节安全生产、安全施工防护、风险防控等措施；

（3）公司报告期以及期后是否发生安全生产方面的事故、纠纷、处罚。若发生，则需进一步了解其具体情况、公司的整改措施、对公司持续经营的影响，以及是否构成重大违法行为。

【案例 3 – 10】

安全生产罚款（建誉利业 834111）

广州建誉利业建设发展股份有限公司（建誉利业 834111）2015 年 11 月 5 日挂牌，主营业务为装饰装修施工、装饰装修设计。

问题

公司在 2014 年 3 月 28 日因未健全从业人员安全培训档案，被天河区安监局责令 4 月 10 日前改正，并处 5 000 元的行政处罚。

解决方案

2014 年 3 月 28 日，天河区安监局出具编号为（穗天）安监管罚〔2014〕S—03 号《行政处罚决定书》，公司因未健全从业人员安全培训档案，经执法人员下达《责令限期整改指令书》，逾期仍未改正，违反了《生产经营单位安全培训规定》第二十四条的规定，天河区安监局决定给予公司责令 4 月 10 日前改正，并处 5 000 元的行政处罚。经核查，公司已在规定时间内建立了员工安全教育培训档案，对员工的公司教育、部门教育、班组教育三级安全教育进行了登记，对处罚进行了及时的整改，并已向天河区安监局缴纳违反安全生产罚款 5 000 元。

针对上述行政处罚，挂牌律师认为公司已按照（穗天）安监管罚〔2014〕S—03 号《行政处罚决定书》改正了违法行为并及时缴纳了罚款，并已取得天河区安监局出具的《安全生产守法证明》，上述处罚不构成重大的违法违规，因此不会对本次申请挂牌并公开转让造成法律障碍。除上述行政处罚与诉讼，截至本公开转让说明书签署之日，公司不存在尚未了结或可预见、影响公司持续经营的重大诉讼、仲裁、行政处罚案件。

（资料来源：根据建誉利业《公开转让说明书》第77-78页整理）

从建誉利业安全生产罚款的解决方案看，其主要策略是：①安监部门出具不属于重大违法违规行为的证明；②如实披露。

二、看公司用什么做：公司业务的关键资源要素

在对拟申请挂牌公司的业务/产品或服务（即产出问题）进行诊断后，明确了公司是做什么的，所经营的业务/产品或服务真实存在、具有发展潜力且合法合规。紧接着，需要进一步明确公司经营的业务/产品或服务是否具备了相应的资源要素（即投入问题），尤其需要重点诊断与之相关的关键资源要素。基于此，对公司业务关键资源要素的诊断路径为"企业资源的构成→公司关键资源要素分析→公司关键资源要素的合法合规性"。

（一）企业资源的构成

企业资源，是指企业在向社会提供产品或服务的过程中所拥有、控制或可利用的、能够帮助实现企业经营目标的各种生产要素的集合。企业资源是企业成长的基础，没有充分的优势资源，企业是很难发展的。因此，在对企业关键资源要素进行评估分析之前，首先要了解企业自身的资源构成，同时还要了解竞争对手的资源构成，进而明确自己的优势和劣势所在，努力聚集关键优势资源，助推企业不断成长。

企业资源一般包括三大类：有形资源、无形资源和人力资源，具体如下：

1. 有形资源

有形资源，是指可见的、能用货币直接计量的资源，主要包括财务资源和实物资源，它们是企业经营活动的基础。其中：财务资源，是企业可以用来投资或生产的资金，包括货币资金、应收账款、有价证券等；实物资源，主要是指在使用过程中具有物资形态的固定资产、存货等，具体包括企业的土地、厂房、生产

设备、工具器具、原材料等。

2. 无形资源

无形资源，是指企业长期积累的、没有实物形态的，甚至无法用货币精确度量的资源，通常包括品牌、商誉、技术、专利、商标、企业文化及组织经验等。相对于有形资源来说，无形资源似乎没有明显的物质载体而看似无形，但它们却成为支撑企业发展的基础，能够为企业带来无可比拟的优势。

3. 人力资源

人力资源，是指存在于企业组织系统内部和可利用的外部人员的总和，包括这些人的体力、智力、人际关系、心理特征以及其知识经验的总汇。人力资源表现为一定的物质存在——人员的数量，同时更重要的是表现为这些员工内在的体力、智力、人际关系、知识经验和心理特征等无形物质。因此，人力资源是有形资源与无形资源统一的资源，是企业资源构成中最重要的关键资源，是企业技术资源和信息资源的载体，是其他资源的操作者，决定着所有资源效力的发挥水平。

（二）公司关键资源要素分析

综上所述，企业资源一般由财务资源、实物资源、无形资源和人力资源构成。一个企业要想获得可持续的竞争优势和核心竞争力，必须要有相对于竞争对手的关键资源要素。为找出公司的关键资源要素，需在确定公司资源的构成基础上，结合公司业务的行业特征及其业务运营情况进行识别和评价。

按照《全国中小企业股份转让系统公开转让说明书内容与格式指引（试行）》第十八条的规定，拟申请挂牌公司应遵循重要性原则，披露与其业务相关的关键资源要素，具体如表 3-1 所示。

表3－1　新三板强制披露的关键资源要素

关键资源要素的类别	细分类别	披露重点
无形资源	1. 技术与研发	◆技术或工艺的创新性、技术的取得方式及其知识产权的权属问题等 ◆研发基本情况：如研发机构的设置情况、研发人员数量和构成、核心技术人员情况、研发支出的具体情况及其占营业收入比例、研发项目与成果
	2. 主要无形资产	◆包括取得方式和时间、实际使用情况、使用期限或保护期、最近一期末账面价值
	3. 业务许可资格或资质	◆取得情况
	4. 特许经营权	◆取得情况、期限、费用标准
实物资源	5. 重要固定资产	◆使用情况、成新率或尚可使用年限
人力资源	6. 员工情况	◆包括人数、结构等 ◆其中核心技术（业务）人员应披露姓名、年龄、主要业务经历及职务、现任职务与任期及持有申请挂牌公司的股份情况 ◆核心技术（业务）团队近两年内发生重大变动的，应披露变动情况和原因

（三）公司关键资源要素的合法合规性

从企业资源的概念内涵看，特别强调企业对资源的拥有、控制或可利用即权属问题，因此，鉴于关键资源要素对企业未来可持续发展的重要性，拟申请挂牌公司不仅要明确自身业务应具备哪些关键资源要素，更要关注关键资源要素是否拥有相应的权属及其在后续使用过程中是否合法合规。

1. 实物资产权属

实物资产，主要是指在使用过程中具有物资形态的土地、房产、生产设备、工具器具、原材料等。在实践中，特别关注土地、房产的权属问题。

（1）**自有房地产未办理权属证明**。现实中，拟申请挂牌公司常常因房屋施工手续不齐、违反规划建设、未通过消防验收，或证件正在办理中等原因，导致公司自建、自购房产、自有土地未取得《房产证》《土地使用证》等权属证明。

【案例 3 - 11】

公司及子公司现有房产均未办理房产证（胜达科技　430626）

潍坊胜达科技股份有限公司（胜达科技　430626）于 2014 年 1 月 24 日挂牌，主营业务为可剥离性保护膜的研发、生产与销售以及环保型压敏胶、基膜的研发、生产与销售。

问题

公司及子公司拥有五宗土地使用权（已取得《土地使用证》），但位于这五宗土地上的现有房产因各种原因均未办理房产证。

解决方案

1. 土地使用权情况：已取得《土地使用证》

根据公司提供的资料，截至本《公开转让说明书》签署日，公司拥有 90 326.00 m² 的土地使用权（共 5 块土地），其具体情况如下所示：

地块编号	使用权人	土地证号	土地坐落	面积（m²）	土地用途	使用权终止日期	使用权类型
1	胜达科技	潍国用（2013）第 D072 号	坊子区眉村镇北眉一村	2 679	工业	2047 年 10 月 19 日	出让
2	胜达科技	潍国用（2013）第 D071 号	坊子区九龙街办南眉村柳毅街以南、富眉路以西	12 866	工业	2056 年 9 月 24 日	出让
3	胜达科技	潍国用（2010）第 E011 号	潍坊高新区健康东街以南、高新二路以西	20 181	工业	2056 年 12 月 24 日	出让
4	胜达科技	潍国用（2012）第 E066 号	潍坊高新区胶济铁路以南、潍安路以东	25 929	工业	2061 年 8 月 28 日	出让
5	胜达科技	潍国用（2012）第 E065 号	潍坊高新区胶济铁路以南、潍安路以东	28 671	工业	2061 年 8 月 28 日	出让

2. 房屋所有权情况：未取得《房产证》

公司及子公司位于上述五宗土地上的现有房产因各种原因均未办理房产证，具体情况如下：

（1）公司位于潍坊市坊子区眉村工业园的"潍国用（2013）第D072号""潍国用（2013）第D071号"土地上的房屋因建成时间较长，上述房产未办理规划及建设手续，未取得房产证，该房产位于潍坊市坊子区规划的工业园区内，符合该区的工业规划，不属于相关法规规定的"严重影响规划的违章建筑，限期拆除或没收该建筑物、构筑物"的情况。截止本公开转让说明书签署日，公司上述两地块的房产手续正在补办过程中，相关政府部门并未将上述建筑物认定为非法建筑而拆除。主办券商、律师认为，根据相关政府部门的证明，公司办理房产手续的负责人访谈笔录，公司出具的书面说明与承诺，以及《中华人民共和国物权法》《中华人民共和国城乡规划法》的相关规定，公司拥有"潍国用（2013）第D072号""潍国用（2013）第D071号"两宗土地的使用权及其地上建筑物的所有权，虽然上述建筑物未取得房产证，但系历史原因造成，上述两地块的房产手续正在抓紧补办过程中，公司有专人办理房产手续，计划清晰，上述建筑物未取得房产证的事实，对公司股票在全国股转系统挂牌并公开转让不构成实质性法律障碍。

（2）公司位于潍坊高新区健康东街以南、高新二路以西土地的"潍国用（2010）第E011号"上的房屋，即当前位于潍坊高新开发区胜达街99号的房产，公司均依法办理了规划及建设手续，因潍坊高新区管委会通知该园区计划建设智慧产业园要求拆迁，公司与潍坊高新区拆迁办已签订拆迁协议，公司已收到了部分拆迁补偿款1 230万元，目前该处房产已停止办理房产证。

（3）公司位于潍坊高新区胶济铁路以南、潍安路以东的"潍国用（2012）第E065号""潍国用（2012）第E066号"土地上建设的新厂房，目前厂房建设基本完工，尚未达到可使用状态，规划建设手续齐全，正在按要求办理房产手续。

公司控股股东、实际控制人及公司已承诺除列入上述拆迁范围的房产外，公司已安排专人办理上述房产证，公司将根据潍坊高新区规划要求及拆迁进度安排，妥善安排拆迁工作，不会因搬迁而影响生产经营。

（资料来源：根据胜达科技《公开转让说明书》第42－43页整理）

从上述胜达科技自有房产未取得房产证的解决方案看，其解决办法是：①如实披露未取得房产证的原因；②取得有关政府部门出具的不存在重大违法违规的证明；③主办券商、律师发表明确意见并如实披露详情；④控股股东、实际控制人及公司作出"承担可能导致的一切损失"的兜底承诺。

（2）**租赁房地产未取得权属证明**。公司用于生产经营的土地、房产除了自行购建取得以外，还可采用租赁方式。实践中，租赁房地产会因出租方施工手续不全、违反规划建设、未通过消防验收或证件正在办理中等原因未取得相应的权属证明。

【案例 3 - 12】

公司的租赁厂房出租人未取得产权证书（北鼎晶辉　430532）

深圳市北鼎晶辉科技股份有限公司（北鼎晶辉　430532）于 2014 年 1 月 24 日挂牌，主营业务为从事多士炉、水煲、电炉、电蒸锅等家用小电器产品研发、生产和营销服务等。

问题

公司主要生产经营场所一处办公用房及三处厂房均为通过租赁方式取得，其中有两处厂房的出租人未取得产权证书。

解决方案

截至本《公开转让说明书》签署日，公司主要生产经营场所均为本公司通过租赁方式取得，租赁的主要生产经营场所具体情况如下：

序号	承租人	出租人	用途	坐落位置	租赁面积（m²）	租赁期限	备案号
1	北鼎晶辉	深圳市西丽投资发展有限公司	办公用房	深圳市南山区留仙大道同富裕工业城 2 号厂房 3 楼 A	105	2011 - 11 - 01 至 2014 - 02 - 28	南 KJ001028（备）
2	北鼎晶辉	深圳市西丽投资发展有限公司	厂房	深圳市南山区留仙大道同富裕工业城 2 号厂房 3 楼 B	1 603	2011 - 11 - 01 至 2014 - 02 - 28	南 KJ001227

（续上表）

序号	承租人	出租人	用途	坐落位置	租赁面积（m²）	租赁期限	备案号
3	北鼎晶辉	深圳市沙井步涌股份合作公司	厂房	沙井步涌工业区第7、8栋	31 076	2009 - 06 - 01 至 2019 - 05 - 31	深（宝）DB027000（备）
4	北鼎晶辉	深圳市沙井步涌股份合作公司	厂房	沙井街道步涌工业D区第五栋	6 950	2012 - 08 - 08 至 2019 - 08 - 20	宝DB027862（备）

由于历史原因，公司承租的上述第3、4项房产的出租人未取得产权证书，因此存在因搬迁或者难以续租而导致生产中断的风险，公司为界定和降低租赁房产的相关风险，采取了以下措施：

（1）深圳市宝安区城中村（旧村）改造办公室于2013年11月5日出具了证明文件，证明北鼎晶辉承租的上述房屋未纳入城市更新改造范围，也没有规划在未来5年内对其进行改造，但如果有关单位按照深圳市城市更新政策向相关部门提出改造申请，或因城市发展需要等原因，该地块仍然可能在未来5年内被纳入更新改造范围进行改造。

（2）公司控股股东晶辉电器集团有限公司、实际控制人 George Mohan Zhang 签署《承诺及保证函》："若北鼎晶辉及其分、子公司因租赁房产存在权属瑕疵而导致该等租赁房产发生被拆除或拆迁等情形，或者该房产租赁合同被认定为无效或者出现任何因该等租赁房产引发的纠纷，因此而给北鼎晶辉及其分、子公司造成经济损失，包括（但不限于）被拆除、被处罚等直接或间接损失，或者因拆迁可能产生的搬迁费用、固定配套设施损失、停工损失，或者被有权部门处以罚款或者被有关利害关系人追索而支付的赔偿等，本公司/本人将就北鼎晶辉及其分、子公司遭受的任何损失，向北鼎晶辉及其分、子公司承担连带赔偿责任，以保证北鼎晶辉及其分、子公司不因此遭受任何损失，包括（但不限于）经济损失。"

（资料来源：根据北鼎晶辉《公开转让说明书》第84-85页整理）

从北鼎晶辉所租赁厂房出租人未取得产权证书的解决方案看，其解决办法是：①如实披露；②获得相关政府部门出具的"房屋未纳入城市更新改造范围"的证明；③控股股东、实际控制人签署承担连带责任的《承诺及保证函》。

（3）**租用农村集体建设用地或其上盖建筑存法律、法规瑕疵。**现实中，企业租用农村集体建设用地或其上盖建筑的情况较为普遍，但因国家、地方对农村集体建设用地的相关法律、法规较为复杂，通常情况下也表现为无法完全取得房地产的权属证明。

【案例3－13】

租赁集体土地存瑕疵以及租赁其上盖房产未取得房产证（兴港包装　430586）

无锡市兴港包装股份有限公司（兴港包装　430586）于2014年1月24日挂牌，主营业务为瓦楞纸箱（板）的生产及销售。

问题

（1）截至2013年8月31日，公司虽从集体土地所有者处直接租用了3处集体土地用于生产经营，但不符合《中华人民共和国土地管理法》及《无锡市集体建设用地使用权流转管理暂行办法》的要求；

（2）截至2013年8月31日，公司还租赁了上述集体土地上盖的2处房屋，出租人不能提供该房屋的权属证明。

解决方案

1. 公司房屋和土地租赁情况

截至2013年8月31日，公司共租赁3处土地、房屋，具体情况如下：

（1）公司租赁了1处集体土地用于生产经营，土地租赁基本情况如下：

出租方	土地坐落	土地面积（亩）	土地性质	金额（万元）	租赁期限	地类（用途）
无锡市锡山区东港镇人民政府	东港镇兴港路	20.692	集体土地	99.321 6	2007年1月1日至2026年12月31日	工业用地

公司自有房产系建造于该处东港镇人民政府出租的集体土地之上。

（2）公司租赁了2处房屋及其所处的集体土地用于生产经营，该2处房屋租赁情况如下：

序号	出租方	土地、房屋坐落	房屋面积（m²）	房屋租赁金额（元/年）	土地面积（m²）	土地性质	土地租赁金额（元/年）	租赁期限
1	东港镇东南村（居）民委员会	港下工业园区	290	17 980	508	集体土地	30 480	2013 年 1 月 1 日至 2013 年 12 月 31 日
2	东港镇港南村（居）民委员会	港下工业园区	1 612	132 184	2 220	集体土地	167 816	2013 年 1 月 1 日至 2015 年 12 月 30 日

该 2 处房屋所处的集体土地为房屋存在所依赖的基础土地，公司未在该土地上修建其他建筑物。该 2 处房屋及其所在土地租赁到期后，公司将不再续租。

2. 公司租赁土地不符合相关管理规定的规范解决措施

公司租赁集体土地不符合《中华人民共和国土地管理法》及《无锡市集体建设用地使用权流转管理暂行办法》的要求，公司正积极采取解决措施，租赁土地不合规对公司正常生产经营影响不大。

（1）集体土地出租方不会提前收回租赁土地。无锡市东港镇政府作为集体土地的出租方，出具说明，承诺在该土地使用权使用期限内不会收回该土地。

（2）公司另寻生产用地不会对生产经营产生重大不利影响。根据公司所处行业的生产线特性，公司对生产用地无特殊要求，若公司因租赁土地不符合相关管理规定而被迫另寻生产用地，公司更换生产用地具有实际可操作性，不会对公司生产经营造成重大不利影响。

（3）公司正积极寻找替代用地。公司租用的位于港下工业园区的土地和房屋到期后将不再续租，目前公司为了满足生产需要，正在洽谈租赁更大面积的生产用房。

（4）公司实际控制人承诺承担相应补偿责任。公司实际控制人曹敏丰、俞春霞已出具了相关《承诺函》，承诺公司因无法继续使用上述租赁土地、房屋而产生的一切损失将由其向公司承担补偿责任。

（资料来源：根据兴港包装《公开转让说明书》第 6 页、第 57－58 页以及

《法律意见书》第 28－29 页整理）

从兴港包装所租赁集体土地的违法违规瑕疵以及租赁其上盖房产未取得产权证书的解决方案看，其解决办法是：①如实披露并作风险提示；②出租人承诺不会收回土地；③积极寻找替代用地；④公司实际控制人作出"承担可能导致的一切损失"的兜底承诺。

2. 知识产权权属

知识产权是企业生存并持续发展的核心无形资源。企业作为权利人，主要通过自主研发、受让、受赠、并购等方式，或通过一定年限的独占许可方式获取与其公司业务相关的知识产权的所有权或使用权。知识产权类型主要包括专利、商标权、软件著作权、集成电路布图设计专有权、植物新品种、非专利技术等。

实践中，知识产权权属瑕疵通常表现为股东用于增资的专利或非专利技术存在为职务发明的嫌疑，或用于公司生产经营的知识产权登记于个人名下等。

【案例 3－14】

员工在职期间发明的专利权属瑕疵（速升装备　430514）

江苏速升自动化装备股份有限公司（速升装备　430514）于 2014 年 1 月 24 日挂牌，是集研发、设计、制造、安装、维修及技术咨询服务于一体的智能自动化系统集成装备供应商。

问题

2009 年以前，公司因管理粗放，员工在职期间发明的专利误作为非职务发明处理，专利权属人为该员工，存专利权属瑕疵。

解决方案

截至 2013 年 6 月 30 日，公司专利使用权的账面价值为 25.61 万元。公司共拥有国家专利 149 件，其中发明专利 50 件，实用新型专利 99 件。

其中，专利号为 200420024719.0、200420026580.3、200420026556.X、200420026569.7 的 4 个专利是公司 2006 年 3 月增资时，由王树生转让给公司的，现专利权归属于公司；专利号为 200520073150.1 的专利是 2006 年 12 月设立安徽速升时，王树生以无形资产出资转让给安徽速升的，现专利权归属于普瑞森。

2009 年以前，公司员工在职期间研发的技术都由发明人申请专利。但是，员工利用单位的资源进行的发明属于职务行为，应由单位申请专利。因此，从 2009 年开始，公司员工在职发明的专利由公司申请专利，专利权归公司所有。原本由员工个人申请的专利，自 2010 年起，逐渐根据申请所在地分别无偿转让给母公司或子公司普瑞森。

综上所述，公司合法有效地拥有上述专利的全部权利，不存在潜在纠纷。

（资料来源：根据速升装备《公开转让说明书》第 64 页整理）

从速升装备员工在职期间发明的专利权属瑕疵的解决方案看，其解决办法是：①如实披露；②员工把在职期间发明的专利权无偿转让给母公司或子公司。

3. 劳动用工的合法合规性

人力资源是企业资源构成中最重要的关键资源，但现实之中，公司往往注重高管团队以及核心技术（业务）人员，而对普通员工较为忽略。同时，多数公司为减少对普通员工的管理成本，常常采取劳务工或劳务派遣的用工方式，其中劳务派遣尤为突出。

根据《中华人民共和国劳动合同法》《中华人民共和国劳动法》《劳务派遣暂行规定》（自 2014 年 3 月 1 日起施行）的规定，企业用工需要符合法律、法规的规定。如《劳务派遣暂行规定》中明确规定：用工单位应当严格控制劳务派遣用工数量，使用的被派遣劳动者数量不得超过其用工总量的 10%；用工单位在规定施行前使用被派遣劳动者数量超过其用工总量 10% 的，应当制订调整用工方案，于规定施行之日起 2 年内降至规定比例；用工单位未将规定施行前使用的被派遣劳动者数量降至符合规定比例之前，不得新用被派遣劳动者。

但是在《劳务派遣暂行规定》颁布实施前，我国的劳务派遣制度并不完善，企业劳务派遣用工多有不合法合规行为。

【案例 3 - 15】

劳务派遣员工人数比例远远超过规定比例 10%（安凯达　830811）

贵州安凯达实业股份有限公司（安凯达　830811）2014 年 6 月 23 日挂牌，主营业务为生产和销售砂石、商品砼。

问题

截至 2013 年 12 月 31 日，公司员工人数 242 人，其中劳务派遣人员 227 人

（占比93.80%），远远超过《中华人民共和国劳动合同法》（2013年7月1日修订）、《劳务派遣暂行规定》（2014年3月1日起施行）中规定的比例10%。

解决方案

公司部分采用劳务外包的方式来保证日常的生产经营活动。普通岗位用工由贵州三赢劳务有限公司提供，专业岗位用工与贵州博宏实业有限责任公司合作。截至2013年12月31日，公司员工人数242人，其中，公司正式职工15人，劳务人员227人，且劳务人员占比93.80%。

根据公司与贵州三赢劳务有限公司签署《劳务承包协议》，公司支付贵州三赢劳务有限公司劳务承包费、管理费、社会保险费以及劳务承包金额5.9%的发票税费，贵州三赢劳务有限公司负责劳务人员社会保险参保手续的办理；根据公司与贵州博宏实业有限责任公司签署的《技术人员劳务派遣协议》，贵州博宏实业有限责任公司保留其派遣人员劳动关系，公司负责被派遣人员的工作岗位安排，支付薪酬及社会保险费用。

公司已充分关注到新《中华人民共和国劳动合同法》关于劳务派遣用工的相关规定，并大力推进人力资源管理及用工制度的规范。截至2014年1月31日，公司已与85名员工签订正式劳动合同。同时，公司第一届董事会第三次会议通过相关议案，确保在2014年底前公司劳务派遣人员数量不超过员工总数的10%。

六盘水市钟山区人力资源和社会保障局于2014年3月6日出具证明，证明公司严格遵守国家各项劳动保障等法律、法规，不存在拖欠工资、加班费、社会保险等任何劳动纠纷情形，没有出现因违反国家劳动保障法律、法规而受到行政处罚的情形。

挂牌公司律师认为：目前法律对于劳动合同工的使用并无明确限制，企业可以根据岗位用工需求合理安排。根据六盘水地区劳动力市场状况、安凯达所处行业的基本特征及其生产经营实际情况，安凯达用工方式不违反我国关于劳动用工的规定。公司与员工签订的劳动合同的形式和内容符合我国劳动法律、法规的相关规定。公司员工的劳动、人事、工资报酬及相应的社会保障完全独立管理。

控股股东、实际控制人葛洪于2013年11月20日作出书面承诺：若因任何原因导致公司被要求为员工补缴社会保险金或发生其他损失，实际控制人将无条件承诺承担公司的任何补缴款项、滞纳金或行政罚款、经主管部门或司法部门确认的补偿金或赔偿金、相关诉讼或仲裁等费用及其他相关费用，确保公司不因此发生任何经济损失。

（资料来源：根据安凯达《公开转让说明书》第 7 页、第 49 – 50 页及《补充法律意见书》整理）

从安凯达的劳务派遣员工人数比例远远超过规定比例 10% 的解决方案看，其解决办法是：①如实披露；②企业应当与员工签订劳动合同，为员工建立社保、住房公积金关系，限期纠正劳务派遣人数超过规定比例这一情况，并取得当地社保部门出具的合规证明；③公司控股股东、实际控制人作出"承担可能导致的一切损失"的兜底承诺。

三、看公司怎样做：公司商业模式

前面已分别阐析了公司"做什么"和"用什么做"两大基本问题，现需要探讨公司是如何将"做什么"和"用什么做"给串起来的，形成具有公司自身特色的运作模式，即"怎么做"的问题，也就是公司商业模式。为此，对公司商业模式的诊断路径为"公司商业模式的概念→公司商业模式的构成→公司商业模式的合理性与风险分析"。

（一）公司商业模式的概念

公司商业模式，亦称业务模式、经营模式等，简单地讲，就是公司通过什么途径或方式赚钱。比如，饮料公司通过卖饮料来赚钱；快递公司通过送快递来赚钱；网络公司通过点击率来赚钱；通信公司通过收话费赚钱；超市通过平台和仓储来赚钱等。只要有赚钱的地方，就会有商业模式的存在。

再进一步分析，从如何串联公司的产出（即业务、产品或服务）与各种投入资源（如资金、原材料、房屋设备、人力资源、技术、品牌、知识产权等）的角度看，公司商业模式是指公司如何利用其拥有的关键资源要素，通过有效的业务流程，形成一个完整的运行系统，并通过这一运行系统向客户提供业务、产品或服务，满足客户需求并向客户提供了价值，从而获得收入、利润和现金流。

（二）公司商业模式的构成

根据新三板《挂牌审查一般问题内核参考要点》中对商业模式的要求，拟申请挂牌公司应结合自身实际情况清晰准确地描述商业模式，具体可参照"公司业务立足或属于哪个行业，具有什么关键资源要素（如技术、渠道、专利、模式等），利用该关键资源要素生产什么产品或提供什么服务，面向哪些客户（列举一两名典型客户），以何种销售方式销售给客户，报告期内的利润率，高于或低于同行业利润率的概要原因"等方面予以总结公司商业模式。

基于上述新三板对公司商业模式的披露要求，再结合公司经营过程中所涉及的业务环节，公司商业模式的构成至少包括以下组成部分：

1. 采购模式

采购模式是指企业如何通过货币资金、商业信用等方式获取生产经营活动所需的各类资源要素。广义的采购模式泛指企业所有资源即有形资源、无形资源和人力资源的获取与管理方式；狭义的采购模式仅指原材料、水电等生产经营中被不断消耗和更新的资源的获取与管理，也即通常所说的供应链及其管理。

基于经营风险，采购模式的核心是公司向谁、以何种途径或方式获取到成本低且质量高的企业资源尤其是关键资源要素。因此，在对公司采购模式的诊断中，需关注公司对供应商的依赖程度及存在的经营风险。

2. 生产模式

生产模式是制造业企业经营活动的核心，是指企业利用一定的技术和方法，将各种资源要素组合起来，制造出某种特定的产品。

基于经营风险，生产模式的核心是公司如何组织或利用企业资源尤其是关键资源要素以制造出低成本、安全可靠的产品。因此，在对公司生产模式的诊断中，需关注主要产品的生产流程或服务流程、生产工艺、质量控制、安全生产、有无外协或委托加工等。

3. 销售模式

销售模式就是将产品或商品通过某种方式或手段送达客户或消费者的方式。当前市场上运用较多的销售方式包括直销、代销、经销、网络销售、目录销售、电话销售等。

基于经营风险，销售模式的核心是面向哪些客户、以何种方式销售给客户或有哪些销售渠道。因此，对公司销售模式的诊断中，需要关注公司的营销体系，包括销售方式、是否有排他性销售协议等壁垒、市场推广计划、客户管理、公司对客户的依赖程度及存在的风险。

4. 研发模式

对企业而言，研发模式就是公司研发部门根据新老客户需求以及市场的未来发展趋势，对现有产品技术工艺进行不断改进创新或开发新产品的方式。其核心是企业是否有完善的研发体系。具体而言，可通过核查核心产品或服务的研发流程、周期以及更新换代计划等予以诊断公司的研发模式及研发实力。

5. 利益相关者合作模式

企业利益相关者包括外部利益相关者和内部利益相关者 2 类，外部利益相关者指企业的顾客、供应商、其他各种合作伙伴等；内部利益相关者指企业的股东、企业家、员工等。从企业作为独立赚钱主体并结合产业链分工情况看，需关注公司是否将营运环节交给利益相关者，如有，需进一步关注其合作模式或商业联盟关系以及风险利益分配机制。

6. 投融资模式

投融资模式主要是指公司低成本融资以及高收益低风险投资的方式。对于投资，主要关注重要资本投资项目，如规模化生产、重要设备的投资等，关注其投资决策机制、可行性和投资回报分析是否合理。

（三）公司商业模式的合理性与风险分析

综合上述公司商业模式的概念及构成分析，公司商业模式一方面从企业经营过程的业务流程看，涉及采购、生产、销售、研发、投融资等环节；另一方面从利益相关者角度看，又涉及供应商、客户、其他合作伙伴、企业家、企业内的部门和员工、股东及实际控制人等各方的利益分享与风险分担。因此，对拟申请挂牌公司商业模式的诊断重点在于分析其是否合理、有何风险。

实务中，商业模式合理性存疑并蕴藏风险多体现在销售与客户、采购与供应商及生产环节。具体如下：

1. 客户或供应商集中度过大

公司客户或供应商集中度过大，会使公司对客户或供应商产生重大依赖。一旦失去主要客户或供应商，会导致业绩下滑甚至影响持续经营能力。对于拟申请挂牌公司而言，通常认为单一客户或供应商占比超过50%或前5大客户或供应商合计占比超过80%属于集中度过大。

【案例 3 - 16】

客户单一的风险与合理性（世优电气　830827）

湖南世优电气股份有限公司（世优电气　830827）2014 年 6 月 27 日挂牌，主营业务为风力发电机组电气控制系统及测试设备的研发、生产、销售；相关备品备件贸易业务；风力发电机组的配套、机械装备的生产和销售。

问题

2012 年公司对主要客户湘电风能有限公司的销售额为 94 874 429.77 元，占比 100%；2013 年为 87 737 766.73 元，占比 100%。公司客户单一，有何风险？是否合理？

解决方案

1. 公司客户单一的风险性分析

公司当前客户单一，对大客户湘电风能有限公司（以下简称"湘电风能"）存在依赖，如果公司的服务质量、响应速度以及整体技术水平、后续技术服务能力和持续创新能力不足，对客户的正常业务经营造成影响，公司对主要客户的收入额将受到影响，进而影响到公司的盈利水平。

2. 公司客户单一的合理性分析

公司当前客户虽然单一，对湘电风能存在依赖，但风电整机厂商设备都有独特的参数要求，定制程度高，产品难替换，竞争对手难以介入。公司在技术方案、制造成本、售后支持等核心业务指标上已经具备经过验证的业界一流水平。2013 年 8 月，公司为湘电风能配套的有史以来第一台交流电控系统的风力发电机组在郴州来溪顺利并网发电，运行至今，完全满足并超越了所有设计指标，标志了湘电风能重大技术转型的圆满成功。2014 年 1 月，在湘电风能的电控系统年度招标中，公司独家签署了招标 300 台（套）的供货合同。2014 年 3 月 12 日，公司又与湘电风能签署了《战略合作协议》，协议约定：世优股份为湘电风能定制和供应风力发电机组成套电气控制系统，在湘电风能自产风力发电机组的市场推广时提供售前支持（包括方案设计、技术培训等），帮助湘电风能获得项目，湘电风能承诺给予世优股份 80% 以上风力发电机组成套电气控制系统采购份额，协议的有效期是 2014 年 3 月 12 日至 2024 年 3 月 11 日。主办券商、律师核查认为：公司董事、监事、高级管理人员、核心技术人员以及主要关联方或持有本公司 5% 以上股份的股东与本公司报告期内的单一客户均不存在任何关联关系。由此说明，公司盈利能力仍将有相当的持续性。

另外，公司凭借与湘电风能多年的合作技术积累以及其市场地位和产品的竞争优势，在巩固现有客户的基础上，目前正积极开拓其他具有较好市场前景的客户，如上海电气、远景能源等主要大型风力发电机组厂家，有望在 2014 年实现新客户突破。同时，公司以绿色能源和智能电网领域作为战略方向，自主研发风电智能管理系统、新能源电动汽车整车控制系统、基于光纤传感技术的电力设备状态检测系统等产品，开拓光电领域业务。

（资料来源：根据世优电气《公开转让说明书》第 3 页、50、54、129、164页以及《主办券商推荐报告》等整理）

【案例 3 - 17】

供应商集中度高（南安机电　430634）

上海南安机电设备股份有限公司（南安机电　430634）2014 年 2 月 14 日挂牌，主营业务为提供工业自动化系统集成解决方案，主要产品有 NA - SD 系列全数字直流驱动器、全数字调功器、全数字软启动器、全数字多回路温控系统。

问题

2011 年、2012 年、2013 年 1—6 月公司前 5 大供应商采购金额占当期采购额的比例分别为 86.73%、80.24%、78.78%，其中第一大供应商为派克汉尼汾流体传动产品（上海）有限公司，采购金额占比分别为 75.06%、64.85%、60.37%。公司供应商集中度高，有何风险？是否合理？

解决方案

目前，国内工业自动化领域的高端产品主要由跨国公司提供，行业集中度较高，本公司系统集成业务和产品分销业务所需的部分重要器件和装备等需向ABB、派克、英维思等国外设备制造商或其在国内的合资公司采购。

除大型的石化集团、电力集团等客户外，ABB 等设备制造商并不直接向其他大量的中小客户提供产品，而是由本公司等分销商销售其产品。本公司是 ABB、派克、英维思等国际著名自动化设备供应商的战略合作伙伴和国内分销商。公司与代理品牌的供应商保持了多年稳固的合作关系，但由于本公司与 ABB、派克之间的分销协议均为一年一签，如果上述供应商销售策略发生改变，双方存在终止分销协议的可能。但由于工业自动化设备供应商之间存在着激烈的竞争，各供应商的同类型产品具有可替代性。因此某个供应商分销协议终止不会对公司销售产生重大影响。此外，公司正从分销为主转变为自主设备销售为主，已逐步提高自有设备的销售比例，减小分销产品销售比例。

主办券商、律师核查认为：本公司董事、监事、高级管理人员、核心技术人员以及主要关联方或持有本公司5%以上股份的股东与本公司报告期内的前5名供应商均不存在任何关联关系。

（资料来源：根据南安机电《公开转让说明书》第3页、第41-43页、第120-121页整理）

综合世优电气的客户单一、南安机电的供应商集中度高的解决方案，对客户或供应商集中度高的主要策略是：①如实披露；②风险与合理性分析；③如实描述公司为解决集中度过大的问题所采取的措施、时间计划及可行性；④主办券商、律师发表不存在关联关系的明确意见。

2. 生产或服务环节中外包模式的必要性与合理性

出于管理、成本等因素考虑，部分企业会将生产经营上的某个环节采取外包模式，如外协加工、定点生产、原始设计商、服务外包、工程分包等。对拟申请挂牌公司而言，若存在外包模式，需分析其必要性、合理性，如关注其外包过程中是否合法合规、是否消除了外包过程中的质量风险、是否对外包供应商存在重大依赖、是否存在利益输送等情况。

【案例3-18】

公司对外协生产是否有依赖（永继电器　430422）

上海永继电气股份有限公司（永继电器　430422）2014年1月24日挂牌，主营业务为小型断路器和漏电断路器等断路器系列产品的研发、生产和销售。

问题

公司外协生产模式是否合理，对外协厂商是否有依赖？

解决方案

报告期内，公司外协加工费用占公司营业成本比重见下表：

项目	2013年1—6月	2012年	2011年
外协加工费用（元）	5 665 235.02	13 138 870.82	13 733 652.42
营业成本（元）	165 817 870.55	339 785 136.94	377 638 607.80
外协加工费用占营业成本比例	3.42%	3.87%	3.64%

2011 年、2012 年、2013 年 1—6 月，公司外协加工费用总额为 13 733 652.42 元、13 138 870.82 元、5 665 235.02 元，占公司营业成本比重分别为 3.64%、3.87%、3.42%，比重较少。

报告期内，公司向前 5 名外协厂商采购情况如下：

年份	公司	金额（元）	占外协加工费用比重
2011 年	乐清夏兴电子科技有限公司	3 133 258.82	22.81%
	张承炘	2 51 474.48	17.85%
	温州百合机电有限公司	2 116 375.21	15.41%
	乐清市胜鼎电气科技有限公司	1 081 209.79	7.87%
	乐清市铭易电器厂	548 650.70	3.99%
	合计	7 130 969.00	67.93%
2012 年	张承炘	3 001 663.20	22.85%
	乐清市胜鼎电气科技有限公司	2 917 115.70	22.20%
	乐清夏兴电子科技有限公司	2 009 205.77	15.29%
	温州百合机电有限公司	1 636 822.81	12.46%
	乐清市慧德电器配件有限公司	46 503.47	0.35%
	合计	9 611 310.95	73.15%
2013 年 1—6 月	乐清市胜鼎电气科技有限公司	1 518 422.28	26.80%
	张承炘	1 132 495.39	19.99%
	温州百合机电有限公司	815 130.75	14.39%
	乐清市军峰电器科技有限公司	281 507.72	4.97%
	乐清市铭易电器厂	207 898.94	3.67%
	合计	3 955 455.08	69.82%

如上表所示，2011 年、2012 年、2013 年 1—6 月，公司向前 5 大外协厂商采购金额为 7 130 969.00 元、9 611 310.95 元、3 955 455.08 元，占外协加工费用总额比例分别为 67.93%、73.15%、69.82%。公司外协加工的主要内容为点焊、装配等非核心业务，不涉及公司核心技术、工艺情况。温州地区是低压电器企业集聚地区，存在众多企业从事装配、点焊等业务，公司与外协厂商交易的价格根据市场价格协商决定，不存在依赖外协厂商的情况。

（资料来源：根据永继电器《公开转让说明书》第 55—56 页整理）

从永继电器外协生产合理性的解决方案看，其主要策略是：①如实披露；②合理性分析，可从外协加工费用占营业成本的比重、前5名外协厂商的采购情况以及占比分析、外协加工的主要内容、定价原则等角度说明外协生产合理及对外协厂商不存在依赖。

第三节　持续经营能力

持续经营能力，是指公司基于报告期内的生产经营状况，在可预见的将来，有能力按照既定目标持续经营下去。那么，如何诊断和评估拟申请挂牌公司具备持续经营能力呢？

由于挂牌条件中对公司利润、收入、资产规模等财务指标不设门槛，包容亏损企业，因此，对拟申请挂牌公司尤其是亏损企业是否具备持续经营能力的评估和认定就显得非常重要。具体而言，就是以公司业务明确为前提，基于报告期内公司业务的营运记录、财务规范、主体依法存续等多维角度，从公司动态发展的成长轨迹视角，诊断和评估公司在可预见的将来，是否有能力按照既定目标持续经营下去。据此，可在公司业务明确的前提依据下，按照"营运记录→公司财务→公司状态"的分析路径，分别予以把控、举证和识别其是否持续、是否规范、是否依法存续，具体如图3－4所示。

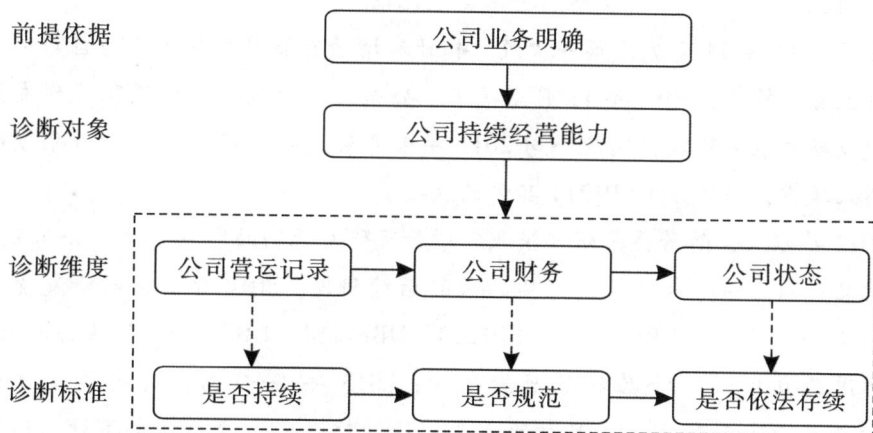

图3－4　公司持续经营能力的诊断路径

一、看公司营运记录：是否持续

对公司营运记录是否持续的诊断，主要是核查公司业务在报告期内不是仅存在偶发性交易或事项，而是具有经常性、持续性的交易或事项。对营运记录可采用多维度界定，如现金流量、营业收入、交易客户、研发费用支出、合同签订情况、行业特有计量指标等。

【案例 3 - 19】

报告期内公司的持续营运记录（众合医药 430598）

上海众合医药科技股份有限公司（众合医药 430598）2014 年 1 月 24 日挂牌，主营业务为新药的研发、生产和销售及相关技术的转让和服务。

问题

公司报告期内（2011 年度、2012 年度及 2013 年 1—9 月）的营业收入分别为 3.78 万元、0 万元、321.47 万元，净利润分别为 -13.51 万元、-1 215.77 万元、-695.42 万元，经营活动现金流量净额分别为 -197.96 万元、-999.47 万元、-712.18 万元。基于公司报告期内营业收入规模偏小、未实现盈利以及经营现金流量为负，公司报告期内是否存在持续经营记录？

解决方案

1. 报告期内公司研发活动的持续营运记录

鉴于 2011 年 11 月完成第一次股权转让和增资前公司主营业务为自产试剂的销售且业务量较小，2011 年 11 月至年末，公司处于新核心技术团队及研发团队的组建及研发准备阶段，因此公司 2011 年未开展大规模研发活动，当年度研发费用投入较少，仅完成 UBP1211 品种的立项。

2012 年以来，随着公司研发投入的增加及研发活动的顺利开展，公司完成 5 个单抗品种的立项并持续推进立项品种的后续研发。2012 年，公司研发费用为 1 220.84 万元，完成 UBP1212、UBP1213、UBP1214、UBP12154 个品种的立项，持续推进已立项的 5 个品种的后续研发；2013 年 1—9 月，公司研发费用为 921.29 万元，完成 UBP1311 品种的立项，持续推进已立项的 6 个品种的后续研发，其中 UBP1211 已推进至临床研究批件申请阶段。

除上述 6 个重点研发品种外，公司在日常研发活动中还形成其他研发成果，部分通过技术转让的方式为公司实现收入和现金流入，如公司将新型 GLP－1－Fc 分子转让给北京和实康明医药科技有限公司。公司在自主研发活动之外，还接受客户委托提供技术服务，如受托为通化东宝药业股份有限公司构建高表达细胞株。

报告期内，公司持续投入大量资金用于研发活动，保证了公司研发活动的顺利开展和研发项目的持续推进。

2. 报告期内公司收入的持续营运记录

2011 年，公司实现营业收入 3.78 万元，均为试剂销售收入。2012 年，公司全力推进研发活动的开展，当年度未产生收入。2013 年 1—9 月，随着部分研发成果的收入实现和技术服务的开展，公司实现营业收入 321.47 万元。

（资料来源：根据众合医药《公开转让说明书》第 134－135 页整理）

从众合医药报告期内持续营运记录的解决方案看，其主要策略是：结合公司业务运营的实际情况，如实披露了公司研发活动、营业收入的持续营运记录情况。

二、看公司财务：是否规范

对公司财务是否规范的诊断，主要从以下三方面进行核查：

（一）公司财务机构及人员是否独立

根据《挂牌条件标准指引》规定，申请挂牌公司应设有独立财务部门进行独立的财务会计核算，相关会计政策能如实反映企业财务状况、经营成果和现金流量。换言之，新三板对申请挂牌公司的财务机构及人员独立性上有两点要求：一是设置独立；二是运作独立。具体如下：

1. 公司财务机构及人员设置独立

根据《中华人民共和国会计法》（以下简称《会计法》）第三十六条规定：各单位应当根据会计业务的需要，设置会计机构，或者在有关机构中设置会计人员并指定会计主管人员；不具备设置条件的，应当委托经批准设立从事会计代理记账业务的中介机构代理记账。

换言之，各单位对会计机构及人员配备上有 3 种选择方式：①设置独立的会计机构及人员；②不设独立的会计机构，而是在有关机构中设置会计人员并指定会计主管人员；③代理记账。但对申请挂牌公司而言，只能采取第①种设置方式，即必须设置独立的会计机构及人员，不可采取第②种和第③种设置方式。

2. 公司财务机构及人员运作独立

申请挂牌公司在财务机构及人员独立性上不仅要求设置独立，而且要求独立设置的财务机构及人员在实际运作中必须做到独立，即能够独立作出财务决策，财务会计制度及内控制度健全且得到有效执行，会计基础工作规范，符合《会计法》《会计基础工作规范》《公司法》以及《现金管理条例》等其他法律、法规要求。

（二）公司财务报表的编制是否遵循《企业会计准则》的规定

根据《挂牌条件标准指引》规定，申请挂牌公司应按照《企业会计准则》的规定编制并披露报告期内的财务报表，在所有重大方面公允地反映了申请挂牌公司的财务状况、经营成果和现金流量，财务报表及附注不得存在虚假记载、重大遗漏以及误导性陈述。为此，对公司财务报表的编制是否遵循《企业会计准则》规定的诊断和评估，需从会计核算标准的选择、公司业务的会计处理过程、财务会计结果即财务报表的编制与列报等会计程序全过程予以综合分析和判断。具体如下：

1. 会计核算标准：须执行《企业会计准则》

申请挂牌公司报告期内的会计核算标准必须执行《企业会计准则》。若之前执行的是《小企业会计准则》或《企业会计制度》等其他会计核算标准的，必须转换为《企业会计准则》，即须按《企业会计准则》进行账务调整及重编财务报表；反之，如果报告期内未按照《企业会计准则》的要求进行会计处理及申报报表修改，则将视为财务不规范，不符合挂牌条件。

2. 会计处理过程：财务须与业务相匹配

简单地讲，会计就是按公认的会计标准对公司业务如实地进行核算，并以财务报表形式按期报告公司的财务状况、经营成果和现金流量。鉴于此，对申请挂牌公司而言，须对照《企业会计准则》的相关规定，结合公司行业特点、产品或服务类型、关键资源要素、采购模式、销售模式、盈利模式、收付款政策、客户及供应商类型、主要业务合同等，选择与公司业务相匹配的会计政策与会计估计，并进行恰当的会计处理，由此编制的财务报表所列报的财务信息自然就能真实、公允地反映公司的实际运营情况，真正做到财务与业务相关联、相匹配。

　　具体而言，对申请挂牌公司财务与业务匹配性的诊断与评估，可从两方面把握：一是定性分析，主要看选用的会计政策与会计估计是否适当，是否在报告期内保持一致，是否与公司行业、业务特点相符；二是定量分析，主要看财务报表尤其是附注所列报的财务信息是否真实、公允、合理地反映公司业务经营的实际情况，是否符合行业特点。

　　在新三板挂牌实践中，重点关注以下项目的财务信息与其业务的匹配性。现分述之。

　　（1）**收入**。收入是指企业在日常活动中形成的、会导致所有者权益增加的、与所有者投入资本无关的经济利益总流入。如企业滥用收入确认原则可能导致提前或推迟确认收入、提前或推迟结转成本等调节利润或粉饰财务报表的情形。因此，收入确认政策及收入构成披露是重点关注内容之一。

　　一是收入确认政策与业务的匹配性。收入确认政策须结合产品及服务类别、销售模式等实际生产经营特点，在符合《企业会计准则》前提下予以细化具体的收入确认原则以及具体时点；如存在同类业务采用不同经营模式在不同时点确认收入的，需分别分析适当性。如公司按完工百分比法确认收入，需分析合同完工进度的确定依据和方法是否适当。

　　二是收入构成披露与业务的匹配性。以表格形式披露报告期内各期营业收入的主要构成及比例，按照产品或服务类别及业务、地区分部列示。若报告期内发生重大变化应分析其合理性、与业务的匹配性，如核查公司是否虚计收入、是否存在提前或延迟确认收入的情况；也可通过分析公司产品的价格、销售等收入影响因素的变动情况，判断收入发生重大变化是合理还是异常。

　　（2）**成本**。这里的成本是指产品或服务成本，而对产品或服务成本的分析，主要是对已售产品的成本即营业成本进行剖析，进而与收入对比分析毛利率。

　　一是成本核算政策与业务的匹配性。产品或服务的成本核算方法主要有品种法、分批法、分步法等，公司需结合生产模式、生产特点，选择与之相匹配的核算方法，以及成本归集、分配、结转的方法。需重点关注是否存在通过成本调整业绩的情形。

　　二是成本构成披露与业务的匹配性。按直接材料、直接人工、制造费用等成本项目列报不同产品或服务的成本构成，并对成本项目进行分析。对发生较大波动的，需分析波动的原因及合理性，如通过成本构成明细表分析产品或服务的单位成本构成情况，并结合公司生产经营情况、市场和同行业企业情况（如原材料市场价格、燃料和动力的耗用量、员工工资水平等），判断公司成本的合理性。

（3）**毛利率**。同收入一样，以表格形式披露报告期内各期毛利率的主要构成及比例，按照产品或服务类别及业务、地区分部列示。若报告期内发生重大变化应分析其合理性、与业务的匹配性，如结合销售价格及单位成本的内外部影响因素的变动情况分析各项毛利率波动的原因；或结合同行业情况、公司自身优劣势等分析公司毛利率水平与同行业可比公司是否存在重大差异及原因；进而核查公司营业成本和期间费用的各组成项目的划分归集是否合规，以及公司报告期内收入、成本的配比关系是否合理。

（4）**期间费用**。以表格形式披露报告期内期间费用的明细信息。若报告期内发生重大变化的应分析其波动的合理性与匹配性，如可结合影响期间费用的内外部因素的变动情况予以分析；或者结合预付款项、其他应收款、应付款项、其他应付款等资产负债类科目核查公司是否存在跨期确认费用的情形；或结合固定资产、在建工程、长期待摊费用等科目核查公司是否存在将期间费用资本化的情形等。

（5）**研发费用**。众所周知，企业在研究与开发方面的大量投入是推动技术进步与经济增长的主要动力。对科技型企业而言，研究与开发是其整个业务活动的源泉与动力，有助于增强企业的核心竞争力和持续经营能力。因此，对研究与开发活动的管理、研发费用的核算与列报等都是关注的重点。

《企业会计准则第6号——无形资产》规定，研发费用是指企业内部研究开发项目的支出，分为研究阶段支出与开发阶段支出。其中，研究阶段是指为获取新的技术和知识等进行的有计划的调查；开发阶段是指在进行商业性生产或使用前，将研究成果或其他知识应用于某项计划或设计，以生产出新的或具有实质性改进的材料、装置、产品等。

由于研发活动的不确定性，我国《企业会计准则》对研发费用的核算方法采用的是"有条件的资本化法"。具体而言，首先，企业根据研究与开发的实际情况将研究开发项目区分为研究阶段与开发阶段；其次，对研究阶段的支出于发生时计入当期损益，对开发阶段的支出，满足资本化条件的，确认为无形资产，不符合资本化条件的计入当期损益；若确实无法区分研究阶段的支出和开发阶段的支出，将其全部费用化，计入当期损益。其中，对开发阶段的支出，需同时满足5个条件，才可以确认为无形资产：①在技术上完成该无形资产以使其能够使用或出售具有可行性；②具有完成该无形资产并有使用或出售的意图；③能证明无形资产产生经济利益的可能方式；④有足够的技术、财务资源和其他资源支持来完成该无形资产的开发，并有能力使用或出售该无形资产；⑤归属于该无形资产开发阶段的支出能够可靠地计量。

综上所述，有条件的资本化法实际是一种原则导向的会计核算方法，对研究与开发的划分节点、开发阶段资本化的确认条件、研发未来成功与否都带有很强的主观判断，而大量研发投入是资本化还是费用化处理，却对当期损益影响极大，因此研发费用的核算、列报成为科技型企业的关注重点。

为此，公司在对研发项目进行会计核算时，应根据《企业会计准则》、公司研发项目相关管理制度等规定，在立项、研发实施关键节点（如小试、中试、试生产等）、项目验收、成果鉴定等阶段作好相应的控制和原始记录，于资产负债表日或研发关键节点的截止日，对照研发立项时情况从技术、市场、企业资源、经费支出情况、管理层意图等方面综合分析研发项目是否发生了变化并形成相应的书面材料，以此作为划分研究阶段与开发阶段以及研发费用是费用化或资本化的核算依据。此外，还需按研发项目披露研发投入情况，并对资本化支出的合理性、匹配性予以充分说明。

（6）**应收账款**。应收账款是指企业因销售商品、产品或提供劳务而形成的债权。其因销售活动而形成，与收入是对应账户，是影响利润、质量的关键因素，也是实践中虚增收入操纵利润的惯常手段。因此，应收账款的确认、回收、坏账估计等都是关注重点。

一是披露应收账款余额及其变动，结合收款政策、客户对象、业务特点等分析公司应收账款余额水平以及占当期收入的比例的合理性与匹配性，如是否存在长期未收回款项，报告期内或期后是否有大额冲减。

二是披露公司坏账计提政策，并结合同行业公司以及公司自身特点分析坏账计提政策是否谨慎，结合应收账款期后收款情况核查收入的真实性，结合收入确认依据核查是否存在提前确认收入的情形。

（7）**存货**。存货是指企业在日常活动中持有以备出售的产成品或商品、处在生产过程中的在产品、在生产过程或提供劳务过程中耗用的材料或物料等。企业的存货通常包括原材料、在产品、半成品、产成品、商品、周转材料等。存货种类繁多、形态多样，涉及企业的采购、生产、销售等多个环节，因此，对存货的管理、核算、列报等都是关注的重点。

一是存货内控管理及核算政策与业务的匹配性。公司应披露存货内控管理制度的建立及执行情况，以及存货各明细项目的核算时点、存货各项目的确认、计量与结转是否符合会计准则的规定，可结合公司生产模式分析公司的生产核算流程与主要环节，进而判断存货政策的合理性与匹配性；披露存货跌价准备计提及转回政策，并分析公司存货跌价准备是否谨慎合理。

二是存货构成披露与业务的匹配性。公司应披露存货构成及波动原因，并结合经营模式、生产周期、生产模式等说明存货构成的合理性与匹配性；若存货期末余额中含有建造合同形成的已完工未结算资产的，需汇总披露累计已发生成本、累计已确认毛利、预计损失、已办理结算金额；核查公司存货各项目的发生、计价、分配与结转情况：是否与实际生产流转一致；分配及结转方法是否合理；计算是否准确；是否存在通过存货科目调节利润的情形。

（8）**现金流量表**。相对于其他会计报表，现金流量表是按收付实现制编制，不易被操纵，能更为真实地反映公司运营情况，因此，通过现金流量表可以更好地分析其与业务的匹配性。具体包括以下两个方面：

一是分析并披露经营活动现金流波动的合理性，经营活动现金流量净额与净利润的匹配性。

二是说明各报告期内所有大额现金流量变动项目的内容、发生额，是否与实际业务的发生相符，是否与相关科目的会计核算勾稽，特别是"销售商品、提供劳务收到的现金""购买商品、接受劳务支付的现金""收到的其他与筹资活动有关的现金""支付的其他与筹资活动有关的现金""购建固定资产、无形资产和其他长期资产支付的现金"等。

3. 财务会计结果：财务报表公允地反映了公司的财务状况、经营成果和现金流量

前面已述，申请挂牌公司报告期内的会计核算标准必须是执行《企业会计准则》，同时公司在对业务进行如实核算、列报等系列财务会计处理过程中，需做到财务与实际业务相匹配。那么，公司由此而编制的财务报表（包括四表一注：资产负债表、利润表、现金流量表、所有者权益变动表、附注）自然能公允地反映其财务状况、经营成果和现金流量。

在上述四表一注的财务报表信息披露中，附注披露的信息含量最大。根据《公开转让说明书内容与格式（试行）》（股份转让系统公告〔2013〕42号）第四节公司财务的规定，申请挂牌公司需结合公司实际情况，分项披露报告期内（两年一期）的相关附注信息，包括但不限于：

（1）**公司主要会计政策、会计估计**。公司应结合业务特点充分披露报告期内采用的主要会计政策、会计估计及其变更对公司利润的影响。若公司的重大会计政策或会计估计与可比公司存在较大差异，或者按规定将要进行变更的，应分析重大会计政策或会计估计的差异或变更对公司利润产生的影响。

（2）**公司盈利能力分析**。主要是对公司报告期内的收入、利润、毛利率、费用、投资收益、非经常性损益、税收缴纳等进行分析。具体包括：①根据业务特点披露各类收入的具体确认方法，以表格形式披露报告期内各期营业收入、利润、毛利率的主要构成及比例，按照产品（服务）及业务、地区分布列示，报告期内发生重大变化的应予以说明；②披露报告期内各期主要费用（含研发）、占营业收入的比重和变化情况；③披露报告期内各期重大投资收益情况、非经常性损益情况、使用的各项税收政策及缴纳的主要税种。

（3）**主要资产情况及重大变动分析**。披露报告期内各期末主要资产情况及重大变动分析，包括但不限于：主要应收款项的账面余额、坏账准备、账面价值、账龄、各期末前 5 名情况；主要存货类别、账面余额、跌价准备、账面价值；主要固定资产类别、折旧年限、原价、累计折旧、净值；主要对外投资的投资期限、初始投资额、期末投资额及会计核算方法；主要无形资产的取得方式、初始金额、摊销方法、摊销年限、最近一期末的摊余价值及剩余摊销年限；主要资产减值准备的计提依据及计提情况。

（4）**主要负债情况**。披露报告期内各期末主要负债情况。有逾期未偿还债项的，应说明其金额、未按期偿还的原因、预计还款期等。

（5）**股东权益情况**。披露报告期内各期末股东权益情况，主要包括股本、资本公积、盈余公积、未分配利润及少数股东权益的情况。

如果在挂牌前实施限制性股票或股票期权等股权激励计划且尚未行权完毕的，应披露股权激励计划内容及实施情况、对资本公积和各期利润的影响。

（6）**关联方及关联交易情况**。公司应根据《公司法》和《企业会计准则》的相关规定披露关联方、关联关系、关联交易，并说明相应的决策权限、决策程序、定价机制、交易的合规性和公允性，减少和规范关联交易的具体安排等。

公司应根据交易的性质和频率，按照经常性和偶发性分类披露关联交易及其对财务状况和经营成果的影响。

如果董事、监事、高级管理人员、核心技术（业务）人员、主要关联方或持有公司 5% 以上股份股东在主要客户或供应商中占有权益的，应予以说明。

（7）**资产负债表日后事项、或有事项及其他重要事项**。公司应扼要披露财务报表附注中的资产负债表日后事项、或有事项及其他重要事项，包括对持续经营可能产生较大影响的诉讼或仲裁、担保等事项。

（8）**资产评估情况**。公司若在报告期内进行资产评估的，应简要披露资产评估情况。

（9）**股利分配政策及最近两年一期分配及实施情况**。公司应披露最近两年股利分配政策、实际股利分配情况以及公开转让后的股利分配政策。

（10）**子公司情况**。公司应简要披露其控股子公司或纳入合并报表的其他企业的情况，主要包括注册资本、主要业务、股东构成及持股比例、最近一年及一期末的总资产、净资产、最近一年及一期的营业收入、净利润。

（11）**持续经营能力自我评估**。公司应遵循重要性原则，结合自身及所处行业实际情况，对可能影响公司持续经营的风险因素进行自我评估，重点披露特有风险，其中对持续经营有严重不利影响的风险应作"重大事项提示"。

鼓励公司建立以风险为导向的内部管理机制，提高识别和承受风险的能力，形成符合自身及所处行业特征的风险评估和管理体系。

（12）**公司经营目标及计划**。公司可披露公司经营目标和计划。如披露，应遵循诚信原则，并说明合理依据。对可能导致经营目标和计划不能实现的重大不确定性因素，公司应作出有针对性和实质性的"重大事项提示"，提醒投资者审慎判断和决策。

4. **典型财税问题示例**

（1）**净利润、经营活动现金流量净额均为负数。**

【案例 3 - 20】

报告期内持续亏损、资金短缺（云高信息　832807）

深圳市云高信息技术股份有限公司（云高信息　832807）2015 年 7 月 24 日挂牌，主营业务是为国内外高尔夫爱好者提供场地预订、赛事策划，为商家提供高尔夫器具代销电子商务平台等与高尔夫运动相关的一站式服务。

问题

公司 2013、2014 年度的两报告期内的净利润分别为 - 310. 87 万元、- 449. 82 万元，经营活动现金流量净额分别为 - 263. 21 万元、- 256. 44 万元。报告期内未实现盈利、资金短缺是否合理？有何风险？

解决方案

1. 报告期内未实现盈利

2013、2014 年度公司净利润分别为 −310.87 万元和 −449.82 万元。作为移动互联网企业，公司前期研发和业务推广投入较大。此外，出于长远发展考虑公司目前采取免费或低价策略以积累用户数量并完善业务布局，虽然报告期内收入呈现快速增长的态势，但成本和各项费用的支出较多且增长较快。以上因素综合导致公司报告期内尚未实现盈利。由于公司各项业务的培育和成熟需要一定周期，后续业务推广和研发投入仍然较大，公司存在持续亏损的风险。

2. 现金流量分析

项目	2014 年度	2013 年度
经营活动产生的现金流量净额（万元）	−256.44	−263.21
投资活动产生的现金流量净额（万元）	−2 050.33	−58.87
筹资活动产生的现金流量净额（万元）	2 600.00	0

报告期内，公司经营活动产生的现金流量净额均为负数，经营现金流量趋紧。主要原因是公司成立时间较短，公司业务目前正处于亏损状态。

2013、2014 年度，公司投资活动产生的现金流量净额分别为 −58.87 万元、−2 050.33 万元，主要是公司购入固定资产、开发无形资产及购买短期理财产品的现金流出。2014 年度，公司投资活动产生的现金流量净额大幅下降，主要是公司于 2014 年末使用闲置资金 1 900 万元购买短期理财产品所致。

2013、2014 年度，公司筹资活动产生的现金流量净额分别为 0 元和 2 600.00 万元，2014 年筹资活动产生的现金流量净额构成主要为股权融资收到的现金。

（资料来源：根据云高信息《公开转让说明书》第 2 页、第 104 页整理）

（2）净利润与经营活动现金流量净额不匹配。

【案例 3 - 21】

净利润与经营活动现金流量净额不匹配（西藏能源　832372）

西藏金凯新能源股份有限公司（西藏能源　832372）2015 年 4 月 14 日挂

牌，主营业务为光伏电站工程 EPC 总承包、光伏电站投资运营等。

问题

公司 2013、2014 年度净利润分别为 398.31 万元、1.06 万元，而同期经营活动现金流量净额分别为 -1 326.84 万元、771.36 万元，二者极不匹配，是否合理？

解决方案

公司 2013、2014 年度报告期内的净利润和经营活动现金流量净额不匹配的主要原因是资产减值准备，固定资产折旧，无形资产摊销，财务费用中利息支出，递延所得税减少，存货变动及经营性应收、应付项目的变动影响。特别是 2013 年公司光伏项目完工确认的收入和光热项目的采购，都是次年收到和支付现金的，因此导致现金流的滞后性。从长远看，公司经营活动现金流量净额低于净利润的情况，对公司业务规模迅速增长及财务状况稳定造成不利影响。

（资料来源：根据西藏能源《公开转让说明书》第 5-6 页整理）

（3）**非经常性损益净额占净利润的比重过大。**非经常性损益是公司正常经营损益之外的一次性或偶发性损益。具体指公司发生的与经营业务无直接关系，以及虽与经营业务相关，但由于其性质、金额或发生频率，影响了真实、公允地反映公司正常盈利能力的各项收入、支出。如计入当期损益的政府补助，越权审批或无正式批准文件的税收返还、减免，非流动资产处置损益等。由于非经常性损益具有一次性、偶发性特点，若公司利润长期依赖于非经常性损益，则将会影响公司的未来可持续经营能力。

【案例 3-22】

非经常性损益的依赖风险（日望电子　430400）

株洲日望电子科技股份有限公司（日望电子　430400）2014 年 1 月 24 日挂牌，主营业务为专业从事钽电解容器的研发、生产与销售。

问题

公司 2011 年、2012 年、2013 年 1—6 月的非经常性损益净额分别为 213.38 万元、98.26 万元、3.40 万元，净利润分别为 260.24 万元、216.37 万元、47.69 万元，非经常性损益净额占净利润的比重分别为 81.99%、45.41%、7.13%。另外，公司非经常性损益主要为取得的政府补助。公司利润主要依赖于政府补助，是否合理？对公司未来的持续经营能力有何影响？

解决方案

公司非经常性损益主要为取得的政府补助，2011年、2012年和2013年1—6月扣除所得税影响后非经常性损益净额分别为213.38万元、98.26万元、3.40万元，净利润分别为260.24万元、216.37万元、47.69万元，非经常性损益净额占净利润的比重分别为81.99%、45.41%和7.13%。虽然非经常性损益占当年净利润的比例明显下降，但是，非经常性损益占净利润的比例仍然较高，净利润对非经常性损益存在重大依赖。考虑到非经常性损益对公司盈利产生的重大影响，如果公司自身盈利没有取得大幅增长，并且没有取得政府补助，将对公司的利润产生重大不利影响。

针对该风险，公司将组建销售团队，加大市场开拓力度，拓展公司产品销售领域，以提高公司产品的销量和市场占有率；同时，加大科研开发力度，持续研制高附加值的产品，保持公司主营业务的持续增长，逐步降低对非经常性损益的依赖程度。

（资料来源：根据日望电子《公开转让说明书》第4页、第101-102页、第117页、第128页整理）

从日望电子报告期内对非经常性损益依赖风险的解决方案看，其主要策略是：①如实披露；②进行风险提示。此外，日望电子在其他非流动负债项目中披露：截至2013年6月30日，公司收到的与资产有关的政府补助余额为320万元，暂未结转到营业外收入。由此看来，报告期内公司对政府的依赖性极大，若在后续经营中不改变此局面去积极开拓市场，将极大地影响公司的持续经营与发展。

（4）**报告期内股权激励实施方案对公司利润的影响。**

【案例3-23】

股权激励方案实施导致公司亏损（金日创　430247）

北京金日创科技股份有限公司（金日创　430247）2013年7月22日挂牌，主营业务为提供高性能的工业自动化控制系统和配套产品，以及完整的工业自动化解决方案。

问题

公司2012年12月增资时，对26名员工实施了股权激励方案，导致公司亏损，是否影响公司未来损益？

解决方案

2012 年 12 月 25 日，公司召开临时股东大会，决议公司进行增资，由付宏璧等 26 名公司员工和全永吉等 14 名外部投资者认购公司新增股份。本次增资的总股数为 459 万股，认购价格为公司员工每股 1.5 元，外部投资者每股 2.5 元。

2012 年末实施上述增资方案，出于对内部员工进行股权激励的考虑，公司对其认购价格为每股 1.5 元，低于对外部投资者的认购价格每股 2.5 元。该股权激励适用股份支付准则，以对外部投资者每股 2.5 元的认购价格认定为公司股票的每股公允价值，因此对内部职工增资的 254.50 万股形成了 254.50 万元的管理费用，是造成 2012 年公司亏损的重要原因。若扣除股份支付的影响，公司 2012 年净利润为 65.40 万元。

由于此次股权激励未设置等待期和限售期，激励对象直接获得公司股票，股份支付差额 254.50 万元一次性全部计入当期损益，对公司未来期间的损益没有影响。

（资料来源：根据金日创《公开转让说明书》第 3 页整理）

（5）其他应收款期末余额较大且多为员工借款。

【案例 3 - 24】

其他应收款期末余额较大且多为员工借款（文达通　430516）

青岛文达通科技股份有限公司（文达通　430516）2014 年 1 月 24 日挂牌，主营业务为生物识别、智能化系统 S - HOME、楼宇对讲系统的研发及销售。

问题

截至 2013 年 6 月 30 日，公司其他应收款期末余额为 249.59 万元，其中员工倪萍借款余额为 57.55 万元，员工李锡军借款余额为 69.46 万元，二者合计占比 50.89%。是否合理？

解决方案

2012 年 3 月 1 日，公司与倪萍签订《无偿借款协议》，约定"为引进技术人才，解决借款方后顾之忧，全心全意为公司服务，公司特向借款方（倪萍）无偿借款 70 万元，借款期限为 2012 年 3 月 26 日至 2019 年 3 月 25 日，本金归还期限为 7 年，每月归还 0.83 万元"。

该项借款为无息借款，公司每月从倪萍工资中扣取上述款项。截至 2013 年 6

月 30 日，"其他应收款——倪萍"账面余额为 57.55 万元。

李锡军担任公司冲压加工事业部经理，为了方便运营管理，公司授权李锡军一定的原材料采购权限，并向李锡军提供备用金以供其支付材料款，公司并未向李锡军收取利息。截至 2013 年 6 月 30 日，"其他应收款——李锡军"账面余额为 69.46 万元，双方并未约定利息。截至 2013 年 9 月 30 日，公司全部收回该笔应收款项。

公司制定了《货币资金制度》，对分工与授权、实施与执行、监督与检查等事项做了规定，并且执行情况良好。该等借款事项均按照《货币资金制度》所规定的权限与流程执行。

（资料来源：根据文达通《公开转让说明书》第 142 页整理）

接上述案例提请注意：根据《全国中小企业股份转让系统挂牌业务问答——关于挂牌条件适用若干问题的解答（一）》的规定，若其他应收款借款人为公司控股股东、实际控制人及其控制的其他企业，且在申报前未归还借款的，将视为财务不规范，由此不符合挂牌条件。

（6）**报告期内所得税征收方式为核定征收**。企业所得税征收方式包括查账征收和核定征收两种方式。一般而言，账证健全符合规定的，按查账征收；不能准确核算成本费用或销售收入的按核定征收。核定征收的相关规定详见《企业所得税核定征收办法（试行）》（国税发〔2008〕30 号），其第三条规定：纳税人具有下列情形之一的，核定征收企业所得税：①依照法律、行政法规的规定可以不设置账簿的；②依照法律、行政法规的规定应当设置但未设置账簿的；③擅自销毁账簿或者拒不提供纳税资料的；④虽设置账簿，但账目混乱或者成本资料、收入凭证、费用凭证残缺不全，难以查账的；⑤发生纳税义务，未按照规定的期限办理纳税申报，经税务机关责令限期申报，逾期仍不申报的；⑥申报的计税依据明显偏低，又无正当理由的。

相对于查账征收而言，核定征收企业在账务体系设置上存有瑕疵，因此对申请挂牌公司而言，若在报告期内采用核定征收方式，须予以纠正。同时，提请注意：根据《全国中小企业股份转让系统挂牌业务问答——关于挂牌条件适用若干问题的解答（一）》的规定，申请挂牌公司若因财务核算不规范情形被税务机关采取核定征收企业所得税且未规范的，将视为财务不规范，由此不符合挂牌条件。

【案例 3 - 25】

报告期内子公司所得税征收方式为核定征收（中一检测 430385）

浙江中一检测研究院股份有限公司（中一检测 430385）2014 年 1 月 24 日挂牌，主营业务为健康与环保、节能减排、工程质量等领域的检测与评价。

问题

公司控股子公司宁波中一在报告期内的企业所得税征收方式为核定征收，是否合理、合规？

解决方案

公司控股子公司宁波中一成立于 2011 年 6 月，2011 年、2012 年、2013 年 1—8 月，企业所得税征收方式为核定征收，按应税收入的 15% 确定应纳税所得额，企业所得税适用税率为 25%。

宁波中一主营业务为建筑检测服务，设立初期处于资质申请和筹建期，从设立到盈利需要经过较长时间，税务主管部门将宁波中一认定为核定征收企业。根据宁波市国家税务局、地方税务局杭州湾新区分局出具的证明，宁波中一自 2011 年 1 月至 2013 年 11 月，未发现重大违法违规行为。公司控股股东应赛霞出具《承诺函》承诺"若发生国家有关税务主管部门追缴宁波中一企业所得税差额、滞纳金或罚款的情况，则补缴的税款和可能的税收滞纳金、罚款等将全部由本人承担"。

核定征收及查账征收方式对宁波中一经营业绩和财务状况的影响如下：

项目	2013 年 1—8 月	2012 年	2011 年
营业收入（元）	2 922 525.98	1 056 092.11	—
利润总额（元）	803 981.82	- 1 666 525.88	- 868 949.42
累计未弥补亏损（元）	- 1 731 493.48	- 2 535 475.30	- 868 949.42
按查账征收应纳所得税（元）	0	0	0
按核定征收应纳所得税（实际已缴纳税额）（元）	109 982.72	39 206.73	—
税务局认定的核定征收方式，按查账征收方式需补缴所得税（元）	- 109 982.72	- 39 206.73	—

根据上表，报告期内宁波中一若按查账征收企业所得税，无所得税费用形

成，未涉及补缴企业所得税的情况。宁波中一已与税务主管部门进行沟通，企业所得税缴纳方式将从 2014 年起变更为查账征收方式。

（资料来源：根据中一检测《公开转让说明书》第 4 - 5 页整理）

（三）公司报告期内财务报表是否出具无保留意见审计报告

根据《挂牌条件标准指引》规定，申请挂牌公司不存在《中国注册会计师审计准则第 1324 号——持续经营》中列举的影响其持续经营能力的相关事项，并由具有证券期货相关业务资格的会计师事务所出具无保留意见审计报告。若财务报表被出具带强调事项段的无保留审计意见的，应全文披露审计报告正文以及董事会、监事会和注册会计师对强调事项的详细说明，并披露董事会和监事会对审计报告涉及事项的处理情况，说明该事项对公司的影响是否重大、影响是否已经消除、违反公允性的事项是否已予以纠正。为此，需做到以下几点：

1. 报告期内不存在影响持续经营能力的相关事项

根据《中国注册会计师审计准则第 1324 号——持续经营》中的规定，可能影响公司持续经营能力的相关事项主要体现在财务方面、经营方面以及其他方面：

（1）财务方面存在的可能影响持续经营能力的相关事项。公司在财务方面存在的可能影响持续经营能力的相关事项主要表现为：关键财务指标不良、企业融资困难、企业信用环境恶化、不正常的资产处置策略、财务管理失控等方面，具体如表 3 - 2 所示。

表 3 - 2　财务方面存在的可能影响持续经营能力的相关事项

财务事项	具体指标
关键财务指标不良	①累计经营性亏损数额巨大 ②营运资金出现负数 ③经营活动产生的现金流量净额为负数 ④无法偿还到期债务 ⑤存在大额的逾期未缴税金 ⑥资不抵债 ⑦重要子公司无法持续经营且未进行处理

（续上表）

财务事项	具体指标
企业融资困难	⑧无法偿还即将到期且难以展期的借款 ⑨无法继续履行重大借款合同中的有关条款 ⑩过度依赖短期借款筹资 ⑪难以获得开发必要新产品或进行必要投资所需资金
企业信用环境恶化	⑫无法获得供应商的正常商业信用
不正常的资产处置策略	⑬存在大量长期未作处理的不良资产
财务管理失控	⑭大股东长期占用巨额资金 ⑮存在因对外巨额担保等或有事项引发的或有负债

（2）**经营方面存在的可能影响持续经营能力的相关事项**。公司在经营方面存在的可能影响持续经营能力的相关事项，主要表现为：

①关键管理人员离职且无人替代；

②主导产品不符合国家产业政策；

③失去主要市场、特许权或主要供应商；

④人力资源或重要原材料短缺。

（3）**其他方面存在的可能影响持续经营能力的相关事项**。公司在其他方面存在的可能影响持续经营能力的相关事项，主要表现为：

①严重违反有关法律、法规或政策；

②异常原因导致停工、停产；

③有关法律、法规或政策的变化可能造成重大不利影响；

④经营期限即将到期且无意继续经营；

⑤投资者未履行协议、合同、章程规定的义务，并有可能造成重大不利影响；

⑥因自然灾害、战争等不可抗力因素遭受严重损失。

综上所述，若申请挂牌公司报告期内在财务方面、经营方面及其他方面存在一项或多项上述相关事项时，轻则影响公司的挂牌进程，重则导致公司不能挂牌。应重点核查和评估这些事项，并结合公司实际运行情况、行业现状、外部经济环境等多种因素，综合分析公司的持续经营能力是否存在重大不确定性或者公司根本不具备持续经营能力。

2. 报告期内财务报表的审计机构必须具有证券期货相关业务资格

根据《证券法》第一百六十九条规定，会计师事务所从事证券服务业务，必须经国务院证券监督管理机构和有关主管部门批准。为此，申请挂牌公司报告期内财务报表的审计机构必须具有证券期货相关业务资格。

截至 2013 年 12 月 31 日，全国共有证券期货资格会计师事务所 40 家，具体如表 3 - 3 所示。

表 3 - 3　具有证券期货资格的会计师事务所（截至 2013 年 12 月 31 日）

会计师事务所名称	会计师事务所名称
1. 大华会计师事务所（特殊普通合伙）	21. 中兴财光华会计师事务所（特殊普通合伙）
2. 中准会计师事务所（特殊普通合伙）	22. 希格玛会计师事务所（特殊普通合伙）
3. 中喜会计师事务所（特殊普通合伙）	23. 上会会计师事务所（特殊普通合伙）
4. 中勤万信会计师事务所（特殊普通合伙）	24. 立信会计师事务所（特殊普通合伙）
5. 天职国际会计师事务所（特殊普通合伙）	25. 众华会计师事务所（特殊普通合伙）
6. 北京永拓会计师事务所（特殊普通合伙）	26. 德勤华永会计师事务所（特殊普通合伙）
7. 北京兴华会计师事务所（特殊普通合伙）	27. 普华永道中天会计师事务所（特殊普通合伙）
8. 致同会计师事务所（特殊普通合伙）	28. 江苏公证天业会计师事务所（特殊普通合伙）
9. 安永华明会计师事务所（特殊普通合伙）	29. 天衡会计师事务所（特殊普通合伙）
10. 毕马威华振会计师事务所（特殊普通合伙）	30. 江苏苏亚金诚会计师事务所（特殊普通合伙）
11. 利安达会计师事务所（特殊普通合伙）	31. 天健会计师事务所（特殊普通合伙）
12. 信永中和会计师事务所（特殊普通合伙）	32. 中汇会计师事务所（特殊普通合伙）
13. 瑞华会计师事务所（特殊普通合伙）	33. 立信中联会计师事务所（特殊普通合伙）
14. 华普天健会计师事务所（特殊普通合伙）	34. 福建华兴会计师事务所（特殊普通合伙）
15. 北京天圆全会计师事务所（特殊普通合伙）	35. 山东和信会计师事务所（特殊普通合伙）
16. 北京中证天通会计师事务所（特殊普通合伙）	36. 亚太（集团）会计师事务所（特殊普通合伙）
17. 中审亚太会计师事务所（特殊普通合伙）	37. 大信会计师事务所（特殊普通合伙）
18. 中兴华会计师事务所（特殊普通合伙）	38. 众环海华会计师事务所（特殊普通合伙）
19. 中天运会计师事务所（特殊普通合伙）	39. 四川华信（集团）会计师事务所（特殊普通合伙）
20. 中审华寅五洲会计师事务所（特殊普通合伙）	40. 广东正中珠江会计师事务所（特殊普通合伙）

【案例 3 - 26】

会计师事务所不具备证券期货相关业务资格（嘉达早教 430518）

广东嘉达早教科技股份有限公司（嘉达早教 430518）2014 年 1 月 24 日挂牌，主营业务为早教产品研发、生产及销售，产品主要涵盖学习机、宝贝电脑、点读笔等学习类早教产品，以及趣味书屋、嬉水企鹅、音乐小飞鱼等益智类婴童早教产品。

问题

公司 2008 年股改阶段，委托广东中乾会计师事务所先后分别出具了《汕头市澄海区嘉达电子玩具实业有限公司整体资产评估报告书》[粤中乾（汕评）字〔2008〕第 018 号]、《清产核资专项审计报告》[粤中乾（汕审）字〔2008〕第 F019 号]，以及整体变更出资情况的《验资报告》[粤中乾（汕验）字〔2008〕第 K009 号]，并以此为依据办理了股改的工商登记。由于广东中乾会计师事务所不具备证券期货相关业务资格，其出具的相关报告是否被认可？如不认可，如何整改？

解决方案

鉴于广东中乾会计师事务所不具备证券期货相关业务资格，广东正中珠江会计师事务所于 2012 年 12 月 30 日出具了《专项审计报告》（广会所专字〔2012〕第 10005990130 号）对上述清产核资专项审计情况进行了复核，2013 年 5 月 29 日出具了《验资复核报告》（广会所专字〔2013〕第 10005990120 号），对上述出资情况进行了复核。根据上述验资报告及验资复核报告，公司各股东出资已足额缴纳，不存在出资不实的情形。

由于广东中乾会计师事务所不具备证券期货相关业务资格，2013 年 5 月 12 日，广东中联羊城资产评估有限公司对嘉达早教于评估基准日列入股份制改造范围的资产、负债进行追溯性评估，出具了《资产评估复核报告书》（中联羊城咨字〔2013〕第 OYGPC0083 号）。根据该复核报告，嘉达早教于 2008 年 6 月 30 日净资产评估值为 3 720.78 万元，比审计复核后的净资产增值 890.80 万元，增值率为 31.48%。

（资料来源：根据嘉达早教《公开转让说明书》第 19 - 20 页整理）

从嘉达早教股改时相关鉴证报告由不具备证券期货相关业务资格的会计师事务所出具的解决方案看，其主要策略是：①由具备证券期货相关业务资格的会计师事务所重新出具报告；②如实披露。

3. 报告期内财务报表的审计意见必须是无保留审计意见

前述已知，申请挂牌公司报告期内财务报表必须经具有证券期货相关业务资格的会计师事务所审计。而财务报表的审计意见就是注册会计师对财务报表是否在所有重大方面按照财务报告编制基础并实现公允发表审计意见的书面文件。

财务报表的审计意见类型分为以下 5 种：

（1）**标准无保留审计意见**。说明注册会计师认为被审计单位编制的财务报表已按照适用的会计准则的规定编制并在所有重大方面公允反映了被审计单位的财务状况、经营成果和现金流量。

（2）**带强调事项段的无保留审计意见**。说明注册会计师认为被审计单位编制的财务报表符合相关会计准则的要求并在所有重大方面公允反映了被审计单位的财务状况、经营成果和现金流量，但是存在需要说明的事项，如对持续经营能力产生重大疑虑及重大不确定事项等。

（3）**保留审计意见**。说明注册会计师认为财务报表整体是公允的，但是存在影响重大的错报。

（4）**否定审计意见**。说明注册会计师认为财务报表整体是不公允的或没有按照适用的会计准则的规定编制。

（5）**无法表示审计意见**。说明注册会计师的审计范围受到了限制，且其可能产生的影响是重大而广泛的，注册会计师不能获取充分的审计证据。

上述前 2 种类型合称为无保留审计意见。此外，第 1 种类型又称为标准审计意见，后 4 种合称为非标准审计意见。

对申请挂牌公司而言，报告期内财务审计报表的审计意见类型只能是无保留审计意见，即包括标准无保留审计意见和带强调事项段的无保留审计意见。其中，对带强调事项段的无保留审计意见，将会是重点关注和重点审核事项。因此，对该强调事项需详细披露，有理有据地说明该事项对公司的影响不是重大的，且该影响已经消除。

三、看公司状态：是否依法存续

对公司是否依法存续的诊断，主要是核查公司不存在依据《公司法》第一百八十一条规定解散的情形，或法院依法受理重整、和解或者破产申请。现分述之。

（一）不存在《公司法》第一百八十一条规定解散的情形

根据《公司法》第一百八十一条规定，公司因下列原因解散：①公司章程规定的营业期限届满或者公司章程规定的其他解散事由出现；②股东会或者股东大会决议解散；③因公司合并或者分立需要解散；④依法被吊销营业执照、责令关闭或者被撤销；⑤人民法院依照本法第一百八十三条的规定予以解散。

上述前3项原因都属于公司自愿解散，必须经过公司股东会或股东大会决议；后2项是公司外部原因，也称之为强制解散。具体如下：

1. 自愿解散

自愿解散又称为任意解散，是指按照公司章程的规定或股东（大）会的决议而自动解散公司。这主要是基于公司自己的要求而自愿进行的解散。主要包括：

（1）**公司章程规定的营业期限届满**。我国《公司法》既未规定公司的最高营业期限，又未强制要求公司章程规定营业期限，因此，营业期限是我国公司章程任意规定的事项。如果公司章程中规定了营业期限，在此期限届满前，股东会或股东大会可以通过修改公司章程形成延长营业期限的决议，如果没有形成此决议，公司即进入解散程序。

（2）**公司章程规定的其他解散事由出现**。解散事由一般是公司章程相对必要记载的事项，股东在制定公司章程时，可以预先约定公司的各种解散事由。如果在公司经营中，公司章程规定的解散事由出现，股东会或股东大会可以决议公司解散。

（3）**股东会或者股东大会决议解散**。有限责任公司经持有2/3以上表决权的股东通过；股份有限公司经出席股东大会的股东所持表决权的2/3通过，股东会或股东大会可以作出解散公司的决议。国有独资公司因不设股东会，其解散的决定应由国家授权投资的机构或部门作出。

（4）**因公司合并或者分立需要解散**。当公司吸收合并时，吸收方存续，被吸收方解散；当公司新设合并时，合并各方均解散。当公司分立时，如果原公司存续，则不存在解散问题，如果原公司分立后不再存在，则原公司应解散。公司的合并、分立决议均应由股东会或股东大会作出。

2. 强制解散

强制解散，是指公司因违反法律、行政法规的规定，被行政机关或法院撤销或裁定解散。这是公司基于法律或主管机关命令而被迫进行的解散。主要包括：

（1）**依法被吊销营业执照、责令关闭或者被撤销**。公司被吊销营业执照、责令关闭或者被撤销，多是因为公司行为违反了法律或者行政法规，是一种行政处罚措施，必须符合相关法律或者《中华人民共和国行政处罚法》的规定。换言之，公司一旦受到吊销营业执照、责令关闭或者被撤销等行政处罚时，公司就被强制解散。在程序上，公司应当停止经营活动，依法进行清算，并于清算结束后办理注销登记。

（2）**人民法院依法予以解散**。根据《公司法》第一百八十三条规定：当公司经营管理发生严重困难，继续存在会使股东利益受到重大损失，通过其他途径不能解决的，持有公司全部股东表决权 10% 以上的股东可以请求人民法院解散公司。

根据最高人民法院 2008 年 5 月 12 日颁布的《关于适用〈公司法〉若干问题的规定（二）》规定，单独或者合计持有公司全部股东表决权 10% 以上的股东，以下列事由之一提起解散公司诉讼，并符合《公司法》有关规定的，人民法院应予受理：

①公司持续两年以上无法召开股东会或者股东大会，公司经营管理发生严重困难的；

②股东表决时无法达到法定或者公司章程规定的比例，持续两年以上不能作出有效的股东会或者股东大会决议，公司经营管理发生严重困难的；

③公司董事长期冲突，且无法通过股东会或者股东大会解决，公司经营管理发生严重困难的；

④经营管理发生其他严重困难，公司继续存续会使股东利益受到重大损失的情形。

综上所述，公司解散是公司发生章程规定或法定的除破产以外的解散事由而停止业务活动，并进入清算程序的过程。申请挂牌公司报告期内若存在上述 4 种解散的情形之一，公司即可解散并最终终止其法人资格，为此，也就无须再判断公司的持续经营能力了。

（二）不存在被法院依法受理重整、和解或破产申请的情形

根据《挂牌条件标准指引》规定，申请挂牌公司不能存在被法院依法受理重整、和解或破产申请的情形。如若存在，公司则已进入了破产清算程序，其依法存续也就难以为继，进而也失去了持续经营的前提。

我国现行《中华人民共和国企业破产法》（以下简称《破产法》）不仅设置了破产清算制度，而且设置了以挽救债务人、避免其破产为主要目的的重整、和解等制度安排。具体如下：

1. 重整

重整，是指对已经或可能发生破产原因但又有挽救希望与价值的企业，通过对各方利害关系人的利益协调，借助法律强制进行股权、营业、资产重整与债务清理，以避免破产、获得重生的法律制度。根据《破产法》第七十条规定，债权人、债务人以及拥有相当于债务人注册资本 10% 以上的出资人（或者股东），可向人民法院提出重整申请。

2. 和解

和解，是预防债务人破产的法律制度之一。在发生破产原因时，债务人可以提出和解申请及和解协议草案，由债权人会议表决，如能获得通过，再经人民法院裁定认可后生效执行，可以避免被破产清算。根据《破产法》第七条规定，和解申请只能由债务人一方提出。

3. 破产

破产，是指对丧失清偿能力的债务人，经法院受理，强制清算其全部财产，公平、有序地清偿全体债权人的法律制度。根据《破产法》第七条规定，债务人、债权人、依法负有清算责任的人可以向人民法院提出破产申请。

综上所述，重整、和解是我国破产预防体系的重要组成部分，均是最大限度地维护债务人的营运价值，使债务人获得重生。换言之，重整或者和解成功后，企业就不必解散了。尽管如此，对申请挂牌公司而言，如果公司在报告期内已被法院依法受理重整或者和解申请，即便将来有可能重整或者和解成功，也不能据此判断公司依法存续。

四、小结

综上所述，对公司持续经营能力的诊断和评估，是以公司"业务明确"为大前提，围绕"营运记录→公司财务→公司状态"这一路径，依次分析公司报告期内营运记录是否持续、公司财务是否规范、公司是否依法存续。换言之，申请挂牌公司在报告期内以及可预见的未来，在不存在被解散、破产清算的情形下，以及财务规范的基础上，结合公司营运记录、资金筹资能力等量化指标，以及行业发展趋势、市场竞争情况、公司核心优势、商业模式创新性、风险管理、主要客户及供应商情况、期后合同签订以及盈利情况等方面评估公司持续经营能力。

此外，需提请注意的是：根据 2015 年 9 月 14 日《挂牌业务问答——关于挂牌条件适用若干问题的解答（一）》的规定，申请挂牌公司存在下列情形之一的，应被认定其不具有持续经营能力：

（1）未能在每一个会计期间内形成与同期业务相关的持续营运记录；

（2）报告期连续亏损且业务发展受产业限制；

（3）报告期末净资产额为负数；

（4）存在其他可能导致对持续经营能力产生重大影响的事项或情况。

第四章　企业挂牌条件三：公司治理规范

上章已探讨了企业挂牌新三板的第二个条件"业务是否明确、是否具有持续经营能力"问题。要使公司具有"持续经营能力"，从而为公司创造长远价值，一方面企业需要依据《公司法》和公司章程建立内部规章制度并保障规章制度能够有效执行；另一方面企业及其相关重要利益群体还需遵守外部的法律规章。这也就是本章将要阐述的企业挂牌新三板的第三个条件"公司治理机制健全，合法合规经营"。

从挂牌条件一可知，挂牌企业必须是"股份公司"。现代股份公司的最典型特征是"两权分离"，即大股东或管理者掌握公司的控制权而中小股东只有剩余索取权。为了保护新三板挂牌企业的股东（特别是中小股东）利益不受损害，公司必须建立一套激励与监督相容的公司治理机制。但考虑到新三板很多企业为新设股份公司，公司治理机制也刚刚运作，新三板挂牌企业相对主板上市企业被依法赋予很大限度的公司自治权，除了《非上市公众公司监管指引第3号——章程必备条款》（简称《3号指引》）为强制性规范外，其余为任意性规范。

此外，为了保证企业和实际控制人不存在挂牌前的历史遗留问题，确保挂牌后"轻松上阵"，新三板挂牌条件三也对挂牌企业和实际控制人在挂牌前两年的违法违规进行判断，只有不存在违法违规经营的企业才允许挂牌。同时，挂牌企业也必须保证董事、监事、高级管理人员此类公司管理层人员能满足相关法规规定的任职要求。

本章主要讨论"公司治理机制健全，合法合规经营"的诊断与评估问题。

第一节　概述

一、对"公司治理机制健全，合法合规经营"认定标准的阐释

根据《国务院决定》和《挂牌条件标准指引》等相关法规，企业申请新三板挂牌，要求"公司治理机制健全，合法合规经营"。那么，申请挂牌企业是否符合"公司治理机制健全，合法合规经营"的要求可从以下方面判断：

（一）公司治理机制健全

"公司治理机制健全"是指公司按规定建立由股东大会、董事会、监事会和高级管理层（以下简称"三会一层"）组成的公司治理架构，制定相应的公司治理制度，并能证明有效运行，保护股东权益。

（1）公司依法建立"三会一层"，并按照《公司法》《非上市公众公司监督管理办法》及《非上市公众公司监管指引第3号——章程必备条款》等规定建立公司治理制度。

（2）公司"三会一层"应按照公司治理制度进行规范运作。在报告期内的有限公司应遵守《公司法》的相关规定。

（3）公司董事会应对报告期内公司治理机制执行情况进行讨论、评估。

（二）合法合规经营

"合法合规经营"是指公司及其控股股东、实际控制人、董事、监事、高级管理人员须依法开展经营活动，经营行为合法合规，不存在重大违法违规行为。

（1）公司的重大违法违规行为是指公司最近24个月内因违犯国家法律和行政法规、规章的行为，受到刑事处罚或适用重大违法违规情形的行政处罚。

①行政处罚是指经济管理部门对涉及公司经营活动的违法违规行为给予的行政处罚。

②重大违法违规情形是指，凡被行政处罚的实施机关给予没收违法所得、没收非法财物等行政处罚的行为，属于重大违法违规情形，但处罚机关依法认定不属于的除外；被行政处罚的实施机关给予罚款的行为，除主办券商和律师能依法合理说明或处罚机关认定该行为不属于重大违法违规行为的外，都视为重大违法违规情形。

③公司最近 24 个月内不存在涉嫌犯罪被司法机关立案侦查，尚未有明确结论意见的情形。

（2）控股股东、实际控制人合法合规，最近 24 个月内不存在涉及以下情形的重大违法违规行为：

①控股股东、实际控制人受刑事处罚；

②受到与公司规范经营相关的行政处罚，且情节严重；情节严重的界定参照前述规定；

③涉嫌犯罪被司法机关立案侦查，尚未有明确结论意见。

（3）现任董事、监事和高级管理人员应具备和遵守《公司法》规定的任职资格和义务，不应存在最近 24 个月内受到证监会行政处罚或者被采取证券市场禁入措施的情形。

①公司报告期内不应存在股东包括控股股东、实际控制人及其关联方占用公司资金、资产或其他资源的情形。如有，应在申请挂牌前予以归还或规范。

②公司应设有独立财务部门进行独立的财务会计核算，相关会计政策能如实反映企业财务状况、经营成果和现金流量。

二、"公司治理机制健全，合法合规经营"认定标准的判断路径

综上所述，细则中已列出了判断申请挂牌公司是否符合"公司治理机制健全，合法合规经营"的挂牌条件，但从全国股转系统公司或证监会对申请挂牌公司已审查的资料来看，该判断标准还是存在一定的主观性。该挂牌条件实际上包括了广义"公司治理"的两个方面：即内部公司治理和外部公司治理。其中，内部公司治理主要判断公司自身的治理机制是否健全，而外部公司治理则主要判断公司是否在报告期合法合规。因此，申请挂牌公司对挂牌条件三"公司治理机制健全，合法合规经营"的相关描述都会体现在申请挂牌公司制定的公开转让说

明书中的公司治理部分。

对挂牌条件三的具体诊断路径为："公司治理机制健全"的诊断思路主要为"三看"，而"合法合规经营"的诊断思路则为"三查"，具体如图4－1所示。

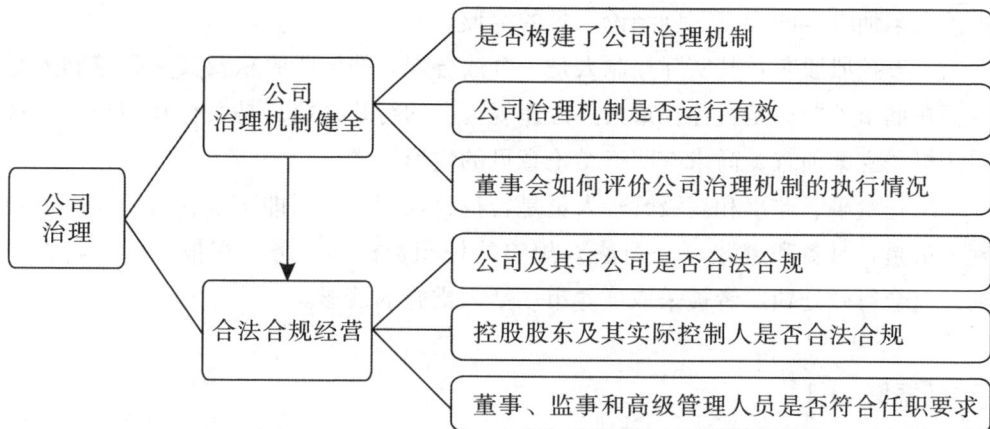

图4－1　公司治理机制健全与合法合规经营的诊断路径

（一）"公司治理机制健全"的"三看"

一看是否构建了公司治理机制。即公司是否建立了"三会一层"的组织架构？公司为了保证"三会一层"的规范运作，是否制定了相应的制度？此外，公司是否根据自身实际情况制定相应的保护投资者利益的其他公司治理制度？

二看公司治理机制是否运行有效。即申请挂牌公司虽然构建了公司治理机制，但公司治理机制在实际运行中的效果如何？首先，公司"三会一层"是否能按照制度规范运作？其次，公司治理机制有效运作的具体表现如何？

三看董事会如何评价公司治理机制的执行情况。即董事会是否在会议上对公司治理机制的执行情况进行了讨论？董事会对公司治理机制的执行情况评估结果如何？

（二）"合法合规经营"的三查

只有好的公司治理机制，才能激励和监督公司及其重要利益相关者"合法合规经营"，因此，公司治理机制的有效运行是"合法合规经营"的基础。而大多数申请挂牌公司在改制前并没有建立良好的公司治理机制，在公司经营中存在不少问题，因此有必要调查其挂牌前是否"合法合规经营"，具体为"三查"：

一查公司及其子公司是否合法合规。即公司及其子公司作为法人主体是否存在刑事处罚；是否存在重大违法违规情形的行政处罚；是否存在涉嫌犯罪被司法机关立案侦查，尚未有明确结论意见的情形。

二查控股股东及其实际控制人是否合法合规。即控股股东及其实际控制人是否存在刑事处罚；是否存在重大违法违规情形的行政处罚；是否存在涉嫌犯罪被司法机关立案侦查，尚未有明确结论意见的情形。

三查董事、监事和高级管理人员是否符合任职要求。即董事、监事和高级管理人员是否具备和遵守《公司法》规定的任职资格和义务，在报告期中是否受到证监会行政处罚或者被采取证券市场禁入措施的情形。

【案例 4 - 1】
主办券商对"公司治理机制健全，合法合规经营"的认定

广州汇量网络科技股份有限公司（汇量科技　834299）2015 年 11 月 25 日挂牌。公司主要从事移动数字营销业务和移动网游海外发行业务。

根据中信建投证券股份有限公司《关于推荐广州汇量网络科技股份有限公司股票在全国中小企业股份转让系统挂牌的推荐报告》：

股份公司成立以来，为积极完善法人治理结构，公司建立了由股东大会、董事会、监事会组成的公司治理结构，建立健全了股东大会、董事会、监事会等相关制度。公司制定了公司章程、三会议事规则以及《关联交易管理办法》《对外担保管理制度》《对外投资管理制度》等规章制度对关联交易、对外担保、对外投资等事项均进行相应制度性规定，以保证关联交易的公允性、重大事项决策程序的合法合规性，保护公司所有股东的利益。

公司已经建立了较为合理的法人治理结构。目前，公司能够按照公司章程和规范性文件的要求规范运作，公司股东、董事、监事均能按照要求出席参加相关会议，并履行相关权利义务。为进一步完善法人治理结构，公司根据《非上市公众公司监督管理办法》《全国中小企业股份转让系统业务规则（试行）》等有关法律、法规、规章及其他规范性文件的要求，制定了《公司章程（草案）》及相关议事规则、《关联交易管理办法》《对外担保管理制度》《对外投资管理制度》及其他内控制度。经公司股东大会审议通过，《公司章程（草案）》及上述规章

制度将于公司股票在全国股转系统挂牌公开转让之日起生效。

公司最近 24 个月内经营活动合法合规，不存在因经营行为违反法律、行政法规以及其他规范性文件受到刑事处罚的情形；未因违法经营而被工商、税务、社保、环保、质检等部门处罚。公司、控股股东及实际控制人最近 24 个月内不存在重大违法违规行为。

公司现任董事、监事、高级管理人员不存在不具备法律、法规规定的任职资格或违反法律、法规规定，所兼职单位规定的任职限制等任职资格方面的瑕疵；现任董事、监事和高级管理人员最近 24 个月内不存在受到证监会行政处罚或者被采取证券市场禁入措施的情形；公司董事、监事和高级管理人员的任职资格均符合《公司法》等相关法律、法规规定；现任董事、监事、高级管理人员不存在违反法律、法规规定或章程约定的董事、监事、高级管理人员义务的问题；公司的董事、监事、高级管理人员最近 24 个月内不存在重大违法违规行为；公司董事、监事、高级管理人员合法合规。

公司报告期内存在股东包括控股股东、实际控制人及其关联方占用公司资金、资产或其他资源的情形，截至本报告出具日，上述占用已清理完毕。公司设有独立财务部门进行独立的财务会计核算，相关会计政策能如实反映企业财务状况、经营成果和现金流量。

因此，项目小组认为公司符合"公司治理机制健全，合法合规经营"的要求。

（资料来源：汇量科技《主办券商推荐报告》第 5 - 6 页）

第二节 公司治理机制健全

Hart（1995）认为，只要存在以下两个条件，公司治理问题就必然在一个组织中产生[①]。第一是代理问题，或者说是组织成员之间存在利益冲突；第二是交易费用之大使得代理问题不可能通过契约解决。而 Hart（1995）所指出的这两个条件在公司制企业中是同时存在的，特别是公众公司。作为在新三板挂牌的公众

[①] Oliver Hart. *Firms*, *Contracts and Financial Structure* [M]. London：Oxford University Press, 1995.

公司，一方面股东虽然还是拥有剩余控制权（即投票权），但分散的小股东无法执行日常的公司管理，从而出现了 Berle 和 Means（1932）指出的所有权和控制权的分离①；另一方面分散的小股东缺乏监督管理者的内在动力，即不愿意监督管理者。为了解决公众公司的代理问题以保护股东利益特别是中小股东利益，需要建立一系列激励与监督相容的公司治理机制。

公司治理机制也称为"公司治理体系"或"公司治理系统"，全称"公司治理结构与监管体系"。公司治理结构相当于企业的"操作系统"，监管体系则相当于企业的"应用软件"，共同形成企业的公司治理系统。公司治理理论一般把公司治理机制区分为内部公司治理机制与外部公司治理机制，本节中的公司治理机制主要指内部公司治理机制。内部公司治理机制是在公司内部构造一个合理的权力结构，在股东、董事会与经理人之间形成一种有效的激励、约束与制衡机制，以保证公司遵守有关法律、法规，并实现公司及股东利益的最大化，进而实现其他利益相关者利益最大化。

公司治理机制主要包括公司治理结构、公司治理制度及其运行。因此，根据《挂牌条件标准指引》的具体规定，对申请挂牌公司治理机制是否健全的诊断路径如下：申请挂牌公司是否构建了公司治理机制→申请挂牌公司的公司治理机制是否有效运行→申请挂牌公司的董事会对公司治理机制执行情况的评价，具体如图 4 -2 所示。

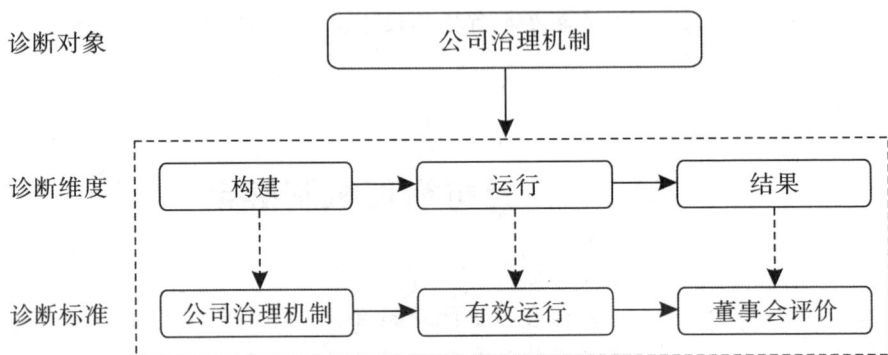

图 4 - 2　公司治理机制健全的诊断路径

---

①　Adolf A. Berle, Gardiner C. Means. *The Modern Corporation and Private Property* [M]. New York：Macmillan, 1932.

一、构建公司治理机制

公司治理机制的构建内容主要包括两个方面：①建立"三会一层"的公司治理架构；②为了公司治理架构的顺利运行，建立相应的公司治理制度。

（一）建立"三会一层"的公司治理架构

按照《公司法》和《挂牌条件标准指引》的规定，申请挂牌公司必须依法建立"三会一层"的公司治理架构。"三会一层"的公司治理架构也称为公司的"法人治理机构"，其中"三会"指公司的董事会、监事会和股东大会，而"一层"指公司的高级管理层。

由于新三板公司在组织形式上属于股份公司，因此按照《公司法》的最新规定，申请挂牌公司构建的"三会一层"法人治理机构的基本设置要求如下：

（1）股东大会，由公司股东组成，所体现的是所有者对公司的最终所有权，是公司的最高权力机构。

（2）董事会，由公司股东大会选举产生，其成员数量为 5－19 人，对公司的发展目标和重大经营活动作出决策，维护出资人的权益，是公司的决策机构。

（3）监事会，是公司的监督机构，其成员不得少于 3 人，应当包括股东代表和适当比例的公司职工代表，其中职工代表的比例不得低于三分之一，具体比例由公司章程规定。董事、高级管理人员不得兼任监事。监事会对公司的财务和董事、经营者的行为发挥监督作用。

（4）高级管理层，由董事会聘任和解聘，是公司的经营者、执行者，是公司的执行机构。

依照拟人化原则，一个企业如同一个人，全体股东投资成立有限公司形式的企业法人，董事会是企业的"大脑"，高级管理层是企业的"心脏"，总经理辖制的各部门是企业的"五脏六腑及肢体"，监事会是企业的"免疫力系统"，公司治理结构则是企业的"神经系统"。

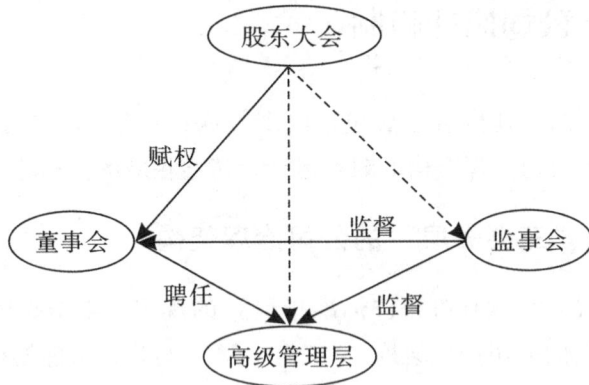

图 4-3　公司法人治理机构

【案例 4-2】

"三会一层"的公司治理架构（友宝在线　836053）

北京友宝在线科技股份有限公司（友宝在线　836053）2016 年 2 月 24 日挂牌，是一家以自动售货机为销售形式，通过线上和线下两种渠道销售饮料、食品等日用快消品的科技公司。

北京市汉坤（深圳）律师事务所对友宝在线的公司治理架构建设描述如下：

友宝在线根据《公司法》《非上市公众公司监督管理办法》及《非上市公司监督指引第 3 号——章程必备条款》等规定，已依法建立了由股东大会、董事会、监事会和高级管理人员组成的治理结构。股东大会是公司的最高权力机构，由全体股东组成。董事会是公司的经营决策机构，由五名董事组成。监事会是公司的监督机构，由三名监事组成，其中职工代表监事一名，股东代表监事两名，职工代表监事人数不少于监事会人数的三分之一。公司总经理、副总经理、财务总监、董事会秘书为公司高级管理人员，由董事会聘任和解聘。

（资料来源：友宝在线《法律意见书》第 13 页）

（二）制定相应的公司治理制度

为了解决现代股份公司固有的代理问题，为了保护公司和股东利益，申请挂牌公司除了建立权责制衡的"三会一层"法人治理机构，还必须制定相应的公司治理制度：首先，股份公司成立时就必须制定公司章程；其次，股份公司要申请在新三板挂牌，还需要根据公司章程制定对"三会一层"权责进行明确的制度；最后，公司根据自身实际情况，还需进一步建立中小投资者保护制度，具体如图4-4所示。

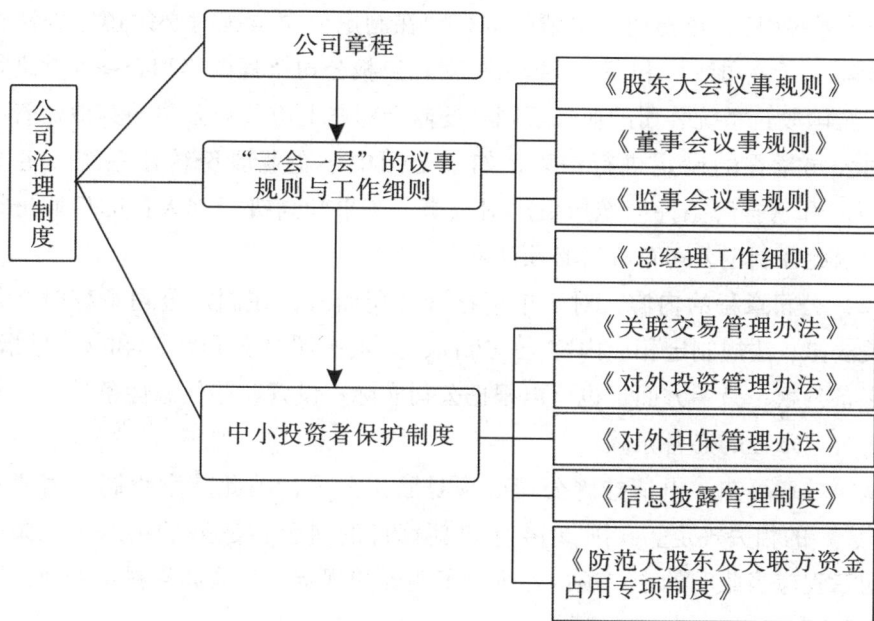

图4-4　公司治理制度结构图

1. 公司章程

公司章程，是指公司依法制定的，规定公司名称、住所、经营范围、经营管理制度等重大事项的基本文件，也是公司必备的规定公司组织及活动基本规则的书面文件。公司章程是股东共同一致的意思表示，载明了公司组织和活动的基本准则，是公司的宪章。作为公司组织与行为的基本准则，公司章程对公司的成立及运营具有十分重要的意义，它既是公司成立的基础，也是公司赖以生存的灵魂。

（1）**公司章程的制定依据**。公司章程对于公司相当于宪法对于一个国家，是公司最重要的治理规则，也是公司有效运行的制度基础。对于申请挂牌公司而言，在制定公司章程时，首先需要考虑的是其合法合规性问题，公司章程的制定必须建立在一定的法律、法规及相关规则基础之上：①新三板公司作为非上市公众公司，其组织形式在《公司法》分类上属于股份有限公司，因此其章程制定需要符合《公司法》的相关规定；②新三板公司虽然是股份有限公司，但其属于非上市公众公司，其股份可以在新三板市场进行流通，因此其公司章程的制定不能只单纯遵循《公司法》的要求。为了监督和引导非上市公众公司内部治理，应新三板向全国扩容的需要，证监会于 2013 年 1 月 4 日针对非上市公众公司发布了《3 号指引》，该指引是申请挂牌公司在制定公司章程时必须遵守的法律规范；③除了《公司法》和《3 号指引》对新三板公司章程内容和必备条款进行规范外，全国股转系统公司的业务规则和证监会对非上市公众公司的其他监管办法也会对公司章程的制定进行约束，如《全国中小企业股份转让系统业务规则（试行）》和《挂牌条件标准指引》对董事、监事和高级管理人员的任职进行了规定，因此在制定公司章程时必须注意。

（2）**公司章程的内容**。对于申请挂牌公司而言，在制定公司章程时必须按照相关法律、法规制定相应内容：一方面，必须按照《公司法》和《3 号指引》设置必备条款；另一方面，也可以根据公司实际，设置一些任意性条款。

①公司章程的必备条款。

从第二章可知，申请挂牌公司必须是股份公司，因此其章程制定需要符合《公司法》的相关规定。我国 2014 年最新修订的《公司法》的第八十二条对股份公司章程应当载明的十二项内容进行了明确的规定，具体如资料 4 - 1 所示。

【资料 4 - 1】
《公司法》关于股份公司章程载明条款

第八十二条　股份有限公司章程应当载明下列事项：

（一）公司名称和住所；

（二）公司经营范围；

（三）公司设立方式；

（四）公司股份总数、每股金额和注册资本；

（五）发起人的姓名或者名称、认购的股份数、出资方式和出资时间；

（六）董事会的组成、职权和议事规则；

（七）公司法定代表人；

（八）监事会的组成、职权和议事规则；

（九）公司利润分配办法；

（十）公司的解散事由与清算办法；

（十一）公司的通知和公告办法；

（十二）股东大会会议认为需要规定的其他事项。

对于上述内容，所有股份公司章程均要涉及，是公司申请挂牌时提交的公司章程（草案）中必须具备的内容。证监会在《3 号指引》中对新三板挂牌公司的公司章程内容进行了进一步细化和规范，具体如资料 4 - 2 所示。

【资料 4 - 2】

非上市公众公司监管指引第 3 号——章程必备条款

第一条　公司章程应当符合本指引的相关规定。

第二条　章程总则应当载明章程的法律效力，规定章程自生效之日起，即成为规范公司的组织和行为、公司与股东、股东与股东之间权利义务关系的具有约束力的法律文件，对公司、股东、董事、监事、高级管理人员具有法律约束力。

第三条　章程应当载明公司股票采用记名方式，并明确公司股票的登记存管机构以及股东名册的管理规定。

第四条　章程应当载明保障股东享有知情权、参与权、质询权和表决权的具体安排。

第五条　章程应当载明公司为防止股东及其关联方占用或者转移公司资金、资产及其他资源的具体安排。

第六条　章程应当载明公司控股股东和实际控制人的诚信义务。明确规定控股股东及实际控制人不得利用各种方式损害公司和其他股东的合法权益；控股股东及实际控制人违反相关法律、法规及章程规定，给公司及其他股东造成损失的，应承担赔偿责任。

第七条　章程应当载明须提交股东大会审议的重大事项的范围。

章程应当载明须经股东大会特别决议通过的重大事项的范围。

公司还应当在章程中载明重大担保事项的范围。

第八条　章程应当载明董事会须对公司治理机制是否给所有的股东提供合适的保护和平等权利，以及公司治理结构是否合理、有效等情况，进行讨论、评估。

第九条　章程应当载明公司依法披露定期报告和临时报告。

第十条　章程应当载明公司信息披露负责机构及负责人。如公司设置董事会秘书的，则应当由董事会秘书负责信息披露事务。

第十一条　章程应当载明公司的利润分配制度。章程可以就现金分红的具体条件和比例、未分配利润的使用原则等政策作出具体规定。

第十二条　章程应当载明公司关于投资者关系管理工作的内容和方式。

第十三条　股票不在依法设立的证券交易场所公开转让的公司应当在章程中规定，公司股东应当以非公开方式协议转让股份，不得采取公开方式向社会公众转让股份，并明确股东协议转让股份后，应当及时告知公司，同时在登记存管机构办理登记过户。

第十四条　章程应当载明公司、股东、董事、监事、高级管理人员之间涉及章程规定的纠纷，应当先行通过协商解决。协商不成的，通过仲裁或诉讼等方式解决。如选择仲裁方式的，应当指定明确具体的仲裁机构进行仲裁。

第十五条　公司股东大会选举董事、监事，如实行累积投票制的，应当在章程中对相关具体安排作出明确规定。

公司如建立独立董事制度的，应当在章程中明确独立董事的权利义务、职责及履职程序。

公司如实施关联股东、董事回避制度，应当在章程中列明需要回避的事项。

由《3号指引》可知，新三板挂牌公司相对于主板公司而言，在章程设置上灵活度增加，包括可以不设置董事会秘书、不实行累积投票制、不建立独立董事制度，但必须指定信息披露负责机构及负责人，以及遵守有关法律、法规中关于公司的控股股东、实际控制人、董事、监事、高级管理人员及其关联方不得利用其关联关系损害公司利益的规定。

②公司章程的任意性条款。

如前所述，新三板公司章程如果缺少《公司法》规定的内容可能会导致无法设立，缺失《3号指引》规定的必备条款可能会影响挂牌。除此之外，有些事项虽不会导致设立失败或挂牌失败的后果，但是实践中对于公司在挂牌后的运行更为重要，因此新三板公司在制定公司章程时必须关注：第一，新股发行时现有股东的优先购买权。根据《全国中小企业股份转让系统股票发行业务细则（试行）》第八条规定，挂牌公司股票发行以现金认购的，公司现有股东在同等条件下对发行的股票有权优先认购，但公司章程对优先认购可另有规定。第二，是否实行强制全面要约收购。根据《非上市公众公司收购管理办法》第二十三条规定："公众公司应当在公司章程中约定在公司被收购时收购人是否需要向公司全体股东发出全面要约收购，并明确全面要约收购的触发条件以及相应制度安排。"法律、法规对收购新三板公司并不像上市公司一样实行全面要约收购制度，而是交由公司自行决定。第三，股东大会是否需要律师见证。对于新三板公司，召开股东大会是否需要聘请律师进行见证并出具法律意见书，目前相关法规和业务规则并未强制要求，交由公司章程自行约定。如果公司章程一旦约定需要律师出具法律意见书，那就意味着律师见证成为了股东大会的必备程序。

2. "三会一层"的议事规则与工作细则

公司"三会一层"法人治理机构是一种权责制衡的组织架构，为了实现公司最佳经营业绩和股东利益，还需要一一制定相应的制度对"三会一层"的运行规则以及权责进行明确。

（1）**《股东大会议事规则》**。为促进公司规范运作，提高股东大会议事效率，保障股东合法权益，保证股东大会程序及决议内容的合法有效性，根据《公司法》《证券法》和公司章程等法律、法规的规定，并结合每家挂牌公司的实际情况，挂牌公司都必须制定《股东大会议事规则》。

通常情况下，《股东大会议事规则》的主要内容包括4个方面：①股东大会的召集。即应明确谁有权召集股东开会，如董事长可以提请股东开会、部分股东可以提出召开临时会议等；②股东大会议题的范围。即明确股东大会职权范围内的事项，不属于股东大会决策的事项不应列入股东大会议题；③召开股东大会的程序；④股东大会的表决和决议等。

（2）**《董事会议事规则》**。董事会是公司的决策机构，对公司的全部经营活动负责。因此，公司董事会议事时，应当有相应的程序规则，明确董事的权利和义务，正确行使权利，维护公司利益。此外，为了提高董事会工作效率和科学决策能力，保障董事的合法权益，保证董事会程序及决议的合法性，挂牌公司也必须根据《公司法》《证券法》和公司章程的规定，制定《董事会议事规则》。

通常情况下，《董事会议事规则》的主要内容包括3个方面：①董事会的职责与权限，明确董事会议事的范围；②董事会议事的程序，包括材料准备、会议通知、委托代理、表决等；③董事、董事长在议事时的权利、义务和责任。

（3）**《监事会议事规则》**。监事会是公司的监督机构，向股东大会负责，对公司董事、CEO和其他高级管理人员履行职责的合法合规性进行监督，维护公司及股东的合法权益。因此为了规范监事会的组织和运作，保障监事会依法独立行使监督权，确保公司资产的安全增值，挂牌公司必须根据《公司法》《证券法》等有关法规，以及公司章程制定《监事会议事规则》。

通常情况下，《监事会议事规则》的主要内容包括 4 个方面：①监事会的组成和权职，明确董事会议事的范围；②监事会议事的程序，包括材料准备、会议通知、委托代理、表决等；③董事、董事长在议事时的权利、义务和责任；④监事会议的表决与决议规则。

（4）《**总经理工作细则**》。公司总经理负责主持公司的生产经营管理工作，组织实施董事会决议，对董事会负责。为进一步建立、完善挂牌公司法人治理机构，明确总经理工作程序和工作职责，根据《公司法》以及其他有关法律、法规和公司章程，挂牌公司需制定《总经理工作细则》。

《总经理工作细则》的主要内容包括 4 个方面：①总经理的任职资格与任免程序；②总经理的职权；③总经理工作程序；④总经理的职责。

公司在制定"三会一层"的议事规则与工作细则时既要保证股东充分行使出资人的权利，又要保证公司经营者能够依法正确行使经营权的原则。但是，在全国股转系统公司审查"三会一层"的议事规则与工作细则时，主要关注这些议事规则和工作细则是否保证股东权利，因此对其进行诊断时主要关注 2 个方面的内容：①挂牌公司是否制定"三会一层"的议事规则；②比照《公司法》《证券法》和各个公司自行制定的公司章程以判断这些议事规则是否存在不合法合规。

3. 中小投资者保护制度

公司章程和"三会一层"的议事规则与工作细则是挂牌公司必须制定的公司治理制度。新三板挂牌公司作为非上市的公众公司，一方面，相对上市公司而言股东较少，股权也更为集中；另一方面，相对一般股份公司而言，其股东较多而且股权也更为分散。同时挂牌公司可选择做市交易转让股权，因此为了增强其股权的流动性，吸引更多投资者参与新三板股权的转让，以及更好的保护股东特别是中小股东的权益，新三板公司还需进一步规范公司经营管理，根据自身实际制定中小投资者保护制度。目前制定的主要制度包括：

（1）《**关联交易管理办法**》。公司的关联交易是指公司或公司之控股子公司与本公司关联人之间发生的可能导致转移资源或义务的事项。为保证挂牌公司关联交易的公允性，确保公司的关联交易行为不损害公司和全体股东的利益，根据

《公司法》及相关法律、行政法规、部门规章等规范性文件和公司章程的有关规定，如果挂牌公司存在关联交易，那么必须制定《关联交易管理办法》。

通常情况下，《关联交易管理办法》的主要内容包括 5 个方面：①关联人和关联关系的确定原则和方法；②关联交易的范围；③关联交易应遵循的原则；④关联交易的决策权限和决策程序；⑤关联交易的定价原则。

（2）《**对外投资管理办法**》。对外投资通常是指公司为实现公司发展战略，以提高公司核心竞争力为目的，用现金、实物、无形资产等向法人单位或其他组织（但不包括合伙企业）进行投资的行为。为规范挂牌公司的对外投资行为，降低对外投资风险，提高对外投资收益，保证资产的有效监管、安全运营和保值增值，挂牌公司有必要根据《公司法》等法律、法规及公司章程的相关规定，结合公司实际情况，制定《对外投资管理办法》。

通常情况下，《对外投资管理办法》的主要内容包括 6 个方面：①对外投资的范围及投资方式；②对外投资管理原则；③对外投资的审批管理；④对外投资实施与管理方法；⑤对外投资的收回及转让方式；⑥对外投资的责任与监督。

（3）《**对外担保管理办法**》。对外担保，是指公司以第三人身份为他人提供的保证、抵押或质押，公司为公司的控股子公司提供的担保也为对外担保。为规范挂牌公司的对外担保行为，有效控制公司对外担保风险，保证公司资产、资金安全，保护投资者的合法权益，根据《公司法》《中华人民共和国担保法》等法律、法规、规范性文件以及公司章程的相关规定，挂牌公司有必要制定《对外担保管理办法》。

通常情况下，《对外担保管理办法》的主要内容包括 5 个方面：①对外担保的审批程序；②对外担保对象的审查办法；③对外担保的管理办法；④对外担保的信息披露；⑤违反担保管理制度的责任追究。

【案例 4 - 3】

山东科源制药股份有限公司为力诺集团提供担保（科源制药　836262）

山东科源制药股份有限公司（科源制药　836262）于 2016 年 3 月 15 日挂牌，是一家研发、生产和销售化学原料药、成品药及医药化工中间体的高新技术企业。

问题

科源制药 2015 年 7 月 16 日为力诺集团提供的 2 593.00 万元担保，系公司以房屋建筑物、土地使用权为力诺集团向中国进出口银行 8 000.00 万元借款提供的抵押担保。

解决方案

（1）披露相关信息；

（2）公司及相关负责人作出承担责任承诺；

（3）制定系列公司治理制度进行管理和规范。

针对上述事项，力诺集团出具如下承诺："本公司将继续积极寻找合适的可替换担保物，以尽快解除科源制药为本公司提供的担保。如因客观原因导致合同履行期间无法解除担保，待本合同到期后，本公司承诺不会要求科源制药续签担保合同。如未来债权人要求科源制药承担担保责任，本公司将积极与债权人进行协商，确保不会影响科源制药正常的生产经营，否则将赔偿因此给科源制药造成的全部损失；本公司承诺将来不会以任何形式占用科源制药的资金或资产，否则愿意赔偿给科源制药造成的全部损失。"

公司实际控制人高元坤出具如下承诺："本人将督促力诺集团积极寻找合适的可替换担保物，以尽快解除科源制药为力诺集团提供的担保。如因客观原因导致任何形式占用科源制药的资金或资产，本人将愿意赔偿给科源制药造成的全部损失。"

此外，公司还公布了防止控股股东及其关联方侵害公司利益的措施。

股份公司成立后，为防止股东及其关联方占用或者转移公司资金、资产及其他资源的行为发生，公司制定《三会议事规则》《总经理工作细则》《董事会秘书工作制度》《关联交易决策管理办法》《重大投资决策管理办法》《对外担保管理制度》等细则以及公司章程，明确规定了关联交易公允决策的审批权限和召集、表决程序，明确规定了关联方回避制度及相关决策未能有效执行的救济措施，可以有效保护公司及中小股东的利益。

同时，为减少和规范与公司的关联交易，持有公司5%以上股份的股东、实际控制人、董事、监事、高级管理人员分别出具了《关于避免关联交易的承诺函》，承诺如下：在本人作为科源制药的股东（董事、监事、高级管理人员）期间，本人及本人参股的其他企业将尽量减少与科源制药的关联交易；对于不可避免的或有合理原因而发生的关联交易，本人及本人参股的其他企业将遵循公平合理、价格公允的原则，履行合法程序，并将按照相关法律、法规、规范性文件以及公司章程等有关规定履行信息披露义务和办理有关报批事宜，本人保证不通过关联交易损害科源制药及其股东的合法权益；本人将不以任何形式占用科源制药的资金；如违反上述承诺，本人愿意承担由此给科源制药造成的全部损失。

（资料来源：根据科源制药《公开转让说明书》第 81－83 页整理）

（4）《**信息披露管理制度**》。为规范公司挂牌后的信息披露行为，加强公司信息披露事务管理，促进公司依法规范运作，维护公司股东的合法权益，根据《公司法》《证券法》《非上市公众公司监管指引第 1 号——信息披露》《全国中小企业股份转让系统挂牌公司持续信息披露业务指南（试行）》以及公司章程，挂牌公司有必要制定《信息披露管理制度》。

信息披露是挂牌公司为保障投资者利益、接受社会公众的监督而依照法律规定必须将其自身的财务变化、经营状况等信息和资料向证券管理部门和股权公司报告，并向社会公开或公告，以便使投资者充分了解情况的一种重要方式。它既包括发行前的披露，也包括挂牌后的持续信息公开。

通常情况下，《信息披露管理制度》的主要内容包括 4 个方面：①信息披露的基本原则；②信息披露的内容；③信息披露事务管理；④信息披露违规责任追究与处理措施。

（5）《**防范大股东及关联方资金占用专项制度**》。资金占用包括但不限于：经营性资金占用和非经营性资金占用。经营性资金占用是指大股东及其关联方通过采购、销售等生产经营环节的关联交易产生的资金占用；非经营性资金占用是指为大股东及其关联方垫付工资、福利、保险、广告等费用和其他支出，代大股东及其关联方偿还债务而支付资金，有偿或无偿、直接或间接拆借给大股东及其关联方资金，为大股东及其关联方承担担保责任而形成的债权，其他在没有商品和劳务提供的情况下给大股东及其关联方使用的资金。

由于新三板挂牌公司的股权相对较为集中，比较容易发生大股东及其关联方占用挂牌公司资金的事项。因此为了防止大股东及其关联方占用挂牌公司资金，建立防范的长效机制，杜绝大股东及其关联方占用资金行为的发生，维护公司的独立性，根据《公司法》等法律、法规及规范性文件以及公司章程的有关规定，挂牌公司有必要制定《防范大股东及关联方资金占用专项制度》。

通常情况下，公司制定的《防范大股东及关联方资金占用专项制度》的主要内容包括 3 个方面：①防范资金占用的原则；②防范资金占用的责任和措施；③发生资金占用时的责任追究及处罚。

那么，在对中小投资者保护制度进行诊断分析时，诊断的依据主要包括 3 个方面：①相应的制度是否制定。如果公司存在关联交易，那么公司必须制定相应的《关联交易管理办法》；如果公司不存在关联交易，则无须强制制定和披露该制度，这也是新三板和主板交易所在公司治理制度制定中的差异；②公司制定的这些制度是否符合相关法规的要求（即合法合规）；③制定的制度是否能真正做到保护投资者的利益。例如，《防范大股东及关联方资金占用专项制度》中不仅要明确如何防范，也要明确如果发生资金占用应如何追责。

二、公司治理机制有效运行

挂牌公司除了需要构建公司治理结构及其制度，关键还在于这些公司治理机制的执行情况，因此对"公司治理机制健全"这一条件进行诊断时，还需进一步诊断公司治理机制是否有效运行，诊断和判断路径为："三会一层"是否规范运作→公司治理机制有效运行的具体依据。

（一）"三会一层"的规范运作

从挂牌条件一中可知，申请挂牌公司可以是从有限公司整体变更改制为股份公司，也可以是从股份公司直接挂牌。而我国现行《公司法》对有限公司和股份公司在"三会一层"的构建和运作方面的要求存在差异，同时《3号指引》对申请挂牌公司相对一般股份公司在"三会一层"运行规则方面也有了更明确的要求，因此有必要将申请挂牌公司按照在报告期的不同组织形式分类诊断。

1. 有限责任公司的"三会一层"的规范运作

在报告期内，如果曾为有限责任公司，那么其"三会一层"组织架构及其运行规则都必须遵从现行的《公司法》中有限责任公司的相关规定，因此对有限责任公司"三会一层"是否运行有效的诊断依据是看报告期内其是否按照《公司法》规范运作。

《公司法》对有限责任公司"三会一层"的设置和运作规则相关规定可总结如下：①股东会由全体股东组成。股东会是公司的权力机构，依照《公司法》行使职权。召开股东会议，应当于会议召开15日前通知全体股东，但公司章程另有规定或者全体股东另有约定的除外。股东会应当对所议事项的决定作成会议记录，出席会议的股东应当在会议记录上签名。股东会会议由股东按照出资比例行使表决权，但公司章程另有规定的除外。②有限责任公司设立董事会，股东会会议由董事会召集；有限责任公司也可不设董事会，有限责任公司不设董事会的，股东会会议由执行董事召集和主持。有限责任公司设董事会的，其成员为 3—13 人。董事会的议事方式和表决程序，除《公司法》有规定的外，由公司章程规定。董事会应当对所议事项的决定作成会议记录，出席会议的董事应当在会议记录上签名。董事会决议的表决，实行一人一票。③有限责任公司可以设经理，由董事会决定聘任或者解聘。经理对董事会负责，经理列席董事会会议。④有限责任公司设监事会，其成员不得少于 3 人。股东人数较少或者规模较小的有限责任公司，可以设 1—2 名监事，不设监事会。监事会应当包括股东代表和适当比例的公司职工代表，其中职工代表的比例不得低于三分之一，具体比例由公司章程规定。董事、高级管理人员不得兼任监事。监事会每年度至少召开一次会议，监事可以提议召开临时监事会会议。监事会的议事方式和表决程序，除《公司法》有规定的外，由公司章程规定。监事会决议应当经半数以上监事通过。监事会应当对所议事项的决定作成会议记录，出席会议的监事应当在会议记录上签名。

现行《公司法》赋予了有限责任公司在"三会一层"设置上很大的灵活性，如有限责任公司可以不设置董事会和监事会、会议召开前的通知时间可由公司自行确定等，但《公司法》对"三会一层"也有一些硬性要求，例如，设立了"三会"的有限责任公司在召开相应会议时必须保留会议记录，监事会必须有三分之一以上职工代表等。从目前披露的信息可知，不少挂牌公司在有限责任公司阶段存在着"三会一层"不按《公司法》规范运作，突出问题有：公司股东会议资料不全、没有按规定召开相关会议、公司章程虚设等。因此，如果公司要想顺利挂牌新三板，但还处在改制前的有限责任公司阶段，其"三会一层"运作要按照《公司法》规定逐渐规范。

当然，为了鼓励更多企业能顺利挂牌，新三板对有限责任公司阶段的公司治理方面的审查是非常宽松，如果没有出现公司经营中的违法违规行为，一般做法是披露相关信息，并提示公司治理风险，具体如案例 4-4 所示。

【案例 4-4】
有限公司阶段"三会"运行瑕疵（畅想高科 430547）

郑州畅想高科股份有限公司（畅想高科 430547）于 2014 年 1 月 24 日挂牌，是一家提供轨道交通运用安全管理设备及系统的方案设计、技术开发与应用、安装调试运行等一体化解决方案与后续维护服务的科技公司。

问题

有限公司阶段，公司股东、股东会及相关管理人员能够按照《公司法》及公司章程的相关规定，在增加注册资本、股权转让、增加股东、延长营业期限、变更住所及经营范围、整体变更等事项上依法召开股东会，并形成相关决议。但股东会的执行也存在一定的不足之处，例如：股东会会议次数不清、部分会议决议缺失、会议记录保存不完整，有限公司的公司章程未明确规定股东会、执行董事、总经理在重大投资、对外担保、关联交易等重大事项决策上的权限范围、决策程序等。

有限公司阶段，执行董事能够履行公司章程赋予的权利和义务，勤勉尽职，监事能够对公司的运作进行监督。

解决方案

在《公开转让说明书》中披露相关信息，并提示公司治理的风险。

有限公司阶段，由于规模较小，公司管理层规范治理意识相对薄弱，未设立董事会和监事会，未制定规范的公司制度，如未制定关联交易、对外投资等方面的决策和执行制度。有限公司曾存在股东会会议次数不清、部分会议决议缺失、执行董事及监事未按时进行换届选举等不规范的情况，公司治理存在不规范之处。股份公司成立后，公司逐步建立健全了法人治理结构，制定了适应企业现阶段发展的内部控制体系。但股份公司成立时间短，各项管理制度的执行需要经过一段时间的实践检验，公司治理和内部控制体系也需要在经营过程中逐步完善。公司的快速发展，经营规模不断扩大，人员不断增加，将会对公司治理提出更高的要求。因此，公司未来经营中存在因内部管理不适应发展需要而影响公司持续、稳定、健康发展的风险。

（资料来源：根据畅想高科《公开转让说明书》第58－59页整理）

2. 拟挂牌前股份公司的"三会一层"规范运作

拟挂牌前的股份公司是公司在主办券商、律师事务所等服务机构进入前的股份公司，此时公司的"三会一层"运作须遵从《公司法》中有关股份公司"三会一层"设置和运作的相关规定。此外股份公司在其制定的公司章程中会对公司"三会一层"的具体运作进行安排，因此对改制前股份公司阶段"三会一层"是否有效运行的诊断依据主要看其是否按照《公司法》和公司章程规范运作。

《公司法》对股份公司"三会一层"的设置和运作的相关要求如下：①股份

有限公司股东大会由全体股东组成。股东大会是公司的权力机构，股东大会应当每年召开 1 次年会。在某些情形下应当在 2 个月内召开临时股东大会。召开股东大会会议，应当将会议召开的时间、地点和审议的事项于会议召开 20 日前通知各股东；临时股东大会应当于会议召开 15 日前通知各股东；发行无记名股票的，应当于会议召开 30 日前公告会议召开的时间、地点和审议事项。股东出席股东大会会议，所持每一股份有一表决权。股东大会选举董事、监事，可以依照公司章程的规定或者股东大会的决议，实行累积投票制。股东大会应当对所议事项的决定作成会议记录并保存。②股份有限公司设董事会，其成员数量为 5—19 人。董事会成员中可以有公司职工代表。董事会每年度至少召开 2 次会议，每次会议应当于会议召开 10 日前通知全体董事和监事。董事会会议应有过半数的董事出席方可举行。董事会作出决议，必须经全体董事的过半数通过。董事会决议的表决，实行一人一票。董事会应当对会议所议事项的决定作成会议记录，出席会议的董事应当在会议记录上签名。③股份有限公司设经理，由董事会决定聘任或者解聘。公司不得直接或者通过子公司向董事、监事、高级管理人员提供借款。公司应当定期向股东披露董事、监事、高级管理人员从公司获得报酬的情况。④股份有限公司设监事会，其成员不得少于 3 人。监事会应当包括股东代表和适当比例的公司职工代表，其中职工代表的比例不得低于三分之一，具体比例由公司章程规定。董事、高级管理人员不得兼任监事。监事会每 6 个月至少召开 1 次会议。监事可以提议召开临时监事会会议。监事会决议应当经半数以上监事通过。监事会应当对所议事项的决定作成会议记录，出席会议的监事应当在会议记录上签名。

相比有限责任公司的"三会一层"的运作要求可知：①股份公司"三会一层"的设置要求更为明确，股份公司必须构建"三会一层"组织架构；②股份公司"三会一层"的运作规则更为详细；③股份公司保护股东利益的治理制度也更为严格，如：公司不得直接或者通过子公司向董事、监事、高级管理人员提供借款；公司应当定期向股东披露董事、监事、高级管理人员从公司获得报酬的情况。

从现行《公司法》可知，股份公司虽然要制定公司章程，但从前面的章节可了解到《公司法》并没有给股份公司制定公司章程太多限定。虽然在《公司法》中规定了"三会一层"的职责，但股份公司并不需要特别制定"三会一层"的议事规则，因此导致股份公司在申请挂牌前仍然存在一些公司治理问题，"三会一层"并不能规范运作（如：三会不按时召开，会议召开无记录，董事及监事未完全按照公司章程的规定行使职能，董事及监事未按公司章程的规定及时进行换届选举）。从现行对申请挂牌前股份公司的公司治理问题的处理方式来看，一般做法仍然是披露相关信息，并提示公司治理风险，具体如案例 4 - 5 所示。

【案例 4 - 5】

召开股东大会未按公司法规定提前通知（大方软件　430548）

郑州大方软件股份有限公司（大方软件　430548）于 2014 年 1 月 24 日挂牌，是一家主营为电力系统理论线损计算领域软件的研发、销售与服务的高科技公司。

问题

2011 年 3 月 16 日，根据 2011 年第一次临时股东大会决议，公司修改了《公司章程》第五条，原第五条"公司注册资本为人民币 17 000 000.00 元"修改为"公司注册资本为人民币 18 000 000.00 元"。但本次会议通知日期为 2011 年 3 月 2 日，不符合《公司法》规定的提前 15 天通知的要求。

解决方案

如实披露，根据实际情况，作出合法合规解释。

公司增资并修改公司章程的程序虽不符合《公司法》第一百零三条的规定，未能提前 15 日通知全体股东，但全体股东在修改公司章程的决议作出之日起 60 日内，未向法院请求撤销该决议，因此，公司修改公司章程的决议不存在被撤销的法律风险。

（资料来源：根据大方软件《公开转让说明书》第 58 页整理）

3. 申请挂牌公司的"三会一层"规范运作

申请挂牌公司首先必须是股份公司，因此其"三会一层"主要遵从于《公司法》和公司设置的公司章程的规范，而股份公司要想挂牌新三板，公司首先必须按照《3 号指引》制定公司章程，同时还要制定相应的"三会一层"议事规则以及其他相关制度。因此对申请挂牌公司"三会一层"的运行是否有效的判断依据主要有：①是否按照《公司法》相关规定构建了"三会一层"法人治理机构；②"三会一层"的运行是否遵从于《公司法》等相关法律、法规以及公司章程、三会一层议事规则等制度的规定。

【案例 4 - 6】

公司"三会一层"规范运作（岐黄医药 837007）

北京岐黄医药股份有限公司（岐黄医药 837007）于 2016 年 4 月 26 日挂牌，是一家主营中成药生产的高科技企业。

中信建投在主办券商推荐报告中对岐黄医药"三会一层"规范运作的认定如下：

2015 年 12 月，股份公司成立后，公司按照《公司法》以及公司章程等法律法规的要求成立了股东大会、董事会和监事会（以下简称"三会"），建立了规范的公司治理机构。同时制定了《股东大会议事规则》《董事会议事规则》《监事会议事规则》等制度，对股东大会、董事会和监事会的权力范围、成员资格、召开股东大会、表决程序等事项进行了进一步的规定。

公司股东大会由全体股东组成，董事会设 5 名董事，监事会设 3 名监事，其中 1 名为职工代表监事。股份公司成立以来，公司召开了 2 次股东大会会议、2 次董事会会议和 1 次监事会会议，各股东、董事和监事均按照相关法律、法规的要求出席会议并行使权利和履行义务，其中，职工监事通过参与监事会会议对于公司重大事项提出了相关意见和建议，保证公司治理的合法合规。会议的通知、召开和表决等程序均合法合规，没有损害股东、债权人及第三人合法利益的情况，公司"三会一层"制度运作规范。

（资料来源：岐黄医药的《主办券商推荐报告》第 10 - 11 页）

（二）公司治理机制有效运行的具体依据

对公司治理机制是否有效运作的判断，除了看"三会一层"是否规范运作之外，更重要的是看公司治理机制在实际运行中的表现，公司制定的治理机制能否真正保护了投资者的利益。由于现代公司制企业天生的缺陷，控股股东及其关联方掌握公司的控制权，他们为了自己的私利，可能会做出一些损害其他投资者利益的行为。公司治理机制在运作过程中，就需要控股股东及其关联方切实保证挂牌公司的独立性，不得利用其股东权利或者实际控制能力，通过关联交易、垫付费用、提供担保及其他方式直接或者间接侵占挂牌公司资金、资产，损害挂牌公司及其他股东的利益。

因此，对公司治理机制在实际运作中是否有效的诊断具体可从以下几个方面进行：①公司是否具有独立性；②关联方是否占用公司资金；③控股股东及其关联方经营的其他企业是否与挂牌公司存在同业竞争；④是否存在关联交易不公平合理。

1. 公司独立性

"独立性"是公司治理机制是否运行有效的重要体现，也是全国股转系统公司审核公司治理机制是否健全时的要点。公司缺乏独立性，会带来许多问题，包括关联交易频繁，经营业绩失真，业务不稳定，大股东侵害上市公司和中小股东的利益，严重危害到公司的持续经营以及新三板市场的健康发展。

独立性主要体现在以下 5 个方面：

（1）**业务独立**。挂牌公司应具有完整的业务体系和直接面向市场独立经营的能力。属于生产经营企业的，应具备独立的产、供、销系统，无法避免的关联交易必须遵循市场公正、公平的原则。企业与控股股东及其全资或控股企业不应存在同业竞争。

（2）**资产完整**。挂牌公司应具有开展生产经营所必备的资产。公司改制时，公司使用的主要生产系统、辅助生产系统和配套设施、工业产权、非专利技术等资产必须全部进入挂牌公司主体。公司对其资产均拥有完整的所有权，与实际控制人及其控制的其他企业在资产产权上有明确的界定与划分，公司的各项资产权利不存在产权纠纷或潜在的相关纠纷。公司不存在实际控制人及其控制的其他企业或关联方以无偿占用或有偿使用的形式违规占用公司的资金、资产及其他资源的情况。

（3）**人员独立**。挂牌公司的劳动、人事及工资管理必须完全独立。原则上董事长不应由股东单位的法定代表人兼任；董事长、副董事长、总经理、副总经理、财务负责人、董事会秘书，不得在股东单位担任除董事、监事以外的其他职务，也不得在股东单位领取薪水；财务人员不能在关联公司兼职。

（4）**财务独立**。挂牌公司应设置独立的财务部门，建立健全财务会计管理制度，独立核算，独立在银行开户，不得与其控股股东共用银行账户，依法独立纳税。挂牌公司的财务决策和资金使用不受控股股东干预。

（5）**机构独立**。挂牌公司的董事会、监事会及其他内部机构应独立运作。控股股东及其职能部门与企业及其职能部门之间没有上下级关系。控股股东及其下属机构不得向企业及其下属机构下达任何有关企业经营的计划和指令，也不得以其他任何形式影响其经营管理的独立性。

【案例 4 - 7】

公司独立性说明（达森灯光　835277）

广州达森灯光股份有限公司（达森灯光　835277）于 2015 年 12 月 31 日挂牌，是一家主要经营娱乐灯光及户外景观灯的研发、生产及销售的公司。

主办券商广发证券对该公司的独立性说明如下：

公司具有独立的业务体系，具有直接面向市场独立经营的能力，与控股股东、实际控制人及其控制的其他企业在业务、资产、人员、财务、机构方面相互独立。

1. 业务独立

公司主要从事娱乐灯光及户外景观灯的研发、生产及销售。公司设立技术部负责产品的研发，采购中心负责根据计划采购相关材料，制造中心负责制订生产计划并安排落实生产任务，营销中心完成公司的各项销售任务。公司在研发、采购、生产、销售方面，具有较为完备的独立的产供销体系和业务流程。公司具有独立的生产经营场所，报告期内没有发生关联采购和关联销售，不会对公司利益造成损害。综上，公司业务独立。

2. 资产独立

公司采取有限公司整体变更为股份公司的方式成立股份公司，公司拥有主要生产经营所需的货币资金和相关设备的所有权。公司的资产独立于股东资产，与股东单位产权关系明确。截至本说明书签署日，公司不存在股东及其关联方违规占用公司资金或非正常经营性借款情况。综上，公司资产独立。

3. 人员独立

公司的总经理、财务负责人、董事会秘书等高级管理人员和核心技术人员等均在公司工作并领取薪酬，未在控股股东、实际控制人及其控制的其他企业中担任除董事、监事以外的其他职务，未在控股股东、实际控制人及其控制的其他企业领薪。根据《劳动法》和公司劳动管理制度等有关规定与公司员工签订劳动合同，建立了独立的员工考核、管理、薪酬等人事管理制度。综上，公司人员独立。

4. 财务独立

公司依据《会计法》《企业会计准则》等建立了独立的会计核算体系和财务

管理制度。公司设置财务部，是公司独立的会计机构。公司拥有独立银行账户，不存在与股东单位或者任何其他单位或个人共享银行账户的情形。公司办理了国税和地税的税务登记证，依法独立进行纳税申报和履行纳税义务。综上，公司财务独立。

5. 机构独立

公司有独立的生产经营场所，主要生产经营场所为广州市花都区花山镇华侨科技工业园育才路12号，该处场所独立于公司股东控制的其他企业或单位。公司的注册地址为广州市花都区花山镇菊花石大道288号44栋S11，该处场所未来可能发展为公司新的办公场所。公司设立了股东大会、董事会、监事会，并制定了公司章程及三会议事规则，各机构依照《公司法》及公司章程规定在各自职责范围内独立决策。公司建立了适合自身经营所需的独立完整的内部管理机构，在总经理统一负责下，各部门在部门负责人统一管理下进行日常工作。综上，公司机构独立。

（资料来源：达森灯光《公开转让说明书》第70－71页）

目前对独立性的诊断依据是：①公司的财务、机构、人员、业务、资产是否与控股股东和实际控制人及其控制的其他企业分开；②核查公司对外的依赖性，其是否影响公司的持续经营能力。

从已审查的信息来看，公司独立性欠缺主要表现为：第一是对内独立性不足，公司在技术、业务、资金等方面对主要股东依赖（如：专利掌握在控股股东手中、公司厂房是控股股东提供使用、公司和其关联方共用银行账户等，如案例4－8所示），容易产生关联交易、资金占用、同业竞争等问题。第二是对外独立性不够，表现为公司在客户、市场、技术、商标或者业务上对其他公司的严重依赖。针对独立性不足问题，一方面，公司要如实披露有关信息，并提示风险；另一方面，要加强公司治理机制和内控机制建设，防范和减少公司治理风险；当然更为重要的是公司要促进自身的技术提升、业务发展和市场把控，摆脱对控股股东和外部客户的依赖。

【案例 4 - 8】

公司在技术、业务上对控股股东依赖（中科三耐　430513）

沈阳中科三耐新材料股份有限公司（中科三耐　430513）于 2014 年 1 月 24 日挂牌，是一家经营高温合金母合金及制品的研制、生产、销售的高科技公司。

问题

公司对控股股东中科院金属所在技术方面和业务方面存在一定程度依赖：

（1）技术方面：公司主营业务生产主要依赖于 8 项专利技术，该 8 项专利所有权人为中科院金属所。根据公司与中科院金属所签订的《专利使用许可协议》及其延续协议，公司无偿享有独占使用上述 8 项专利的权利，直至各专利的到期日。虽然公司在生产经营过程中，不断加大研发力度，形成了一些非专利技术，但在技术方面对控股股东仍存在一定程度的依赖。

（2）业务方面：公司与贵州黎阳航空动力有限公司之间的合金销售业务，应客户的要求，公司必须先将合金销售给中科院金属所，再由中科院金属所销售给该公司。2011 年度、2012 年度、2013 年 1—6 月，公司通过中科院金属所实现向贵州黎阳航空动力有限公司的销售金额占公司当期营业收入的比例分别为 13.00%、29.87%、12.34%，因此公司在业务方面对控股股东存在一定程度依赖。

解决方案

如实披露信息并进行风险提示。

针对以上风险，公司将进一步加大自主研发力度，形成自己独立的专利技术，积极培育自主人才，积极争取相关资质认证；同时，公司将积极开拓市场，提高非关联销售的比例，以求在技术、人才、销售领域方面逐步摆脱对控股股东中科院金属所的依赖。

（资料来源：中科三耐《公开转让说明书》第 97 页）

2. 关联方不占用公司资金

关联方资金占用主要包括经营性占用和非经营性占用 2 种形式：①经营性占用是指控股股东、实际控制人及其关联方通过采购、销售等生产经营环节的关联交易所产生的资金占用。②非经营性占用是指公司代大股东及关联方垫付工资、福利、保险、广告等费用和其他支出；代大股东及关联方偿还债务而支付的资金；有偿或无偿、直接或间接拆借给大股东及关联方资金；为大股东及关联方承担担保责任而形成的债权；其他在没有商品和劳务对价情况下给大股东及关联方使用的资金。

公司、公司控股子公司及所属分公司将资金直接或间接地提供给控股股东及关联方使用情形主要有：①有偿或无偿地拆借公司的资金给控股股东及关联方使用（如案例4-9所示）；②通过银行或非银行金融机构向控股股东及关联方提供委托贷款；③委托控股股东及关联方进行投资活动；④为控股股东及关联方开具没有真实交易背景的商业承兑汇票；⑤代控股股东及关联方偿还债务；⑥监管部门认定的其他方式。

因此，在诊断关联方是否占用公司资金时主要看关联方是否存在以上6种行为。如果存在，申请挂牌公司就必须披露相关信息，并在申请挂牌前予以归还，此外还需提出规范措施：一方面要加强制度建设，制定《关联交易管理方法》《防范大股东及关联方资金占用专项制度》《对外投资管理方法》《对外担保管理方法》等一系列有针对性的制度；另一方面则需加强制度的执行和监督，防止公司在控股股东的操纵下作出不利于公司及其他股东利益的关联交易及资金拆借行为。

【案例4-9】

公司向控股股东出借大额资金（量天科技　430524）

大连量天科技发展股份有限公司（量天科技　430524）于2014年1月24日挂牌，是一家主要从事液体运输无线远程管控平台的研发、设计与销售的科技公司。

问题

2011年，为支持公司更好地与中国石油天然气运输有限责任公司等国有大型企业开展业务合作，公司股东增资1 500万元，公司实收资本增至2 000万元。但由于公司报告期内业务规模较小，对于货币资金的需求较小，公司股东铭源集团为了更好地发展集团整体业务，调配使用了公司部分货币资金，包括2012年度向关联方铭源石化出借1 400万元资金，为集团更好与上海佩颂开展业务而于2011年度累计向其出借1 590万元、于2012年度向其出借1 600万元等。公司上述与其他企业间、关联间的资金拆借未签订借款协议、未约定利息，对公司的资金使用造成了一定的影响，在内部决策程序上存在一定的瑕疵。

解决方案

（1）如实披露并进行风险提示；

（2）公司股东和实际控制人出具承诺加强治理。

公司股东铭源集团、纪洪帅已出具相关承诺，将加强对公司治理的规范，不再随意调配使用自有资金，保证公司经营独立性。公司董事会出具说明，将加强公司治理、内部控制，严格管理公司的货币资金，确保公司的利益不被股东侵害。公司监事出具说明，将持续监督公司股东、董事会、高级管理人员，加强内部控制的建设及执行，确保公司利益不被公司股东、关联方、公司董事会、高级管理人员侵害。

（资料来源：量天科技《公开转让说明书》第83页）

3. 不存在同业竞争

同业竞争是指公司所从事的业务与其控股股东、实际控制人及其关联方所控制的企业从事的业务构成或可能构成直接或间接竞争的关系。如果申请挂牌公司与其关联企业存在同业竞争关系，那么它们就有可能在市场拓展、产品开发和布局、对外合作等方面存在利益冲突，控股股东就可能进行干预，利用其控制力，影响申请挂牌公司与其关联企业之间的"竞争"，使得申请挂牌公司及其关联企业无法在完全竞争的市场环境下发展经营业务，极容易导致申请挂牌公司与其关联企业之间的利益转移，这样会损害中小股东的利益，另外申请挂牌公司的财务业绩表现也就不再是其独立经营结果的真实反映。因此，在对申请挂牌公司进行公司治理方面的审查时，是否存在同业竞争也是审查的重点。

同业竞争包括3个关键要素：①同业竞争的主体，包括发行人、发行人的控股股东、实际控制人、实际控制人所控制的其他企业。②同业，指从事相同或相似业务。③竞争，指在业务的客户对象、产品、劳务的可替代性、市场差别等方面确实存在竞争关系。在对是否存在同业竞争进行判断时，就需依据以上关键要素，同时满足3个要素的就构成同业竞争。

对于同业竞争，通常解决的办法就是披露相关信息，并由控股股东、实际控制人出具《避免同业竞争承诺函》（如案例4-10所示），保证其在经营过程中不损害申请挂牌公司的利益。

【案例 4 - 10】

退出相关领域消除同业竞争（阿科力　430605）

无锡阿科力科技股份有限公司（阿科力　430605）于 2014 年 1 月 24 日挂牌，是一家主要从事各类精细化工产品生产和销售的科技型公司。

问题

公司实际控制人朱学军的同胞哥哥朱为民是无锡万博涂料化工有限公司（以下简称"无锡万博"）实际控制人。

无锡万博主要生产丙烯酸树脂涂料及聚酯树脂涂料，而公司的部分产品是丙烯酸树脂和聚酯树脂，属于无锡万博的上游产品。无锡万博自设立之初即自主经营，双方在生产技术、上下游关系、资产、人员、机构等方面均完全独立，不存在直接竞争关系。此外，由于国内丙烯酸树脂及聚酯树脂行业从技术、规模等多角度来看均已达到成熟阶段，行业内规模企业较多、产品同质化情况普遍、竞争较为激烈，已不符合公司的长期发展战略，逐步将产能向聚醚胺、光学级聚合物材料等高附加值产品转移早已成为公司既定的发展战略，减少直至退出丙烯酸树脂和聚酯树脂领域不会对公司未来的正常经营及成长性造成影响。

解决方案

公司实际控制人出具了承诺，2015 年前退出丙烯酸树脂、聚酯树脂等相关领域的经营，彻底消除潜在的同业竞争。

此外，无锡万博出具了关于避免同业竞争的承诺函，承诺如下："本公司目前从未从事或参与同无锡阿科力科技股份有限公司存在同业竞争关系的经营活动。本公司目前未从事聚醚胺及光学级聚合物材料用树脂领域同无锡阿科力科技股份有限公司形成竞争关系的生产经营活动，未来也不会在中国境内外直接或间接从事或参与任何聚醚胺及光学级聚合物材料用树脂领域同无锡阿科力科技股份有限公司形成竞争关系的生产经营活动。"

（资料来源：阿科力《公开转让说明书》第 71 -72 页）

4. 关联交易公平合理

在《企业会计准则第 36 号——关联方披露》中把关联交易定义为关联方之间转移资源、劳务或义务的行为，而不论是否收取价款。关联交易的类型通常包括下列 11 项：①购买或销售商品；②购买或销售商品以外的其他资产；③提供或接受劳务；④担保；⑤提供资金（贷款或股权投资）；⑥租赁；⑦代理；⑧研究与开发项目的转移；⑨许可协议；⑩代表企业或由企业代表另一方进行债务结算；⑪关键管理人员薪酬。

对于关联交易，必须正确对待，因为关联交易既有负面效应，也有正面效应。从正面效应看，交易双方因存在关联关系，可以节约大量商业谈判等方面的交易成本，并可运用行政力量保证商业合同的优先执行，从而提高交易效率。但其负面效应是，由于关联交易方可以运用行政力量撮合交易的进行，从而有可能使交易的价格、方式等在非竞争的条件下出现不公正情况，形成对股东或部分股东权益的侵犯，也易导致债权人利益受到损害。因此，对于关联交易的诊断，并不是单纯看企业有没有关联交易，而是看关联交易的必要性、关联交易审批程序的合规性以及关联交易价格的公允性。

在实践中，企业应正视关联交易的存在，同时应披露说明关联交易发生的相关信息。对于一般商品的关联交易，通过与无关联第三方的同期报价比较说明价格的公允性。对于企业资产或股份的价格，以资产评估机构的评估结果而定说明其公允。此外，企业可以通过一系列监管控制关联交易的措施来规范其行为，如：制定公司内部的关联交易制度，对公司关联交易的审批程序进行明确，关联股东回避表决，同时说明关联交易公允合理。

【案例 4 - 11】

关联担保和股东及其关联方资金占用（凡拓创意　833414）

广州凡拓数字创意科技股份有限公司（凡拓创意　833414）于 2015 年 8 月 20 日挂牌，是一家主要从事静态数字创意服务、动态数字创意服务、数字展示及系统集成服务的科技型公司。

问题

根据《审计报告》《公开转让说明书》及公司向本所出具的说明，并经本所经办律师核查，截至 2015 年 3 月 31 日，公司与关联方之间存在如下尚未履行完毕的重大关联交易。

1. 关联担保

2014 年 7 月 16 日，伍穗颖、王筠与兴业银行股份有限公司广州越秀支行（以下简称"兴业银行越秀支行"）签署《最高额保证合同》[兴银粤保字（越秀）第 201407160001 - 2 号]，约定伍穗颖、王筠为凡拓创意与兴业银行越秀支行签署的兴银粤授字（越秀）第201407160001号《基本额度授信合同》及其项下所有分合同提供连带责任保证担保，担保的最高本金限额为3 000万元。2015年2月12日，伍穗颖与中国工商银行股份有限公司（以下简称"工行天平架支行"）签订《最高额保证合同》（2015年天平保字第6021号），约定伍穗颖为工行天平架支行在2015年2月12日至2017年12月31日期间内享有的对凡拓创意的债权提供连带责任保证担保，担保的最高金额为2 000万元。

2. 股东及其关联方资金占用

根据《公开转让说明书》《审计报告》及公司的说明，截至2015年3月31日，公司关联方谭普林、伍穗璇等以其他应收款形式共占用公司资金121.078万元。

解决方案

（1）法律意见书出具前归还欠款；

（2）制定关联交易的公允决策程序；

（3）采取减少关联交易的措施。

根据《审计报告》以及公司提供的银行单据、还款凭证及说明，截至本法律意见书出具之日，关联方所欠公司的上述款项已经清偿完毕。根据公司及上述关联方的确认，公司与该等关联方之间就上述资金往来之形成和偿还无任何现时或潜在的争议或纠纷。

综上所述，截至本法律意见书出具之日，关联方所欠公司的上述款项已经清偿完毕；公司与关联方之间就该等资金往来之形成和偿还不存在争议或纠纷，该等资金往来不会对公司及其他股东的利益造成重大不利影响，不构成本次挂牌的实质性法律障碍。

经本所经办律师核查，凡拓创意的公司章程以及《股东大会议事规则》《董事会议事规则》和《关联交易管理制度》中规定了关联股东及关联董事分别在股东大会及董事会审议关联交易时的回避制度，明确了关联交易决策程序。

为进一步减少和避免关联交易，公司实际控制人伍穗颖先生、王筠女士及持股5%以上的股东津土投资、中科金禅出具了《减少及避免关联交易承诺函》，承诺其将善意履行作为公司实际控制人或股东的义务，不利用实际控制人或股东地位，就公司或公司的下属企业或组织与其或其附属公司/附属企业相关的任何关联交易采取任何行动，故意促使公司的股东大会或董事会作出侵犯其他股东合法权益的决议。

（资料来源：凡拓创意《法律意见书》第30－31页）

三、董事会对公司治理机制执行情况的评价

现代公司做到科学运营的一个基本标准就是要具备规范的公司治理机制。董事会作为公司治理中的核心部分，是公司的决策机构，必须对公司的全体股东负责。而信息披露则是公众公司治理的重要方式，只有及时、准确地向市场展示自身治理结构的规范性以及经营优势、风险等信息，才能增强挂牌公司对外部投资者的吸引力。因此，董事会有必要将公司治理情况及时向投资者进行反馈和评价。

董事会对公司治理机制执行情况的讨论主要集中在以下几个方面：①股东的知情权、参与权、质询权、表决权等情况。②投资者关系管理制度、关联股东和董事回避制度；财务管理、风险控制等内部管理制度的制定和执行情况。③纠纷解决机制的运行情况。董事会除了需要对以上公司治理机制的执行情况进行讨论外，还需在此基础上对公司治理机制执行情况进行评价，指出可能的不足，并提出优化措施。

【案例4-12】

董事会对公司治理机制的讨论与评估（晶华光学 832071）

广州市晶华精密光学股份有限公司（晶华光学 832071）于2015年3月5日挂牌，是一家专业从事精密光学镜片与镜头，光学仪器相关产品的研发、生产、销售和服务的科技型公司。

1. 董事会对公司治理机制有效性的讨论及对内部管理制度建设情况的说明

公司管理层认为，自公司成立以来，建立并逐步健全了法人治理结构，内部控制制度也不断完善并已得到有效运行。公司现有内部管理制度基本能够适应公司管理的要求，能够为公司各项业务活动的健康运行及国家有关法律、法规和单位内部规章制度的贯彻执行提供保证。

公司已建立了各项内部管理制度，还制定并审议通过了《股东大会议事规则》《董事会议事规则》《监事会议事规则》《总经理工作细则》《董事会秘书工作细则》《关联交易制度》《对外担保制度》《重大经营与投资决策管理制度》《信息披露管理制度》等，已初步形成了较为规范的内部管理制度体系。公司将

根据公司业务发展和内部机构调整的需要，及时补充完善内部管理制度，使公司内部管理制度不断改进、充实和完善，促进公司持续、稳健发展。

2. 董事会对公司治理机制执行情况的评估结果

公司依法建立健全了股东大会、董事会、监事会和高级管理人员构成的法人治理结构，依法完善了公司章程和三会议事规则等公司治理规则，上述公司治理机构和治理规则合法合规。截至本公开转让说明书签署日，股份有限公司设立以来历次股东大会、董事会和监事会的召集、召开、表决均符合《公司法》以及公司章程、三会议事规则的规定，也没有出现损害股东、债权人及第三方合法利益的情况。公司治理机制执行情况良好。

（资料来源：晶华光学《公开转让说明书》第 76 - 77 页）

第三节　合法合规经营

本章第二节中的"公司治理机制健全"主要是诊断公司内部经营管理是否规范。一家企业要想持续经营，除了内部管理规范之外，还需遵守外部的法律、法规。新三板挂牌的企业基本是中小企业，且多为民营企业。众所周知，在我国改革开放后，民营企业才开始有了发展，多数的民营企业和民营企业主的法律意识薄弱，总存在各种问题或瑕疵。另外，从已公布的审查信息可知，大多数挂牌公司股份制改造时间并不长，公司治理机制刚刚建立不久，公司运营并不规范。因此，为了挂牌后公司的持续经营和财物安全，保护投资者的合法权益，有必要对公司在挂牌前是否合法合规经营进行审查。

"合法合规经营"是指公司及其控股股东、实际控制人、董事、监事、高级管理人员须依法开展经营活动，经营行为合法合规，不存在重大违法违规行为。那么，如何判断申请挂牌公司满足"合规合法经营"呢？根据《全国中小企业股份转让系统业务规则（试行）》和《挂牌条件标准指引》的规定，首先，要注意审查"合法合规经营"的时效性，即"最近 24 个月"，这是通常所说的报告期，也是主办券商、律师和会计师出具意见指向的期间，相对主板、中小板和创业板审查时效为 3 年的条件已较为宽松。其次，审查的对象有 3 类，一是法人即申请挂牌公司及子公司，二是公司的控股股东、实际控制人，三是董事、监事和高级管理人员（统称"董监高"）。最后，不符合"合法合规经营"也包括 3 类：

一是因违法、违规受到刑事处罚（包括已被立案可能受刑事处罚），二是重大行政处罚，三是任职禁止。根据《挂牌条件标准指引》，对不同审查对象的"合法合规经营"的要求有所差异，因此有必要分开进行诊断。诊断路径如图 4－5 所示。

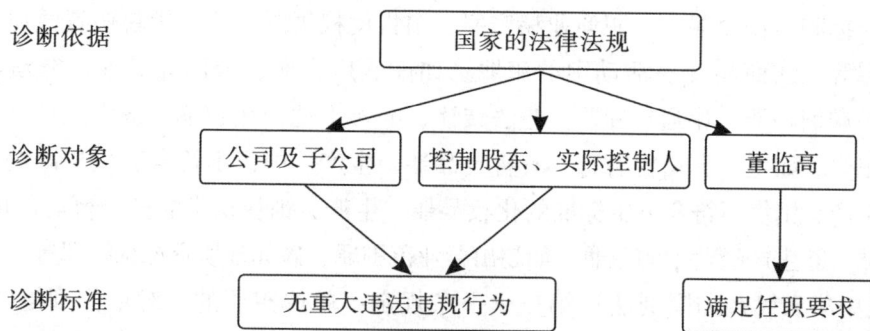

```
诊断依据                        ┌──────────────────┐
                               │   国家的法律法规   │
                               └──────────────────┘
                          ┌───────────┼───────────────┐
诊断对象   ┌────────────┐ ┌────────────────────┐ ┌──────────┐
          │  公司及子公司 │ │ 控制股东、实际控制人  │ │  董监高   │
          └────────────┘ └────────────────────┘ └──────────┘
              │                │                      │
              ↓                ↓                      ↓
诊断标准   ┌──────────────────────┐        ┌────────────────┐
          │   无重大违法违规行为    │        │   满足任职要求   │
          └──────────────────────┘        └────────────────┘
```

图 4－5　合法合规经营的诊断路径

一、公司及子公司无重大违法违规行为

对于公司合法合规经营的诊断，主要是查公司及子公司是否在挂牌前两年内存在重大违法违规行为。根据《挂牌条件标准指引》解释，公司的重大违法违规行为是指公司最近 24 个月内因违反国家法律、行政法规、规章的行为，受到刑事处罚或适用重大违法违规情形的行政处罚。也就是说，公司的重大违法违规行为包含三类：①因违犯国家法律、行政法规、规章的行为受到刑事处罚；②因违犯国家法律、行政法规、规章的行为受到适用重大违法违规情形的行政处罚；③涉嫌犯罪被司法机关立案侦查，尚未有明确结论意见。因此，对公司合法合规经营的诊断就是分别通过查询相关法律、法规和公司内部资料来判断公司是否存在以上 3 种重大违法违规行为。

（一）公司及子公司未受到刑事处罚

刑事处罚是违反刑法，应当受到的刑法制裁。《中华人民共和国刑法》第三十条规定：公司、企业、事业单位、机关、团体实施的危害社会的行为，法律规定为单位犯罪的，应当负刑事责任。公司作为单位犯罪中的一个主体，实施的犯罪主要是经济犯罪。公司经济犯罪类型主要包括：①金融业务中的犯罪。如贷款诈骗罪、集资诈骗罪、票据诈骗罪、非法吸收公众存款罪等。②纳税中的犯罪。如偷税罪、骗取出口退税罪、逃避追缴欠税罪、非法出售发票罪，虚开增值税专用发票，用于骗取出口退税、抵扣税款发票罪等。③知识产权使用中的犯罪。如侵犯商标和著作权罪、侵犯商业秘密罪、销售侵权复制品罪、销售假冒注册商标商品罪等。④商品交易活动中的犯罪。如虚假广告罪，合同诈骗罪，非法经营罪，逃避商检罪，串通投标罪，非法转让、倒卖土地使用权罪。⑤生产销售商品中的犯罪。如生产、销售有毒、有害食品罪，生产、销售不符合卫生标准的食品罪，生产、销售不符合卫生标准的化妆品罪，生产、销售伪劣农药、兽药、化肥、种子罪。⑥生产经营中的犯罪。如超出营业范围罪、破坏环境资源保护罪等。

《中华人民共和国刑法》第三十一条规定：单位犯罪的，对单位判处罚金，并对其直接负责的主管人员和其他直接责任人员判处刑罚。公司因违犯国家法律、行政法规、规章的行为，受到刑事处罚，将会被判处巨额的罚金，相关的负责人或管理人也同时会受到刑事处罚，一般的中小企业可能就已不存在了，更加不要谈挂牌上市问题。所以报告期内受到刑事处罚的企业当然不符合挂牌条件。

那么如何判断公司是否受到过刑事处罚？主要通过对公司高管进行访谈以及查询公司的内部资料，进一步通过人民法院公告网（http：//rmfygg. court. gov. cn/）、全国法院被执行人信息查询平台（http：//zhixing. court. gov. cn/search/）和到地方法院查询确定。如果公司曾收到法院判决书，则说明公司受过刑事处罚，故终止挂牌。如果公司没收到法院判决书，但因违法违规行为情节严重而受到行政处罚，则参照公司第二种类型的重大违法违规情形处理。如果公司没收到法院判决书和行政处罚通知，但经查询公司存在情节不严重的违法行为，此时公司需如实披露不合法合规经营情形，停止不合法合规经营行为，并由相关负责人作出承诺，主办券商和律师依法合理说明，具体如案例4-13所示。

【案例4-13】

不规范票据融资行为（英派瑞 430555）

长虹塑料集团英派瑞塑料股份有限公司（英派瑞 430555）于2014年1月24日挂牌，是一家主要从事尼龙扎带、钢钉线卡、接线端子及其他塑料配件的研发、生产、销售的科技型公司。

问题

报告期内公司存在不规范票据融资行为。公司申请签发银行承兑汇票所依据的业务合同及发票是真实的，但公司根据买卖合同开具银行承兑汇票后，未将部分汇票支付给供应商，而是直接付款给供应商，公司将该部分汇票进行贴现融资。目前未到期的不规范票据融资合计 5 000 万元，分别将于 2013 年 12 月至 2014 年 1 月到期；根据开立承兑汇票合同，公司已缴纳保证金 2 500 万元，同时由扬芜县保字第 2012150 号《最高额保证合同》、扬芜县保字第 2012151 号《最高额保证合同》、扬芜县保字第 2012152 号《最高额保证合同》、扬芜县保字第 2012153 号《最高额保证合同》提供担保，担保最高债权额为 5 000 万元。

解决方案

（1）有关机构出具证明；

（2）公司及其实际控制人作出书面承诺并提出改进措施；

（3）主办券商及律师依法合理说明。

2013 年 11 月 25 日，芜湖扬子农村商业银行股份有限公司芜湖县支行出具证明，截至 2013 年 11 月 25 日，英派瑞在该行开具的承兑汇票尚有 5 000 万元未到期。经该行核查，上述银行承兑汇票真实有效。其中 50% 由英派瑞以保证金作担保，另外 50% 提供了足额有效的抵押或保证担保。届时，该行将按期无条件全额兑付上述银票。

股份公司成立后，公司未再发生任何不规范票据融资行为，并承诺今后不再发生不规范票据融资行为。公司承诺对上述未到期的票据在到期后将正常解付，对该等问题清理、规范。该等票据融资行为未对公司造成不利影响。公司实际控制人郑元和作出书面承诺：若因上述票据融资行为致使公司遭受任何责任或处罚，以及给公司造成任何损失，均由其承担全部责任。未来将保证公司不再出现票据不规范融资行为。

综上，主办券商及中伦律师认为：报告期内，公司在汇票使用方面存在不规范之处，公司取得该等银行承兑汇票不具有真实的交易关系和债权债务关系，违反了《中华人民共和国票据法》第十条的规定，但不属于《中华人民共和国票据法》及《中华人民共和国刑法》所规定的票据欺诈行为。未对公司或公司其他股东的利益造成损害，公司承兑汇票不存在重大风险，对本次公司申请股票在全国中小企业股份转让系统挂牌并公开转让不构成实质性法律障碍。

（资料来源：英派瑞《公开转让说明书》第 77－80 页整理）

（二）公司未受到适用重大违法违规情形的行政处罚

根据前面对公司重大违法违规行为的认定，如果公司的重大违法违规行为属于第一种因违法而受到刑事处罚，这样的公司是肯定不能挂牌的。而第二种重大违法违规行为，即公司是否受到重大违法违规情形的行政处罚的诊断相对复杂。同时这一点也是目前全国股转系统公司在对申请挂牌公司是否满足合法合规经营条件进行审查时的重点。

行政处罚是指经济管理部门对涉及公司经营活动的违法违规行为给予的行政处罚。公司受到的行政处罚与前面刑事处罚主要有以下区别：①处罚适用的前提不同。行政处罚是针对公司违反国家有关法律、法规，尚未构成犯罪的，应当依法承担行政责任的行为作出的；而刑事处罚是针对公司犯罪作出的。②处罚适用的依据不同。行政处罚适用的依据有法律、行政法规、地方性法规和规章；而刑事处罚适用的依据是刑法和全国人大及其常委会通过的有关刑法的若干补充规定。③处罚实施的机关不同。行政处罚的实施主体是行政机关，而刑事处罚由人民法院实施。④处罚的种类不同。公司的刑事处罚主要是罚金，行政处罚包括罚款、责令停产停业、暂扣或者吊销许可证、暂扣或者吊销执照、没收非法财物、没收违法所得等。

一般而言，公司发生的行政处罚主要体现在税收、环保、海关、工商、社保、安全质监等方面。以税收为例，导致税收处罚的主要情形有隐瞒销售收入、以违法事实抵扣进项税、少缴企业所得税、少缴个人所得税、少缴印花税、虚假发票等。因此，要想判断公司是否存在行政处罚，则需通过查询公司内部资料，对公司控股股东与高管访谈以及向公司的主管税务局、工商行政管理局、人力资源和社会保障局、社会保险事业管理局、质量技术监督局、经济与科技信息化局、通信管理局等部门进行核实。

由于只有重大违法违规情形的行政处罚才属于重大违法违规行为，因此如何判断重大违法违规情形非常关键。根据《挂牌条件标准指引》，重大违法违规情形是指：凡被行政处罚的实施机关给予没收违法所得、没收非法财物以上行政处罚的行为，属于重大违法违规情形，但处罚机关依法认定不属于的除外；被行政处罚的实施机关给予罚款的行为，除主办券商和律师能依法合理说明或处罚机关认定该行为不属于重大违法违规行为的外，都视为重大违法违规情形。

虽然可以从处罚种类、处罚金额、主观要件等方面分析判断公司受到的行政处罚是否属于重大违法违规行为，但从《挂牌条件标准指引》对重大违法违规情形的认定中唯有行政处罚机关开出的书面证明才是最直接的证据。若公司在报告期内存在行政处罚的行为，申请挂牌公司可采取如下措施确保其不被认定为重大违法违规行为：①公司取得相应主管机关和作出行政处罚机关出具的书面说明，认为不构成重大违法行为；②主办券商和律师对公司受处罚行为从金额、主观要件、事后处理等方面进行合理说明，认为不构成重大违法违规行为；③公司及其控制人作出承诺，承担相应后果，并提出防范和完善措施。

下面是公司虽然受到有关行政机关的行政处罚，但被认定为非重大违法违规情形的一些典型案例。

1. 公司受到食品药品监督管理局的行政处罚

【案例 4 – 14】

子公司的产品存在质量问题受到行政处罚（湘泉药业　836972）

湖南湘泉药业股份有限公司（湘泉药业　836972）于 2016 年 4 月 26 日挂牌，主要从事中药材种植与贸易、中药饮片加工与销售和中成药生产与销售的科技型公司。

问题

2015 年 1 月 19 日，湘西土家族苗族自治州食品药品监督管理局出具州食药监（药）罚〔2015〕A01 号《行政处罚决定书》："你（单位）生产的姜半夏（批号为 130201）水分不符合药品标准的规定，违反了《中华人民共和国药品管理法》第四十九条第一款、第三款第（六）项规定，依据《中华人民共和国药品管理法》第七十五条的规定，我局拟对你（单位）进行以下行政处罚：①没收剩余的该批号所有姜半夏；②没收违法所得 8 460 元；③处违法生产的药品货值金额 1 倍罚款 10 656 元。上述罚没款合计 19 116 元。"

2015 年 8 月 17 日，湘西土家族苗族自治州食品药品监督管理局出具州食药监（药）责改通〔2015〕A08 号《责令整改通知书》："你（单位）存在未按照《药品生产质量管理规范》进行药品生产的行为，违反了《中华人民共和国药品管理法》第九条、第七十九条的规定。我局责令你（单位）于 2015 年 8 月 27 日前整改。"

解决方案

湘西土家族苗族自治州食品药品监督管理局于 2015 年 11 月出具证明："现中药饮片已将上述行为改正，并缴纳全部罚没款，我局认为中药饮片的上述行为情节轻微，未造成严重社会影响，不构成重大违法违规行为，我局作出的上述行政处罚不属于重大行政处罚。"

（资料来源：湘泉药业《公开转让说明书》第 128 - 129 页）

2. 公司受到税务局的行政处罚

【案例 4 - 15】

子公司未及时纳税（常胜电器 837157）

江苏常胜电器股份有限公司（常胜电器 837157）于 2016 年 4 月 1 日取得全国股转系统公司出具同意挂牌的函，主要从事双金属温度保护器、熔断器等电子元件的研发、生产、销售。

问题

公司的全资子公司德尔泰电器于 2015 年 9 月 14 日收到淮安市淮阴地方税务局出具的《税务行政处罚决定书》。该决定书称，根据德尔泰电器对于房产税、个人所得税等税项存在部分税款未进行纳税申报、应扣未扣个人所得税等违规情况，对德尔泰电器处以 16 676.57 元的罚款。

解决方案

考虑到罚款数额较小且性质较轻，同时德尔泰电器所在地的淮安市淮阴地方税务局已对德尔泰电器开具无重大违法违规证明，上述行政处罚不构成重大违法违规，对申请挂牌不会构成实质性障碍。

（资料来源：常胜电器《公开转让说明书》第 119 页）

3. 公司受到人力资源和社会保障局的行政处罚

【案例 4 - 16】

少缴社会保险费受到行政处罚（亚泰科技 832241）

大连亚泰科技新材料股份有限公司（亚泰科技 832241）于 2015 年 4 月 7

日挂牌，是一家生产环保型氢氧化镁阻燃剂和阻燃材料的科技公司。

问题

2013 年 11 月 20 日，大连市人力资源和社会保障局出具了大人社监罚字〔2013000444〕－1 号《行政处罚决定书》，认定公司 2012 年度向社会保险经办机构申报应缴纳的社会保险数额时，瞒报工资总额 27 734 元；依据《劳动保障监察条例》第二十七条的规定："用人单位向社会保险经办机构申报应缴纳的社会保险费数额时，瞒报工资总额或者职工人数的，由劳动保障行政部门责令改正，并处瞒报工资数额 1 倍以上 3 倍以下的罚款。"大连市人力资源和社会保障局对公司处以 1 倍罚款，即 27 734 元。

解决方案

（1）公司缴纳罚款并提出规范措施；

（2）主办券商给出不构成重大违法行为的合理说明；

（3）处罚机关出具非重大违法违规情形证明。

上述瞒报工资总额的事实系公司部分员工法律意识薄弱，因社会保险缴纳的益处短期内难以见效，其主动要求公司以最低标准缴纳社会保险；公司人事专员及管理层未意识到以最低标准缴纳社会保险的违法性，所以导致瞒报工资总额情形发生。针对上述处罚，公司及时缴纳了罚款，并对员工加强社会保险相关知识的培训，规范社会保险缴纳情况，避免类似事情的发生。

经核查，主办券商认为：上述罚款公司已足额缴纳，违法行为已得到纠正。

无论从违法情节及罚款金额角度看，公司上述行为不构成重大的违法行为及情节严重的行政处罚，理由如下：

①上述公司瞒报工资数额的行为并非管理层侵占劳动者利益的故意行为，而是公司管理层及员工对社保法律知识匮乏及参保意识薄弱所致。

②大连市人力资源和社会保障局出具的《行政处罚决定书》（大人社监罚字〔2013000444〕—1），对公司的罚款为瞒报金额的 1 倍罚款，该罚款属于《劳动保障监察条例》第二十七条所规定"……并处瞒报工资数额 1 倍以上 3 倍以下的罚款"中的最低处罚。

③大连市劳动监察保障监察支队于 2014 年 11 月 13 日就上述罚款出具了证明，证明上述罚款不属于重大违法违规情形。

（资料来源：亚泰科技《公开转让说明书》第 48－49 页）

4. 公司因环保问题受到环境保护局行政处罚

【案例 4 – 17】

因环保问题受到环境保护局行政处罚（旭建新材　430485）

南京旭建新型建材股份有限公司（旭建新材　430485）于 2014 年 1 月 24 日挂牌，是一家主要从事新型建材蒸压轻质加气混凝土（ALC）制品及 NALC 钢结构单元房的研发、生产、销售和施工安装服务的科技型公司。

问题

2013 年 3 月，南京市环境保护局现场检查时发现，公司车间外沉淀池废浆料等生产污水排入雨水管网，导致雨水部分检测指标超出 GB 8978 – 1996 表 4 一级标准；燃煤堆场部分原料露天堆放，未采取密闭或其他防护措施，违反了环境保护的有关规定。2013 年 6 月 4 日，南京市环境保护局作出宁环罚字（2013）53 号《行政处罚决定书》：①责令公司立即改正环境违法行为；②根据《南京市水环境保护条例》第六十五条第二款的规定处罚款 172 000 元整；根据《中华人民共和国大气污染防治法》第五十六条第一款第三项的规定处罚款 38 000 元整，合计处罚款 210 000 元整。

解决方案

（1）公司作出承诺并提出改进措施；

（2）环保局出具证明；

（3）主办券商和律师给出合理说明。

事件发生后，公司迅速采取一系列措施，具体措施如下：①公司迅速召开总经理办公会，分析事故原因，确定相关责任人员，并在全公司予以通报、给予处分；②公司积极进行整改，扩建了冷凝水、沉淀水回收过滤循环使用池，并将原半敞开式燃煤堆场改建为封闭式燃煤库，消除不利影响；③公司进一步加强内部控制，出台有针对性的管控措施，完善环保管理制度，加强环保管理工作，避免后续生产经营过程中发生污水漫溢、粉尘散发等污染环境事宜。

2013 年 10 月 8 日，南京市环境保护局对旭建新材进行了现场检查，并出具《环境检查现场核查记录表》，确认旭建新材已整改到位。2013 年 10 月 30 日，南京市环境保护局出具《证明》："自 2011 年至今，南京旭建新型建材股份有限公司在生产经营过程中，能够遵守国家有关环境保护政策，认真执行《中华人民共和国环境保护法》及国家和地方制定的各项环境保护法律、法规、标准。2013年6月，因煤场未封闭和污水溢流，被我局行政处罚。但此行为对周边环境未造成较大危害和影响，且企业立即整改到位，全部达到环保要求，不构成重大环境违法违规行为。"

针对旭建新材环境保护方面合法合规问题，国浩南京律师认为：公司自2011年以来，除2013年6月因煤场未封闭和污水溢流被南京市环境保护局行政处罚外，不存在其他违法违规行为。公司受到前述行政处罚的违法违规行为，不构成重大环境违法违规行为。

主办券商经核查认为，旭建新材遵守环境保护相关法律、法规，自2011年以来，除宁环罚字（2013）53号行政处罚外，不存在其他违法违规行为。针对上述处罚，旭建新材积极整改，扩建了冷凝水、沉淀水回收过滤循环使用池，将原半敞开式燃煤堆场改建为封闭式燃煤库，消除不利影响，并已于2013年10月8日经南京市环保局现场检查、验收确认整改合格。2013年10月30日，南京市环境保护局出具证明文件，确认上述行政处罚事项不属于重大环境违法违规行为。

综上，主办券商认为旭建新材受到宁环罚字（2013）53号行政处罚的违法违规行为，不属于重大环境违法违规行为，不构成本次股票挂牌转让的实质性障碍。

（资料来源：旭建新材《公开转让说明书》第77－78页）

（三）公司是否有未决诉讼

公司的未决诉讼是指公司作为原告或者被告，人民法院还没有作出最终判决的正在进行过程中的诉讼事件。如果公司是原告，通常情况下不会影响公司的持续经营能力；如果公司是被告，公司胜诉将不负有任何责任，但若公司败诉，则负有支付原告提出的赔偿要求的责任，是公司的一项或有负债，因此会影响公司的持续经营，不利于公司的未来发展。

如何判断公司是否存在未决诉讼？一般而言，可通过全国法院被执行人信息查询系统、地方法院网进行查询。如果存在未决诉讼，通常可采取以下措施：先判断未决诉讼中公司是原告还是被告。如果是原告，披露相关信息，并由律师进行简要解释说明（如案例4－18所示）；如果是被告，则还需律师连同主办券商依法合理说明其对公司未来运营不存在重大影响，此外申请挂牌公司还需给出风险提示（如案例 4 - 19 所示）。

【案例 4 - 18】

挂牌公司为原告的未决诉讼（天英教育　834974）

深圳市天英联合教育股份有限公司（天英教育　834974）于 2016 年 1 月 18 日挂牌，是一家主要从事多点触控模组、多点触控电子白板、白板一体机整机产品的研发、生产与销售以及白板相关的软件产品的设计及销售的高科技公司。

问题

2014 年 9 月 28 日至 2014 年 11 月 14 日，天时通与深圳市冠众华光电有限公司签订了多份采购合同，根据合同约定，天时通于 2014 年 10 月 31 日至 2014 年 11 月 14 日向深圳市冠众华光电有限公司提供了总价格为 631 260.00 元的货物。

经多次催款后，2015 年 1 月 10 日，深圳市冠众华光电有限公司向天时通签发支票，后因该支票账户余额不足被作退票处理。2015 年 2 月 2 日，天时通将深圳市冠众华光电有限公司诉至深圳市宝安区人民法院［案号：（2015）深宝法民二初字第 1060 号］，请求其依法支付货款。2015 年 4 月 28 日，天时通申请追加深圳市冠众华光电有限公司之子公司广州冠众华光电有限公司为被告。

解决方案

本案现已于 2015 年 6 月 19 日在深圳市宝安区人民法院开庭审理，天时通尚未收到判决书。本所律师认为，该未决诉讼系公司积极主动为维护自身合法权益提起的诉讼，不会对公司持续发展造成重大不利影响。

（资料来源：天英教育《法律意见书》第 102 页）

【案例 4 - 19】

挂牌公司存在侵犯商业秘密的未决诉讼（腾旋科技　430602）

江苏腾旋科技股份有限公司（腾旋科技　430602）于 2014 年 1 月 24 日挂牌，是一家主要从事旋转接头及蒸气冷凝水系统的研发、生产及销售的高新技术企业。

问题

2012 年 6 月，凯登约翰逊公司及凯登约翰逊（无锡）技术有限公司（以下简称"原告方"）起诉：公司从过海文处获取并使用了其商业秘密生产与其类似的产品并未经原告方许可复制其享有著作权的产品图纸，过海文、控股股东实际控制人李继锁被列为共同被告（以下简称"被告方"）。原告方要求被告方停止对其商业秘密、著作权的侵害，并赔偿经济损失合计 150 万元。被告过海文于 2008 年 9 月 28 日从原告方离职，并且于 2011 年 7 月 6 日成为公司的股东。原告方认为李继锁及公司从过海文处获取并使用了其商业秘密，生产了与凯登约翰逊的旋转接头产品基本相同的产品。另外，原告方认为过海文未经其许可非法复制原告方享有著作权的图纸、培训资料、产品宣传等文件并披露给公司、李继锁，侵犯了原告方的著作权。

截至本公开转让说明书出具日，上述侵犯商业秘密纠纷案件目前已开庭三次，均为证据交换环节，主要目的为确定原告方技术密点。但经过三次证据交换，原告方所诉技术密点一直未确定。上述著作权纠纷案件尚未开庭审理。

若公司在与凯登约翰逊的诉讼中败诉，法院支持凯登约翰逊诉讼请求，对公司的经营状况影响如下：①公司赔偿凯登约翰逊经济损失共计 150 万元，公司控股股东、实际控制人李继锁承诺："如公司在侵权诉讼案件中败诉，并因此需要支付任何侵权赔偿金及案件相关费用，本人将在公司实际支付该等赔偿金及费用之日起 30 日内对公司予以全额补偿。"②停止相关产品的生产经营。③在公司网站以及《中华纸业》期刊上登载声明，消除影响。

解决方案

（1）律师及主办券商确认未决诉讼不影响持续经营能力；

（2）如实披露并作风险提示。

律师认为，公司为高新技术企业，经市级批准建有无锡市旋转接头工程技术研究中心，专门设有新品研发部和技术部门，投入较高的研发费用，具备所需的研发能力；公司在被诉侵权产品领域拥有几个发明专利和实用新型专利，并且所有专利都已投入使用，达到了预期市场效果；公司被诉侵权产品上使用的相关技术已取得专利证书，获得了国家知识产权局认可。原告方诉讼的技术密点并未确认，因此公司不能判断原告方所诉之侵权技术和侵权产品所指，只能依据原告方民事起诉状中的《证据清单》所列产品对应公司结构相类似的产品测算销售收入，报告期内该比例最多只占公司产品总收入的 15% 左右。此外，即使原告方所称之公司侵犯其商业秘密和著作权的事实存在，原告方也并未质疑公司已获得的发明、实用新型等专利权的合法性，公司依旧能够利用现行自有技术生产相关产品，不影响公司的持续生产和经营。

主办券商认为，公司被诉侵权产品上使用的相关技术已取得专利证书，获得了国家知识产权局认可。由于原告方诉讼的技术密点并未确认，公司在现阶段只能依据原告方民事起诉状中的《证据清单》所列产品对应公司结构相类似的产品测算销售收入，报告期内该比例最多只占公司产品总收入的 15% 左右。另外，公司目前正在加大新产品中央回转接头的投资，其已应用于太原重工、曼托瓦尼、江苏八达重工、无锡泰达、山东科瑞公司的产品上，并获得一致好评；已通过顾客审核和小批量试用的公司有三一重机、利勃海尔、厦门厦工、上海彭浦、玉柴重工、黑猫机器、泰安嘉和、江麓集团、德州宝鼎等大型企业；加之公司节能蒸汽冷凝水系统产品收入逐年增加，公司依旧能够利用现行自有技术生产一系列产品，不会对公司持续经营能力造成重大影响，亦不会对本次挂牌构成实质性障碍。

（资料来源：腾旋科技《公开转让说明书》第 2 - 5 页）

二、控股股东和实际控制人无重大违法违规行为

控股股东和实际控制人是影响公司未来经营决策最重要的利益相关者，其合法合规性也会影响公司的持续经营能力，因此有必要对公司控股股东和实际控制人进行合法合规调查。对其的诊断也主要从 3 个方面进行：①控股股东和实际控制人是否受刑事处罚；②控股股东和实际控制人是否受行政处罚；③控股股东和实际控制人是否存在未决诉讼。

（一）控股股东和实际控制人是否受刑事处罚

控股股东是指直接持有上市公司绝对多数或者相对多数股份的股东，可能是个人，也可能是公司。如果控股股东是个人，则就是实际控制人。如果是公司，那实际控制人可能涉及多个层级的推断。由于刑事处罚都是因违反了《中华人民共和国刑法》，如果控股股东是公司，则可采用本节第一部分的相关内容来判断公司可能的犯罪类型；如果控股股东是个人，那么个人的犯罪行为就相对宽泛，对其判断也较为复杂。《挂牌条件标准指引》之所以要求最近 24 个月内控股股东、实际控制人不存在受刑事处罚情形，目的主要在于要求控股股东、实际控制

人遵纪守法，具有良好信誉和行为规范，同时又能行使控股股东的权利和职责，不影响公司的持续经营和有序管理及财务安全。如果实际控制人的犯罪行为和公司经营无关，此时的刑事处罚是否影响挂牌就值得商榷。比如：某实际控制人因醉驾经过判决后处以拘役，并处罚金的刑事处罚，由于该行为并不会影响公司的持续经营，此时公司实际控制人就需找律师咨询，让律师来判断该刑事处罚是否会影响公司挂牌。

一般而言，对控股股东和实际控制人是否受刑事处罚的诊断是通过与控股股东和实际控制人进行座谈，取得无违法违规的书面承诺，公安机关出具的实际控制人无犯罪记录证明，进一步通过人民法院公告网（http：//rmfygg. court. gov. cn/）、全国法院被执行人信息查询平台（http：//zhixing. court. gov. cn/search/）和全国法院失信被执行人名单信息公布与查询平台（http：//shixin. court. gov. cn/）的查询确定。如果存在刑事处罚，控股股东和实际控制人必然会收到法院发出的刑事判决书，如果该刑事处罚会影响公司经营，那么申请挂牌公司在短期内是不符合挂牌条件的。

（二）控股股东和实际控制人是否受到行政处罚

通常情况下，公司受到行政处罚是因为控股股东和实际控制人作为公司的主要负责人在经营企业过程中存在失职，因此如果公司的违法违规情节比较严重，控股股东也会同时受到行政处罚。

那么，如何判断控股股东和实际控制人受到的行政处罚是不符合合法合规经营呢？根据《挂牌条件标准指引》，首先，需要判断控股股东和实际控制人的行政处罚是否和公司经营行为相关，如实际控制人饮酒驾驶非营运小汽车被交管部门查获，会受到罚款 1 000—2 000 元、记 12 分并暂扣驾照 6 个月的行政处罚，但由于该行政处罚与公司经营无关，因此也不会影响公司挂牌；其次，需要判断该行政处罚是否是与公司规范经营相关的重大违法违规情形的行政处罚，如果受到的行政处罚虽然是公司规范经营的行政处罚，但相关处罚机关已出示了非重大违法违规情形的证明，则控股股东和实际控制人受到的行政处罚也不影响公司挂牌。

因此，对控股股东和实际控制人此方面是否合法合规经营的判断同样可通过与控股股东和实际控制人进行座谈，取得无行政处罚的书面承诺。如果通过和工商、税务、安保、质检、海关等行政机关进行调查，获知控股股东和实际控制人存在行政处罚，则首先判断是否与公司经营相关。如果和公司经营无关，则该处罚不影响挂牌；如果有关，则判断该行政处罚是否公司已取得了处罚机关的相关证明。

（三）控股股东和实际控制人是否存在未决诉讼

控股股东和实际控制人如果涉嫌犯罪，会受到司法机关立案侦查，因此也会影响公司的持续经营。但在这一方面可区别对待，如果控股股东和实际控制人收到的起诉和公司的未决诉讼同时进行，而律师和主办券商已就该诉讼作出了不影响公司合法合规经营的判断，那么不影响公司挂牌；另一方面，如果涉嫌犯罪是因为自身可能的犯罪行为，则有可能会影响挂牌，具体的判断依据主要为是否会影响公司的持续经营。如果该犯罪行为情节严重，使得控股股东或实际控制人无法参与公司经营管理，那么公司短期挂牌存在困难；但如果犯罪行为情节并不严重，也不会影响控股股东或实际控制人参与公司经营管理，那么就不存在挂牌障碍。

如何判断控股股东和实际控制人是否存在未决诉讼？同样，首先可通过与控股股东和实际控制人进行座谈获取其书面保证，其次可进一步通过全国法院被执行人信息查询系统、地方法院网进行查询确定。

三、现任董监高符合任职要求

董监高作为申请挂牌公司的直接负责人，是公司重要决策的制定者和执行者，对公司未来发展起着非常关键的作用。同时公司挂牌后就成为公众公司，"高阶理论"认为公司高管的特征会影响组织绩效[1]，同时高管的信誉也会影响投资者对公司的信任，因此公司的董监高也必须满足一定的任职要求。按照《挂牌条件标准指引》，对董监高任职要求的诊断具体如下：①是否满足《公司法》及其他相关法规的任职资格和义务；②是否最近 24 个月内受到证监会的行政处罚；③是否受到证监会被禁止进入证券市场措施。

---

① Hambrick D. C., Mason P. A. Upper Echelons: The Organization as a Reflection of Its Top Managers [J]. *The Academy of Management Review*, 1984, 9 (2).

（一）是否满足《公司法》及其他相关法规的任职资格及义务

1.《公司法》中的任职要求

《公司法》中第一百四十七至一百五十条对公司的董监高的任职资格和义务进行了明确规定。由于申请挂牌公司是经改制后的股份公司，因此其董监高的任职必须符合《公司法》的规定。

【资料 4 - 3】

《公司法》关于董监高的任职资格和义务

第一百四十七条规定：有下列情形之一的，不得担任公司的董事、监事、高级管理人员：

（一）无民事行为能力或者限制民事行为能力；

（二）因贪污、贿赂、侵占财产、挪用财产或者破坏社会主义市场经济秩序，被判处刑罚，执行期满未逾五年，或者因犯罪被剥夺政治权利，执行期满未逾五年；

（三）担任破产清算的公司、企业的董事或者厂长、经理，对该公司、企业的破产负有个人责任的，自该公司、企业破产清算完结之日起未逾三年；

（四）担任因违法被吊销营业执照、责令关闭的公司、企业的法定代表人，并负有个人责任的，自该公司、企业被吊销营业执照之日起未逾三年；

（五）个人所负数额较大的债务到期未清偿。

公司违反前款规定选举、委派董事、监事或者聘任高级管理人员的，该选举、委派或者聘任无效。

董事、监事、高级管理人员在任职期间出现本条第一款所列情形的，公司应当解除其职务。

第一百四十八条　董事、监事、高级管理人员应当遵守法律、行政法规和公司章程，对公司负有忠实义务和勤勉义务。

董事、监事、高级管理人员不得利用职权收受贿赂或者其他非法收入，不得侵占公司的财产。

第一百四十九条　董事、高级管理人员不得有下列行为：

（一）挪用公司资金；

（二）将公司资金以其个人名义或者以其他个人名义开立账户存储；

（三）违反公司章程的规定，未经股东会、股东大会或者董事会同意，将公司资金借贷给他人或者以公司财产为他人提供担保；

（四）违反公司章程的规定或者未经股东会、股东大会同意，与本公司订立合同或者进行交易；

（五）未经股东会或者股东大会同意，利用职务便利为自己或者他人谋取属于公司的商业机会，自营或者为他人经营与所任职公司同类的业务；

（六）接受他人与公司交易的佣金归为己有；

（七）擅自披露公司秘密；

（八）违反对公司忠实义务的其他行为。

董事、高级管理人员违反前款规定所得的收入应当归公司所有。

第一百五十条　董事、监事、高级管理人员执行公司职务时违反法律、行政法规或者公司章程的规定，给公司造成损失的，应当承担赔偿责任。

从上面《公司法》董监高的任职资格和义务的规定可知，在判断其是否符合任职资格时，必须重点把握和诊断以下内容：①是否因能力原因受限，如无民事行为能力或者限制民事行为能力。对于该种情形，虽在实践中发生的概率较小，但一旦存在，此类人员绝不能担任董监高；②是否因特定犯罪行为受限，诊断时的核心问题是获得董监高是否存在特定犯罪行为的信息，在具体运用中主要通过访谈方式进行核查以及核查中国裁判文书网等相关司法机关信息公示系统；③是否因经营管理工作不善而承担责任受限，对于该种情形主要通过查询全国企业信用信息公示系统来确定；④是否因个人负债而受限，对此的判断关键在于"数额较大"如何认定，主要通过查询中国执行信息公开网，凡是被纳入"失信被执行人"名单中的人员，应不考虑纳入董监高任职名单。

2. 其他相关法规的任职要求

《公司法》中董监高的任职要求是所有挂牌公司必须遵守的，是基本要求。除了以上要求外，对于董监高的任职还有其他要求，主要有：①为了公司独立性，公司的董监高不能担任其关联单位的相关职务和领取报酬；②根据《中华人民共和国公务员法》，公务员未经批准不能在外兼职和领取报酬（如案例4－20所示）；③如果公司聘用独立董事也必须满足独立董事聘用的相关规定。

【案例 4-20】

公务员兼职董事（均信担保 430558）

哈尔滨均信投资担保股份有限公司（均信担保 430558）于 2014 年 1 月 24 日挂牌，是一家主要从事融资性担保业务，担保产品包括个人贷款担保，企业流动资金贷款、固定资产贷款及项目投资贷款担保等业务的公司。

问题

张涛轩，男，1961 年生，中国国籍，无境外永久居留权，研究生学历。1980 年 3 月至 1990 年 9 月于通河县农业银行任营业部主任、资金计划股股长；1990 年 9 月至 2009 年 6 月于哈尔滨市财政局，历任工业处专管员，预算处总预算会计、会计组组长、资金组组长、国库处副处长、支付中心副主任；2009 年 6 月至 2011 年 4 月于哈尔滨下岗失业人员小额担保中心任副主任、主任；2011 年 4 月至今于哈尔滨市财政局任国库处处长、支付中心主任及哈尔滨市经济开发投资公司经理；2011 年 5 月至今于哈尔滨银行股份有限公司任董事；2013 年 6 月 22 日被选举为公司新一届董事，任期 3 年。

解决方案

律师出具法律意见认为，张涛轩系哈尔滨财政局下属国有企业哈尔滨经济开发投资公司行使股东权利提名委派均信担保的董事，且张涛轩在均信担保不领取薪酬，符合《中华人民共和国公务员法》中"公务员因工作需要在机关外兼职，应当经有关机关批准，并不得领取兼职薪酬"的规定。

（资料来源：均信担保《律师补充法律意见书》第 59-60 页）

（二）是否最近 24 个月内受到证监会的行政处罚

公司一旦顺利挂牌就成为公众公司，因此董监高必须接受证券市场的监督，那么其必须遵守证券市场的相关规定，不能因存在证券违法行为而受到行政处罚。目前对证券违法行为之处罚类型作出规定的法律和行政法规主要有《证券法》《中华人民共和国证券投资基金法》《证券公司监督管理条例》和《股票发行与交易管理暂行条例》。以上法律和行政法规中列举的行政处罚主要有：罚款和没收违法所得，取缔、撤销任职资格或者证券从业资格，责令关闭，责令停止承销或者代理买卖，责令依法处理其非法持有的证券，暂停或者撤销相关业务许可，责令转让所持证券公司的股权，暂停或者取消从业资格，证券市场禁入。

如果公司的董监高最近 24 个月内存在以上被证监会处罚的行为，则该公司的董监高不再适合担任相应职务，在短期内公司也不符合挂牌资格。

（三）是否受到证监会被禁止进入证券市场措施

《证券市场禁入规定》中明确规定，被证监会采取证券市场禁入措施的人员，在禁入期间，除不得继续在原机构从事证券业务或者担任原上市公司董事、监事、高级管理人员职务外，也不得在其他任何机构中从事证券业务或者担任其他上市公司董事、监事、高级管理人员职务。被采取证券市场禁入措施的人员，应当在收到证监会作出的证券市场禁入决定后立即停止从事证券业务或者停止履行上市公司董事、监事、高级管理人员职务，并由其所在机构按规定的程序解除其被禁止担任的职务。

因此新三板挂牌公司作为公众公司，其董监高的任职也会受此规定的约束，如果公司的董监高中存在被证监会采取证券市场禁入措施的情形，那么此类人员绝不能再担任该公司的董监高，其任职的公司也暂不能挂牌上市。

那么如何判断公司董监高存在证券市场禁入情形呢？主要还是通过和董监高进行座谈，获得董监高出具的书面声明及其填写的基本情况调查表，并检索中国证监会网站、深圳证券交易所网站、上海证券交易所网站、全国股转系统网站等网站信息进行核实。

第五章　企业挂牌条件四：公司股权明晰

第四章探讨了申请新三板挂牌的第三个条件——公司合法运营，即必须是"公司治理机制健全，合法合规经营"。接下来，需要诊断"公司股东拥有的股权是否能合法流通"。无论股东以何种渠道取得股权，在股份公司申请挂牌之前，应该确保公司股东股权明晰，没有瑕疵。这样在挂牌后，股份才能合法地流通转让。

股权明晰要求股东身份是合法合规的，股权结构是合法合规的，取得过程（发行和转让）是合法合规的，股权明晰的实质是股东的股份不存在权属争议或潜在纠纷。

分析公司是否股权明晰，重点是分析 2 个方面的问题：第一个方面的问题是股东的身份本身是否没有瑕疵，公司的股东是否存在国家法律、法规、规章及规范性文件规定的不适宜担任股东的情形。第二个方面的问题是股东取得股权的过程是否没有瑕疵。

本章主要讨论公司股权明晰的诊断与评估问题。

第一节　概述

一、对"股权明晰，股票发行和转让行为合法合规"认定标准的阐释

根据《挂牌条件标准指引》，对挂牌条件"股权明晰，股票发行和转让行为合法合规"的认定标准的阐释如下：

（一）股权明晰

股权明晰，是指公司的股权结构清晰，权属分明，真实确定，合法合规，股东特别是控股股东、实际控制人及其关联股东或实际支配的股东持有公司的股份不存在权属争议或潜在纠纷。

（1）公司的股东不存在国家法律、法规、规章及规范性文件规定不适宜担任股东的情形；

（2）申请挂牌前存在国有股权转让的情形，应遵守国资管理规定；

（3）申请挂牌前外商投资企业的股权转让应遵守商务部门的规定。

（二）股票发行和转让行为合法合规

股票发行和转让行为合法合规，是指公司的股票发行和转让依法履行必要内部决议、外部审批程序（如有），股票转让须符合限售的规定。

（1）公司股票发行和转让行为合法合规，不存在下列情形：

①最近 36 个月内未经法定机关核准，擅自公开或者变相公开发行过证券；

②违法行为虽然发生在 36 个月前，目前仍处于持续状态，但《非上市公众公司监督管理办法》实施前形成的股东超 200 人的股份有限公司经证监会确认的除外。

（2）公司股票限售安排应符合《公司法》和《全国中小企业股份转让系统业务规则（试行）》的有关规定。

（三）其他

（1）在区域股权市场及其他交易市场进行权益转让的公司，申请股票在新三板挂牌前的发行和转让等行为应合法合规；

（2）公司的控股子公司或纳入合并报表的其他企业的发行和转让行为须符合《挂牌条件标准指引》的规定。

二、对"股权明晰，股票发行和转让行为合法合规"的诊断路径

综上所述，对诊断申请挂牌公司是否"股权明晰，股票发行和转让行为合法合规"，可采取以下"三看"的分析路径进行（如图 5 - 1 所示）：

首先，看挂牌前的公司股东主体是否适格。如果有法律规定不能成为公司股东的情况，需要进行整改。

其次，看公司股票发行是否合法。公司是否存在公开或者变相公开发行股票的情况；在区域股权市场及其他交易市场挂过牌的公司，发行行为是否合法；发行过程是否履行相应的内部决议、外部审批程序；发行取得的对价是否合法合规。

最后，看转让股权是否合法。特殊性质股东转让股权是否履行相应的外部审批程序；在区域股权市场及其他交易市场挂过牌的公司，转让行为是否合法；是否在禁止转让期间发生转让；转让的对价是否合法合规。

注意，进行诊断时，不仅要对申请挂牌公司进行诊断，同时也要对申请挂牌公司的控股子公司或纳入合并报表的其他企业进行同样的诊断。

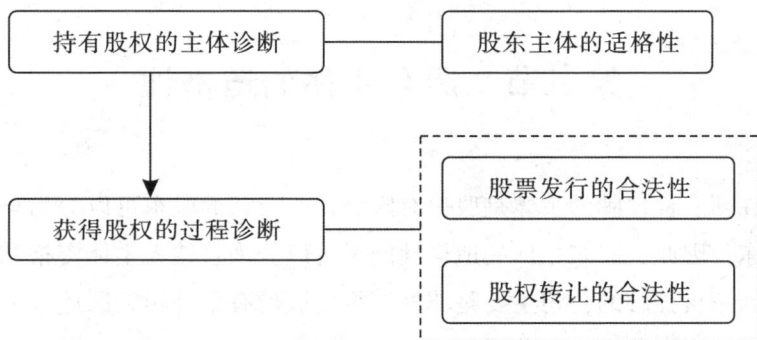

图 5 - 1　股权明晰与股票发行和转让行为合法合规的诊断路径

【案例 5 - 1】

　　主办券商对"股权明晰，股票发行和转让行为合法合规"的认定

　　广州汇量网络科技股份有限公司（汇量科技　834299）2015 年 11 月 25 日挂牌。公司主要从事移动数字营销业务和移动网游海外发行业务。

　　根据中信建投证券股份有限公司《关于推荐广州汇量网络科技股份有限公司股票在全国中小企业股份转让系统挂牌的推荐报告》：

　　公司股东为段威等 7 名自然人、广州汇懋投资管理中心等 9 家机构，控股股东、实际控制人为段威。公司的股权结构清晰，权属分明，真实确定，合法合规，股东特别是控股股东、实际控制人及其关联股东或实际支配的股东持有公司的股份不存在权属争议或潜在纠纷。公司的股东不存在国家法律、法规、规章及规范性文件规定不适宜担任股东的情形。

　　公司自有限公司设立以来进行了 4 次股权转让和 2 次增资，均履行了必要程序，不存在纠纷及潜在纠纷的情况。公司自有限公司设立以来不存在下列情形：①最近 36 个月内未经法定机关核准，擅自公开或者变相公开发行过证券；②违法行为虽然发生在 36 个月前，目前仍处于持续状态，但《非上市公众公司监督管理办法》实施前形成的股东超 200 人的股份有限公司经证监会确认的除外。公司股票限售安排按照《公司法》和《全国中小企业股份转让系统业务规则（试行）》的有关规定执行，公司全体股东出具了自愿锁定的承诺。

　　（子公司部分略）

　　因此，主办券商认为公司符合"股权明晰，股票发行和转让行为合法合规"的要求。

　　（资料来源：汇量科技《券商推荐报告》第 6 - 7 页）

第二节　股东主体的适格性

　　申请在新三板挂牌的主体是股份有限公司。公司的股东可以分为自然人股东和法人股东。因此，股东主体的适格性问题可以分为自然人主体资格和法人主体资格。在新三板挂牌的公司主要是非外商投资股份有限公司，因此本节涉及的公司都是非外商投资股份有限公司。

一、自然人主体资格

自然人股东，包括发起人股东、公司成立之后以增资方式获得股权的股东、通过转让方式获得公司股权的股东等。

自然人股东的主体资格要求主要有 2 条：第一，股东是中国公民；第二，不存在法律、法规不允许担任公司股东的情况。

（一）股东是中国公民

在发起设立时，外国公民不能成为公司股东，否则公司就属于外商投资企业，适用外商投资企业的法律。公司设立之后，外国公民也不能通过增发或者转让的形式成为公司股东，否则公司的性质同样发生变化。

挂牌新三板的股东身份出现问题多数是股东移民获得其他国家国籍造成的。中国不承认双重国籍，因此当股东移民得到其他国家国籍时，自动丧失中国公民身份。

【案例 5 - 2】

非外资公司存在外籍股东瑕疵（网动科技 430224）

北京网动网络科技股份有限公司（网动科技 430224）2013 年 7 月 3 日挂牌。公司主要经营网动云视讯平台产品和提供相应服务。

网动科技于 2012 年 9 月由北京讯网天下科技有限公司（以下简称"讯网天下"）整体变更设立。讯网天下设立于 2009 年，北京网动科技有限公司、马滨和李明分别以 105 万元的货币、147 万元的知识产权和 98 万元的知识产权认缴出资。

问题

2009 年，马滨已取得澳大利亚国籍，讯网天下设立时未申请设立外商投资企业。

解决方案

2012 年，讯网天下以减资的方式让马滨退出了公司。

网动科技现有股东出具承诺函，对于马滨以外籍身份设立有限责任公司并持有公司股票的法律瑕疵带来的公司经济损失，按照持股比例承担连带，不需要公司承担。

工商部门于 2011 年出具证明，公司近两年没有因违反工商行政管理法律、法规受到处罚的记录。

（资料来源：网动科技《公开转让说明书》第 11 – 12 页）

对于具有外籍身份的股东，通过减资使其退出是一种可行的解决办法。申请挂牌新三板，重点在于申请挂牌时股东满足适格性要求，在挂牌后不会出现法律纠纷。公司股东的历史沿革问题，允许存在瑕疵。

但如果股东是公司的控制人之一，减资退出会给公司持续经营带来影响；或者股东不愿意放弃在公司的利益，就需要考虑其他处理方式。新三板审查挂牌资格，会对此提出反馈意见。但在实务中，只要有合理的解释，以及股东出具相应承诺，此瑕疵不影响新三板挂牌。

【案例 5 –3】

非外资公司外籍股东身份瑕疵（汇茂科技　832212）

深圳市汇茂科技股份有限公司（汇茂科技　832212）2015 年 4 月 1 日挂牌。公司主要经营触控显示设备和触控收银系统的研发、生产和销售。

汇茂科技于 2014 年 11 月 4 日由深圳市汇茂科技有限责任公司（以下简称"汇茂有限"）整体变更设立。汇茂有限成立于 2007 年 6 月 6 日，由两名自然人姜勇、卢建军出资设立。

问题

姜勇原为中国公民，于 1994 年取得加拿大国籍。2007 年 5 月申请汇茂有限设立时，姜勇提交了中国居民身份证。对此，新三板审查挂牌资格时，提出反馈意见：

有限公司系由两名自然人姜勇、卢建军出资设立，其中卢建军为中国国籍。姜勇（JIANG YONG）在取得外籍身份后没有及时办理中国国籍相关注销手续，并以中国身份证明文件申请登记注册了汇茂有限，存在程序瑕疵。请主办券商及律师依据《中华人民共和国国籍法》《中华人民共和国居民身份证法》《公司法》（或其他可能适用的法律、行政法规）对设立有限公司时，姜勇提供的身份证明文件的合法性、有限公司设立的合法性发表明确意见。

解决方案

主办券商对姜勇提供的身份证明文件的合法性的意见是：经查验，主办券商及申报律师认为，根据当时适用的《中华人民共和国国籍法》《中华人民共和国公民出境入境管理法》和《中华人民共和国居民身份证法》等规定，汇茂有限设立时，姜勇（JIANG YONG）已自动丧失中国国籍，其境内户口应注销、居民身份证应交回，姜勇（JIANG YONG）在设立汇茂有限时提交的境内身份证明文件为其真实持有的证件，非伪造或变造的虚假证件，但该等身份证明文件已经失去法律效力，属于无效证件。

姜勇（JIANG YONG）作出承诺，若公司、股东、债权人或其他相关方因汇茂有限设立时其提供身份证明文件的瑕疵而造成损害的，姜勇（JIANG YONG）个人将承担全部赔偿责任。

主办券商对汇茂有限设立的合法性的意见是：《中华人民共和国中外合资经营企业法》等法律、法规未将外籍华人以其加入外国国籍前在境内持有的人民币资产出资设立的公司，定性为外商投资企业。汇茂有限的企业性质应当根据股东出资来源地的原则判断，与股东国籍在法律上无必然的关系。姜勇（JIANG YONG）的出资为境内人民币货币资金，未涉及境外资金或其他来源于境外的财产，汇茂有限系内资企业。根据当时适用的《外商投资产业指导目录》，汇茂有限的经营范围为鼓励类行业，不存在以内资企业的形式规避外商投资产业政策的情形。汇茂有限的设立未违反外商投资企业管理和外汇管理方面的法律、法规。

律师认为，该问题不会构成汇茂科技公开挂牌转让的实质障碍。

（资料来源：汇茂科技《反馈意见》和《反馈意见回复》）

如果外籍股东的出资为境内人民币资金，未涉及境外资金或其他来源于境外的财产，采用股东出资来源地的原则而不是股东国籍来判断，内资公司仍可以保留其外籍股东，成功挂牌新三板。通常情况下，外籍股东需要作出承诺，若公司、股东、债权人或其他相关方因其身份瑕疵而造成损害的，个人将承担全部赔偿责任。

（二）不存在法律、法规不允许担任公司股东的情况

相关法律、法规、规范性法律文件禁止公务员等具有特殊身份的人员担任公司股东。因此，如果公司股东在其他部门任职，需要说明其成为公司股东是否违

反相关法律规定。

但公司股东具有特殊身份时，诊断其适格性比较复杂。为便于详细诊断特殊身份人员是否能成为公司股东，可以将特殊身份人员分为2类：一类是禁止或者限制成为股东的特殊身份人员；另一类是允许成为公司股东的特殊身份人员。

1. 禁止或者限制成为股东的特殊身份人员

禁止成为股东，是指不能投资任何类型的企业；限制成为股东，是限制对部分特殊企业的投资。以下具体诊断9类禁止或者限制成为股东的特殊身份人员。

（1）**公务员**。《中华人民共和国公务员法》第五十三条第十四款规定，"公务员必须遵守纪律，不得从事或者参与营利性活动，在企业或者其他营利性组织中兼任职务"。因此，国家公务员是不可以投资公司成为股东的。虽然公务员不能因个人营利目的担任企业董事、监事、经理，但是可以根据上级的决定，到国有企业、事业单位挂职锻炼（包括担任董事、监事、经理）。

（2）**党政机关的干部和职工**。根据《关于严禁党政机关和党政干部经商、办企业的决定》以及《关于进一步制止党政机关和党政干部经商、办企业的规定》，国家机关法人的干部和职工，除中央书记处、国务院特殊批准的以外，一律不准经商、办企业。因此，国家机关法人的干部和职工不得投资公司成为股东。《中国共产党党员领导干部廉洁从政若干准则》第二条规定，禁止私自从事营利性活动，不准个人或者借他人名义经商、办企业。

（3）**处级以上领导干部配偶、子女**。根据中央纪委《关于"不准在领导干部管辖的业务范围内个人从事可能与公共利益发生冲突的经商办企业活动"的解释》（中纪发〔2000〕4号），处级以上领导干部的配偶、子女不准在领导干部管辖的业务范围内投资兴办可能与公共利益发生冲突的企业。

因此，处级以上领导干部配偶、子女不在领导干部管辖的业务范围内成为与公共利益没有冲突的公司股东，符合股东主体适格性。

（4）**县级以上党和国家机关退（离）休干部**。《中共中央办公厅、国务院办公厅关于县以上党和国家机关退（离）休干部经商办企业问题的若干规定》明确禁止县级以上党和国家机关退（离）休干部兴办商业性企业。

（5）**国有企业领导人**。《国有企业领导人员廉洁从业若干规定》第五条规定，国有企业领导人员不得有利用职权谋取私利以及损害本企业利益的下列行为：个人从事营利性经营活动和有偿中介活动，或者在本企业的同类经营企业、关联企业和与本企业有业务关系的企业投资入股。

（6）**国有企业领导人配偶、子女**。《国有企业领导人员廉洁从业若干规定》第六条规定，国有企业领导人员应当正确行使经营管理权，防止可能侵害公共利益、企业利益行为的发生。不得有下列行为：国有企业领导人员的配偶、子女及其他特定关系人，在本企业的关联企业、与本企业有业务关系的企业投资入股。

国有企业领导人配偶、子女成为与国有企业没有业务关系的公司股东，符合股东主体适格性。

（7）**国有企业职工**。《关于规范国有企业职工持股、投资的意见》规定，国有大中型企业主辅分离辅业改制，鼓励辅业企业的职工持有改制企业股权，但国有企业主业企业的职工不得持有辅业企业股权。职工入股原则限于持有本企业股权。国有企业集团公司及其各级子企业改制，经国资监管机构或集团公司批准，职工可投资参与本企业改制，确有必要的，也可持有上一级改制企业股权，但不得直接或间接持有本企业所出资各级子企业、参股企业及本集团公司所出资其他企业股权。科研、设计、高新技术企业科技人员确因特殊情况需要持有子企业股权的，须经同级国资监管机构批准，且不得作为该子企业的国有股东代表。

（8）**事业单位人员**。按照社会功能将现有事业单位划分为承担行政职能、从事生产经营活动和从事公益服务3个类别。《中华人民共和国公务员法》规定，法律、法规授权的具有公共事务管理职能的事业单位中除工勤人员以外的工作人员不得从事或者参与营利性活动。可见，只有承担行政职能这一类的事业单位人员，不能成为公司股东。

（9）**现役军人**。《中国人民解放军内务条令》第一百二十七条规定，军人不得经商，不得从事本职以外的其他职业和传销、有偿中介活动，不得参与以营利为目的的文艺演出、商业广告、企业形象代言和教学活动，不得利用工作时间和办公设备从事证券交易、购买彩票，不得擅自提供军人肖像用于制作商品。《中国人民解放军纪律条令》第三章第三节第二十七条：参与经商或者偷税漏税，情节较轻的，给予警告、严重警告处分；情节较重的，给予记过、记大过处分；情节严重的，给予降职（级）、降衔（级）、撤职、取消士官资格处分。

2. 允许成为公司股东的特殊身份人员

一些特殊身份人员，比如具有特殊资质要求的教师，不能完全行使其权利的未成年人，法律允许其成为公司股东。以下具体诊断3类允许成为股东的特殊身份人员。

（1）**银行工作人员**。目前没有统一的明文规定禁止银行工作人员投资其他企业。

（2）**教师**。《中华人民共和国教师法》和《教师职业道德规范》没有规定教师不可以成为股东。

（3）**未成年人**。国家工商行政管理总局于 2007 年 6 月 25 日《关于未成年人能否成为公司股东的答复》[工商企字（2007）131 号]：《公司法》对未成年人能否成为公司股东没有作出限制性规定。因此，未成年人可以成为公司股东，其股东权利可以由法定代理人代为行使。

未成年人不得担任公司的董事、监事、高级管理人员。

【案例 5－4】

特殊身份人员成为股东（巨潮科技　832163）

深圳市巨潮科技股份有限公司（巨潮科技　832163）2015 年 3 月 26 日在新三板挂牌。公司主要经营工业显示器的研发、生产和销售。

巨潮科技于 2014 年 10 月 20 日由深圳市巨潮科技有限公司（以下简称"巨潮有限"）整体改制设立。巨潮有限于 2005 年 3 月 30 日由刘兆君、王宏伟、刘秀美、李京、潘立共同出资设立。

问题

公司发起股东之一——王宏伟，是广东省国土资源技术中心的工程师。对此，新三板审查挂牌资格时，提出反馈意见：

请主办券商、律师核查公司股东是否存在法律、法规或任职单位规定不适合担任股东的情形，并对公司股东适格性发表明确意见。

解决方案

主办券商的回复为：

按照《中华人民共和国公务员法》的规定，法律、法规授权的具有公共事务管理职能的事业单位中除工勤人员以外的工作人员不得从事或者参与营利性活动，在企业或者其他营利性组织中兼任职务。

广东省国土资源技术中心符合上述《广东省参照公务员法管理事业单位工作人员登记办法》中不列入参照管理范围的单位的规定。根据股东王宏伟与广东省国土资源技术中心签署的《事业单位聘用合同》，王宏伟不属于《中华人民共和国公务员法》规制的范畴，因此其在巨潮科技的股东身份适格。

（资料来源：巨潮科技《反馈意见》和《反馈意见回复》）

二、法人主体资格

法人股东的主体资格要求主要有 2 条：第一，具备独立的法人资格；第二，在中国注册登记且与挂牌公司之间不存在 VIE 架构。

（一）具备独立的法人资格

具备独立法人资格的企业、事业单位、社会团体和特殊身份可以成为公司股东。

1. 具备独立法人资格的企业

公司的分公司不具备独立法人资格，不能合法成为公司股东。

2. 具备独立法人资格的事业单位

根据 1999 年 6 月 29 日《国家工商行政管理局关于企业登记管理若干问题的执行意见》（工商企字〔1999〕第 173 号）第六条和 2006 年 1 月 1 日实施的《事业单位登记管理暂行条例实施细则》第五十七条的规定，事业单位可以作为股东投资开办企业。

虽然事业单位可以成为公司股东，但仍然有一定限制。

《中央行政事业单位国有资产管理暂行办法》第二十九条规定，各部门行政单位和参照《中华人民共和国公务员法》管理的单位，不得将国有资产用于对外投资。其他事业单位应当严格控制对外投资，不得利用国家财政拨款、上级补助资金和维持事业正常发展的资产对外投资。

2005 年，教育部发布了《教育部关于积极发展、规范管理高校科技产业的指导意见》（教技发〔2005〕2 号），该文对部属高校作出了如下规定：高校除对高校资产公司进行投资外，不得再以事业单位法人的身份对外进行投资。

事业单位的二级单位等不具备独立法人资格，不能合法成为公司股东。

【案例 5-5】

非独立法人资格股东（行悦股份 430357）

上海行悦信息科技股份有限公司（行悦股份 430357）2013 年 12 月 13 日挂牌。公司主要经营酒店客房数字多媒体系统平台产品的研发、销售和经济型连锁酒店数字多媒体信息的运营。

行悦股份于 2013 年 4 月由上海慧浦神望电子科技有限公司（以下简称"慧浦神望"）整体变更设立。慧浦神望于 2007 年 9 月 13 日设立。

问题

2011 年 11 月，复旦大学上海视觉艺术学院通过股权转让方式获得慧浦神望的部分股权，成为慧浦神望的股东。复旦大学上海视觉艺术学院此时是复旦大学下属的二级独立学院。二级独立学院的股东资格是存在争议的。

解决方案

2013 年，国家教育部向上海市人民政府发函，同意复旦大学上海视觉艺术学院正式转设为"上海视觉艺术学院"。转设后，学校从原来复旦大学下属二级独立学院转设为独立设置的普通本科高等学校，股东身份不再存在瑕疵。

（资料来源：行悦股份《公开转让说明书》第 34-35 页）

如果事业单位的二级单位等不具备独立法人资格的单位已经成为公司事实上的股东，申请挂牌前可以促使股东得到独立性而消除此瑕疵。

3. 具备独立法人资格的社会团体

《民政部、国家工商行政管理局关于社会团体开展经营活动有关问题的通知》规定，开展经营活动的社会团体，必须具有社团法人资格。不具备法人资格的社会团体，不得开展经营活动。社会团体开展经营活动，可以投资设立企业法人，也可以设立非法人的经营机构，但不得以社会团体自身的名义进行经营活动。

4. 具备独立法人资格的特殊身份

法人股东具有特殊身份时，诊断其适格性比较复杂。以下具体诊断 6 类特殊身份的法人股东的适格性。

（1）**职工持股会**。根据国务院《社会团体登记管理条例》和民政部办公厅 2000 年 7 月 7 日印发的《关于暂停对企业内部职工持股会进行社团法人登记的函》（民办函〔2000〕110 号）的精神，职工持股会属于单位内部团体，不再由民政部门登记管理。对此前已登记的职工持股会在社团清理整顿中暂不换发社团法人证书。因此，职工持股会不具有法人资格，不能成为公司的股东。

对于 2000 年之前设立的公司，由于历史原因有职工持股会股东的公司，2000 年之后职工持股会逐步清理退出公司。拟挂牌新三板时，应披露职工持股会的设立、演变及清理过程。

【案例 5 – 6】

职工持股会清理披露（陆道设计　430475）

上海陆道工程设计管理股份有限公司（陆道设计　430475）2014 年 1 月 24 日挂牌。公司主要经营建筑工程设计、城市规划设计、市政工程设计、景观设计及其他相关业务。

陆道设计最早是 1993 年由上海陆家嘴金融贸易区开发公司成立的规划建筑设计事务所（以下简称"规划设计事务所"），规划设计事务所是全民所有制工业企业。1996 年，规划设计事务所改制为有限责任公司并设立职工持股会。

1996 年的改制，履行了清产核资、产权界定、资产评估及结果确认、验资程序，并取得了上海市浦东新区经济贸易局和出资单位的关于改制的审核批准、职工大会的同意、上海市浦东新区国有资产管理办公室关于国有资产转让的批复，符合当时全民所有制企业改制及国有资产转让的法律、行政法规的相关规定，为合法有效。

2003 年 12 月 12 日《浦东新区企业职工持股会调整股本结构备案单》［浦体改备（2003）25 号］，同意撤销职工持股会并同意职工持股会股权转让事宜。2005 年 3 月 25 日，规划设计事务所股东会作出决议，同意职工持股会将其所持有的全部股份转让给个人。

（资料来源：陆道设计《公开转让说明书》第 14 – 21 页）

（2）**工会**。根据全国总工会的意见和《中华人民共和国工会法》的有关规定，工会作为上市公司的股东，其身份与工会的设立和活动宗旨不一致，可能会对工会正常活动产生不利影响。为防止发行人借职工持股会及工会的名义变相发行内部职工股，甚至演变成公开发行前的私募行为，证券监督管理委员会法协字〔2002〕第 115 号《关于职工持股会及工会持股有关问题的法律意见》规定，停止审批职工持股会及工会作为发起人或股东的公司的发行申请。对拟上市公司，证监会受理其发行申请时，要求发行人的股东不属于职工持股会及工会持股，同时，要求发行人的实际控制人不属于职工持股会及工会持股。

虽然工会作为公司股东，可能会对工会正常活动产生不利影响。但由于历史原因工会已经是股东的，并未被要求强制性清理。但是，新三板申请挂牌公司的规范一般参照拟上市公司的要求，因此申请挂牌公司的控股股东以及实际控制人不能是工会。

【案例5-7】

工会持股披露（欧丽信大　430528）

郑州欧丽信大电子信息股份有限公司（欧丽信大　430528），主要经营人防警报系统及短波、超短波电台的研发、制造、销售。

欧丽信大于2009年6月22日由郑州欧丽信大电子信息有限公司（以下简称"欧丽有限"）整体变更设立。欧丽有限于2002年10月31日设立，由法人股东欧丽集团和自然人股东胡文霞、张东旭、石钦亮、赵明寅、安立银、蒋旭平、赵俊杰、王全新共同出资350万元组建。

欧丽集团持有其33.33%的股权，是公司第一大股东。欧丽集团有工会持股，占注册资本的2.77%；欧丽集团第一大股东是中国华融资产管理公司，占注册资本的86.65%；郑州市国有资产管理局占注册资本的10.58%。

欧丽集团工会并未直接持有欧丽信大的股权，不是欧丽信大的股东；同时，欧丽集团工会仅持有欧丽集团2.77%的股权，不是欧丽信大的实际控制人。因此，欧丽集团工会持股不属于证监会禁止的情形。

（资料来源：欧丽信大《公开转让说明书》第14-21页）

（3）**村民委员会**。没有禁止性规定村民委员会不能成为股东。广西壮族自治区人民政府2011年3月发布的《广西壮族自治区人民政府关于进一步全面推动全民创业加快推进城镇化跨越发展的意见》中允许"个人独资企业、合伙企业、个体工商户、农民专业合作经济组织、有投资能力的居民委员会、村民委员会作为股东或发起人设立公司"。由此，可以推定村民委员会作为发起人应该是可以的。上市公司中，三房巷（600370）公司实际控制人就是江阴市周庄镇三房巷村村民委员会，其持有控股股东三房巷集团95%的股权，同时拥有第二大股东100%的权益。

（4）**私募基金**。申请挂牌公司的股东可以是私募投资基金管理人或私募投资基金。根据《中华人民共和国证券投资基金法》《私募投资基金监督管理暂行办法》及《私募投资基金管理人登记和基金备案办法（试行）》，私募投资基金管理人或私募投资基金必须履行登记备案程序。

2015 年 3 月 20 日之后申报的申请挂牌公司有私募投资基金管理人或私募投资基金股东的，必须检查其是否履行登记备案程序。

（5）**中介机构**。会计师事务所、审计事务所、资产评估机构、律师事务所不得设立公司。《公司登记管理若干问题的规定》第二十一条规定，会计师事务所、审计事务所、律师事务所和资产评估机构不得作为资产主体向其他行业投资设立公司。

（6）**被吊销营业执照的法人**。股东被吊销营业执照，但其法人资格并未就此消亡，营业执照的吊销只说明其丧失了经营资格，其法人资格依旧存在，因此不影响其对股份的持有。但因为营业执照被吊销，可能存在法人资格丧失的风险，由此导致股权的不确定性。鉴于对股权稳定性的考虑，若出现被吊销营业执照的法人股东，申请挂牌前建议将股权转给他人。

（二）在中国注册登记且与挂牌公司之间不存在 VIE 架构

法人股东必须在中国注册登记，否则申请挂牌公司就属于外商投资股份有限公司。我国相关法律、法规对外商投资股份有限公司的股东有不同的要求。

法人股东如果涉及 VIE 架构，需要重点诊断分析。

由于我国 1993 年的电信法规禁止外商介入电信运营和电信增值服务，但可以提供技术服务，新浪找到了一条变通的途径：外资投资者通过入股离岸控股公司来控制设在中国境内的技术服务公司，技术服务公司再通过独家服务合作协议的方式，把境内电信增值服务公司和离岸控股公司连接起来，这就是 VIE 架构（Variable Interest Entities，直译为"可变利益实体"）。2000 年，新浪以 VIE 模式成功实现美国上市，VIE 甚至还得名"新浪模式"。新浪模式随后被一大批中国互联网公司效仿，搜狐、百度等均以 VIE 模式成功登陆境外资本市场。

国内资本市场的发展吸引部分 VIE 架构公司回国上市。2014 年 10 月，证监会下发了《关于支持深圳资本市场改革创新的若干意见》，积极研究、制订方案，推动在深圳证券交易所创业板设立专门的层次，允许符合一定条件尚未盈利的互联网和科技创新企业，在新三板挂牌满 12 个月后，到创业板发行上市。这更是点燃了 VIE 架构公司挂牌新三板的热情。

为确保股权明晰，无论是上市公司和还是上市公司的股东，证监会都没有通过 VIE 架构的案例。因此，采用 VIE 架构的公司要挂牌新三板，面临一个拆除 VIE 架构的问题。

【案例 5 - 8】

VIE 架构拆除披露（星通联华 430614）

北京星通联华科技发展股份有限公司（星通联华 430614）2014 年 1 月 24 日挂牌。公司是基于物联网技术，为交通、地灾、建筑、环保等领域提供监测与治理系统开发服务及相关产品销售和检测服务的高新技术企业。

星通联华于 2013 年 9 月 10 日由北京星通联华科技发展有限公司（以下简称"星通有限"）整体变更设立。星通有限于 2002 年 4 月 22 日由 3 家法人股东出资共同设立，注册资本为 500 万元。

1. VIE 架构建立过程

2007 年 6 月 14 日，张全升、聂新泉通过股权转让获得星通有限 100% 的股权。为实现境外上市，开始搭建 VIE 架构。

第一步，公司股东与 VC、PE 及其他股东，共同成立一个公司（通常是在开曼设立），作为境外上市的主体。2007 年 6 月，张全升、聂新泉与 DCM 等在开曼群岛设立特殊目的公司 Satcom TTI Co., Ltd（开曼星通公司）。

第二步，境外上市公司的主体在香港设立一个壳公司，并持有该香港公司 100% 的股权。2007 年 6 月，开曼星通公司在香港设立特殊目的公司 HK Satcom TTI Co., Ltd（香港星通公司）。

第三步，香港星通公司再设立一个境内全资子公司——外商独资企业（WFOE）。2007 年 10 月，香港星通公司在北京设立星通联华（北京）国际投资顾问有限公司〔2010 年更名为富华盈（北京）国际投资顾问有限公司（以下简称"富华盈"）〕。

第四步，WFOE 与国内运营业务的实体签订一系列协议，达到享有 VIEs 权益的目的。2007 年 10 月 25 日，星通有限、张全升、聂新泉等签署一系列 VIE 协议，以促使星通有限的收入、利润及控制权转移至富华盈。但该等 VIE 协议并未实际实施。

2011 年 10 月 20 日，富华盈参股星通有限。

在拆除 VIE 架构前，公司的股权结构如图 5 - 2 所示：

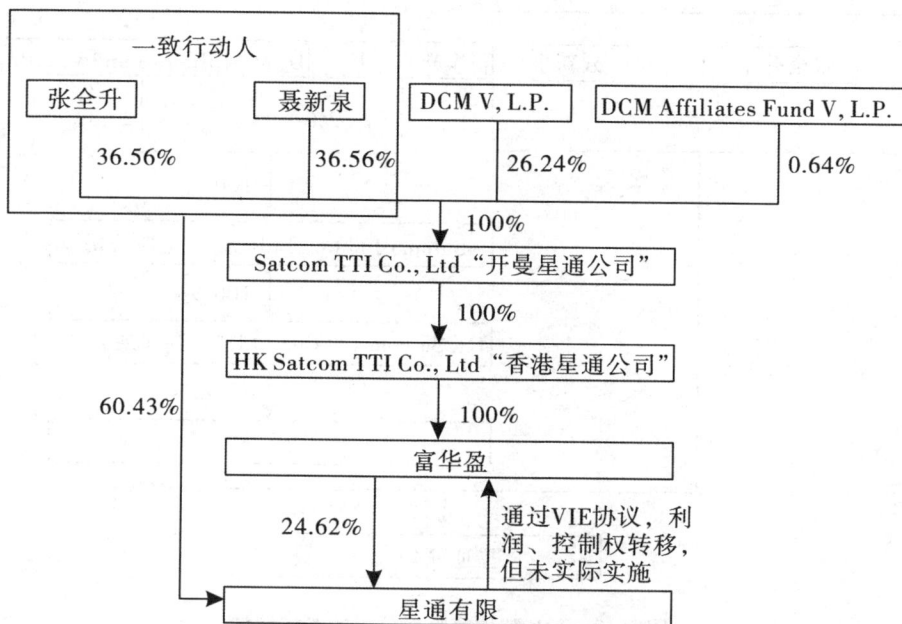

图 5 - 2 拆除 VIE 架构前公司的股权结构

2．VIE 架构拆除过程

为挂牌新三板，公司及 VIE 协议的其他参与方解除该架构。

2013 年 8 月 30 日，DCM V, L. P.、DCM Affiliates Fund V, L. P.、张全升及聂新泉签署股权转让协议，张全升将其持有的开曼星通公司 2 040 000 股普通股中的 1 991 408 股转让给 DCM V, L. P.，48 592 股转让给 DCM Affiliates Fund V, L. P.；聂新泉将其持有的开曼星通公司 2 040 000 股普通股中的 1 991 408 股转让给 DCM V, L. P.，48 592 股转让给 DCM Affiliates Fund V, L. P.。上述股权转让已于 2013 年 8 月 30 日在开曼完成了商业变更登记手续。

2013 年 9 月 6 日，星通有限、富华盈、张全升及聂新泉签署了《VIE 协议解除协议》，解除了前述 VIE 协议。VIE 架构解除后，公司股权结构如图 5 - 3 所示：

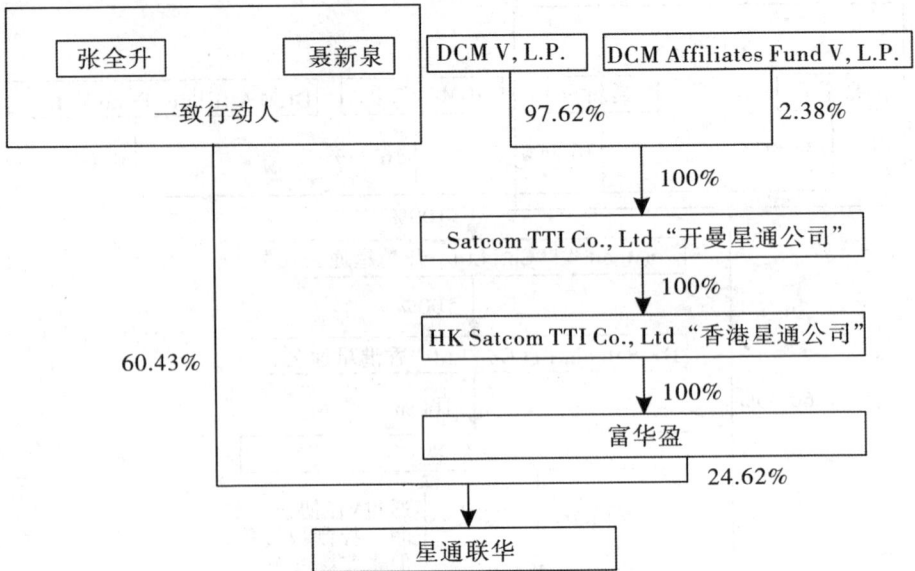

图5-3 VIE架构解除后公司的股权结构

（资料来源：星通联华《公开转让说明书》第26-28页）

公司股东与挂牌公司之间不允许存在 VIE 架构，股东以拥有的股权拥有相应的权利，挂牌公司股权明晰，这是目前新三板不容突破的红线。然而，公司股东与挂牌公司之间不存在 VIE 架构，公司股东本身存在 VIE 架构是否能够被允许呢？

2016 年 2 月 29 日，上海第九城市教育科技股份有限公司（九城教育836670）成功挂牌新三板。九城教育是我国第一家股东具有 VIE 架构的公众公司。

【案例5-9】

控股股东 VIE 架构披露（九城教育 836670）

上海第九城市教育科技股份有限公司（九城教育 836670）2016 年 2 月 29日挂牌。公司在移动互联网领域内，以移动端游戏及应用制作技能为导向，提供移动互联网技术内容资源，软件应用开发及非学历、非证书的技能培训、咨询等相关专业化服务。

　　九城教育于 2015 年 5 月 21 日由上海第九城市教育软件科技有限公司（以下简称"九育有限"）整体变更设立。九育有限于 2012 年 5 月 18 日由上海第九城市信息技术有限公司（以下简称"九城信息"）出资设立。

　　作为九城教育的控股股东的九城信息是 VIE 架构公司。九城信息的名义股东是吉炜和林智敏，但九城信息受到第九城市计算机技术咨询（上海）有限公司（以下简称"九城计算机"）的协议控制。

　　申请挂牌前，九城教育的股权结构如图 5 - 4 所示：

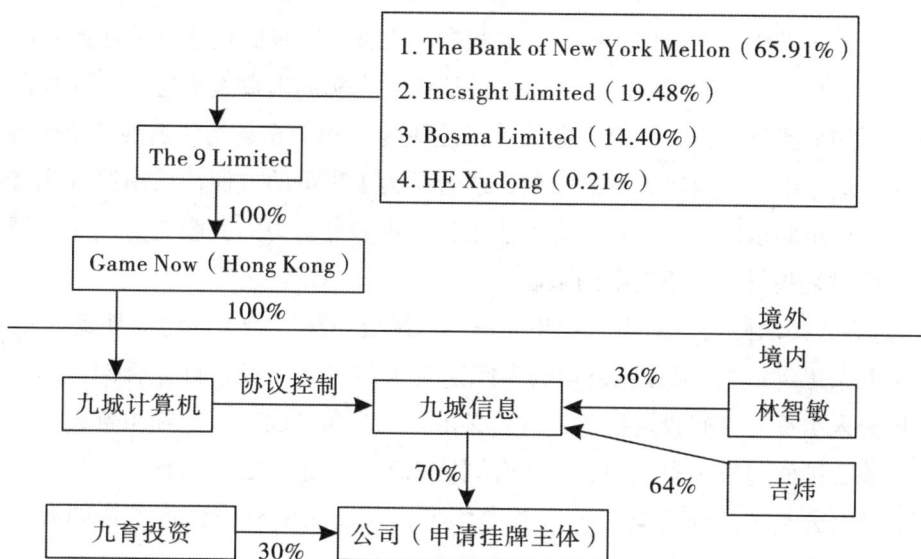

图 5 - 4　挂牌前九城教育的股权结构

　　对控股股东的 VIE 架构，九城教育专门作出说明：

　　公司各股东（包括后续引入的股东）系依据持股比例行使股东权利以决定公司的重大事项，公司各股东行使股东权利不受 VIE 架构的约束。

　　公司的股权明晰且公司未与第三方有过转移业务收入的特殊安排，其业务收入均留存在公司。公司的股东（包括后续引入的股东）可依据持股比例参与公司的利润分配。

　　结论是：公司各股东系依据持股比例行使股东权利并享受公司的利润分配，公司的股权明晰，权属分明，真实确定，合法合规，其控股股东及实际控制人在公司股权结构问题中不存在权属争议或潜在纠纷，完全符合《全国中小企业股份转让系统业务规则（试行)》和《挂牌条件标准指引》中对申请挂牌主体股权明晰的要求。

（资料来源：九城教育《公开转让说明书》第 24 - 64 页）

三、股权代持

股权代持又称委托持股、隐名投资或假名出资，是指实际出资人与他人约定，以他人名义代实际出资人履行股东权利、义务的一种股权或股份处置方式。

产生股权代持的原因很多，最常见的原因是真实的出资人不愿意公开自己的身份，比如真实出资人是国家公务员，不能成为公司股东；为了避免《公司法》或者相关法律中关于股东人数的限制；或者是为了决策的方便，采用股权代持的方式来集中小股东的表决权；也有可能是为了规避经营中的关联交易；为了规避国家法律对某些行业持股上限的限制。

《最高人民法院关于适用〈中华人民共和国公司法〉若干问题的规定（三)》第二十五条规定："有限责任公司的实际出资人与名义出资人订立合同，约定由实际出资人出资并享有投资权益，以名义出资人为名义股东，实际出资人与名义股东对该合同效力发生争议的，如无合同法第五十二条规定的欺诈、胁迫及损害国家、社会公共利益或者第三人利益等情形，人民法院应当认定该合同有效。"因此，股权代持合同本身是合法的。

但是，股权代持合同的合法性，仅限于签订合同的双方之间，对第三方是没有约束力的。因此，在第三方不知情的情况下，接受了名义股东转让的股份，这种行为是有效的。实际出资人只能找名义股东追索，第三方不承担责任。

为不影响挂牌新三板后公司股权的流动性，有股权代持的公司拟挂牌前应清理股权代持。清理后，所有股东应出具无代持书面承诺。

【案例 5 - 10】

股权代持披露（安尔发 430569）

东莞安尔发智能科技股份有限公司（安尔发 430569）2014 年 1 月 24 日挂牌。公司主要经营安防产品的核心电子设备及成品的设计开发、销售与技术服务。

安尔发于 2012 年 11 月由有限公司整体变更形成，有限公司 2006 年由邓新文等自然人出资 100 万元设立。

问题

2006 年到 2008 年期间，邓新文等人将其股权转让给邓金花，其中邓新文将其所有股权无偿转让。邓新文与邓金花为兄妹关系，上述邓金花持有的股权是代邓新文持有。

解决方案

2011 年，全体股东一致同意，邓金花与邓新文通过签署股权转让协议的方式将邓金花持有全部股权转让给邓新文，并在工商局办理了变更登记手续，从而解除了代持关系。邓新文成为在工商登记注册的实际出资人。

邓新文与邓金花就双方代持关系出具了《股权代持情况说明》，书面确认：出资款由邓新文实际支付，邓金花仅为在工商登记注册的名义股东，在邓新文的授权下行使各项股东权利。双方之间的股权代持关系已于 2011 年 3 月解除，并完成了工商变更登记，双方不存在股权纠纷。

（资料来源：安尔发《公开转让说明书》第 20 - 21 页）

第三节　股票发行的合法性

股票发行是指公司以筹资或实施股利分配为目的，按照法定的程序，向投资者或原股东发行股份或无偿提供股份的行为。股票发行按照发行对象不同分为公开发行和非公开发行。《证券法》规定，向特定对象发行证券累计超过 200 人的属于公开发行，需依法报经证监会核准。股票发行按照是否有偿分为有偿发行和无偿发行。对于公司来说，有偿发行是公司向股东提供股份时获得相应的对价，比如，资产增加、债务减少等。有偿发行的过程实质上是一种交易行为，因此确定有偿发行是否具有合法性，需要分析交易双方的行为是否合法合规。无偿发行是公司向原股东无偿提供股份的行为。无偿发行实质上是公司单方行为的结果，因此确定无偿发行是否具有合法性，只需要分析公司的行为是否合法。

具体来说，股票发行的合法性诊断路径，如图 5 - 5 所示。

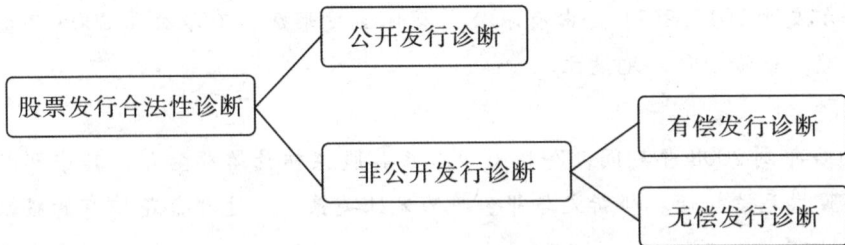

图 5 - 5　股票发行的合法性诊断路径

一、公开发行

（一）公开发行的含义

《证券法》规定，有下列情形之一的，为公开发行：

（1）向不特定对象发行证券；

（2）向累计超过 200 人的特定对象发行证券；

（3）法律、行政法规规定的其他发行行为。

非公开发行证券，不得采用广告、公开劝诱和变相公开方式。

公开发行证券，必须符合法律、行政法规规定的条件，并依法报经国务院证券监督管理机构或者国务院授权的部门核准；未经依法核准，任何单位和个人不得公开发行证券。

根据《挂牌条件标准指引》，诊断公司股票发行行为合法合规，首先就是不存在公开或者变相公开发行股票的行为。

（二）200 人公司的股权清晰

《国务院决定》：股东人数未超过 200 人的股份公司申请在全国中小企业股份转让系统挂牌，中国证监会豁免核准。

《非上市公众公司监督管理办法》实施前，股份有限公司的股东已经超 200 人，公司申请挂牌新三板，需要报证监会核准后方能挂牌。

1. 200 人公司的股权清晰的具体要求

股东人数已经超过 200 人的未上市股份有限公司，简称为 200 人公司。由于 200 人公司挂牌需经证监会核准，《非上市公众公司监管指引第 4 号——股东人数超过 200 人的未上市股份有限公司申请行政许可有关问题的审核指引》（以下简称《第 4 号指引》）对 200 人公司的股权清晰列出特殊的要求。

200 人公司的股权清晰是指股权形成真实、有效，权属清晰及股权结构清晰。具体要求包括：

（1）股权权属明确，200 人公司应当设置股东名册并进行有序管理，股东、公司及相关方对股份归属、股份数量及持股比例无异议。

股份公司股权结构中存在工会代持、职工持股会代持、委托持股或信托持股等股份代持关系，或者存在通过"持股平台"（单纯以持股为目的的合伙企业、公司等持股主体）间接持股的安排以至于实际股东超过 200 人的，在申请行政许可时，应当已经将代持股份还原至实际股东，将间接持股转为直接持股，并依法履行相应的法律程序。

以私募股权基金、资产管理计划以及其他金融计划进行持股的，如果该金融计划是依据相关法律、法规设立并规范运作，且已经接受证券监督管理机构监管的，可不进行股份还原或转为直接持股。

（2）股东与公司之间、股东之间、股东与第三方之间不存在重大股份权属争议、纠纷或潜在纠纷。

（3）股东出资行为真实，不存在重大法律瑕疵，或者相关行为已经得到有效规范，不存在风险隐患。

申请行政许可的 200 人公司应当对股份进行确权，通过公证、律师见证等方式明确股份的权属。申请在新三板挂牌公开转让的，经过确权的股份数量应当达到股份总数的 80% 以上（含 80%）。未确权的部分应当设立股份托管账户，专户管理，并明确披露有关责任的承担主体。

2. 200 人公司的核准

对未超过 200 人的股份公司申请挂牌新三板，《国务院决定》豁免核准后，2014 年挂牌的 1 216 家公司仅有 4 家申请核准的 200 人公司，2015 年挂牌的 3 557 家公司仅有 5 家申请核准的 200 人公司。虽然《第 4 号指引》要求股份公司股权结构中存在工会代持、职工持股会代持、委托持股或信托持股等股份代持关系，或者存在通过"持股平台"间接持股的安排以至于实际股东超过 200 人的，应当已经将代持股份还原至实际股东，将间接持股转为直接持股，但在实际操作中，也有公司为避免证监会核准，未将间接持股转为直接持股，从而使得名义股东人数未超过200人。

在报证监会进行核准时，存在下列情形之一的，应当报送省级人民政府出具确认函：

（1）1994年7月1日《公司法》实施前，经过体改部门批准设立，但存在内部职工股超范围或超比例发行、法人股向社会个人发行等不规范情形的定向募集公司；

（2）1994年7月1日《公司法》实施前，依法批准向社会公开发行股票的公司；

（3）按照《国务院办公厅转发证监会关于清理整顿场外非法股票交易方案的通知》（国办发〔1998〕10号），清理整顿证券交易场所后"下柜"形成的股东超过200人的公司；

（4）证监会认为需要省级人民政府出具确认函的其他情形。

实际操作中，挂牌新三板申请证监会核准的200人公司，都是在《证券法》实施前有过对社会公众公开发行行为的公司，即所谓存在历史遗留问题的公司。对这类公司，难以通过股权结构设计而绕开证监会的核准。

因此，有过对社会公众公开发行行为的公司，挂牌新三板有两个关键点：需要省级人民政府出具确认函；经过确权的股份数量应当达到股份总数的80%以上（含80%）。

【案例5-11】

首家200人公司披露（江苏铁发　430659）

江苏省铁路发展股份有限公司（江苏铁发　430659）于2014年3月28日在新三板挂牌，成为首家登陆新三板时股东人数超过200人的挂牌公司。

江苏铁发的前身是1989年设立的江苏沂淮地方铁路联合股份有限总公司。2013年7月29日更名为江苏铁发。

1. 设立过程

1989年7月20日，中国人民银行江苏省分行出具《关于同意沂淮地方铁路联合股份有限总公司试行发行股票的批复》（苏银管〔1989〕51号），同意江苏沂淮地方铁路联合股份有限总公司发行社会公众股，募资1 100万元。

1990 年 6 月 5 日，中国人民银行江苏省分行出具《关于同意江苏沂淮地方铁路联合股份有限总公司发行第二期股票的批复》（苏银管〔1990〕40 号），同意江苏沂淮地方铁路联合股份有限总公司发行社会公众股，募资 1 900 万元。

公司经批准的股份发行额度为 3 000 万元，实际募集资金总额为 3 162.32 万元。

根据国家体改委《关于江苏沂淮铁路联合股份有限总公司继续进行股份制试点的批复》（体改生〔1993〕24 号），江苏证券股份有限公司（后更名为"华泰证券股份有限公司"）接受公司的委托，对公司在 1989 年、1990 年向社会公众发行的 3 162.32 万元实物股票进行托管、登记。截至 1995 年 1 月 16 日，"所发 3 162.32 万元实物股票已经基本托管、登记完毕，股东人数 14 974 人，其中持股面额超过 1 000 元的股东计 4 065 人"。

2. 股份确权

2013 年 8 月起，公司启动公司股份确权工作。股份确权工作启动后，截至 2013 年 9 月 30 日，公司已在华泰证券股份有限公司登记、托管的股份为 145 428 110 股，登记、托管率为 99.10%，其中，参与公司于 2013 年 8 月启动的股份确权工作且股权得以确认的股东 3 238 名，该等股东持有 127 285 924 股公司股份，占公司股本总额的 86.74%，股份确权比例达到 80% 以上。尚未确权的股份已设立股份托管账户，专户管理。

3. 省府确认函

江苏省人民政府在《江苏省人民政府关于确认江苏省铁路发展股份有限公司历史沿革及产权界定等事项合规性的函》（苏政函〔2014〕2 号）中确认，"公司股东超过 200 人的情形为依法形成，合法合规；公司国有股权的设置、转让和管理符合国有股权管理相关法律、法规；公司的设立、公开发行股票、股权托管登记、股份制试点、股权转让、历次增资、重大资产重组等事项均按照当时的法律、法规要求，取得相应的批准和授权，合法有效。如有争议，我省将依法承担相应责任，并将指定相关部门妥善处理"。

（资料来源：江苏铁发《公开转让说明书》第 11 – 19 页）

二、有偿发行

有偿发行股份主要包括三种情况：第一种情况，公司设立或者增资时，发行股权交换股东的货币资产或者非货币资产；第二种情况，发行股权清偿公司债务，即所谓的债权转股权；第三种情况，股权支付即管理者或者员工通过股份支付计划得到的股权。

（一）公司设立或者增资

公司设立或者增资股票发行，是股票发行最常见也是最重要的途径。诊断公司设立或者增资股票发行的合法性，可以从公司和股东两个方面进行分析。另外，增资价格涉及公司和股东双方的利益。

1. 从股东的角度分析

（1）**以权属明确的资产出资**。由于历史的原因，部分有限公司的治理机制不健全，最常见的问题就是控股股东和公司的财产不分。在增资的时候，这个问题表现得最为突出。

【案例 5 – 12】

出资权属不明瑕疵（固安信通 430621）

固安信通信号技术股份有限公司（固安信通 430621）于 2014 年 1 月 24 日在新三板挂牌。公司主要经营铁路信号器材产品的研发、生产与销售。

固安信通于 2013 年 9 月 29 日由固安信通有限责任公司（以下简称"固安有限"）整体变更设立。固安有限于 2002 年由邸志军将固安工厂全部资产评估后与孙小礼等 9 人共同出资设立。

问题

2006 年 9 月，固安县固安镇工业园区负责土地使用权转让业务的北京奥科泰丰机械设备有限公司固安企业孵化基地与邸志军签署《转让协议》，将面积为 25 477.30 平方米（合 38.22 亩）的土地使用权转让给邸志军。2009 年 12 月 15 日，邸志军获发国用〔2009〕第 040316 号土地使用权证，土地面积为 25 477.30 平方米（合 38.22 亩），土地使用权人为邸志军，使用权类型为出让。

但是，该宗土地使用权转让价款374.56万元由固安有限支付。2006年12月22日固安有限支付首笔款项（50万元），2007年9月24日以后分笔支付余下款项。邸志军占用该笔款项时没有与固安有限签署相关协议，也没有约定利息。

2010年邸志军以上述土地使用权评估作价820万元对固安有限增资。

解决方案

邸志军于2011年12月29日向固安有限归还本金，没有支付利息。

该事项已经于2010年5月20日由固安有限股东会审议通过，并于2013年9月30日由公司全体39名股东再次予以确认，对该次增资无异议，邸志军与全体股东之间不存在关于该次增资的权属争议和纠纷。

针对邸志军资金占用事宜，固安有限与邸志军于2013年10月22日签订《关于支付利息的协议》，参考央行同期贷款利率，邸志军应归还公司100.27万元的利息。

邸志军承诺如因上述事项给公司造成损失，其将承担全部相关责任，避免公司因此遭受任何经济损失。邸志军承诺，除了2010年土地增资事宜存在占用公司资金的情况之外，不存在其他未了结的非经营性资金占用情形；股份公司成立后，邸志军承诺不以各种形式占用或转移公司的资金、资产及其他资源。

（资料来源：固安信通《公开转让说明书》第11-17页）

案例5-12实质上是，大股东以公司出资购买的资产，向公司增资获得股权。虽然名义上资产属于大股东，但购买的资金是公司出的。这是典型的公司治理机制不健全而导致的行为。这种行为损害的是其他股东的利益，而其他股东确认对上述行为无异议，因此避免了潜在的股权纠纷。

可见，即使存在权属不明确资产出资的瑕疵，解决的重点是避免出现股权纠纷。

（2）**非货币资产出资，需要评估**。不仅设立公司时，非货币资产出资需要评估；公司进行增资时，股东以非货币资产出资，同样需要评估。

【案例5-13】

无形资产增资未评估（万泉河　430434）

深圳市万泉河科技股份有限公司（万泉河　430434）于2014年1月24日在新三板挂牌。公司主要经营细分行业互联网职业信息服务及其增值服务。

万泉河于 2013 年 9 月 10 日由万泉河有限整体变更形成。万泉河有限于 2002 年 5 月由王亮等人以货币出资 10 万元设立。

问题

2007 年 12 月，万泉河有限增资时，王亮以中国旅游人才网、中国医疗人才网作为无形资产作价 630 万元出资，此项出资未经评估。

解决方案

2011 年 12 月 9 日，公司股东会作出决议，同意根据深圳市德正信资产评估有限公司出具的德正信咨评报字〔2011〕第 008 号《关于深圳市万泉河科技有限公司 2007 年 12 月增资事宜所涉及的中国医疗人才网和中国旅游人才网两项网络域名资产追溯性评估报告》，将王亮出资的无形资产作价 450 万元，其差额 180 万元部分由王亮向公司投入货币资金作为补偿。

（资料来源：万泉河《公开转让说明书》第 13–17 页）

非货币资产出资需要评估。如果存在没有评估的瑕疵，可以追溯评估的，进行追溯评估，如果评估价和原出资额有价差，需要股东补足出资价差；如果不能追溯评估的，需要直接按照原出资额补足出资。

（3）**以国有资产出资，应遵守有关规定**。根据国有资产管理的相关规定，国有法人股东的出资必须经主管部门审批。

【案例 5–14】

国有股东出资未审批（斯派克　430392）

湖南斯派克科技股份有限公司（斯派克　430392）于 2014 年 1 月 24 日在新三板挂牌。公司主要经营精细化工产品的研发、生产、销售及贸易。

斯派克于 2012 年 12 月由长沙斯派克化工有限公司（以下简称"斯派克有限"）整体变更形成。斯派克有限设立于 2004 年 7 月。

问题

2007 年，斯派克有限第二次增资，国家农药创制工程技术研究中心以货币出资 79.9 万元。该次国家农药创制工程技术研究中心的出资，由国家农药创制工程技术研究中心会同湖南化工研究院于 2007 年 11 月 5 日召开办公会议审议通过（此时上述两单位实际上采用"整建制"运行，即"两块牌子，一套人马"），对出资额度、出资价格、出资比例等做了详细安排，实际出资与上述安排一致。

但此次出资当时未及时报经主管单位湖南海利高新技术产业集团有限公司批准。

国有法人股东的出资未经主管部门审批，程序上存在瑕疵。

解决方案

2013 年 10 月 17 日，湖南海利高新技术产业集团有限公司出具《关于对湖南斯派克科技股份有限公司出资及其改制的有关意见》，又于 2013 年 11 月 20 日出具《情况说明》，对国家农药创制工程技术研究中心的此次出资进行核实及确认。

（资料来源：斯派克《公开转让说明书》第 19 – 20 页）

国有资产出资未经审批的情况，在程序上存在瑕疵，通常的做法都是在事后追加取得相关部门的核实和确认。

2. 从公司的角度分析

（1）**公司决议程序的合法性**。按照《公司法》及公司章程的相关规定，关于增资等重大事项表决需要全体股东三分之二以上通过，并完成在工商行政管理部门的备案登记。因此，公司需要说明并披露公司历次增资、减资等变更所履行的内部决议及外部审批程序，包括股东（大）会决议和工商登记档案等。

如果不是向原股东增资，需要原股东申明放弃优先增资的权利。

（2）**增资对象的合法性**。公司股票不存在公开发行或变相公开发行的情况。

3. **增资价格的确定**

（1）**同次增资**。《公司法》规定，"股份的发行，实行公平、公正的原则，同种类的每一股份应当具有同等权利。同次发行的同种类股票，每股的发行条件和价格应当相同；任何单位或者个人所认购的股份，每股应当支付相同价额"。因此，增资价格可以由股东和公司自行确定，但是股份有限公司同次增资需要符合同股同价的规定。

【案例 5 – 15】

同次增资不同价瑕疵（旭建新材　430485）

南京旭建新型建材股份有限公司（旭建新材　430485）于 2014 年 1 月 24 日在新三板挂牌。公司主要经营新型建材蒸压轻质加气混凝土（ALC）制品及 NALC 钢结构单元房的研发、生产、销售和施工安装服务。

旭建新材于 2011 年 6 月 28 日由南京旭建新型建筑材料有限公司（以下简称

"旭建有限"）整体变更形成。

旭建有限设立于 1996 年。1996 年 3 月 25 日，南京市计划委员会、南京市对外经济贸易委员会下发宁计投资字〔1996〕183 号《关于合资新办南京旭建新型建筑材料有限公司可行性研究报告（含项目建议书）的批复》，同意南京市建通墙体材料总公司（以下简称"南京建通"）和日本国旭硝子株式会社（以下简称"旭硝子"）、日本国伊藤忠商事株式会社（以下简称"伊藤忠"）、伊藤忠（中国）集团有限公司〔以下简称"伊藤忠（中国）"〕、香港远东发展有限公司（以下简称"远东发展"）合资兴办南京旭建新型建筑材料有限公司。

1996 年 3 月 28 日，南京市对外经济贸易委员会向旭建有限核发宁（市）外经资字〔96〕第 024 号《南京市外商投资企业合同章程批准通知单》。同日，旭建有限取得南京市人民政府核发的外经贸宁府合资字〔1996〕2912 号《外商投资企业批准证书》，投资总额为 2 950 万美元，注册资本为 1 180 万美元，经营期限为 50 年。

1996 年 3 月 28 日，旭建有限取得国家工商行政管理局核发的注册号为企合苏宁总副字第 03804 号企业法人营业执照。

问题

2002 年，香港锦发、南京市投资公司、旭和科技分别向旭建有限增资 360 万元、840 万元、200 万元，分别取得 12%、28%、10% 的股权。

旭和科技通过增资取得 10% 股权的增资价款、增资比例是经 2002 年南京市政府办公厅第 36 号《关于南京旭建公司重组改制有关问题的会议纪要》批准同意，并依据增资各方协商后签署的《增资及股权转让合同》确定的。但是，根据南京市国有资产监督管理部门于 2013 年作出的相关指示精神，上述增资存在同股不同价的情况。

解决方案

旭和科技依据南京市投资公司的增资价格（840 万元取得 28% 的股权，840/28% =3 000 万元，即 1% 的股权价格为 30 万元），向公司补交增资款及利息总计 159.953 8 万元（10% 股权应付增资款 300 万元，旭和科技已于 2002 年增资时支付了 200 万元，现需补交本金 100 万元、利息 59.953 8 万元），上述款项旭和科技均已补交完毕。

（资料来源：旭建新材《公开转让说明书》第 8 - 19 页）

公司改制后的增资，应当按照《公司法》的规定，做到同股同价；对于有限责任公司，《公司法》实际上并未要求同次增资价格相同。案例 5 - 15 旭建新材的股东旭和科技之所以必须补交款项，关键还是因为另一股东南京市投资公司是国有企业。为避免国有资产流失，不能以低于国有企业的价格来获取股权。

对于同次增资价格不同的瑕疵，通常的做法是要求以低价增资的股东按照较高的增值价格，补交增资款。

（2）**多次增资**。申请挂牌前发生多次增资行为，增资价格可以不一致。如果相隔很短时间的多次增资的价格相差很大，应对其原因进行说明。

【案例 5 - 16】
多次增资不同价信息披露（软通股份　831466）

深圳市软通供应链股份有限公司（软通股份　831466）2014 年 12 月 17 日在新三板挂牌。公司主要为电子信息产业领域知名的 IT 制造企业提供"专业化、定制化、一站式"的第三方物流服务。

问题

软通股份于 2014 年 6 月以每股 1.20 元的价格向符合条件的员工定向增发 700 万股；又于 2014 年 7 月以每股 3.00 元的价格向李烁、贾昊青、许萍等 7 个自然人股东增发 300 万股。相差仅 1 个月的时间，增发价格相差一倍多。因此，新三板审查挂牌资格时，提出反馈意见：

公司 2014 年 6 月、7 月增资 2 次，增资价格不一致。请公司补充披露增资价格不一致的原因；请主办券商及会计师补充核查该事项是否构成股份支付，是否适用股份支付的会计处理方法。

解决方案

软通股份的反馈意见回复：2014 年 6 月份增发的每股定价，以报告期末每股净资产 0.925 元为基础，考虑了公司位于深圳市福田区皇城广场 26 楼房产增值因素，在报告期末每股净资产的基础上加入了房产增值部分，即 0.296 元/股，最后核定以 1.20 元/股的价格向员工增发。

2014 年 7 月，公司向李烁、贾昊青、许萍等 7 个自然人发行股份 300 万股，每股发行价为 3.00 元，此次增资中新增股东为 3 人，对新增股东发行股份数为 150 万股，由于此处增资价格仅由公司与投资者之间协商确定，未经过专业的定价过程。

按照账面每股净资产确定公允价值可以在转让基准日确定该时点的净资产值，以反映该时点的公司价值，然而账面每股净资产不能反映每股市场价值，且2014年4月30日公司每股净资产为0.94元，2014年6月、7月公司增资价格分别为1.20元/股、3.00元/股，均高于每股净资产值。按照每股净资产评估值确定公允价值，因为评估值人为操作的空间大，不同评估方法和评估模型会存在较大差异，价格可能不公允。

综上：2014年6月、7月公司增资价格不同，公司股权公允价格难以确定，且两次增资价格均高于基准日公司每股净资产。因此，参考全国中小企业股份转让系统已挂牌企业对类似问题的实际处理情况，不予确认为股份支付。

（资料来源：软通股份《反馈意见》和《反馈意见回复》）

（3）**股东出资为零的股权**。一些公司对具有特殊贡献的管理人员或者员工以股份的形式给予奖励，这种股被称为奖励股或者干股。奖励股或者干股只有分红权，不享有继承权和处置权，会造成公司股份权属不清晰、不完整。申请挂牌前，应纠正此瑕疵。

【案例5－17】

公司员工取得的不规范的奖励股（箭鹿股份　430623）

江苏箭鹿毛纺股份有限公司（箭鹿股份　430623）2014年1月24日在新三板挂牌。公司主要生产、销售精纺面料、半精纺面料、仿毛面料、成衣制品，同时产销部分毛条、纱线及家纺用品等。

箭鹿股份于2001年7月19日由国有企业第一毛纺织厂改制设立。

根据江苏省财政厅《关于同意宿迁市第一毛纺织厂改建为股份有限公司资产评估立项的批复》（苏财办〔2000〕41号）等相关批复文件，江苏中天资产评估事务所有限公司于2000年9月30日出具《资产评估报告书》（苏中资评报字〔2000〕第110号），对第一毛纺织厂资产和负债在评估基准日2000年6月30日的状况进行评估，评估净资产为4 609.59万元。

根据宿城区人民政府《关于同意宿迁市第一毛纺织厂用应付工资和应付福利费实施量化配股方案的批复》（宿区政复〔2000〕12号）、《关于同意宿迁市第一毛纺织厂将结余的应付工资、应付福利费及应付利润转入刘庆年等同志名下的批复》（宿区政复〔2001〕8号）等文件，公司在2001年设立时，股本总额为

6 072.59 万股，其中自然人股东持股共计 1 323 万股（包括自然人个人出资 545 万股，宿城区人民政府配股 574.2 万股，宿城区人民政府奖励股 203.8 万股）。

问题

根据宿迁市人民政府作出的《市政府关于进一步推进全市国有企业改革的若干意见》（宿政发〔1999〕108 号）的精神，当时宿城区人民政府奖励予自然人股东持有的 203.8 万元奖励股，自然人股东没有出资，接受奖励的股东仅有分红权，不享有继承权和处置权。因此，奖励股的股份权属不清晰、不完整。

解决方案

根据宿迁市人民政府及宿城区人民政府作出的相关批复，并经宿迁市人民政府国有资产监督管理委员会同意评估的批示，银信资产评估有限公司以 2012 年 12 月 31 日为基准日对公司股东全部权益价值进行了评估，并出具《江苏箭鹿毛纺股份有限公司妥善处置奖励股股权股东全部权益价值评估报告》（银信评报字〔2013〕沪第 484 号），公司于评估基准日的股东全部权益市场价值为 37 794.81 万元，以评估价值计算，公司奖励股市场价值为 700.234 7 万元，公司奖励股持股股东以上述评估价值为标准向宿城区人民政府足额缴纳了上述款项，取得了奖励股股份的完整权利，并由宿城区人民政府指定收款部门宿迁市宿城区非税收入管理局出具证明收款的结算票据。

2013 年 12 月 2 日，江苏省人民政府办公厅出具《关于确认江苏省箭鹿毛纺股份有限公司历史沿革及改制等有关事项合规性的函》（苏政办函〔2013〕110 号）认为：公司历史沿革及改制事项履行了相关程序，并经主管部门批准，符合国家相关法律、法规和政策规定。

（资料来源：箭鹿股份《公开转让说明书》第 14－22 页）

（二）债权转股权

发行股权清偿公司债务，可以分为两种情况，一种是债权已经转为股权；另一种是挂牌前有债权可以转为股权的安排，即可转股债权。

1. 债权已经转为股权

2006 年开始实施的《公司法》规定，股东可以用货币出资，也可以用实物、知识产权、土地使用权等可以用货币估价并可以依法转让的非货币财产作价出资，法律、行政法规规定不得作为出资的财产除外。没有法律、行政法规规定，公司或者第三人的债权资产不得作为出资的财产，因此，依据《公司法》，债权可以作为出资的财产。

但是，设立公司需要到工商局登记，很多地方的工商局都不受理直接由债权转为股权的工商变更登记（除非是国务院批准，由金融资产管理公司操作的）。直到2011年，国家工商行政管理总局公布第57号令《公司债权转股权登记管理办法》，规定以下三种债权可以进行债权转股权的登记：第一，公司经营中债权人与公司之间产生的合同之债转为公司股权，债权人已经履行债权所对应的合同义务，且不违反法律、行政法规、国务院决定或者公司章程的禁止性规定；第二，人民法院生效裁判确认的债权转为公司股权；第三，公司破产重整或者和解期间，列入经人民法院批准的重整计划或者裁定认可的和解协议的债权转为公司股权。

在2011年国家工商行政管理总局第57号令公布前，公司也有债权转股权的变通处理方法。

【案例5-18】

2011年前发生的不规范的债权转股权（日望电子 430400）

株洲日望电子科技股份有限公司（日望电子 430400）2014年1月24日在新三板挂牌。公司主要经营钽电解电容器的研发、生产与销售。

日望电子于2012年8月24日由株洲永安电子科技有限公司（以下简称"永安有限"）整体变更设立。

问题

为了支持公司发展，股东彭军2006年6月至2009年3月分19笔陆续投入公司总计300万元，公司将这300万元计入了应付款，基于该300万元，股东彭军与公司形成的是一种债权债务关系。

2009年，彭军与其他股东协商一致，准备将该300万元债权以债权转股权的形式投入公司形成股权，但株洲市工商局答复"不许可债转股"，在这种情况下，公司将该300万元计入资本公积，之后以资本公积转增股本的形式使彭军获得相应股权。

解决方案

2009年4月1日，湖南中柱有限责任会计师事务所出具湘中柱会所〔2009〕专审字第087号《株洲永安电子科技有限公司专项审计报告》，对公司截至2009

年 3 月 31 日股东彭军投资的真实性进行审计，实施了包括核对会计记录和凭证等必要的审计程序，认为彭军于 2006 年 6 月 28 日至 2009 年 3 月 17 日共投资 300 万元至公司的银行账户中。该报告中，将累计 19 次入款情况以现金交款单/记账凭证/电子记账凭证/银行联网业务入账通知予以详细体现。专项审计报告对彭军投资形成资本公积的真实性进行审计确认。

在召开股东会讨论通过的基础上，公司全体股东向工商管理机关提交《关于公司股本变更的说明》，明确：①彭军的资金投入在投入前已经全体股东同意；②因公司发展对资本的需求有过程，彭军的资金投入是按照公司对资本的需求进行的；③请求工商管理机关对于公司的注册资本变更予以支持，期间产生的法律责任由公司全体股东承担。

2009 年 11 月 11 日，株洲市工商局对上述变更予以备案登记，确认公司注册资本变更为 400 万元，彭军出资额变更为 341 万元（变更前为 41 万元），并重新核发企业法人营业执照。

律师事务所出具的法律意见阐述，中柱所出具湘中柱会所〔2009〕专审字第 087 号《株洲永安电子科技有限公司专项审计报告》，对彭军投资形成资本公积的真实性审计确认，且公司其他股东出具《关于公司股本变更的说明》，确认彭军的投资行为经全体股东同意且由此产生的法律责任由全体股东共同承担。据此，本所认为，此次增资真实有效，未损害其他股东和公司的利益，不构成本次挂牌的实质性障碍。

（资料来源：日望电子《公开转让说明书》第 14 - 16 页和《法律意见书》）

案例 5 - 18 的增资行为，虽然 300 万元债权计入资本公积的行为不符合会计准则，但出资真实，且未损害公司及其他股东权益，不存在权属纠纷或其他纠纷，因此通过新三板核准。

2011 年之前已经发生的债权转股权，要确保用于债权转股权的债权是真实、合法、有效的，未损害公司及其他股东权益，另外股东大会的决议、会计师事务所的验资及评估公司的评估手续应该齐备，最后将资料提交工商局，经过工商局确认后，实际业务中不构成挂牌新三板的障碍。

2. 可转股债权

申请挂牌前存在可转股债权，被认为是股权不明晰的一种表现，因为可转股协议中包含股票期权，实质上是潜在股东和公司之间的一种对赌。一般在申请挂牌前建议提前终结。

但在实际业务中，也有公司在挂牌前有可转股债权，未提前终结也成功挂牌的案例。

【案例 5 - 19】

挂牌时仍具有法律效力的可转股债权（吉事达 430402）

武汉吉事达科技股份有限公司（吉事达 430402）2014 年 1 月 24 日在新三板挂牌。公司主要经营电容触摸屏激光蚀刻设备和生产线的研发、生产、销售。

吉事达于 2013 年 9 月 12 日由武汉吉事达激光技术有限公司（以下简称"吉事达有限"）整体变更设立。吉事达有限于 2007 年 11 月由自然人陈刚、卢巍、王伟功共同出资 100 万元设立。

问题

2013 年 4 月 27 日，吉事达有限与华工创投签订了《可转股债权投资协议》，约定华工创投以可转股债权的形式对吉事达有限进行投资，在债权到期前，并达到双方约定的投资条件之时，华工创投可选择将债权全部或部分以约定的价格转换为对公司的股权投资。可转股债权总额度为 1 800 万元，存续期间自资金到位日起满一年为止，若华工创投未选择转换股权，则公司应当偿还本金及按年利率12% 计算的资金占用费。公司控股股东陈刚在上述协议有效期内以其名下持有的公司股权出质给华工创投作为担保。当达不到转股条件且公司不能偿债时，由陈刚对华工创投债权、资金占用费承担无限连带偿还责任。

解决方案

律师出具的法律意见认为，公司的股权结构清晰，权属分明，真实确定，合法合规，不存在权属争议或潜在纠纷；如公司无法履行与华工创投签订的《可转股债权投资协议》，则公司存在控制权发生变化的风险，但不会影响公司的持续经营能力。

（资料来源：吉事达《公开转让说明书》第 16 页和《法律意见书》）

（三）股份支付

1. 股份支付获得股权

股份支付，也称为股权激励计划。当股份支付以权益结算，实质是公司为获取员工提供的服务而授予员工公司股权。股权激励计划的会计核算，遵循《企业会计准则第11号——股份支付》。以权益结算的股份支付，应当以授予职工权益工具的公允价值计量。理论上，无论是公司以低于股权公允价值的价格向员工增发股份，还是公司大股东以低于股权公允价值的价格向员工转让股权，按照《企业会计准则第11号——股份支付》的规定，员工持股价格和公允价格之间的差额记入当期管理费用。

但在实际操作中，对于申请挂牌公司来说，因缺乏公开交易市场的股价，确定股权公允价值就比较困难。关于申请挂牌公司股权公允价值的确定，通常有如下几种观点：以PE入股价格确定；以账面每股净资产确定；按照每股净资产评估值确定。作为专业的机构投资者，PE在确定股权价格时会在公司每股收益的基础上考虑一定比例的市盈率，将公司未来成长可能带来的收益也计算进去，具有一定公允性。所以，实务操作中，通常以PE入股价格确定非公众公司股权公允价值。

2. 挂牌前未行权完毕的股权激励计划

根据《全国中小企业股份转让系统业务规则（试行）》第二章第六条，"申请挂牌公司在其股票挂牌前实施限制性股票或股票期权等股权激励计划且尚未行权完毕的，应当在公开转让说明书中披露股权激励计划等情况"。因此，按照规则，未行权完毕的股权激励计划不影响公司的股权明晰，新三板允许存在股权激励计划未行权完毕的公司申请挂牌。

但是据不完全统计，目前在挂牌前未行权完毕的股权激励计划且已成功挂牌的仅有仁会生物（830931）一家。为避免挂牌时被反复提出反馈意见，多数公司都是在挂牌新三板后才实施股权激励计划。

【案例5-20】

未行权完毕的股权激励计划（仁会生物　830931）

上海仁会生物制药股份有限公司（仁会生物　830931）2014年8月11日在

新三板挂牌。公司主要进行创新生物医药的研发、生产和销售。

仁会生物于 2014 年 1 月由上海华谊生物技术公司整体变更设立。

2014 年 2 月股东大会审议通过股权激励计划方案。在《公开转让说明书》中，仁会生物详细披露了股权激励计划。

仁会生物的股权激励计划拟授予的股票期权总数为 317 万股，涉及标的股票数量占本激励计划签署时股本总额 9 000 万股的比例为 3.52%。其中首次授予股票期权 76 万份，分配给 7 人；预留股票期权 241 万份。

（资料来源：仁会生物《公开转让说明书》第 152 – 158 页）

三、无偿发行

无偿发行是公司单方面向原股东发行股份，包括资本公积转增资本、盈余公积转增股本等。

（一）资本公积转增资本

《公司法》允许资本溢价或股本溢价形成的资本公积转增资本，并且转增后所留存的该项公积金不少于转增前公司注册资本的 25%。资本溢价或股本溢价形成的资本公积是投资者实际投入的权益，当转增资本时，不需要缴纳个人所得税。

【案例 5 –21】

不规范的资本公积增资（威门药业 430369）

贵州威门药业股份有限公司（威门药业 430369）2014 年 1 月 24 日在新三板挂牌，公司主要经营现代中药的研发、生产和销售。

威门药业于 2001 年 7 月 31 日由威门有限整体变更设立。威门有限于 1996 年 12 月 12 日由自然人出资 150 万元设立。

1997 年 7 月 31 日，贵阳审计事务所出具《对贵州威门药业有限公司整体资产的评估报告》[（97）筑审事〈评〉字第 101 号]。根据该评估报告，截至 1997 年 7 月 23 日，威门有限总资产评估值为 11 319 411.49 元，总负债评估值为

837 310.30 元，净资产评估值为 10 482 101.19 元，增加资本公积 6 960 029.81 元。

问题

1997 年，威门有限将整体资产评估后的评估增值部分，全部转为资本公积金，并将其中的 4 346 812.19 元资本公积金转增为股本。

1997 年 8 月 22 日，威门有限就此次增资事宜办理了工商变更登记，并取得贵州省工商局换发的企业法人营业执照。

威门有限以资产评估价格调增相关资产价值并将由此增加的净资产计入资本公积后转增股本，不符合企业会计处理的相关规定。因此，此次增资以评估增值后形成的资本公积转增股本存在瑕疵。

解决方案

贵州省工商行政管理局于 2013 年 10 月 23 日出具《贵州威门药业股份有限公司 1997 年增资及 2001 年股份公司设立相关事宜的确认函》，其中记载：

威门药业（含威门有限）上述出资瑕疵系因会计差错导致，不属于重大违法违规行为；上述出资瑕疵已经予以规范解决，且解决的过程合法合规，该等瑕疵不影响威门药业的依法设立和有效存续，威门药业 1997 年增资及 2001 年股份公司设立具有充足的法律依据；我局不会就上述历史出资问题对威门药业进行行政处罚，亦不会追究其任何法律责任。

2013 年 10 月 30 日，威门药业实际控制人梁斌、杨槐夫妇出具承诺，承诺对于因上述问题导致的威门药业的任何损失将承担全部赔偿责任。

主办券商出具意见认为，以评估增值后形成的资本公积转增注册资本的部分已通过存货销售及固定资产折旧方式实现；威门有限增资虽然存在瑕疵，但未损害股东或债权人利益，不存在纠纷及潜在纠纷，对本次挂牌不构成实质性影响。

律师出具法律意见认为，威门有限 1997 年增资时存在的不规范情形已经和相关方规范解决并获得了主管工商部门的认可，此次增资不规范的情形不会导致威门药业面临潜在的法律风险，亦不会对其本次挂牌构成实质性法律障碍。

律师出具《补充法律意见书》认为，威门有限 1997 年增资不规范行为解决的过程合法合规；威门有限 1997 年增资虽然存在瑕疵，但威门有限 1997 年以债权及资本公积金转增注册资本行为已获主管部门认可，有充足的法律依据。

（资料来源：威门药业《公开转让说明书》《主办券商推荐报告》和《法律意见书》）

非资本溢价或股本溢价形成的资本公积不允许转增资本。出现此瑕疵，首先，需要工商行政管理局界定不属于重大违法违规行为，出具确认函确认不进行行政处罚，亦不会追究其任何法律责任。其次，大股东需要出具承诺函，承诺由此出现的任何损失将由其承担全部赔偿责任。案例5-21中威门药业通过了新三板的核准。

（二）盈余公积转增股本

根据同股同权的原则，盈余公积转增股本应该按照股东持股比例转增。

【案例5-22】

不规范的盈余公积转增股本（威林科技　430241）

武汉威林科技股份有限公司（威林科技　430241）2013年7月2日在新三板挂牌。公司主要为钢铁、有色、石化、建材等高温工业提供耐火材料的研制、生产、销售和技术维护，并承担各种高温工业热工设备耐火材料衬体节能技术改造的整体承包业务。

威林科技于2012年12月27日由武汉明阳经济发展有限责任公司（以下简称"明阳公司"）整体变更形成。明阳公司于1998年11月19日由5位股东各出资10万元设立。

问题

2007年3月18日，明阳公司股东会通过决议，同意以盈余公积转增股本增加注册资本300万元。其中王渝斌转增比例高于其持股比例，其他股东的转增比例则低于其持股比例。

盈余公积转增股本，公司未按照股东持股比例转增，存在瑕疵。

解决方案

经主办券商及律师核查，本次决定以盈余公积转增股本的股东会决议是经全体股东一致同意表决通过，全体股东均在决议上签名确认。

主办券商及律师认为，经有限公司全体股东一致同意，有限公司不按照股东的持股比例进行盈余公积转增股本是股东意思自治的体现，本次以盈余公积转增股本过程及结果合法有效，不存在法律纠纷及风险。

（资料来源：威林科技《公开转让说明书》和《主办券商推荐报告》）

案例 5-22 为没有按照股东持股比例转增股本损害了其他股东的权益，因此可能存在潜在的股权纠纷。但因为有全体股东在决议上签名确认，所以通过了新三板的核准。

第四节　股权转让的合法性

申请挂牌公司的股东所持有的股票，可能是通过股权转让的方式取得。股权转让不涉及挂牌公司，主要看股权转让双方。因此，相对股票发行的合法性诊断，股票转让的合法性诊断要简单一些。诊断股东通过股权转让获得的股票股权是否明晰，首先，分析股权转让的交易双方，股权转出方是否违背股权转让的相关限制性规定，是否合法地拥有与转出股权相关的全部权益，股权转入方是否支付与股权相应的对价；其次，应诊断股权转让是否履行相应的手续；再次，公司申请挂牌前，如果在区域股权市场上挂牌，需要特别关注在区域股权市场上发生的股权转让；最后，挂牌后公司的股票可以转让，但公司股票限售安排应符合《公司法》和《全国中小企业股份转让系统业务规则（试行）》的有关规定。

具体来说，股权转让的合法性诊断路径，如图 5-6 所示。

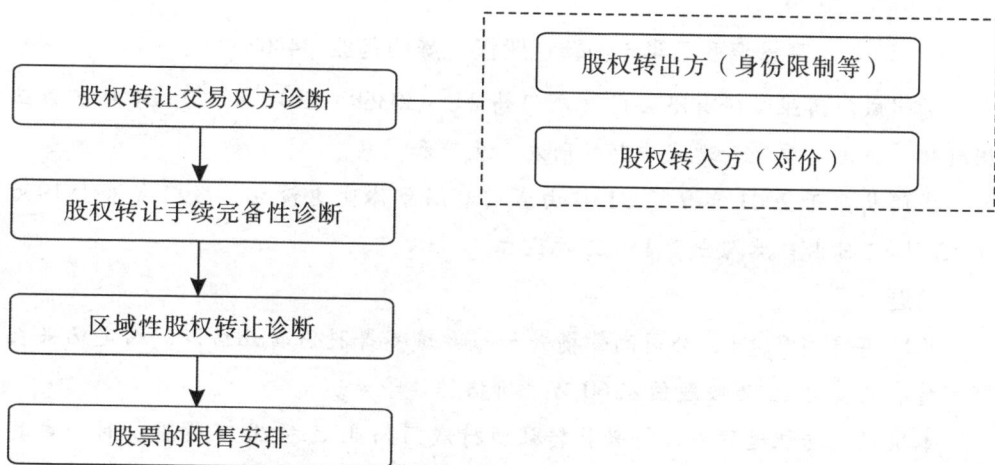

图 5-6　股权转让的合法性诊断路径

一、股权转让交易双方诊断

（一）股权转出方

对于转出股权的一方，主要从两个方面进行诊断：第一，转出方的身份是否限制股权转让，《公司法》对于发起人和高管等的股权转让有相应的限制性规定；第二，转出方是否未履行或者未全面履行出资义务。

1. 转出方的身份限制

《公司法》主要对发起人和高管的股权转让有限制。《公司法》规定：发起人持有的本公司股份，自公司成立之日起一年内不得转让。公司董事、监事、高级管理人员在任职期间每年转让的股份不得超过其所持有本公司股份总数的百分之二十五；公司董事、监事、高级管理人员离职后半年内，不得转让其所持有的本公司股份。公司章程可以对公司董事、监事、高级管理人员转让其所持有的本公司股份作出其他限制性规定。

下面两个案例的内容涉及高管离职后半年内转让股权和高管股权转让超过法定比例等。

【案例 5 - 23】

高管离职后半年内转让股权（威门药业 430369）

贵州威门药业股份有限公司（威门药业 430369）2014 年 1 月 24 日在新三板挂牌。公司主要经营现代中药的研发、生产和销售。

威门药业于 2001 年 7 月 31 日由威门有限整体变更设立。威门有限于 1996 年 12 月 12 日由自然人出资 150 万元设立。

问题

2012 年 3 月 21 日，公司高管杨兴长与梁斌签署股份转让协议，约定杨兴长将其持有的公司 20 万股股份以 60 万元价格转让予梁斌。

本次股权转让过程中，杨兴长转让所持威门药业上述 20 万股股份时距离其辞去公司副总经理职务时间 2012 年 3 月 12 日不足六个月，违反了《公司法》关于股份公司高级管理人员辞职后六个月内不能转让所持股份的限制性规定，存在法律瑕疵。

解决方案

杨兴长转让股份的作价与威门药业 2012 年 3 月股份转让时其他转让方转让所持股份作价相同，不存在侵害公司以及公司债权人权益的情形。

杨兴长转让股份已经威门药业 2012 年第二次临时股东大会审议通过，不存在侵害其他股东权益的情形。

杨兴长转让股份后已在主管工商部门及时办理了变更登记，取得了工商部门对此次股份转让的认可。

杨兴长以及此次受让股份的梁斌、目标公司威门药业分别于 2013 年 9 月 25 日出具确认函，确认此次股份转让作价公允，不存在损害公司股东及债权人利益的影响，不存在现实的及潜在的任何法律纠纷。

主办券商认为，杨兴长本次转让股份不存在损害公司股东及债权人利益的影响，不存在现实的及潜在的任何法律纠纷，不影响公司股权结构的稳定性，对威门药业本次挂牌不构成实质性影响。

（资料来源：威门药业《公开转让说明书》和《主办券商推荐报告》）

案例 5-23 中，虽然公司高管在离职后半年内进行股权转让违反了《公司法》的规定，但股权转让行为经过股东大会审议通过，也办理了工商变更登记，即股权转让已经完成。在高管发生违规转让时，案例公司已经是股份有限公司，股东转让股权需要取得其他股东同意；而案例中的转让增加了股东大会审议通过这一程序，实质上也表明股权转让得到其他股东允许，并未损害其他股东权利。《公司法》中禁止公司高管在离职后半年内转让股权的规定，主要目的也在于保护公司股东的权益。因此，主办券商认为此瑕疵对挂牌不构成实质性影响，公司顺利挂牌新三板。

【案例 5-24】

高管超比例转让股权（均信担保 430558）

哈尔滨均信投资担保股份有限公司（均信担保 430558）2014 年 1 月 24 日在新三板挂牌。公司主要经营融资性担保业务，担保产品包括个人贷款担保、企业流动资金贷款、固定资产贷款及项目投资贷款担保等。

均信担保于 2006 年 6 月 20 日由哈尔滨均信投资担保有限公司（以下简称

"均信有限"）经审计后的净资产及全体发起人新增货币资金出资设立。

问题

2008 年 2 月 24 日，公司董事长李明中原持有公司股份 1 265.41 万股，转让予狄滨 600 万股、刘诚跃 344.66 万股后持有公司股份 320.75 万股，转让股份超出其所持股份的 25%。

解决方案

2008 年 4 月，李明中通过受让狄滨 600 万股、刘诚跃 150 万股、张柏林 780 万股的股份，所持公司股份增至 1 850.75 万股。李明中、狄滨、刘诚跃已于 2010 年 10 月 8 日对前述相关事宜进行了确认。

公司董事长李明中第一次股权转让超出其所持股份的 25%，但该等违规行为在 2 个月内通过原受让股东转回股权而得到更正。相关违规行为的违规状态解除已超过 5 年。

哈尔滨市工商行政管理局于 2013 年 7 月 9 日出具证明，公司自 2011 年 1 月至今不存在重大违法违规行为。

主办券商认为，李明中 2008 年股权转让超过其当时持有股份的 25% 事宜，不构成本次挂牌的实质性障碍。

（资料来源：均信担保《公开转让说明书》和《主办券商推荐报告》）

案例 5-24 中，虽然高管在任期期间转让的股份超过其所持有本公司股份总数的 25%，但该违规行为已经通过转回股权而纠正，并且取得工商部门的证明，因此不影响公司挂牌新三板。

2. 转出方未履行或者未全面履行出资义务

股权转让方拥有所转让股权的全部权益，进行的股权转让才是合法的。当股东未履行或者未全面履行出资义务，能否进行股权转让呢？

《公司法》等法律、法规未禁止未履行或者未全面履行出资义务的有限责任公司的股东转让股权。《最高人民法院关于适用〈中华人民共和国公司法〉若干问题的规定（三）》第十九条规定，"未履行或者未全面履行出资义务的有限责任公司的股东可以转让股权"。可见，有限责任公司的股东，在未履行或者未全面履行出资义务时，进行股权转让是合法的。

【案例 5 - 25】

未履行出资义务发生的股权转让（柳爱科技　430535）

柳州爱格富食品科技股份有限公司（柳爱科技　430535）2014 年 1 月 24 日在新三板挂牌。公司主要经营蔗糖脂肪酸酯系列产品、消泡剂、复配乳化剂、复配稳定剂等系列食品添加剂，精细和专用化工产品的技术研发、生产和销售。

柳爱科技由柳州齐志达食品添加剂股份有限公司（以下简称"柳州齐志达"）更名而来。柳州齐志达成立于 2007 年 3 月 15 日，是以发起方式设立的股份有限公司。

公司原股东第 3 期出资未在公司成立之日起 2 年内缴足。2009 年 8 月 28 日，公司股东大会决议，同意增加北京爱格富科技发展有限公司（以下简称"北京爱格富"）为公司股东，公司原股东将 100 万股未缴股份及实缴部分股份以 100 万元现金对价转让给北京爱格富，未缴股份转让给北京爱格富后，由北京爱格富以货币形式直接缴纳。

（资料来源：柳爱科技《公开转让说明书》第 12 - 14 页）

案例 5 - 25 股份有限公司发起设立时，原股东将实缴部分和未缴部分一起转让，实质上是将实缴部分转让，同时又发行新股。直接转让存在法律瑕疵，但鉴于未缴部分已经缴纳，并且转让行为得到股东大会同意，因此，此瑕疵不影响公司挂牌新三板。

（二）股权转入方

股权转让交易中，股权转出方交出的是股权，股权转入方需要支付相应的对价。因为股权转让是双方自愿行为，对于非国有股东的股权转让，股权如何定价并未作法定要求。国有股东的股权转让，需要进行评估来确定股权转入方应该支付的对价。

非国有股东的有限责任公司的股权转让双方自行约定股权转让价格。但是，在股权转让价格显著很低的情况下，需要其他股东声明放弃优先购买权，这样才是合法的股权转让。

【案例 5 - 26】

低价股权转让披露（天劲股份　831437）

广东天劲新能源科技股份有限公司（天劲股份　831437）2014 年 12 月 8 日在新三板挂牌。公司主要经营锂离子电池、电芯的研发、生产及销售业务。

天劲股份于 2014 年 6 月 20 日由天劲有限整体变更设立。天劲有限于 2006 年 9 月 14 日由自然人兰卫平、周毓煌、曾洪华、郭成出资设立。设立时注册资本为 200 万元，全部为货币出资。

1. 股权转让的过程

2011 年 1 月 6 日，公司股东周毓煌、兰卫平将其分别持有公司 30% 和 35% 的股权转让给曾洪华；兰卫平将其持有公司 10% 的股权转让给叶茂；兰卫平、郭成将其分别持有公司 5% 的股权转让给曾宪武，转让对价均为 1 元，且已支付完毕。

2011 年 1 月 6 日，天劲有限全体股东召开股东会，一致同意"股东周毓煌将其持有公司 30% 的股权以 1 元转让给曾洪华；股东兰卫平将其持有公司 35% 的股权以 1 元转让给曾洪华，将其持有公司 10% 的股权以 1 元转让给叶茂，将其持有公司 5% 的股权以 1 元转让给曾宪武；股东郭成将其持有公司 5% 的股权以 1 元转让给曾宪武。其他股东放弃优先购买权"。

同日，股权转让双方自愿签署《股权转让协议书》，并经深圳联合产权交易所见证，并出具编号为 JZ20110106014 的《股权转让见证书》。

2011 年 1 月 14 日，深圳市市场监督管理局对上述股权转让事项准予变更登记。

2. 股权转让的定价依据

天劲有限自 2006 年设立后，一直经营不佳，处于亏损状态。截至 2010 年末，公司净资产为 -37.60 万元，处于资不抵债的状况。考虑到公司经营前景不明朗，2011 年初，股东周毓煌、兰卫平和郭成有意退出，而曾洪华则愿意继续经营，叶茂、曾宪武也有意加入，上述各方经协商后就股权转让事宜达成一致，签订了《股权转让协议书》并经深圳联合产权交易所见证。

鉴于当时公司净资产为负，处于资不抵债的状况，因此，交易各方协商同意本次股权转让只象征性地收取 1 元的转让款。

3. 解决方案

就上述股权转让，股东曾洪华、曾宪武和叶茂出具了《关于股权真实性、完整性的声明》，承诺其真实持有本公司股份，不存在股权纠纷或潜在纠纷，亦不存在质押、锁定、冻结或被采取其他强制措施的情形。

根据公司提供的《股东会决议》《股权转让协议书》《股权转让见证书》《政府信息公开（企业档案）查询结果答复函》及相关附件以及公司股东出具的《关于股权真实性、完整性的声明》，并经核查，主办券商认为：上述股权转让行为真实、有效，公司股权明晰，不存在纠纷或潜在纠纷的情况。

律师已在《补充法律意见书》中发表意见，认为：本次股权转让合法合规、真实有效，不存在纠纷或潜在纠纷。公司股权明晰，股权转让行为合法合规，符合《全国中小企业股份转让系统业务规则（试行）》第2.1条第（四）款的有关规定。

（资料来源：天劲股份《公开转让说明书》和《补充法律意见书》）

二、股权转让手续完备性诊断

对于不同性质的公司，股权转让前需履行的手续并不相同。

1. 有限责任公司

有限责任公司的股权转让，应遵守《公司法》的规定，即必须取得其他股东的同意。

2. 国有股权公司

申请挂牌前存在国有股权转让的情形，应遵守国资管理规定。

《企业国有资产监督管理暂行条例》《企业国有产权转让管理暂行办法》等规定，国有资产转让需履行立项、审计、评估、挂牌转让等程序。

3. 外商投资企业

申请挂牌前外商投资企业的股权转让应遵守相关法律、法规的规定。

（1）外商投资企业股东转让出资，必须经过全体股东的同意。

（2）外商投资企业的外资股权的转让要经过原政府主管部门的核准，在股权转让得到核准之后必须进行工商变更登记。外商投资企业的外资股权全部转让，则外商投资企业变更为内资企业。

（3）外商投资企业的外商投资者，不能通过股权转让而使自己持有的股权低于25%。因此，外资股权要么全部转让，要么转让后的股权比例仍高于25%。

【案例5-27】

没有在产权交易机构公开进行的国有股权转让（苏大明世　430388）

苏州苏大明世光学股份有限公司（苏大明世　430388）2014年12月8日在新三板挂牌。公司主要经营树脂镜片玻璃模具的设计、开发、生产、销售，以及提供相关技术服务。

苏大明世于2012年12月17日由苏州苏大明世光学有限公司（以下简称"苏大有限"）整体变更设立。苏大有限于2002年9月3日由苏州工业园区创业投资有限公司（以下简称"园区创投"）、苏大投资和余景池等人设立。

问题

2004年6月8日，园区创投与李俊签订股权转让协议，将其合法持有的苏大有限33.33%的股权转让给李俊，转让价格为294万元。

2004年6月12日，园区创投委托江苏华星会计师事务所有限公司以2004年2月29日为评估基准日对上述转让股份的价值进行评估，根据华星会评报字（2004）第015号《资产评估报告》，上述对应苏大有限33.33%股份的净资产价值为294万元。

2004年6月，有限公司召开股东会并作出决议，全体股东一致同意园区创投将其合法持有的苏大有限33.33%的股权作价294万元全部转让给李俊。

园区创投为国有控股的企业，本次股权转让没有在产权交易机构公开进行，在程序上存在一定的瑕疵。

解决方案

本次转让履行了评估程序，转让价格合理，受让方李俊也已经按约定支付全额股权转让价款。就上述情况，2013年11月5日，苏州工业园区国有资产监督管理办公室出具《关于苏州苏大明世光学股份有限公司历史沿革中苏州工业园区创业投资有限公司投资及退出问题的批复》，该批复对2002年园区创投投资设立苏大有限及2004年以评估价协议转让方式退出苏大有限的结果予以确认，同时确认相关股权不存在争议。

（资料来源：苏大明世《公开转让说明书》第8-9页）

如果申请挂牌公司的股东是国有公司，转让过程中存在未履行立项、审计、评估、挂牌转让等程序的瑕疵，通常的处理方法是补充程序，比如审计、评估等；不能补充的，比如挂牌转让，要取得国有公司主管机构的书面认可。

三、区域性股权转让诊断

《挂牌条件标准指引》规定，"在区域性股权市场及其他交易市场进行权益转让的公司，申请股票在新三板挂牌前的发行和转让等行为应合法合规"。

在符合《国务院关于清理整顿各类交易场所切实防范金融风险的决定》（国发〔2011〕38号）要求的区域性股权转让市场进行股权非公开转让的公司，符合挂牌条件的，可以申请在新三板挂牌公开转让股份。区域股权交易中心挂牌期间发生的股权转让，要求投资者买入后卖出或卖出后买入同一交易品种的时间间隔不得少于5个交易日；公司股东不能超过200人。

根据中华人民共和国中央人民政府网站2013年12月28日发布的信息，由证监会牵头的清理整顿各类交易场所部际联席会议相关成员单位研究，上海市、内蒙古自治区、河南省清理整顿各类交易所工作通过联席会议检查验收。除天津市、云南省外，34省区市清理整顿各类交易场所工作通过联席会议检查验收，清理整顿验收工作基本结束。通过清理整顿工作，全国各地共关闭了各类交易场所200余家。

2013年，国务院出台《国务院决定》。该决定出台以前，如果在未经验收的地方股权交易中心挂牌的（比如，天津股权交易所），必须摘牌后再到新三板申请挂牌；该决定出台以后在未经验收的地方股权交易中心托管挂牌的，不能到新三板申请挂牌。

【案例5-28】

曾挂牌区域股权交易中心披露（领耀科技　832312）

深圳市领耀东方科技股份有限公司（领耀科技　832312）2015年4月17日在新三板挂牌。公司主要经营各类半导体电子器件的销售、调试、安装并提供相关电子产品、电机驱动、专用电路整体解决方案设计开发。

领耀科技于2013年12月15日由深圳市领耀东方科技有限公司（以下简称"领耀有限"）整体变更设立。领耀有限设立于2006年3月6日。

1. 区域股权交易中心挂牌经过

2013 年 8 月 16 日，领耀有限在前海股权交易中心正式挂牌，挂牌代码为 661755；2014 年 10 月 24 日，前海股权交易中心向公司出具《关于同意暂停企业挂牌服务的通知》，终止公司在前海股权交易中心的挂牌。

公司在前海股权交易中心挂牌期间，仅通过该中心网站进行信息展示，展示内容包括企业注册信息、基本情况、所属行业、产品介绍、竞争优势、发展愿景等。除以上基本信息展示外，公司并未委托该中心提供股份登记托管、结算、股权转让等服务。

2. 主办券商核查和意见

通过查询前海股权交易中心获知，领耀有限在前海股权交易中心挂牌期间，前海股权交易中心仅向领耀有限提供挂牌展示服务。领耀有限没有通过前海股权交易中心发生任何股权交易、股权融资及债权融资等行为，没有违反前海股权交易中心相关规定的情况。

主办券商经核查后认为：公司在前海股权交易中心挂牌期间，股权未发生转让，不存在"投资者买入后卖出或卖出后买入同一交易品种的时间间隔不得少于 5 个交易日"的情形；公司的权益持有人始终未超过 200 人。

前海股权交易中心是深圳市贯彻国务院批准实施的《珠江三角洲地区改革发展规划纲要（2008—2020）》、推进珠三角金融改革创新综合实验的一项重要举措，其设立程序符合法律规定；前海股权交易中心的名称符合国发〔2011〕38 号文关于交易场所未经批准不得使用"交易所"字样的规定。前海股权交易中心不属于关闭之列。

主办券商经核查后认为，前海股权交易中心是符合《国务院关于清理整顿各类交易场所切实防范金融风险的决定》（国发〔2011〕38 号）要求的区域性股权转让场所，公司在前海股权交易中心挂牌期间仅进行信息展示，没有发生股权托管、交易或非公开转让。公司本次向全国股转系统公司提出挂牌申请，不属于《国务院关于全国中小企业股份转让系统有关问题的决定》第二条约束的情形。

（资料来源：领耀科技《公开转让说明书》和《主办券商推荐报告》）

四、股票的限售安排

挂牌新三板后，公司股权转让应按照法律、法规的要求作出限售承诺。新三板挂牌后股权转让需要满足《公司法》和《全国中小企业股份转让系统业务规则（试行）》的相关规定。

1.《公司法》规定

（1）发起人持有的本公司股份，自公司成立之日起一年内不得转让。

（2）公司公开发行股份前已发行的股份，自公司股票在证券交易所上市交易之日起一年内不得转让。

（3）公司董事、监事、高级管理人员应当向公司申报所持有的本公司的股份及其变动情况，在任职期间每年转让的股份不得超过其所持有本公司股份总数的百分之二十五；所持本公司股份自公司股票上市交易之日起一年内不得转让。上述人员离职后半年内，不得转让其所持有的本公司股份。

（4）公司章程可以对公司董事、监事、高级管理人员转让其所持有的本公司股份作出其他限制性规定。

2.《全国中小企业股份转让系统业务规则（试行）》规定

（1）挂牌公司控股股东及实际控制人在挂牌前直接或间接持有的股份分三批解除转让限制，每批解除转让限制的数量均为其挂牌前所持股票的三分之一，解除转让限制的时间分别为挂牌之日、挂牌期满一年和两年。

（2）挂牌前十二个月以内控股股东及实际控制人直接或间接持有的股票进行过转让的，该股票的管理按照前款规定执行，主办券商为开展做市业务取得的做市初始库存股票除外。

因司法裁决、继承等导致有限售期的股票持有人发生变更的，后续持有人应继续执行股票限售规定。

结合《公司法》和《全国中小企业股份转让业务规则（试行）》，股票限售主要分为发起人限售、控股股东和实际控制人限售、高管限售和其他限售四种情况。

【案例 5 - 29】

挂牌公司股票的限售安排（汇量科技　834299）

广州汇量网络科技股份有限公司（汇量科技　834299）2015 年 11 月 25 日挂牌。公司主要从事移动数字营销业务和移动网游海外发行业务。

申请挂牌新三板时，根据相关法规的要求，公司股东钟智勇、黄伟坚、曹晓欢、马力签署了《股份锁定承诺函》，承诺上述四人在挂牌前直接或间接持有的股份分三批解除转让限制，每批解除转让限制的数量均为其挂牌前所持股票的三分之一，解除转让限制的时间分别为挂牌之日、挂牌期满一年和两年。

（资料来源：汇量科技《公开转让说明书》第 18 页）

第六章 企业挂牌条件五：主办券商推荐

　　前述第二章至第五章为新三板挂牌流程的第一阶段：企业挂牌条件诊断与评估。即从企业角度，探讨了企业申请新三板挂牌需满足哪些条件。根据《全国中小企业股份转让系统业务规则（试行）》第一章第6条规定：全国股份转让系统实行主办券商制度。换言之，企业申请新三板挂牌，必须由主办券商推荐，企业不可自行申报。主办券商在开展企业挂牌推荐业务时，应勤勉尽责地进行尽职调查和内核，承担相应责任，并在此基础上，对公司是否符合第二章至第五章所述的挂牌条件发表独立意见，出具推荐报告。因此，主办券商推荐既是挂牌条件，也是新三板挂牌流程的核心阶段。本章将从中介机构角度，探讨主办券商如何统筹协调会计师事务所、律师事务所等中介机构完成企业新三板挂牌推荐工作。

　　本章主要讨论企业与主办券商签署《推荐挂牌并持续督导协议》、尽职调查和内核、推荐报告及其他挂牌申请文件。

第一节　概述

一、对"主办券商推荐并持续督导"认定标准的阐释

根据《挂牌条件标准指引》，对挂牌条件"主办券商推荐并持续督导"认定标准的阐释如下：

（1）公司须经主办券商推荐，双方签署了《推荐挂牌并持续督导协议》。

（2）主办券商应完成尽职调查和内核程序，对公司是否符合挂牌条件发表独立意见，并出具推荐报告。

二、主办券商推荐挂牌阶段的工作流程

主办券商推荐挂牌的工作流程分为4个环节（如图6-1所示）：

（1）签署《推荐挂牌并持续督导协议》。企业选择了合适的主办券商后，首先将与其签署《推荐挂牌并持续督导协议》，在协议中明确双方的权利、义务，对挂牌、持续督导的费用进行约定。

（2）尽职调查。主办券商设立专门项目小组，协同会计师事务所、律师事务所等中介机构对申请挂牌公司的业务情况、公司治理情况、公司财务情况、公司合法合规情况进行尽职调查。

（3）内核。主办券商设立内核机构，对项目小组根据尽职调查情况制作的推荐文件和挂牌申请文件进行审核，召开内核会议对公司是否符合挂牌条件发表独立意见。

（4）出具推荐报告。主办券商根据内核意见，决定是否向全国股转系统公司推荐申请挂牌公司股票挂牌。决定推荐的，出具推荐报告。

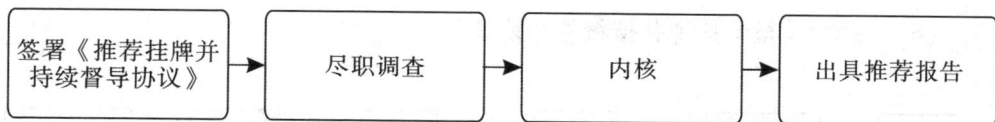

图6-1　主办券商推荐挂牌阶段的工作流程

第二节　签署《推荐挂牌并持续督导协议》

一、企业与主办券商的签约程序

第一节已述，主办券商推荐股份公司股票进入新三板挂牌的首要环节是：与企业签署《推荐挂牌并持续督导协议》。一般来说，企业与主办券商的签约程序包括以下6个步骤（如图6-2所示）：

（1）**企业与主办券商前期接触**。鉴于企业申请新三板挂牌必须经主办券商推荐，并签署《推荐挂牌并持续督导协议》，因此企业选择主办券商时应坚持"适合企业发展"的基本理念，审慎选择主办券商。在正式签署协议前，先与主办券商进行前期接触，并就企业挂牌目的、挂牌利弊、挂牌进度安排、挂牌费用等问题进行沟通，达成初步合作意向。

（2）**企业与主办券商签订保密协议**。企业与主办券商达成初步合作意向后，双方再签订保密协议。

（3）**主办券商完成初步调查**。主办券商主导其他中介机构（会计师事务所、律师事务所、评估机构）共同完成企业发展历程、业务概况、财务会计事项、法律事项及相关行业事项等问题的初步调查。

（4）**双方确定合作意向**。双方就初步调查发现的重大事项达成一致意见，明确双方合作意向。

（5）**主办券商完成内部立项程序**。双方确定合作意向后，主办券商成立专门项目小组，明确项目小组负责人及项目成员分工，完成内部立项程序。项目小组由主办券商内部人员组成，其成员须取得证券执业资格，其中注册会计师、律师和行业专家至少各一名。

（6）签署《推荐挂牌并持续督导协议》。

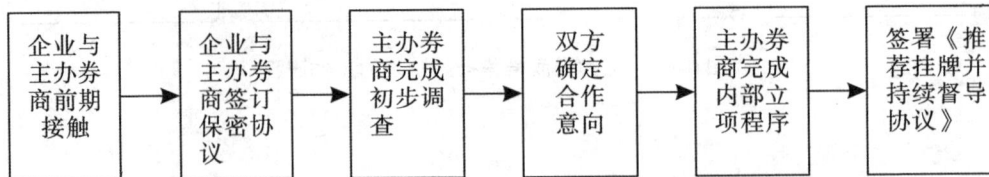

图6-2　企业与主办券商的签约程序

二、《推荐挂牌并持续督导协议》范本

全国股转系统公司提供的《推荐挂牌并持续督导协议》参考范本如下：

推荐挂牌并持续督导协议

本协议由以下各方于__年__月__日在_____（签约地点）签订。

甲方：_____股份有限公司　　　　乙方：_____（主办券商）

法定代表人：　　　　　　　　　　　　　法定代表人：

住所：　　　　　　　　　　　　　　　　住所：

　　甲方委托乙方负责推荐甲方股票在全国中小企业股份转让系统（以下简称"全国股份转让系统"）挂牌，组织编制挂牌申请文件，并指导和督促甲方诚实守信、规范履行信息披露义务、完善公司治理机制；乙方同意接受委托。

　　根据《中华人民共和国合同法》、《中华人民共和国公司法》（以下简称《公司法》）、《中华人民共和国证券法》（以下简称《证券法》）、《非上市公众公司监督管理办法》（以下简称《管理办法》）、《全国中小企业股份转让系统业务规则（试行）》（以下简称《业务规则》）、《全国中小企业股份转让系统主办券商管理细则（试行）》（以下简称《主办券商管理细则》）、《全国中小企业股份转让系统主办券商推荐业务规定（试行）》（以下简称《推荐规定》）、《全国中小企业股份转让系统挂牌公司信息披露细则（试行）》（以下简称《信息披露细则》）等相关规定，甲、乙双方本着平等互利原则，经充分协商，达成如下协议：

第一章　甲方的承诺及权利、义务

第一条　甲方基本情况：

（一）股份公司设立时间。

（二）股本总额。

（三）股东人数。

（四）股权结构。

（五）董事、监事、高级管理人员及其持股明细。

第二条　甲方就委托乙方担任推荐其公司股票在全国股份转让系统挂牌并持续督导的主办券商事宜，向乙方作出如下承诺：

（一）保证遵守《管理办法》《业务规则》《信息披露细则》等相关规定。

（二）接受乙方依据《公司法》《证券法》《管理办法》《业务规则》《推荐规定》《信息披露细则》及中国证监会、全国中小企业股份转让系统有限责任公司（以下简称"全国股份转让系统公司"）发布的其他规定对甲方作出督促指导，并配合乙方采取的相关措施。

（三）按照相关规定和要求修改公司章程，完善公司治理机制，确保所有股东，特别是中小股东充分行使法律、行政法规和公司章程规定的合法权利。

（四）在同等条件下，优先选择乙方为其定向发行、并购重组等提供服务。

第三条　甲方就委托乙方担任推荐其公司股票在全国股份转让系统挂牌并持续督导的主办券商事宜，享有以下权利：

（一）甲方董事、监事、高级管理人员及相关人员有权就相关业务规则获得乙方指导。

（二）甲方有权就公司治理、财务及会计制度、挂牌申请文件制作、信息披露等方面获得乙方业务指导。

第四条　甲方就委托乙方担任推荐其公司股票在全国股份转让系统挂牌并持续督导的主办券商事宜，应履行以下义务：

（一）甲方应积极配合乙方的推荐挂牌工作，向乙方提交挂牌所需文件，并保证所提交文件均真实、准确、完整、及时、有效，不存在任何虚假记载、误导性陈述或重大遗漏。

（二）甲方应于正式挂牌前完成以下工作：

1. 通知并协助股东办理股份登记、存管。

2. 核对并向乙方提交股东持股明细以及董事、监事、高级管理人员名单及持股数量。

3. 与证券登记结算机构签订证券登记服务协议，对公司全部股票进行初始登记。

（三）甲方应保证所提供的股东名册真实、准确、完整、有效，如因工作失误造成股东股权争议或纠纷的，由甲方承担全部责任。

（四）甲方应严格按照有关规定，履行信息披露义务。

（五）甲方拟披露信息须经乙方审查后在全国股份转让系统指定的信息披露平台进行披露。

（六）甲方及董事会全体成员应保证信息披露内容的真实、准确、完整，不存在任何虚假记载、误导性陈述或重大遗漏，并承担个别及连带责任。

（七）甲方披露信息，应经董事长或其授权董事签字确认；若有虚假陈述，董事长应承担相应责任。

（八）甲方及其董事、监事、高级管理人员不得利用公司内幕信息直接或间接为本人或他人谋取利益。

（九）甲方董事会秘书负责股权管理与信息披露事务；未设董事会秘书的，应指定一名信息披露事务负责人负责股权管理与信息披露事务。

董事会秘书或信息披露事务负责人为甲方与乙方之间的联络人。

（十）甲方应将董事会秘书或信息披露事务负责人的联络方式（办公电话、住宅电话、移动电话、电子信箱、传真、通信地址等）和其变更情况及时告知乙方。

（十一）董事会秘书被解聘或辞职、信息披露事务负责人被更换或辞职的，甲方应及时告知乙方。

（十二）甲方应配备信息披露必需的通信工具和计算机等办公设备，保证计算机可以连接互联网，对外咨询电话保持畅通。

（十三）甲方拟披露信息应以纸质文档（包括传真）和电子文档形式及时报送乙方，并保证电子文档与纸质文档内容一致。

（十四）甲方应于每一会计年度结束之日起四个月内编制完成并披露年度报告。

公司年度财务报告须经有证券期货相关业务资格的会计师事务所审计。

（十五）甲方应于每一会计年度的上半年结束之日起两个月内编制完成并披露半年度报告。

（十六）甲方应按《信息披露细则》的规定，编制年度报告、半年度报告，并在披露前经乙方审查。

（十七）甲方应按《信息披露细则》的规定，在发生相关事项时及时编制并披露临时报告，临时报告披露前应经乙方审查。

（十八）董事长不能正常履行职责超过三个月的，甲方应及时将该事实告知乙方。

（十九）甲方发起人、控股股东、实际控制人及董事、监事、高级管理人员持有的公司股票，按相关规定在限售期间不得转让；甲方应将新任及离职董事、监事、高级管理人员名单及其持股数量在两个转让日内告知乙方，并按有关规定向乙方提出限售或解除限售申请。

（二十）甲方股东所持股票解除限售，甲方应提前（　　）个转让日向乙方提出申请。

（二十一）甲方应积极配合乙方的问询、调查或核查，不得阻挠或人为制造障碍，并按乙方要求办理公告事宜。

（二十二）甲方应积极配合乙方的现场调查：

1. 提供必要的办公条件。

2. 保证相关人员及时提供现场调查所必需的资料，认真接受乙方调查访谈，不进行阻挠或人为制造障碍。

3. 乙方现场调查发现甲方已披露的公告存在错误、不充分或不完整情况的，甲方应及时进行更正及补充披露。

4. 积极配合乙方的整改要求，整理规范相关事项。

第二章 乙方的承诺及权利、义务

第五条 乙方就担任推荐甲方股票在全国股份转让系统挂牌并持续督导的主办券商事宜，向甲方作出如下承诺：

（一）经全国股份转让系统公司备案可以从事推荐业务。

（二）具有符合《主办券商管理细则》《推荐规定》规定的从事推荐业务的机构设置和人员配备。

（三）勤勉尽责、诚实守信地履行主办券商推荐职责。

第六条 乙方就担任推荐甲方股票在全国股份转让系统挂牌并持续督导的主办券商事宜，享有以下权利：

（一）乙方有权对甲方提出的公司股东所持股票限售或解除限售的申请进行审查，并向全国股份转让系统公司报备。

（二）乙方有权依据《业务规则》《信息披露细则》等规定，指导和督促甲方诚实守信、规范履行信息披露义务、完善公司治理机制。

（三）乙方有权对甲方拟披露的信息披露文件进行审查，可对甲方拟披露或已披露信息的真实性提出合理怀疑，并对相关事项进行专项调查。

（四）乙方有权根据相关规定及全国股份转让系统公司要求对甲方进行现场调查，必要时可聘请相关中介机构协助调查。

（五）甲方未规范履行信息披露等相关义务的，乙方有权要求其限期改正；拒不改正的，乙方可以发布风险揭示公告，并向全国股份转让系统公司报告。

第七条 乙方就担任推荐甲方股票在全国股份转让系统挂牌并持续督导的主办券商事宜，应履行以下义务：

（一）乙方应依据《业务规则》《推荐规定》《信息披露细则》等规定，勤勉尽责、诚实守信地履行推荐挂牌并持续督导职责，不得损害甲方的合法权益。

（二）乙方应配备符合规定的专门督导人员，负责具体履行持续督导职责。督导人员为乙方与甲方的联络人，须与甲方保持密切联系。

（三）乙方应依据《推荐规定》的规定，推荐甲方股票在全国股份转让系统挂牌。

（四）对甲方董事、监事、高级管理人员及相关信息披露义务人采取培训等相关措施，促使其熟悉和理解全国股份转让系统相关业务规则。

（五）乙方应督促和协助甲方及时按照《公司法》《业务规则》及其他有关规定办理股份

登记、信息披露、限售登记及解除限售登记等事宜。

（六）乙方及其推荐挂牌业务人员、内核业务人员、专门督导人员不得泄露尚未披露的信息，不得利用所知悉的尚未披露信息直接或间接为本人或他人谋取利益。

第三章　费用

第八条　经甲方与乙方协商一致，甲方应向乙方支付下列费用：

（一）推荐挂牌费（　　）元。

（二）持续督导费（　　）元/年。

（三）其他费用（　　）元/年。

费用的支付方式和时间为（　　）。

第九条　甲方终止股票挂牌的，已经支付的费用不予返还。

第四章　协议的变更与解除

第十条　本协议依据《管理办法》《业务规则》《信息披露细则》等规定签订，如因相关规定修订或颁布实施新的规定而导致本协议相关条款内容与修订或新颁布的规定内容不一致的，本协议与之相抵触的有关条款自动变更，并以修订或新颁布后的规定为准，其他条款继续有效；任何一方不得以此为由解除本协议。

第十一条　出现下列情况之一，甲乙双方可以解除本协议：

（一）甲方股票挂牌申请未获全国股份转让系统公司同意。

（二）乙方不再从事推荐业务。

（三）甲方股票终止挂牌。

第十二条　除第十一条规定的情形外，甲乙双方不得随意解除本协议；确需解除协议的，应在解除前向全国股份转让系统公司报告并说明合理理由，且应有其他主办券商承接持续督导服务。

第五章　免责条款

第十三条　因不可抗力因素导致任一方损失，另一方不承担赔偿责任。

第十四条　发生不可抗力时，双方均应及时采取措施防止损失进一步扩大。

第六章　争议解决

第十五条　本协议项下产生的任何争议，各方首先应协商解决；协商解决不成的，可选择以下方式解决：

（一）仲裁。

（二）向有管辖权的人民法院提起诉讼。

第七章　其他事项

第十六条　本协议规定的事项发生重大变化或存在未尽之事宜，甲、乙双方应当重新签订协议或签订补充协议。补充协议与本协议不一致的，以补充协议为准。补充协议为本协议有效组成部分，报全国股份转让系统公司备案。

第十七条　本协议自甲、乙双方签字盖章后生效。

第十八条　本协议一式（　）份，甲、乙双方各执（　）份，报全国股份转让系统公司（　）份，每份均具有同等法律效力。

（以下无正文）

甲方（盖章）：　　　　　　　　　　乙方（盖章）：

法定代表人或授权代表（签字）：　　　法定代表人或授权代表（签字）：

第三节　尽职调查和内核

尽职调查和内核是主办券商推荐挂牌阶段的核心环节。总体而言，为完成尽职调查和内核程序，首先，主办券商设立专门项目小组，协同会计师事务所、律师事务所等中介机构，围绕企业挂牌条件，对企业的财务会计相关事项、法律相关事项、行业和业务相关事项进行尽职调查，获取和制作相关尽职调查工作底稿，出具尽职调查报告、推荐文件，以及两年一期的审计报告、法律意见书等其他挂牌申请文件；其次，主办券商内核机构根据项目小组的申请召开内核会议，独立、客观、公正地对推荐文件和挂牌申请文件进行审核，核查申请挂牌公司是否符合挂牌条件，以此出具是否向新三板推荐挂牌的内核意见；同意推荐的，出具推荐报告。现分述之。

一、尽职调查

（一）尽职调查的含义

根据《全国中小企业股份转让系统主办券商尽职调查工作指引（试行）》（以下简称《尽职调查工作指引》）第二条规定，尽职调查是指主办券商遵循勤勉尽责、诚实守信原则，以形成有利于投资者作出投资决策的信息披露文件为目的，对公司进行调查，以有充分理由确信：①公司符合《全国中小企业股份转让系统业务规则（试行）》规定的挂牌条件；②公开转让说明书中所披露的信息真实、准确和完整。

其中，公开转让说明书是企业申请挂牌须提供和披露的核心文件，其内容主要包括公司基本情况、公司业务、公司治理、公司财务、有关声明和附件六大部分。凡对投资者投资决策有重大影响的信息，均应披露。

（二）尽职调查的主要内容

主办券商对申请挂牌公司所开展的尽职调查工作，主要是依据《全国中小企业股份转让系统主办券商推荐业务规定》《尽职调查工作指引》等要求进行。具体而言，主办券商针对每家申请挂牌公司设立专门项目小组，负责尽职调查，起草尽职调查报告，制作推荐文件等。项目小组在遵循勤勉尽责、诚实守信原则的基础上，通过实地考察、查阅、访谈等方法展开尽职调查，调查内容主要包括业务调查、公司治理调查、公司财务调查以及公司合法合规性调查四大方面，具体如下表所示。

尽职调查的主要内容

编号	调查内容
1	**业务调查**
1－1	公司所处细分行业的情况和风险
1－2	公司商业模式
1－2－1	公司产品或服务调查
1－2－2	公司业务所依赖的关键资源调查
1－2－3	公司关键业务流程调查
1－2－4	公司收益情况调查
1－3	公司经营目标和计划
2	**公司治理调查**
2－1	公司章程及治理结构
2－2	公司治理机制
2－3	公司股权结构
2－4	公司董事、监事调查
2－5	公司独立性情况
2－6	同业竞争情况

（续上表）

编号	调查内容
2－7	重大经营事项
2－8	管理层的诚信情况
3	**公司财务调查**
3－1	公司内部控制制度五要素调查
3－2	财务风险调查
3－3	应收款项
3－4	存货
3－5	公司重要的对外投资
3－6	固定资产
3－7	无形资产
3－8	资产减值准备
3－9	历次资产评估
3－10	应付款项
3－11	收入
3－12	成本
3－13	广告费、研发费用、利息费用
3－14	收入、成本、费用的配比性
3－15	非经常性损益
3－16	股利分配政策
3－17	合并财务报表
3－18	关联方及关联交易
3－19	审计报告
3－20	会计师事务所变更情况
4	**公司合法合规性调查**
4－1	公司设立及存续情况
4－2	最近两年股权变动的合法合规性
4－3	最近两年是否存在重大违法违规情况
4－4	公司股权转让限制情况
4－5	主要财产的合法性
4－6	公司重大债务

（续上表）

编号	调查内容
4 - 7	公司纳税情况
4 - 8	环境保护和产品质量、技术标准
4 - 9	重大诉讼、仲裁和其他重大或有事项

资料来源：根据《尽职调查工作指引》第二章整理。

（三）尽职调查报告

根据《全国中小企业股份转让系统主办券商推荐业务规定》第二十一条：项目小组完成尽职调查工作后，应出具尽职调查报告，各成员应在尽职调查报告上签名，承诺已参加尽职调查工作并对其负责。

根据《尽职调查工作指引》第六十至六十一条：项目小组应在尽职调查报告中说明尽职调查涵盖的期间、调查范围、调查事项、调查程序和方法、发现的问题及存在的风险、评价或判断的依据等。项目小组应在尽职调查报告中说明公司对不规范事项的整改情况。项目小组应在尽职调查报告中对公司的下列事项发表独立意见：

（1）公司控股股东、实际控制人情况及持股数量；

（2）公司的独立性；

（3）公司治理情况；

（4）公司规范经营风险；

（5）公司的法律风险；

（6）公司的财务风险；

（7）公司的持续经营能力；

（8）公司是否符合挂牌条件。

二、内核

（一）内核制度的重要性

内核制度是规范主办券商推荐挂牌的重要制度，是证券发行制度的重要组成部分，也是防范证券市场风险的第一道屏障。由于证券行业的复杂性，监管主体过于单一，容易造成监管成本高，效率低下，并且市场上存在政府监管所不能触及的死角，因此政府监管不能解决所有的市场问题。在我国整个证券监管体系中，主办券商内核是中介机构自我规范的充分体现，符合我国集中统一监管下加强自律的证券管理法律和政策的要求。

2015 年 6 月 29 日，全国股转系统公司发布了《挂牌审查一般问题内核参考要点（试行）》（以下简称《内核参考要点》），其特别指出：在《内核参考要点》试行期间，全国股转系统公司将不再发出一般问题的反馈意见，而主要针对申请挂牌公司的特有问题提出反馈意见，重点关注特有问题的落实。对于存在一般问题应落实未落实的情况，全国股转系统公司将纳入执业质量监管并进行统计公示。主办券商等中介机构要进一步提高内核或质控质量，建立内核或质控部门与全国股转系统公司挂牌业务部的沟通机制，充分发挥内核或质控的作用。可见，内核在主办券商推荐挂牌中的重要性。

（二）内核机构

根据《全国中小企业股份转让系统主办券商推荐业务规定》第十条规定，主办券商应设立内核机构，负责推荐文件和挂牌申请文件的审核，并对下列事项发表审核意见：

（1）项目小组是否已按照尽职调查工作的要求对申请挂牌公司进行了尽职调查；

（2）申请挂牌公司拟披露的信息是否符合全国股转系统公司有关信息披露的规定；

（3）申请挂牌公司是否符合挂牌条件；

（4）是否同意推荐申请挂牌公司股票挂牌。

（三）内核会议

主办券商内核机构根据项目小组的申请召开内核会议，审核推荐文件和挂牌申请文件。每次会议须 7 名以上内核机构成员出席，其中律师、注册会计师和行业专家至少各 1 名。项目小组成员可以列席内核会议，汇报说明并回答质疑。

内核会议对是否同意推荐申请挂牌公司股票挂牌进行表决，表决应采取记名投票方式，每人 1 票，2/3 以上赞成且指定注册会计师、律师和行业专家均为赞成票为通过。主办券商应根据内核意见，决定是否向全国股转系统公司推荐申请挂牌公司股票挂牌。决定推荐的，应出具推荐报告。

（四）不得推荐挂牌的情形

根据《全国中小企业股份转让系统主办券商推荐业务规定》第三十三条规定，存在下列情形之一的，主办券商不得推荐申请挂牌公司股票挂牌：

（1）主办券商直接或间接合计持有申请挂牌公司70%以上的股份，或者是其前五名股东之一，主办券商以做市为目的持有申请挂牌公司股份的除外；

（2）申请挂牌公司直接或间接合计持有主办券商70%以上的股份，或者是其前五名股东之一；

（3）主办券商前十名股东中任何一名股东为申请挂牌公司前三名股东之一；

（4）主办券商与申请挂牌公司之间存在其他重大影响的关联关系。

第四节　出具推荐报告及其他挂牌申请文件

一、主办券商推荐报告

第三节已述，主办券商根据内核意见，决定推荐申请挂牌公司股票在新三板挂牌的，应出具推荐报告。根据《全国中小企业股份转让系统主办券商推荐业务规定》第三十五条规定，主办券商推荐报告应当包括以下内容：

（1）尽职调查情况；

（2）逐项说明申请挂牌公司是否符合《全国中小企业股份转让系统业务规则（试行)》规定的挂牌条件；

（3）内核程序及内核意见；

（4）推荐意见；

（5）提醒投资者注意事项；

（6）全国股转系统公司要求的其他内容。

二、挂牌申请文件

如前所述，在主办券商推荐挂牌阶段，主办券商对申请挂牌公司完成了尽职调查和内核程序，并出具了推荐报告。接下来，主办券商还应和申请挂牌公司一起，按照《全国中小企业股份转让系统挂牌申请文件内容与格式指引（试行）》规定，向全国股转系统公司制作和报送申请文件。

根据《国务院决定》规定，公司申请新三板挂牌时，如果股东人数未超过200人，证监会豁免核准，由全国股转系统公司进行挂牌审查；如果股东人数超过200人，需报经证监会核准，获得核准批文后，再向全国股转系统公司履行相关挂牌手续。因此，全国股转系统公司对此两类公司提供了不同的挂牌申请文件目录指引，具体如下：

（一）申请时股东人数未超过200人的挂牌申请文件目录

第一部分　要求披露的文件

第一章　公开转让说明书及推荐报告

1 - 1　公开转让说明书（申报稿）

1 - 2　财务报表及审计报告

1 - 3　法律意见书

1 - 4　公司章程

1 - 5　主办券商推荐报告

1 - 6　股票发行情况报告书（如有）

第二部分　不要求披露的文件

第二章　申请挂牌公司相关文件

2 - 1　向全国股份转让系统公司提交的申请股票在全国股份转让系统挂牌及股票发行（如有）的报告

2 - 2　有关股票在全国股份转让系统挂牌及股票发行（如有）的董事会决议

2 - 3　有关股票在全国股份转让系统挂牌及股票发行（如有）的股东大会决议

2 - 4　企业法人营业执照

2 - 5　股东名册及股东身份证明文件

2 - 6　董事、监事、高级管理人员名单及持股情况

2－7　申请挂牌公司设立时和最近两年及一期的资产评估报告

2－8　申请挂牌公司最近两年原始财务报表与申报财务报表存在差异时，需要提供差异比较表

2－9　申请挂牌公司全体董事、监事和高级管理人员签署的《董事（监事、高级管理人员）声明及承诺书》

第三章　主办券商相关文件

3－1　主办券商与申请挂牌公司签订的《推荐挂牌并持续督导协议》

3－2　尽职调查报告

3－3　尽职调查工作文件

　3－3－1　尽职调查工作底稿目录、相关工作记录和经归纳整理后的尽职调查工作表

　3－3－2　有关税收优惠、财政补贴的依据性文件

　3－3－3　历次验资报告

　3－3－4　对持续经营有重大影响的业务合同

3－4　内核意见

　3－4－1　内核机构成员审核工作底稿

　3－4－2　内核会议记录

　3－4－3　对内核会议反馈意见的回复

　3－4－4　内核专员对内核会议落实情况的补充审核意见

3－5　主办券商推荐挂牌内部核查表及主办券商对申请挂牌公司风险评估表

3－6　主办券商自律说明书

3－7　主办券商业务备案函复印件（加盖机构公章并说明用途）及项目小组成员任职资格说明文件

第四章　其他相关文件

4－1　申请挂牌公司全体董事、主办券商及相关中介机构对申请文件真实性、准确性和完整性的承诺书

4－2　相关中介机构对纳入公开转让说明书等文件中由其出具的专业报告或意见无异议的函

4－3　申请挂牌公司、主办券商对电子文件与书面文件保持一致的声明

4－4　律师、注册会计师及所在机构的相关执业证书复印件（加盖机构公章并说明用途）

4－5　国有资产管理部门出具的国有股权设置批复文件及商务主管部门出具的外资股确认文件

4－6　证券简称及证券代码申请书

（二）申请时股东人数超过200人的挂牌申请文件目录

第一部分　要求披露的文件
第一章　公开转让说明书及推荐报告

1-1　公开转让说明书（证监会核准的最终稿）

1-2　财务报表及审计报告

1-3　法律意见书

1-4　公司章程

1-5　主办券商推荐报告

1-6　股票发行情况报告书（如有）

1-7　中国证监会核准文件

第二部分　不要求披露的文件
第二章　申请挂牌公司相关文件

2-1　向全国股份转让系统公司提交的申请股票在全国股份转让系统挂牌及股票发行（如有）的报告

2-2　有关股票在全国股份转让系统挂牌及股票发行（如有）的董事会决议

2-3　有关股票在全国股份转让系统挂牌及股票发行（如有）的股东大会决议

2-4　企业法人营业执照

2-5　股东名册及股东身份证明文件

2-6　董事、监事、高级管理人员名单及持股情况

2-7　申请挂牌公司全体董事、监事和高级管理人员签署的《董事（监事、高级管理人员）声明及承诺书》

2-8　证券简称及证券代码申请书

2-9　国有资产管理部门出具的国有股权设置批复文件及商务主管部门出具的外资股确认文件

2-10　中国证监会核准后至申请挂牌前新增重大事项的说明文件（如有）

第三章　证券服务机构相关文件

3-1　主办券商与申请挂牌公司签订的《推荐挂牌并持续督导协议》

3-2　主办券商业务备案函复印件（加盖机构公章并说明用途）及项目小组成员任职资格说明文件

3-3　律师、注册会计师及所在机构的相关执业证书复印件（加盖机构公章并说明用途）

第七章　全国股转系统公司
（或证监会）挂牌审查

　　概括地讲，新三板挂牌包括3大流程阶段：一是企业挂牌条件诊断；二是主办券商推荐；三是全国股转系统公司（或证监会）挂牌审查。其中，前述第二章至第五章为第一阶段：企业挂牌条件诊断。即从企业角度，分章探讨了申请挂牌企业是否满足4个条件：①是否是依法设立的股份公司；②是否业务明确且具备持续经营能力；③公司治理是否规范；④公司股权是否明晰。第六章为第二阶段：主办券商推荐。即从中介机构角度，探讨主办券商如何统筹协调会计师事务所、律师事务所等中介机构对申请挂牌公司进行尽职调查和内核，对公司是否符合挂牌条件发表独立意见，完成推荐报告及其他有关申请文件的制作。由于新三板挂牌实行的是主办券商制度，必须由主办券商推荐，企业不可自行申报，因此，第六章主办券商推荐既是挂牌条件也是挂牌流程。接下来，第七章为第三阶段：挂牌审查。即从监管机构角度，探讨全国股转系统公司（或证监会）如何围绕挂牌条件和信息披露的合规性、有效性审查推荐文件，履行审查程序。

　　本章主要讨论全国股转系统公司对未超200人公司的挂牌审查和证监会对200人公司的挂牌审查。

第一节　概述

一、未超 200 人公司与 200 人公司

（一）非上市公众公司的范围

《证券法》第十条首次明确规定"向特定对象发行证券累计超过 200 人的"属于公开发行，须经证监会核准。《国务院办公厅关于严厉打击非法发行股票和非法经营证券业务有关问题的通知》（国办发〔2006〕99 号）进一步明确，"向不特定对象公开转让股票"以及"向特定对象转让股票导致股东累计超过 200 人"为变相公开发行，也需经证监会核准。基于上述法律规章的精神，证监会 2012 年颁布、2013 年修订的《非上市公众公司监督管理办法》第二条规定了非上市公众公司的范围，即未在证券交易所上市的股份公司只要具备以下两种情形之一的，就属于非上市公众公司的范围：一是股东人数超过 200 人；二是股票公开转让。

对于第一种情形的非上市公众公司，又有两种途径：一是公司向特定对象发行股票导致股东人数累计超过 200 人（以下简称"定向发行"）；二是股东向特定对象转让股票导致股东人数累计超过 200 人（以下简称"定向转让"）。对于第二种情形的非上市公众公司，按照《非上市公众公司监督管理办法》第四条规定，"公众公司公开转让股票应当在全国中小企业股份转让系统进行"明确，公开转让的非上市公众公司，是指全国股转系统的挂牌公司。

（二）公开转让、定向转让、定向发行与全国股转系统挂牌公司之间的关系

按照是否在全国股转系统挂牌划分，非上市公众公司可分为挂牌公司和不挂牌公司。股票公开转让的公司，一定在全国股转系统挂牌，即挂牌公司；股票定向转让的公司，一定不在全国股转系统挂牌，即不挂牌公司。而对于股票定向发

行的公司，如果有公开转让需求，则必须在全国股转系统挂牌，若没有公开转让需求，也可不在全国股转系统挂牌。

（三）未超 200 人公司与 200 人公司的界定

综上所述，全国股转系统挂牌公司（亦称"新三板挂牌公司"）属性为非上市公众公司，股东人数可以超过 200 人。根据《非上市公众公司行政许可事项的有关事宜公告》（证监会公告〔2013〕49 号）规定：股东人数超过 200 人的股份公司申请在全国股转系统挂牌公开转让，股份公司向特定对象发行证券导致证券持有人数累计超过 200 人或者股东人数超过 200 人的非上市公众公司向特定对象发行证券的，需报经证监会核准；股东人数未超过 200 人的股份公司申请在全国股转系统挂牌公开转让，以及挂牌公司向特定对象发行证券后证券持有人数累计不超过 200 人的，证监会豁免核准，由全国股转系统公司进行审查，公司挂牌后，直接纳入非上市公众公司监管范围。

因此，股份公司股东人数是否超过 200 人，成为申请新三板挂牌是否须依法报经证监会核准的一个临界标准。实践中，为方便交流与讨论，将股东人数未超过 200 人的股份公司简称为"未超 200 人公司"；将股东人数超过 200 人的股份公司，简称为"200 人公司"。

二、备案制与核准制

依据前述相关法律规范对非上市公众公司的相关规定，《全国中小企业股份转让系统业务规则（试行）》第一章第十条进一步明确规定："挂牌公司是纳入中国证监会监管的非上市公众公司，股东人数可以超过 200 人。股东人数未超过 200 人的股份有限公司，直接向全国股份转让系统公司申请挂牌。股东人数超过 200 人的股份有限公司，公开转让申请经中国证监会核准后，可以按照本业务规则的规定向全国股份转让系统公司申请挂牌。"换言之，申请挂牌，根据公司股东人数是否超过 200 人，分别采取备案制、核准制两种不同的挂牌审查方式。其中：对未超 200 人公司实行备案制，即证监会豁免核准，由全国股转系统公司进行挂牌审查；对 200 人公司实行核准制，即应向证监会提出行政许可申请，经证监会非上市公众公司监管部审核，获得核准并领取批文后，再向全国股转系统公司履行相关挂牌手续。上述两种情形的挂牌审查制度对比如图 7–1 所示。

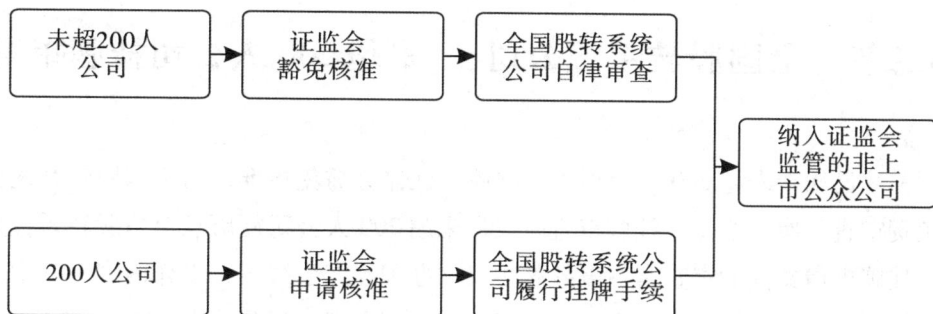

图 7 - 1　备案制与核准制的挂牌审查制度对比

　　如图 7 - 1 所示，申请挂牌公司在挂牌审查阶段，会因股东人数是否超 200 人而实行不同的挂牌审查制度，差异主要体现在挂牌审查机构、申请文件制作、审查工作流程、审查标准等方面。

三、挂牌审查阶段的主要工作内容

　　申请挂牌公司围绕挂牌条件，经过前述第二章至第六章的企业挂牌条件诊断、主办券商推荐两大阶段后，按全国股转系统公司的有关规定制作公开转让说明书、推荐报告、法律意见书、财务报表及审计报告等申请文件，现进入第三大阶段的挂牌审查。

　　在挂牌审查阶段，主要包括以下三大工作内容：

　　一是监管部门对挂牌申请文件的审查。未超 200 人公司由全国股转系统公司进行审查，并出具是否同意挂牌的审查意见；200 人公司需报经证监会核准，具体由非上市公众公司监管部进行审核，并出具是否核准挂牌的批文。

　　二是签署挂牌协议。即申请挂牌公司应在股票挂牌前与全国股转系统公司签署挂牌协议，明确双方的权利、义务和有关事项。

　　三是办理挂牌手续。在办理挂牌手续环节，未超 200 人公司和 200 人公司并无差别。

　　在上述三大工作内容中，最为核心的是监管部门对挂牌申请文件的审查环节，具体详见下述第二节和第三节。

第二节　全国股转系统公司：未超 200 人公司挂牌审查

前述已知，未超 200 人公司申请挂牌，证监会豁免核准，由全国股转系统公司负责审查。换言之，在挂牌审查阶段，未超 200 人公司须历经全国股转系统公司对挂牌申请文件的审查、签署挂牌协议、办理挂牌手续三大工作内容，其中全国股转系统公司对挂牌申请文件的审查是核心和重点。现分述之。

一、全国股转系统公司对未超 200 人公司挂牌申请文件的审查

（一）未超 200 人公司的挂牌审查工作流程

根据全国股转系统公司发布的《股份公司申请在全国中小企业股份转让系统公开转让、定向发行股票的审查工作流程》规定，对未超 200 人公司申请挂牌（含定向发行）的审查工作流程具体包括：接收材料、审查反馈、出具审查意见等环节，具体如图 7-2 所示。

从图 7-2 可知，未超 200 人公司挂牌审查的各环节如下：

1. 接收材料

全国股转系统公司设接收申请材料的服务窗口。申请挂牌公开转让、发行股票的股份公司（以下简称"申请人"）通过业务支持平台向全国股转系统公司提交挂牌（或发行股票）申请材料。

全国股转系统公司对申请材料的齐备性、完整性进行检查：需要申请人补正申请材料的，按规定提出补正要求；申请材料形式、要件齐备，符合条件的，全国股份转让系统公司出具接收确认单。

2. 审查反馈

（1）**反馈**。对于审查中需要申请人补充披露、解释说明或中介机构进一步核查落实的主要问题，审查人员撰写书面反馈意见，由服务窗口告知、送达申请人及主办券商。

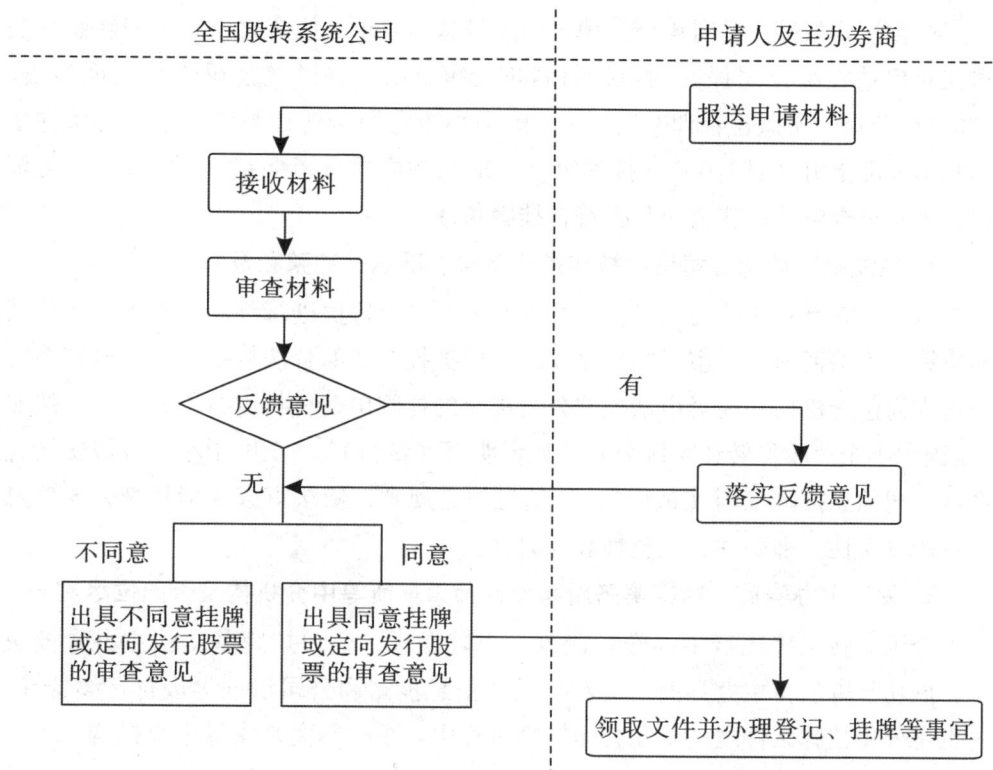

图 7 - 2　全国股转系统公司对未超 200 人公司挂牌申请文件审查的工作流程

（2）**落实反馈意见**。申请人应当在反馈意见要求的时间内向服务窗口提交反馈回复意见；如需延期回复，应提交申请，但最长不得超过 30 个工作日。

3. **出具审查意见**

申请材料和回复意见审查完毕后，全国股转系统公司出具同意或不同意挂牌或定向发行股票的审查意见，服务窗口将审查意见送达申请人及相关单位。

（二）全国股转系统公司对未超 200 人公司挂牌审查标准

全国股转系统公司对未超 200 人公司进行挂牌审查时，坚持公开透明原则，强化以信息披露为核心的审查理念，主要围绕申请挂牌公司的挂牌条件和信息披露的合规性、有效性展开，重点关注以下 3 方面内容：

1. 关注申请挂牌公司是否符合挂牌条件

符合挂牌条件，是对申请挂牌公司的最基本要求。换言之，全国股转系统公司在对申请挂牌公司提交的申请材料进行审查时，将以《公司法》《证券法》《非上市公众公司监督管理办法》《全国中小企业股份转让系统股票挂牌条件适用基本标准指引（试行）》《挂牌审查一般问题内核参考要点（试行）》等为依据，依法审查申请挂牌公司是否符合挂牌条件。

2. 关注申请挂牌公司信息披露是否真实、准确、完整和及时

因投资者是基于公司信息披露文件对公司投资价值进行判断并作出是否投资的决策。为保证新三板市场的有序发展，保护投资者的合法权益，全国股转系统公司作为监管机构，在对申请挂牌公司提交的挂牌申请材料进行审查时，将按照《全国中小企业股份转让系统公开转让说明书（试行）》《全国中小企业股份转让系统公司信息披露细则（试行）》等信息披露规则，依法审查申请挂牌公司信息披露的真实性、准确性、完整性和及时性。

3. 关注主办券商、律师事务所和会计师事务所等中介机构是否归位尽责

全国股转系统实行主办券商制度。也就是说，公司挂牌基本由主办券商决定，成功挂牌后，主办券商还要对公司的信息披露和公司治理等进行持续督导，这也是公司挂牌条件之一。在公司挂牌过程中，主办券商是主导中介机构，主要承担尽职调查和内核职责，以核查公司是否符合挂牌条件；同时，主办券商还需借助律师事务所、会计师事务所、资产评估师事务所等中介机构对公司的法律、财务、资产评估等问题进行核查并发表专业意见，共同完成公司挂牌申请材料的制作及推荐工作。由此看来，主办券商、律师事务所、会计师事务所等中介机构在服务公司挂牌过程中的地位职责显得非常重要。

因此，全国股转系统公司在对申请挂牌公司提交的挂牌申请材料进行审查时，将会关注主办券商、律师事务所、会计师事务所等中介机构是否归位尽责，是否严格履行尽职调查、质控、内核等必备程序，并围绕挂牌条件和信息披露等如实客观、逻辑清晰地发表专业意见。

（三）全国股转系统公司挂牌审查实现全公开

全国股转系统为完善自律监管职能，提升挂牌审查的透明度和社会公信力，践行以信息披露为核心的审查理念，自 2014 年 11 月 6 日起，新三板的挂牌审查信息实现了全公开，即从审查流程、审查标准到审查进度、审查过程均已实现公

开透明。具体如下：

1. 审查流程公开

股份公司申请挂牌，要经过申请材料受理、审查反馈、落实反馈意见、审查会议（质控会）讨论以及出具同意/不同意挂牌的函等几个阶段。为此，全国股转系统公司发布了《股份公司申请在全国中小企业股份转让系统公开转让、定向发行股票的审查工作流程》，对审查流程予以明确。

2. 审查标准公开

全国股转系统挂牌审查工作主要围绕挂牌条件和企业信息披露的合规性、有效性展开。具体而言，挂牌审查标准主要关注三方面内容：一是审查企业是否符合挂牌条件；二是审查信息披露是否真实、准确、完整和及时；三是审查中介机构是否归位尽责，以及执业质量是否有保障。

3. 审查进度公开

全国股转系统通过官网公示了包含审查进度在内的《在审申请挂牌企业基本情况表》，且每周更新。

4. 审查过程公开

首先，企业申请材料被接收后就会在全国股转系统网站信息披露栏目披露。其次，对企业反馈意见和反馈意见回复实现了公开。最后，通过全国股转系统业务支持平台报送的项目，在审查任务分工确认后，主办券商可从业务支持平台查询审查员的姓名和电话；审查过程中，申请挂牌公司和中介机构可就专业问题随时通过邮件、电话或预约会谈的方式与审查人员进行沟通，实现了审查过程中沟通的顺畅。

二、签署挂牌协议

申请挂牌公司取得全国股转系统公司同意挂牌的审查意见后，应在其股票挂牌前与全国股转系统公司签署挂牌协议，以明确双方的权利、义务和有关事项。

挂牌协议书范本如下：

全国中小企业股份转让系统挂牌协议

甲方：全国中小企业股份转让系统有限责任公司　　　乙方：＿＿＿＿＿＿股份有限公司

法定代表人：　　　　　　　　　　　　　　　　　　法定代表人：

住所：　　　　　　　　　　　　　　　　　　　　　住所：

联系电话：　　　　　　　　　　　　　　　　　　　联系电话：

　　第一条　甲方是全国中小企业股份转让系统（以下简称"全国股份转让系统"）的运营管理机构，负责组织和监督挂牌公司的股票转让及相关活动，实行自律管理。乙方是经中国证监会核准的非上市公众公司，申请其股票在全国股份转让系统挂牌。乙方已向甲方提交了挂牌申请及相关文件，并取得了甲方同意挂牌的审查意见及中国证监会核准。

　　第二条　为规范乙方股票在全国股份转让系统挂牌行为，明确双方权利与义务，甲乙双方根据《合同法》《公司法》《证券法》《非上市公众公司监督管理办法》《全国中小企业股份转让系统有限责任公司管理暂行办法》《全国中小企业股份转让系统业务规则（试行)》等规定，签订本协议。

　　第三条　甲方的权利：

　　（一）甲方有权在有关法律、行政法规、中国证监会相关规定授权范围内对乙方实施日常监管；甲方有权依据全国股份转让系统业务规则、细则、指引、通知等规定（以下简称"甲方业务规则"）对乙方的股票挂牌、公开转让、终止挂牌等行为进行管理。

　　（二）甲方有权依据经中国证监会批准的收费标准收取挂牌费。

　　第四条　甲方的义务：

　　（一）甲方应当依据有关法律、行政法规及中国证监会相关规定制定甲方业务规则并及时公布，为乙方及其他市场主体参与市场活动提供制度保障。

　　（二）甲方负责运营、管理全国股份转让系统，发布市场信息，为乙方及其他市场参与主体提供正常的信息环境。

　　（三）甲方负责提供股票转让平台及相关设施，安排乙方股票挂牌，组织乙方股票转让活动。

　　（四）甲方负责提供信息披露服务平台，安排乙方首次挂牌信息披露及日常信息披露。

　　（五）甲方应当接受乙方的咨询，对其股票挂牌操作提供必要的指导。

　　第五条　乙方的权利：

　　（一）乙方有权向甲方咨询股票挂牌操作事宜，并获得甲方的指导。

　　（二）乙方有权获得甲方提供的股票转让、信息披露平台及相关设施服务。

　　第六条　乙方的义务：

　　（一）乙方同意接受甲方的日常监管及管理。

（二）乙方承诺遵守法律、法规、规章等规范性法律文件。乙方应进一步承诺遵守甲方业务规则，履行包括但不限于规范公司治理、信息披露等义务。乙方应保证并责成其包括董事、监事、高级管理人员在内的全体员工理解并遵守本协议内容。

（三）乙方及其董事、监事和高级管理人员在挂牌时和挂牌后作出的承诺文件为本协议不可分割的一部分，是本协议的附件。乙方应保证其董事、监事和高级管理人员签署该承诺文件。

（四）乙方应按本协议约定向甲方缴纳挂牌费。

（五）乙方应按要求参加甲方组织的业务培训。

（六）乙方应当以书面形式及时通知甲方任何导致乙方不再符合挂牌要求的公司行为或其他事件。

第七条　挂牌费：

（一）挂牌费包括挂牌初费和挂牌年费，由甲方依据经中国证监会批准的收费标准收取。

（二）乙方应当在挂牌日前缴纳按照挂牌首日总股本计算的挂牌初费，并在每年7月15日以前一次性缴纳按照公司上一年度末总股本计算的本年度挂牌年费。

（三）挂牌当年的挂牌年费按照挂牌首日的总股本和实际挂牌月份（自挂牌日的次月起计算）予以折算，与挂牌初费一并缴纳。

（四）乙方逾期缴纳挂牌费，甲方有权每日按应缴纳金额的3‰收取滞纳金。

（五）经甲方催告后，乙方于10个工作日内仍未缴纳时，甲方有权对乙方采取监管措施，并保留向乙方主张其违约造成的全部损失的权利。

（六）乙方股票终止挂牌后，已经交纳的挂牌费不予返还。

第八条　本协议的执行与解释适用中华人民共和国法律。

第九条　本协议未尽事宜，双方应依照有关法律、法规、规章及甲方业务规则执行。

第十条　与本协议的解释或执行有关的争议及纠纷，应首先由甲乙双方通过友好协商解决。若自争议或者纠纷发生之日起30天内未能通过协商解决，任何一方均可将该项争议提交中国国际经济贸易仲裁委员会按照当时适用的仲裁规则进行仲裁，仲裁地点为北京。仲裁裁决为最终裁决，对双方均具有法律约束力。

第十一条　双方一致同意，本协议生效后，如因适用的法律、法规、规章等规范性法律文件及甲方业务规则发生变化，导致本协议相关条款内容与修订或新颁布的上述法律、法规、规章、甲方业务规则等内容相抵触，本协议该部分条款将自动变更并以修订或新颁布的相关法律、法规、规章、甲方业务规则内容为准。

尽管有前款内容，本协议其他不与有关法律、法规、规章、甲方业务规则内容相抵触的条款持续有效。

第十二条　乙方申请终止或被甲方终止在全国股份转让系统挂牌的，本协议自终止挂牌之日自动解除。本协议解除不影响甲方依法向乙方主张本协议项下未结费用、滞纳金支付的权利。

第十三条　本协议自双方签字盖章之日起生效。双方可以以书面方式对本协议作出补充，经双方签字盖章的有关本协议的补充协议是本协议的组成部分，与本协议具有同等法律效力。

第十四条　本协议一式肆份，双方各执贰份。

（以下无正文）

甲方（公章）：　　　　　　　　　　乙方（公章）：

法定代表人　　　　　　　　　　　　法定代表人

或授权代表（签字）：　　　　　　　或授权代表（签字）：

　　年　月　日　　　　　　　　　　　年　月　　日

三、办理挂牌手续

申请挂牌公司接到领取同意挂牌函的通知后，应按以下时间节点和步骤准备办理挂牌手续：

（1）在全国股转系统公司领取同意挂牌函、代码和简称通知书、转让方式的函。

（2）向全国股转系统公司申请办理并取得《股票初始登记明细表》。

（3）于取得代码和简称通知书的当日或第二个转让日进行首次信息披露操作。挂牌前首次信息披露文件包括：①公开转让说明书；②财务报表及审计报告（最近两年及一期）；③补充审计期间的财务报表及审计报告（如有）；④法律意见书；⑤补充法律意见书；⑥公司章程；⑦主办券商推荐报告；⑧股票发行情况报告书（如有）；⑨全国股转系统公司同意挂牌的函；⑩其他公告文件。

（4）申请挂牌公司及主办券商应不迟于取得证券简称和代码的第二个转让日，向中国证券登记结算有限责任公司北京分公司（以下简称"中国结算北京分公司"）报送股份初始登记预审文件。根据中国结算北京分公司的安排，现场办理登记手续，领取《股份登记确认书》。

（5）取得中国结算北京分公司出具的《股份登记确认书》等文件当日，确定挂牌日期（通常为取得《股份登记确认书》后的第二个转让日），向全国股转系统公司挂牌业务部递交《公开转让记录表》《股份登记确认书》等文件的扫描件，办理挂牌手续。

（6）于挂牌日前一个转让日披露挂牌提示性公告。

以上办理挂牌手续的时间节点和步骤，详见《全国中小企业股份转让系统股票挂牌业务操作指南（试行）》。

第三节　证监会：200人公司挂牌审核

前述已知，与未超200人公司不同，200人公司申请挂牌或定向发行实行的是核准制，即应向证监会提出行政许可申请，经证监会非上市公众公司监管部审核，获得核准并领取批文后，再向全国股转系统公司办理相关挂牌手续。换言之，在挂牌审查阶段，200人公司须历经证监会对挂牌申请文件的审核、签署挂牌协议、办理挂牌手续三大工作内容，其中证监会对挂牌申请文件的审核是核心和重点。现分述之。

一、证监会对200人公司挂牌申请文件的审核

（一）200人公司须制作和报送的挂牌申请文件

1. 依据

200人公司申请挂牌，需按证监会发布的相关文件要求制作和报送挂牌申请文件。这些文件依据主要包括：《非上市公众公司监管指引第2号——申请文件》（证监会公告〔2013〕2号）、《非上市公众公司信息披露内容与格式准则第1号——公开转让说明书》（证监会公告〔2013〕50号）、《非上市公众公司信息披露内容与格式准则第2号——公开转让股票申请文件》（证监会公告〔2013〕51号）等。

2. 挂牌申请文件目录

根据上述证监会发布的相关文件规定，200人公司申请挂牌，在向证监会申请核准时，应制作和报送的挂牌申请文件目录如下：

第一章　公开转让说明书及授权文件

1－1　申请人关于公开转让的申请报告

1－2　公开转让说明书（申报稿）

1－3　申请人董事会有关公开转让的决议

1－4　申请人股东大会有关公开转让的决议

第二章　主办券商推荐文件

2－1　主办券商关于公开转让的推荐报告

第三章　证券服务机构关于公开转让的文件

3－1　财务报表及审计报告（申请人最近两年原始财务报表与申报财务报表存在差异时，需要提供差异比较表及注册会计师对差异情况出具的意见）

3－2　申请人律师关于公开转让的法律意见书

3－3　申请人设立时和最近两年及一期的资产评估报告

第四章　其他文件

4－1　申请人的企业法人营业执照

4－2　申请人公司章程

4－3　国有资产管理部门出具的国有股权设置批复文件及商务主管部门出具的外资股确认文件

（二）证监会对 200 人公司挂牌申请文件的审核工作流程

根据《非上市公众公司行政许可事项审核工作流程》规定，证监会对 200 人公司挂牌申请文件的审核工作流程，具体如图 7－3 所示。

如图 7－3 所示，证监会对 200 人公司挂牌申请文件的审核工作流程包括申请文件受理、审核反馈、出具行政许可结论意见、封卷等审核环节，具体如下：

1. 申请文件受理

证监会行政许可受理服务中心根据《中国证券监督管理委员会行政许可实施程序规定》（证监会令第 66 号）和《非上市公众公司监督管理办法》（证监会令第 85 号）等规则的要求，依法接收非上市公众公司行政许可申请文件，并按程序转非上市公众公司监管部。

非上市公众公司监管部对申请材料进行形式审查：需要申请人补正申请材料的，按规定提出补正要求；认为申请材料形式、要件齐备，符合受理条件的，按程序通知行政许可受理服务中心作出受理决定；申请人未在规定时间内提交补正材料，或提交的补正材料不齐备、不符合法定形式的，按程序通知行政许可受理服务中心作出不予受理决定。

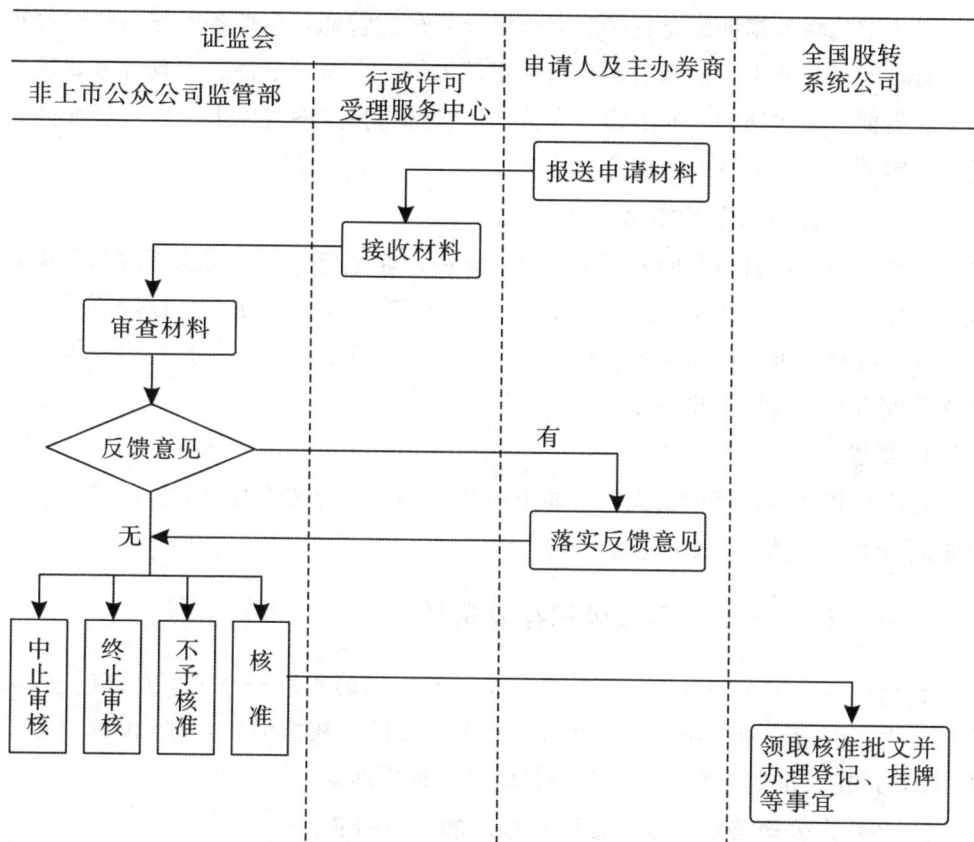

图 7 - 3 证监会对 200 人公司挂牌申请文件的审核工作流程

2. 审核反馈

（1）**审核**。行政许可申请文件受理后，非上市公众公司监管部根据申请项目具体情况、公务回避的有关要求以及审核人员的工作量等确定审查人员，按照审核标准审查申请人的申请材料。

（2）**反馈**。审查人员在审核过程中发现需要申请人补充披露、解释说明以及中介机构进一步核查落实的，应当撰写反馈意见，履行内部签批程序后，将反馈意见转受理部门告知、送达申请人。审查人员也可以向申请人口头提出申请材料中存在的问题，要求申请人进行说明、解释，并应当制作相关记录后签字保存。

（3）**落实反馈意见**。申请人应当在规定时间内向受理部门提交反馈回复意见，受理部门将反馈回复意见转非上市公众公司监管部。在准备回复材料的过程中如有疑问可与非上市公众公司监管部审核人员以会谈、电话、传真等方式进行沟通。需要当面沟通的，非上市公众公司监管部将指定两名以上工作人员在办公场所与申请人、主办券商等中介机构会谈。

3. 出具行政许可结论意见

按要求对申请材料和回复意见审核完毕后，非上市公众公司监管部撰写审查报告，作出核准、中止审核、终止审核、不予核准的决定，送办公厅印制批复文件。办公厅将核准、中止审核、终止审核、不予核准的批复文件送达申请人。申请人领取批复文件后安排后续工作。

4. 封卷

在将批复文件送达申请人后，非上市公众公司监管部将及时完成申请材料原件重新分类、存档、备查工作。

（三）证监会对 200 人公司挂牌审核标准

根据证监会发布的《非上市公众公司监管指引第 4 号——股东人数超过 200 人的未上市股份有限公司申请行政许可有关问题的审核指引》（以下简称《审核指引》）规定，证监会对 200 人公司挂牌审核标准涉及三个方面。

1. 200 人公司符合《审核指引》规定的 4 项标准

（1）**公司依法设立且合法存续**。200 人公司的设立、增资等行为不违反当时法律明确的禁止性规定，目前处于合法存续状态。城市商业银行、农村商业银行等银行业股份公司应当符合《关于规范金融企业内部职工持股的通知》（财金〔2010〕97 号）。

200 人公司的设立、历次增资依法需要批准的，应当经过有权部门的批准。存在不规范情形的，应当经过规范整改，并经当地省级人民政府确认。

200 人公司在股份形成及转让过程中不存在虚假陈述、出资不实、股权管理混乱等情形，也不存在重大诉讼、纠纷以及重大风险隐患。

（2）**股权清晰**。200 人公司应做到股权清晰。所谓股权清晰，是指股权形成真实、有效。权属清晰及股权结构清晰，具体要求包括：

①股权形成真实、有效。即股东出资行为真实，不存在重大法律瑕疵，或者相关行为已经得到有效规范，不存在风险隐患。

②股权权属清晰。即股东与公司之间、股东之间、股东与第三方之间不存在重大股份权属争议、纠纷或潜在纠纷。同时，200人公司申请挂牌，应当对股份进行确权，通过公证、律师见证等方式明确股份的权属，且经过确权的股份数量应当达到股份总数的80%以上（含80%）；未确权的部分应当设立股份托管账户，专户管理，并明确披露有关责任的承担主体。

③股权结构清晰。即200人公司应当设置股东名册并进行有序管理，股东、公司及相关方对股份归属、股份数量及持股比例无异议。对股权结构中存在工会或职工持股会代持、委托持股、信托持股以及通过"持股平台"间接持股等情形的，应已经将代持股份还原至实际股东、将间接持股转为直接持股，并依法履行相应的法律程序；但对以私募股权基金、资产管理计划以及其他金融计划进行持股的，如果该金融计划是依据相关法律、法规设立并规范运作，且已经接受证券监督管理机构监管的，可不进行股份还原或转为直接持股。

（3）**经营规范**。200人公司持续规范经营，不存在资不抵债或者明显缺乏清偿能力等破产风险的情形。

（4）**公司治理与信息披露制度健全**。200人公司按照证监会的相关规定，已经建立健全了公司治理机制和履行信息披露义务的各项制度。

2. 提交符合要求的申请文件

（1）**一般性要求**。证监会对200人公司挂牌申请文件进行审核时，要求申请挂牌的200人公司应按证监会相关规定编制和报送申请文件，须提交的申请文件详见前述内容。

（2）**特殊性要求**。一是省级人民政府的确认函。针对一些可能存在较大风险隐患、涉及社会稳定的特殊情形，要求提供省级人民政府出具的确认函，这些情形包括：①1994年7月1日《公司法》实施前，经过体改部门批准设立，但存在内部职工股超范围或超比例发行、法人股向社会个人发行等不规范情形的定向募集公司；②1994年7月1日《公司法》实施前，依法批准向社会公开发行股票的公司；③按照《国务院办公厅转发证监会关于〈清理整顿场外非法股票交易方案〉的通知》（国办发〔1998〕10号），清理整顿证券交易场所后"下柜"形成的股东超过200人的公司；④证监会认为需要省级人民政府出具确认函的其他情形。

省级人民政府出具的确认函应当说明公司股份形成、规范的过程以及存在的问题，并明确承担相应责任。

二是托管证明。对股份已经委托股份托管机构进行集中托管的，应当由股份托管机构出具股份托管情况的证明。对股份未进行集中托管的，应当出具省级人民政府的确认函。

三是中国银监会的监管意见。对属于 200 人公司的城市商业银行、农村商业银行等银行业股份公司应当提供中国银行业监督管理机构出具的监管意见。

3. 中介机构应归位尽责

证券公司、律师事务所应当勤勉尽责，对公司股份形成、经营情况、公司治理及信息披露等方面进行充分核查验证，确保所出具的专项核查报告、专项法律意见等文件无虚假记载、误导性陈述或者重大遗漏。

二、签署挂牌协议

与未超 200 人公司相同，详见本章第二节。

三、办理挂牌手续

与未超 200 人公司相同，详见本章第二节。

第八章 挂牌公司资本运营

前述第二章至第七章都是围绕《全国中小企业股份转让系统业务规则（试行）》探讨公司如何挂牌问题。众所周知，挂牌只是公司登陆新三板的开始，而挂牌后的资本运营才是重点，才是对企业真正有价值、有意义的事情。

资本运营是指企业在一定的资本市场条件下，将其拥有的一切有形或无形的存量与增量资产，进行优化配置、流动循环、裂变组合、整理重组，同时优化、整合相应组织载体，来达到收缩企业资本和压缩经营规模，或者扩张企业资本和壮大经营规模的目的，从而提高资产运用效率，增强企业竞争力，扩充企业实力。对于新三板挂牌公司而言，公司可以利用新三板市场进行融资、股份转让、并购重组和间接转板等一系列资本运营方式，从而解决公司融资难、股权定价困难、股份流动性不强和机构股份退出难等现实困境，很好地促进了公司资本与产业的融合与发展。

目前证监会、全国股转系统公司已出台了一系列有利于规范和指导企业在新三板资本运营的法律规则，同时新三板经过一段时间的运营，也在公司资本运营方面逐渐成长。因此本章将对新三板市场的各种资本运营方式的运行现状、规则和流程分别进行阐述。

第一节　挂牌公司的融资

融资难和融资贵一直是困扰中小微企业成长的难题。究其原因，主要是我国的投融资体系不健全。为了很好地"缓解中小微企业融资难"问题，国务院设立新三板，为创新型、创业型和成长型企业提供股权融资和债券融资两大类融资业务。其中股权融资指挂牌公司可以定向增发普通股和非公开发行优先股，而债券融资则主要指挂牌公司可按照规定发行公司债券。

一、挂牌公司融资现状

融资是中小企业挂牌新三板市场的最主要目的。从 2006 年新三板的建立到 2013 年底全国股转系统公司的运营，公司在新三板市场的融资总额逐年上升，也确实解决了一部分中小企业融资难的困境，具体状况如下：

（一）定向增发普通股

截至 2015 年 12 月 31 日，新三板共发布了 3 025 次股票定向融资公告，募集资金总额达到 1 396.59 亿元。从年度的分布看，2007—2013 年仅发生 106 起，募集资金也仅约为 29.68 亿元，此时的新三板还只是起步；到了 2014 年，股票定向融资发生 326 起，融资金额约为 127.94 亿元，一年的数据就已超过了前面 7 年之和；而到了 2015 年发生了 2 593 起定向融资，募集资金总额约达到 1 238.96 亿元。从行业分布来看，制造业和金融业仍然是定向融资最多的行业，而房地产行业中的 12 家公司没有进行一次定向增发普通股。其中制造业平均每家公司融资 0.55 次，平均每次定向融资金额为 591.67 万元，而信息传输、软件和信息技术服务业平均每家公司融资 0.745 次，平均每次定向融资金额为 439.20 万元。

因此从总的趋势来看，新三板的融资功能和价值发现功能正逐渐得以体现，新三板市场的建立也逐渐在解决中小微企业（特别是高新技术企业）融资难的困境（如表 8-1 和表 8-2 所示）。

表 8-1　定向增发普通股时间分布概况

时间	发行次数	发行股数（万股）	发行金额（万元）
2015 年	2 593	2 389 079	12 389 640
2014 年	326	261 191	1 279 451
2013 年	59	28 311	97 376
2012 年	23	18 434	78 258
2011 年	12	9 457	71 598
2010 年	5	3 417	20 356
2009 年	1	606	2 454
2008 年	3	3 370	14 902
2007 年	3	4 542	11 875
总计	3 025	2 718 407	13 965 910

资料来源：根据 Wind 数据库整理而成，报告的数据不包括已退市和转板公司的定向增发普通股，数据统计截至 2015 年 12 月 31 日。

表 8-2　定向增发普通股行业概况

行业	发行次数	发行股数		发行金额	
		股数（万股）	占比	金额（万元）	占比
农、林、牧、渔业	74	101 680	3.74%	354 331	2.54%
采矿业	13	13 108	0.48%	44 995	0.32%
制造业	1 529	912 727	33.58%	4 265 073	30.54%
电力、热气、燃气及水生产和供应业	23	34 249	1.26%	92 530	0.66%
建筑业	107	79 590	2.93%	369 877	2.65%
批发和零售业	100	56 997	2.10%	238 087	1.70%
交通运输、仓储和邮政业	23	15 546	0.57%	98 665	0.71%
住宿和餐饮业	8	117 993	4.34%	190 771	1.37%
信息传输、软件和信息技术服务业	735	330 857	12.17%	2 175 707	15.58%
金融业	46	647 496	23.82%	4 600 630	32.94%
房地产业	6	3 882	0.14%	26 314	0.19%

（续上表）

行业	发行次数	发行股数		发行金额	
		股数（万股）	占比	金额（万元）	占比
租赁和商务服务业	111	271 517	9.99%	744 842	5.33%
科学研究和技术服务业	121	55 968	2.06%	281 710	2.02%
水利、环境和公共设施管理业	42	28 299	1.04%	134 803	0.97%
居民服务、修理和其他服务业	4	1 514	0.06%	10 180	0.07%
教育	6	3 639	0.13%	25 923	0.19%
卫生和社会工作	18	7 913	0.29%	38 841	0.28%
文化、体育和娱乐业	59	35 432	1.30%	272 632	1.95%
合计	3 025	2 718 407	100.00%	13 965 910	100.00%

资料来源：根据 Wind 数据库整理而成，行业分类标准为证监会《上市公司行业分类指引》（2012 年修订），数据统计截至 2015 年 12 月 31 日。

（二）非公开发行优先股

根据《国务院关于开展优先股试点的指导意见》（国发〔2013〕46 号），非上市公众公司可以非公开发行优先股。优先股是指依照《公司法》，除一般规定的普通种类股份之外，另行规定的其他种类股份，其股份持有人优先于普通股股东分配公司利润和剩余财产，但参与公司决策管理等权利受到限制。

从已公布的信息可知，截至 2015 年 12 月 31 日，共有 4 家新三板挂牌公司公布了发行优先股的预案，1 家公司已发行优先股，但融资金额不高，还没有成为新三板公司的一种重要融资方式，具体如表 8－3 所示。

表 8－3　优先股发行概况

代码	简称	发行股数（万股）	发行股数（万元）	实施情况
830958	鑫庄农贷	150	15 000	预案
834038	诚信小贷	20	2 000	已实施
430508	中视文化	10	1 000	预案
831896	思考投资	200	20 000	预案
833499	中国康富	1 500	150 000	预案

资料来源：根据 Wind 数据库整理而成，数据统计截至 2015 年 12 月 31 日。

（三）公司债券

按照《公司债券发行与交易管理办法》，新三板挂牌公司可向公众投资者公开发行和仅面向合格投资者公开发行公司债券。从目前公布的数据来看，新三板挂牌公司主要采用面向合格投资者公开发行公司债券的方式，但发行公司债券的积极性不高，仅 19 家公司发行了 24 次公司债券，同时募集资金规模非常有限，仅为 51.798 亿元，大大少于股权融资金额。从募集资金的用途来看，主要用于补充营运资金、偿还银行贷款和购买固定资产。因此，新三板挂牌公司未来利用发行公司债券以较低成本优化资本结构的空间非常大。

表 8-4 债券融资概况

序号	代码	公司简称	公告日期	发行规模（亿元）	发行人企业性质	发行人省份
1	833880	中城投资	2015-12-30	3.000	公众企业	上海
2	833858	信中利	2015-12-29	1.000	民营企业	北京
3	832168	中科招商	2015-12-25	13.000	民营企业	广东
4	832168	中科招商	2015-12-25	7.000	民营企业	广东
5	830796	云南路桥	2015-09-25	1.100	地方国有企业	云南
6	430719	九鼎集团	2015-08-27	10.000	民营企业	北京
7	430119	鸿仪四方	2015-02-09	0.268	地方国有企业	北京
8	430377	海格物流	2015-02-05	0.300	民营企业	广东
9	430171	电信易通	2014-11-21	0.100	民营企业	北京
10	430274	重钢机械	2014-11-18	0.350	民营企业	天津
11	430738	白兔湖	2014-11-14	0.730	民营企业	安徽
12	830865	南菱汽车	2014-10-30	0.400	公众企业	广东
13	430297	金硕信息	2014-07-16	0.100	民营企业	天津
14	430289	华索科技	2014-07-03	0.100	民营企业	北京
15	430297	金硕信息	2014-06-26	0.100	民营企业	天津
16	830796	云南路桥	2014-02-19	3.500	地方国有企业	云南
17	830796	云南路桥	2014-02-19	3.500	地方国有企业	云南
18	430609	中磁视讯	2013-10-31	0.100	民营企业	山东
19	834020	东霖食品	2013-09-02	0.500	民营企业	辽宁

（续上表）

序号	代码	公司简称	公告日期	发行规模（亿元）	发行人企业性质	发行人省份
20	430263	蓝天环保	2013－07－18	0.200	民营企业	北京
21	430639	派芬自控	2013－07－15	0.150	民营企业	上海
22	831934	宇迪光学	2012－08－20	0.300	民营企业	江苏
23	836242	顺控发展	2012－04－27	3.000	地方国有企业	广东
24	836242	顺控发展	2012－03－19	3.000	地方国有企业	广东

资料来源：根据 Wind 数据库整理而成，数据统计截至 2015 年 12 月 31 日。

二、挂牌公司的融资规则

新三板市场给挂牌公司提供了股票融资、优先股融资以及发行公司债券的融资平台。为了保护投资者利益，证监会和全国股转系统公司也相应地制定了一系列法律规则体系用于规范和指导挂牌公司的融资行为。

（一）定向发行普通股

新三板定向发行普通股（以下简称"定向增发"），是指申请挂牌公司、挂牌公司向特定对象发行普通股的行为，其作为新三板股权融资的主要功能，对解决新三板挂牌企业发展过程中的资金瓶颈发挥了极为重要的作用。

1. 定向增发的制度体系

目前，指导挂牌公司定向增发的制度主要有：①2013 年 12 月 28 日第十二届全国人民代表大会常务委员会第六次会议通过的《公司法》的第五章第一节关于股份公司股票发行以及同时通过的《证券法》第二章关于证券发行的相关规定；②2013 年 12 月 26 日证监会通过的《非上市公众公司监督管理办法》（以下简称《管理办法》）、《非上市公众公司监管指引第 2 号——申请文件》《非上市公众公司信息披露内容与格式准则第 3 号——定向发行说明书和发行情况报告书》《非上市公众公司信息披露内容与格式准则第 4 号——定向发行申请文件》等规章对非上市公众公司股票定向增发进行了规范；③2013 年 12 月 30 日《全国中小企业股份转让系统业务规则（试行）》以及《全国中小企业股份转让系统股票发行业务细则（试行）》（以下简称《业务细则（试行）》）则对申请挂牌公司和挂牌公司定向发行业务给出了较为详细的指导，同时全国股转系统公司还通过了《全国中小企业股份转让系统股票发行业务指引第 1 号——备案文件的内容与格式（试行）》《全国中小企业股份转让系统股票发行业务指引第 2 号——股票发行方案及发行情况报告书的内容与格式（试行）》《全国中小企业股份转让系统股票发行业务指引第 3 号——主办券商关于股票发行合法合规性意见的内容和格式（试行）》《全国中小企业股份转让系统股票发行业务指引第 4 号——法律意见书的内容与格式（试行）》等业务规则对股票发行相关申请文件的书写给予指导。

2. 新三板市场定向增发的特点

为了很好地解决中小微企业的融资困境，《管理办法》在定向增发制度方面进行了一系列创新，相对主板、中小板和创业板的普通股发行制度更为灵活，具体体现在：

（1）**挂牌的同时可以进行定向发行**。《业务细则（试行）》的第 4.3.5 条规定"申请挂牌公司申请股票在全国股份转让系统挂牌的同时定向发行的，应在公开转让说明书中披露"，该条明确了企业在新三板挂牌的同时可以进行定向融资。

允许挂牌企业在挂牌时进行定向股权融资，凸显了新三板的融资功能，缩小了与主板、创业板融资功能的差距；同时，由于增加了挂牌时的股份供给，可以解决未来做市商库存股份来源问题。另外，挂牌的同时可以进行定向发行，并不是一个强制要求，申请挂牌企业可以根据自身对资金的需求来决定是否进行股权融资，避免出现股份大比例稀释的情况。

（2）**豁免申请审批**。《管理办法》第四十五条规定："在全国中小企业股份转让系统挂牌公开转让股票的公众公司向特定对象发行股票后股东累计不超过200 人的，中国证监会豁免核准，由全国中小企业股份转让系统自律管理，但发行对象应当符合本办法第三十九条的规定。"由此可见，挂牌公司只有当发行股票后股东累计超过 200 人，才需要向证监会申请核准。

如果挂牌公司的股东人数较少，离 200 人有较大差距，那么公司在突破 200人之前的所有定向增发都不需要向证监会申请核准，只需在定向发行后，及时备案即可，这种便捷的发行通道让挂牌公司基本可以实现定向融资的"随时用随时发"。截至 2015 年 12 月 31 日，从公布的数据可知，新三板 5 129 家挂牌公司中90.6% 的公司的股东人数在 100 人以下，因此大部分公司的定向增发都可不用通过证监会核准。

（3）**定向增资无限售期要求**。最新的业务规则中不再对新三板增资后的新增股份限售期进行规定，除非定向增发对象自愿作出关于股份限售方面的特别约定，否则定向增发的股票无限售要求，股东可随时转让。

但是，无限售期要求的股东不包括公司的董事、监事、高级管理人员所持新增股份，其所持新增股份应按照《公司法》第一百四十二条的规定进行限售：公司董事、监事、高级管理人员应当向公司申报所持有的本公司的股份及其变动情况，在任职期间每年转让的股份不得超过其所持有本公司股份总数的百分之二十五；所持本公司股份自公司股票上市交易之日起一年内不得转让；上述人员离职后半年内，不得转让其所持有的本公司股份。而在主板、中小板、创业板市场上通常要求有一年锁定期，实际控制人需要三年锁定期。

（4）**储价发行**。储价发行是指一次核准、多次发行的再融资制度。该制度主要适用于定向增资需要经证监会核准的情形，可以减少行政审批次数，提高融资效率，赋予挂牌公司更大的自主发行、融资权利。

《管理办法》第四十四条规定："公司申请定向发行股票，可申请一次核准，分期发行。自中国证监会予以核准之日起，公司应当在 3 个月内首期发行，剩余数量应当在 12 个月内发行完毕。超过核准文件限定的有效期未发行的，需重新经中国证监会核准后方可发行，首期发行数量应当不少于总发行数量的 50%，剩余各期发行的数量由公司自行确定，每期发行后 5 个工作日内将发行情况报中国证监会备案。"

储价发行制度可在一次核准的情况下为挂牌公司一年内的融资留出空间。如：挂牌公司与投资者商定好 1 000 万元的增资额度时，可申请 2 000 万元的发行额度，先完成 1 000 万元的发行，后续 1 000 万元的额度可与投资者根据实际经营情况再行商议发行或者不发行，并可重新商议增发价格。

但截至 2015 年 12 月 31 日，新三板挂牌公司中还没有一家公司选择储价发行。

（5）**定向增发的发行对象身份和数量的放松**。《管理办法》第三十九条规定：本办法所称定向发行包括向特定对象发行股票导致股东累计超过 200 人，以及股东人数超过 200 人的公众公司向特定对象发行股票两种情形。

其中特定对象的范围包括下列机构或者自然人：①公司股东；②公司的董事、监事、高级管理人员、核心员工；③符合投资者适当性管理规定的自然人投资者、法人投资者及其他经济组织。

公司确定发行对象时，符合《管理办法》规定的投资者合计不得超过 35 人。

核心员工的认定，应当由公司董事会提名，并向全体员工公示和征求意见，由监事会发表意见后经股东大会审议批准。

这一规定调整了发行对象范围和人数限制：首先，公司在册股东参与定向发行的认购时，不占用 35 名认购投资者数量的名额，相当于扩大了认购对象的数量；其次，将董事、监事、高级管理人员、核心员工单独列示为一类特定对象，暗含着鼓励挂牌公司的董事、监事、高级管理人员持股，将董事、监事、高级管理人员的利益和股东利益绑定，降低道德风险；最后，将核心员工纳入定向增资的人员范围，明确了核心员工的认定方法，使得原本可能不符合投资者适当性管理规定的核心员工也有了渠道和方法成为公司的股东，且增资价格协商确定，有利于企业灵活进行股权激励计划，形成完善的公司治理机制和稳定的核心业务团队。

（6）**合格投资者的认定**。《全国中小企业股份转让系统投资者适当性管理细则（试行）》指出可以参与挂牌公司股票定向发行的合格投资者为：

机构投资者：①注册资本 500 万元以上的法人机构；②实缴出资总额 500 万元以上的合伙企业。

金融产品：证券投资基金、集合信托计划、证券公司资产管理计划、保险资金、银行理财产品，以及由金融机构或监管部门认可的其他机构管理的金融产品或资产。

自然人投资者：投资者本人名下前一交易日日终证券资产市值 500 万元以上，证券资产包括客户交易结算资金、股票、基金、债券、券商集合理财产品等；具有两年以上证券投资经验，或具有会计、金融、投资、财经等相关专业背景或培训经历，投资经验的起算时间点为投资者本人名下账户在新三板、上海证券交易所或深圳证券交易所发生首笔股票交易之日。

此外，根据《管理办法》相关规定，为保障股权清晰、防范融资风险，单纯以认购股份为目的而设立的公司法人、合伙企业等持股平台，不具有实际经营业务的，不符合投资者适当性管理要求，不得参与非上市公众公司的股票发行。但挂牌公司设立的员工持股计划（如案例 8 - 1），认购私募股权基金、资产管理计划等接受证监会监管的金融产品，已经完成核准、备案程序并充分披露信息的，可以参与非上市公众公司定向发行。其中金融企业还应当符合《关于规范金融企业内部职工持股的通知》（财金〔2010〕97 号）有关员工持股监管的规定。

【案例 8 - 1】

为执行员工持股计划增发新股（新产业　830838）

深圳市新产业生物医学工程股份有限公司（新产业　830838）于 2014 年 7 月 25 日挂牌，是一家属于"医疗诊断、监护及治疗设备制造（C3581）"下"体外诊断行业"的科技型公司。

其 2015 年 8 月 26 日公布的《股票发行情况报告书》描述如下：

一、公司本次股票发行符合豁免申请核准股票发行情形

二、本次发行基本情况

（一）本次发行股票的数量

公司以非公开定向发行的方式成功发行 10 000 000 股普通股，募集资金 100 000 000.00 元。

（二）发行价格

本次发行股票的发行价格为 10 元/股。

本次股票发行价格综合考虑了公司所处行业、公司成长性、每股净资产、市盈率等多种因素。

（三）现有股东优先认购的情形

公司现有股东已签署声明自愿放弃本次发行股票的优先认购权，且不会在审议本次发行方案的股东大会股权登记日（含当日）前转让股份。

（四）发行对象情况及认购股份数量

1. 发行对象

本次股票发行为定向增发，发行对象为"深圳市新产业生物医学工程股份有限公司飓风 1 号员工持股计划定向资产管理计划"，该资产管理计划由招商证券资产管理有限公司担任资产管理人，股东账户名称为"深圳市新产业生物医学工程股份有限公司——第一期员工持股计划"。

2. 本次股票发行对象与公司及公司股东存在的关联关系

（1）新产业飓风 1 号员工持股计划定向资产管理计划为新产业第一期员工持股计划委托新产业而设立的；

（2）公司自然人股东饶捷等 28 名股东参与了新产业第一期员工持股计划，其中饶捷为公司董事长、总经理饶微之女。

本次股票发行均以现金认购方式，未有以资产认购股票情形。

（资料来源：根据《股票发行情况报告书》第 5 - 7 页整理而得）

3. 定向增发详细程序

定向增发详细程序可分为五步走（如图 8 - 1 所示），其中确定发行对象和不确定发行对象以及满足豁免要求和不满足豁免要求的定向增发程序会有所差异。

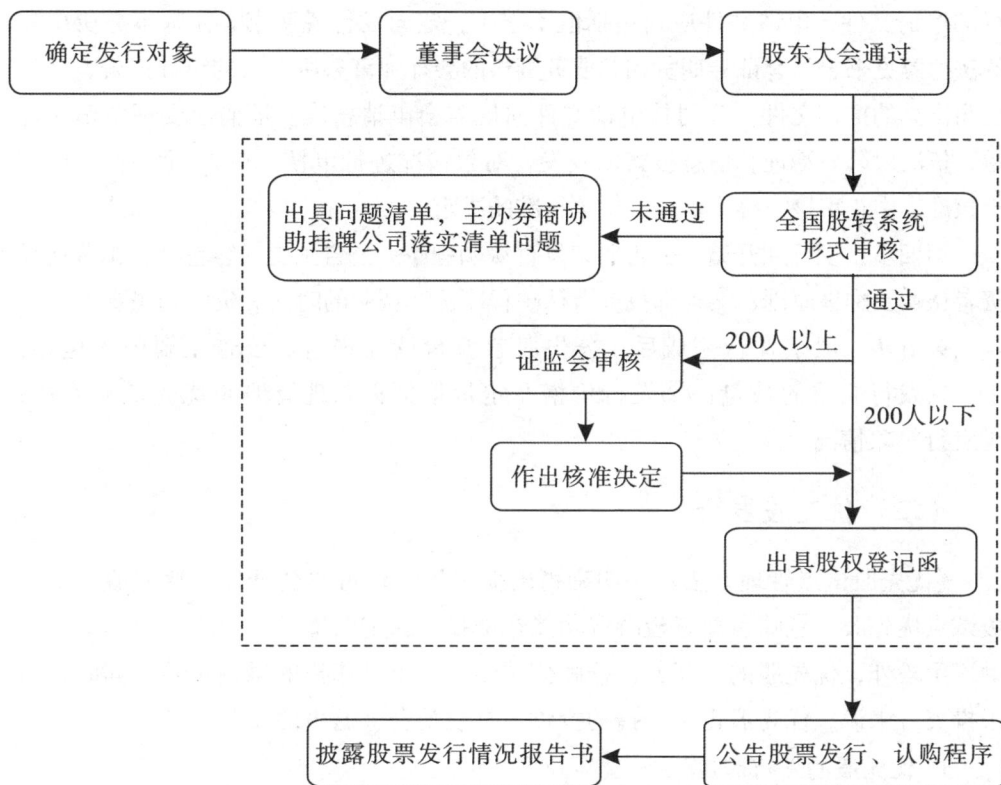

图 8 - 1　定向增发程序

第一步：确定发行对象，签订认购协议。由于是定向发行，因此一般要确定好发行对象。但也可以在第一步时不确定发行对象，然后采用询价的方式确定发行对象。

第二步：董事会就定向增发方案作出决议，提交股东大会通过。定向增发方案的主要内容包括：①发行目的；②发行对象范围及现有股东的优先认购安排；③发行价格及定价方法；④发行股份数量；⑤公司除息除权、分红派息及转增股本情况；⑥本次股票发行限售安排及自愿锁定承诺；⑦募集资金用途；⑧本次股票发行前滚存未分配利润的处置方案；⑨本次股票发行前拟提交股东大会批准和授权的相关事项。

第三步：有关机构审核。如果满足前面小额融资豁免要求，证监会豁免核准，由全国股转系统自律管理，但发行对象应当符合《管理办法》第三十九条的规定。但如果不满足小额融资豁免要求，则需按照证监会有关规定制作定向发行的申请文件，申请文件应当包括但不限于：定向发行说明书、律师事务所出具的法律意见书、具有证券期货相关业务资格的会计师事务所出具的审计报告、证券公司出具的推荐文件。公司持申请文件向证监会申请核准。证监会受理申请文件后，依法对公司治理和信息披露以及发行对象情况进行审核，在 20 个工作日内作出核准、中止审核、终止审核、不予核准的决定。

第四步：发行期开始，公告股票发行认购程序。公告主要内容包括：①普通投资者认购及配售原则；②外部投资者认购程序；③认购的时间和资金到账要求。

第五步：股票发行完成后，公告股票发行情况报告。公告主要内容包括：①本次发行股票的数量；②发行价格及定价依据；③现有股东优先认购安排；④发行对象情况。

（二）优先股发行

《优先股试点管理办法》中明确指出新三板公司可非公开发行优先股。新三板试点优先股，意味着新三板融资功能在增强，除定向增发、中小企业私募债等融资手段外，优先股的出现又让挂牌公司多了一个可选择的融资工具。同时，对于投资者来说，优先股也是不错的投资工具或是资金退出的新型路径。

1. 优先股的发行制度

目前，指导新三板挂牌公司发行优先股的制度主要有：①国务院印发的《关于开展优先股试点的指导意见》；②中国证券会公布的《优先股试点管理办法》；③证监会公布的非上市公众公司发行优先股相关的信息披露文件，包括：《非上市公众公司信息披露内容与格式准则第 7 号——定向发行优先股说明书和发行情况报告书》《非上市公众公司信息披露内容与格式准则第 8 号——定向发行优先股申请文件》；④《全国中小企业股份转让系统优先股业务指引（试行）》。

2. 挂牌公司发行优先股的相关规则

（1）发行优先股应满足的要求。《管理办法》第四十一条指出，非上市公众公司非公开发行优先股应符合下列条件：①合法规范经营；②公司治理机制健全；③依法履行信息披露义务。

　　此外,《管理办法》第四十二条进一步指出:①挂牌公司已发行的优先股不得超过公司普通股股份总数的百分之五十,且筹资金额不得超过发行前净资产的百分之五十,已回购、转换的优先股不纳入计算;②挂牌公司同一次发行的优先股,条款应当相同。每次优先股发行完毕前,不得再次发行优先股。

　　最后,《全国中小企业股份转让系统优先股业务指引(试行)》第十一条规定,发行人存在下列情形之一的,不得发行优先股:①本次发行申请文件有虚假记载、误导性陈述或重大遗漏;②最近十二个月内受到过证监会的行政处罚;③因涉嫌犯罪正被司法机关立案侦查或涉嫌违法违规正被证监会立案调查;④发行人的权益被控股股东或实际控制人严重损害且尚未消除;⑤发行人及其附属公司违规对外提供担保且尚未解除;⑥存在可能严重影响公司持续经营的担保、诉讼、仲裁、市场重大质疑或其他重大事项;⑦其董事和高级管理人员不符合法律、行政法规和规章规定的任职资格;⑧严重损害投资者合法权益和社会公共利益的其他情形。

　　(2) **发行对象的限制**。发行人应当向符合《优先股试点管理办法》第六十五条规定的合格投资者发行优先股。每次发行对象不得超过200人,且持有相同条款优先股的发行对象累计不得超过200人。

　　其中合格投资者是指:①经有关金融监管部门批准设立的金融机构,包括商业银行、证券公司、基金管理公司、信托公司和保险公司等;②上述金融机构面向投资者发行的理财产品,包括但不限于银行理财产品、信托产品、投连险产品、基金产品、证券公司资产管理产品等;③实收资本或实收股本总额不低于五百万元的企业法人(如案例8-2);④实缴出资总额不低于五百万元的合伙企业;⑤合格境外机构投资者(QFII)、人民币合格境外机构投资者(RQFII)、符合国务院相关部门规定的境外战略投资者;⑥除发行人董事、高级管理人员及其配偶以外的,名下各类证券账户、资金账户、资产管理账户的资产总额不低于五百万元的个人投资者(如案例8-2);⑦经证监会认可的其他合格投资者。

　　《优先股试点管理办法》中进一步指出计算合格投资者人数时,同一资产管理机构以其管理的两只以上产品认购或受让优先股的,视为一人。

【案例8-2】
首家发行优先股的新三板挂牌公司(诚信小贷 834038)

巢湖市诚信小额贷款股份有限公司(诚信小贷 834038)于2015年11月5

日挂牌，是一家从事小额贷款发放的货币金融服务公司。

该公司在《优先股发行认购结果公告》和《非公开发行优先股预案》中披露的主要信息如下：

一、股票发行基本情况

（一）发行证券的种类和数量

本次发行证券的种类为在境内发行的人民币优先股。本次拟发行的优先股数量不超过20万股（含20万股），采用一次批准、一次发行完毕的方式，具体数量提请股东大会授权董事会在上述额度范围内确定。

（二）票面金额和发行价格

本次优先股的每股票面金额为100元，以票面金额平价发行。

（三）特别条款

为符合权益工具的确认标准，本次优先股有如下特别条款：①本次优先股无到期日；②本次优先股的股息可累积。

（四）募集资金用途

本次优先股所募集资金用于补充公司的长期资本，增加可用于发放贷款的资金规模。

二、具体认购对象及数量

根据认购缴款截止日汇款结果，经公司与主办券商核对，本次最终缴款认购的发行对象均为符合全国中小企业股份转让系统投资者适当性原则的投资者，具体认缴情况如下：

序号	投资者名称	认购股数（股）	认购金额（元）
1	宿州市中瑞电子有限公司	50 000	5 000 000
2	张青	50 000	5 000 000
3	陈晓锭	50 000	5 000 000
4	孙仕云	50 000	5 000 000
	合计	200 000	20 000 000

（资料来源：诚信小贷《非公开发行优先股预案》第10页和《优先股发行认购结果公告》）

3. 优先股的发行程序

由于优先股的发行也属于非公开发行，程序与定向增发普通股类似（如图8－1所示）。只是在证监会豁免审查条件方面会存在差异，普通股股东人数与优先股股东人数合并不超过 200 人的挂牌公司，其优先股的发行、备案等程序按照《业务细则（试行）》等业务规则的相关规定办理。普通股股东人数与优先股股东人数合并超过 200 人的挂牌公司，其优先股的发行要通过证监会审核批准。

（三）债券发行

2014 年 11 月 15 日，《公司债券发行与交易管理办法》将原来限于境内证券交易所上市公司、发行境外上市外资股的境内股份有限公司、证券公司的债权发行范围扩大至所有公司制法人。此外，《公司债券发行与交易管理办法》将公开发行公司债券的交易场所由上海、深圳证券交易所拓展至新三板；非公开发行公司债券的交易场所也由上海、深圳证券交易所拓展至新三板。因此新三板挂牌公司可以借助新三板平台发行公司债券。

但是目前新三板并没有发布专门针对新三板挂牌公司发行公司债券的具体规则，新三板挂牌公司的债券发行仍然遵从《公司法》《证券法》和《公司债券发行与交易管理办法》等法规的要求，主要采用非公开发行的方式（如案例8－3）。因此，为了拓宽挂牌公司的融资渠道，发挥财务杠杆效应，新三板有必要发布公司债券发行的业务细则，加强对挂牌公司的指导。

【案例 8－3】

非公开发行公司债券（普滤得　430430）

苏州普滤得净化股份有限公司（普滤得　430430）于 2014 年 1 月 24 日挂牌，是一家以水净化处理和空间洁净及空调暖通处理为主营业务的科技型公司。

其在《非公开发行公司债券发行方案》中披露信息如下：

1. 债券名称：苏州普滤得净化股份有限公司非公开发行 2016 年公司债券。
2. 发行主体：苏州普滤得净化股份有限公司。
3. 发行总额：不超过 1 000 万元。
4. 债券期限：本期债券期限不超过 1 年。
5. 发行利率及其确定方式：本期债券为固定利率债券，票面利率由发行人和承销商根据询价结果，按照市场情况确定，在债券存续期内不变。

6. 计息方式：附息式固定利率，单利按年计息，不计复利，逾期不另计利息。

7. 还本付息方式：到期一次还本付息。

8. 债券形式：本期债券采用实名制记账方式发行，由中国证券登记结算有限责任公司提供登记和结算服务。

9. 发行价格：本期债券面值 100 元，平价发行。

10. 发行方式：本期债券以非公开方式通过上海证券交易所向具备相应风险识别和承担能力、知悉并自行承担公司债券投资风险的合格投资者发行，发行对象不超过 200 人。

11. 发行对象的范围和条件：本期债券面向合格投资者以及发行人董事、监事、高级管理人员和持股比例超过 5% 的股东发行。

12. 本息兑付方式：通过本期债券相关登记托管机构办理。

13. 承销方式：承销商代销。

14. 承销商：东吴证券股份有限公司。

15. 募集资金用途：本期债券募集资金将全部用于补充流动资金。

（资料来源：普滤得《非公开发行公司债券发行方案》）

第二节　挂牌公司的股票转让

新三板市场股票的转让并行实施做市转让、协议转让和竞价转让三种转让方式，符合条件的挂牌企业可依自身需要在三种方式中任选一种，挂牌股票采取协议转让方式的，全国股转系统公司同时提供集合竞价转让安排。同时若企业需求变化，可以依规定进行变更。

一、股票转让现状

（一）挂牌企业转让方式选择现状

协议转让方式在新三板成立以前就已存在，但为了促进成交并形成连续的公允交易价格曲线，全国股转系统公司为选择协议转让方式的挂牌公司同时提供集合竞价转让安排。而做市转让被认为是新三板市场在股票转让环节中最大的创新。做市转让是由具备一定实力和信誉的独立证券经营法人作为特许交易商，不断向公众投资者报出某些特定证券的买卖价格（即双向报价），并在该价位上接受公众投资者的买卖要求，以其自有资金和证券与投资者进行证券交易。

2014 年 8 月 25 日，新三板市场推出了做市转让，在当天就有 43 家公司选择做市转让，2014 年底就已有 122 家公司选择做市转让，从 2015 年 5 月开始平均每月都有超过 100 家以上的公司选择做市转让。截至 2015 年 12 月 31 日，虽然大多数公司仍然选择以协议转让为主，如在已挂牌的 5 129 家企业中，4 014 家公司选择协议转让，但也有 1 115 家公司选择做市转让。从股本规模来看，截至 2015 年 12 月 31 日，总股本中已有近 28% 的股本属于做市转让的股本，流通股本中做市转让的已接近 40%（如表 8 - 5 所示）。

此外，从挂牌公司转让方式（统计截止日期为 2015 年 9 月 30 日）总的行业分布来看（如表 8 - 6 所示），做市转让主要集中于制造业和信息技术业两大行业，两者占到了做市转让公司总数的 75.26%。具体分行业而言，建筑业和信息技术业两大行业的挂牌企业选择做市转让的积极性最高，都将近有 30% 的企业选择做市转让，这主要和这些行业无形资产较多、股票定价难有一定关系。而批发和零售业，金融、保险业，房地产业中选择做市转让的企业较少。

表 8-5　新三板挂牌企业转让方式分月概况

交易时间	挂牌公司总数			总股本（亿股）			流通股本（亿股）		
	合计	做市转让	协议转让	合计	做市转让	协议转让	合计	做市转让	协议转让
2015-12	5 129	1 115	4 014	2 959.51	825.01	2 134.50	1 023.63	399.27	624.36
2015-11	4 385	997	3 388	2 463.07	741.33	1 721.74	889.00	357.56	531.44
2015-10	3 896	917	2 979	2 126.26	678.01	1 448.25	781.82	320.76	461.06
2015-09	3 585	857	2 728	1 893.73	623.38	1 270.35	702.14	294.17	407.97
2015-08	3 359	759	2 600	1 735.15	548.12	1 187.03	642.45	259.00	383.45
2015-07	3 052	663	2 389	1 540.27	465.60	1 074.67	572.87	213.59	359.28
2015-06	2 637	523	2 114	1 277.02	389.43	887.59	476.92	182.54	294.38
2015-05	2 487	380	2 107	1 155.74	204.92	950.82	409.11	93.11	316.00
2015-04	2 343	278	2 065	1 058.51	149.40	909.11	372.02	66.49	305.53
2015-03	2 150	222	1 928	919.16	119.92	799.24	329.15	53.30	275.85
2015-02	1 994	166	1 828	833.67	84.31	749.36	299.41	37.49	261.92
2015-01	1 864	146	1 718	765.78	73.52	692.26	269.05	32.62	236.43
2014-12	1 572	122	1 450	658.35	61.83	596.52	236.88	27.77	209.11
2014-11	1 354	74	1 280	570.57	38.32	532.25	196.15	18.47	177.68
2014-10	1 232	58	1 174	514.10	28.42	485.68	182.23	14.37	167.86
2014-09	1 139	52	1 087						
2014-08	1 092	43	1 049						

资料来源：根据 Wind 数据库整理而成，其中挂牌公司总数统计至 2015 年 12 月 31 日。

表 8-6　新三板挂牌企业转让方式行业分布

行业	挂牌总数	协议转让		做市转让	
		总数	占比	总数	占比
农、林、牧、渔业	105	80	76.19%	25	23.81%
采矿业	27	20	74.07%	7	25.93%
制造业	1 917	1 484	77.41%	433	22.59%
电力、热气、燃气及水生产和供应业	23	18	78.26%	5	21.74%
建筑业	124	87	70.16%	37	29.84%

（续上表）

行业	挂牌总数	协议转让		做市转让	
		总数	占比	总数	占比
交通运输、仓储和邮政业	45	35	77.78%	10	22.22%
信息技术业	761	549	72.14%	212	27.86%
批发和零售业	93	78	83.87%	15	16.13%
金融、保险业	47	39	82.98%	8	17.02%
房地产业	12	10	83.33%	2	16.67%
社会服务业	358	270	75.42%	88	24.58%
传播与文化产业	73	58	79.45%	15	20.55%
合计	3 585	2 728	76.09%	857	23.91%

资料来源：根据 Wind 数据库整理而成，其中挂牌公司总数统计至 2015 年 9 月 30 日。

（二）新三板股票成交概况

新三板股票成交方面，总体而言，2006—2013 年新三板总体成交不活跃，2014 年由于新三板扩容和 2014 年 8 月开始实行做市转让，因此 2014 年是起步，2015 年则实现飞跃（如表 8－7 所示）。

2006—2013 年累计总成交股数为 82.674 亿股，成交金额也仅为 152.008 亿元，总体成交平均每股价格仅 1.84 元，且交易方式以集合竞价为主，协议转让为辅。到了 2014 年，新三板一年的交易总额达到 143.589 亿元，具体到不同交易方式的成交情况，虽然协议转让相对其他两种转让方式的股票转让总金额最高，但由于当年末已有 122 家公司选择做市转让，允许做市转让股票数量也达到 27.77 亿股，因此 2014 年做市转让股票金额就高达 21.197 亿元，每股平均交易价格为 8.479 元，大大高于同期的协议转让和集合竞价每股平均交易价格。而 2015 年短短 9 个月的时间，新三板交易股数为 180.084 亿股，同时市场成交总额为 1 377.927 亿元，其中做市转让股数为 106.244 亿股，已超过同期协议转让总股数，交易金额为 603.425 亿元，约占同期交易总额的 44%。

表 8-7　新三板股票成交时间分布概况

时间	全部公司		协议转让		做市转让		集合竞价	
	数量 （亿股）	金额 （亿元）	数量 （亿股）	金额 （亿元）	数量 （亿股）	金额 （亿元）	数量 （亿股）	金额 （亿元）
2015-09	19.056	81.358	8.233	46.334	9.898	33.174	0.925	1.850
2015-08	17.329	93.243	5.216	52.688	10.712	37.259	1.401	3.296
2015-07	20.660	126.777	8.388	70.411	10.562	52.575	1.710	3.791
2015-06	23.870	185.509	8.162	97.224	13.095	80.436	2.613	7.849
2015-05	25.790	229.088	5.979	88.528	18.553	137.588	1.258	2.972
2015-04	36.917	376.449	12.618	223.918	22.898	149.154	1.401	3.377
2015-03	26.039	222.366	10.697	137.371	14.230	82.646	1.112	2.349
2015-02	4.697	32.092	1.483	17.125	2.730	14.076	0.484	0.891
2015-01	5.726	31.045	1.384	13.212	3.566	16.517	0.776	1.316
2015 年 合计	180.084	1 377.927	62.160	746.811	106.244	603.425	11.680	27.691
2014 年	30.613	143.589	20.268	108.950	2.500	21.197	7.845	13.442
2013 年	9.139	18.829	2.022	8.129	0.000	0.000	7.117	10.700
2012 年	5.648	11.507	1.144	5.834	0.000	0.000	4.504	5.673
2011 年	7.487	16.250	0.919	4.999	0.000	0.000	6.567	11.251
2010 年	14.216	30.765	0.633	3.485	0.000	0.000	13.583	27.280
2009 年	12.070	18.840	0.823	3.559	0.000	0.000	11.247	15.281
2008 年	9.881	17.277	0.434	2.318	0.000	0.000	9.447	14.959
2007 年	18.926	35.640	0.265	1.214	0.000	0.000	18.661	34.426
2006 年	5.307	2.900	0.010	0.044	0.000	0.000	5.297	2.856
总计	293.371	1 673.524	88.678	885.343	108.744	624.622	95.948	163.559

资料来源：根据同花顺数据库整理而成。

　　在新三板行业成交分布方面，制造业，金融、保险业，信息技术业不论是股票成交数量还是成交金额都位居前三甲。而在平均每股成交价格上，社会服务业，信息技术业，农、林、牧、渔业三个行业的成交均价分别为 9.689 元/股、9.181 元/股和 8.259 元/股，成交均价最低的为交通运输、仓储和邮政业。具体到交易方式上，做市转让成交金额最高的是制造业、信息技术业和社会服务业，每股成交均价较高的是信息技术业及传播与文化产业，每股成交均价都在 15 元以上；协议转让中金融、保险业协议转让金额最高，其次是制造业和信息技术业。金融、保险业协议转让金额共 276.253 亿元（见表 8 - 8），其中金融、保险业挂牌企业湘财证券（430399）被上市公司大智慧（601519）以 85 亿元的价格收购就占了非常大的比例。此外，也有部分公司股票在集合竞价转让环节被转让，其中制造业、传播与文化产业及信息技术业集合竞价转让金额较高。

从 2006 年新三板开始建立到 2015 年 9 月，新三板总体成交股数为 473.449 亿股，总成交金额为 3 051.453 亿元。当然，相对创业板和中小板每月动辄上千亿元的交易金额还显得微不足道，但就总的趋势来看，新三板市场股票的流动性已逐步提升，部分解决了中小微企业融资难的困境。同时，做市转让的运行也部分解决了轻资产较多的行业（如社会服务业、传播与文化产业）股票定价困难的窘境。相信随着更多做市券商的加入和新三板市场成交的活跃，未来必将有更多企业加入做市转让的队伍，这样新三板市场的流通性必将大大增强，成交量也将急剧增加。

表 8 - 8　新三板股票分行业成交概况

行业	总成交			做市转让			协议转让			集合竞价	
	数量	金额	均价	数量	金额	均价	数量	金额	均价	数量	金额
	（亿股）	（亿元）	（元）	（亿股）	（亿元）	（元）	（亿股）	（亿元）	（元）	（亿股）	（亿元）
农、林、牧、渔业	5.879	48.555	8.259	1.970	21.505	10.916	3.909	27.05	6.920	0	0
采矿业	1.684	6.550	3.890	0.137	1.531	11.175	1.547	5.019	3.244	0	0
制造业	92.555	651.397	7.038	32.139	371.840	11.570	46.406	236.803	5.103	14.010	42.754
电力、热气、燃气及水生产和供应业	0.486	3.803	7.825	0.393	3.473	8.837	0.093	0.33	3.548	0	0
建筑业	6.179	25.179	4.075	0.718	6.967	9.703	4.512	15.383	3.409	0.949	2.829
交通运输、仓储和邮政业	9.667	34.133	3.531	3.072	14.639	4.765	3.237	9.695	2.995	3.358	9.799
信息技术业	36.188	332.199	9.180	11.635	211.90	18.212	16.932	106.581	6.295	7.621	13.718
批发和零售业	3.501	24.526	7.005	1.452	12.839	8.842	1.908	11.470	6.012	0.141	0.217

（续上表）

行业	总成交			做市转让			协议转让			集合竞价	
	数量	金额	均价	数量	金额	均价	数量	金额	均价	数量	金额
	（亿股）	（亿元）	（元）	（亿股）	（亿元）	（元）	（亿股）	（亿元）	（元）	（亿股）	（亿元）
金融、保险业	52.864	293.597	5.554	6.651	17.344	2.608	46.213	276.253	5.978	0	0
房地产业	0.068	0.291	4.279	0.002	0.009	4.500	0.066	0.282	4.273	0	0
社会服务业	13.341	129.261	9.689	5.375	78.915	14.682	7.966	50.346	6.320	0	0
传播与文化产业	12.067	50.410	4.177	1.320	29.210	22.129	0.830	5.032	6.063	9.917	16.168

资料来源：根据 Wind 数据库整理而成，报告的数据截至 2015 年 9 月 30 日。

二、挂牌公司股票的转让方式

符合条件的挂牌企业可依自身需要在三种方式中任选一种，挂牌股票采取协议转让方式的，全国股转系统公司同时提供集合竞价转让安排。

（一）协议转让

协议转让是指产权交易双方在交易中心主持下通过洽谈、协商以协议成交的交易方式。协议转让中投资者委托分为意向委托、定价委托和成交确认委托。意向委托是指投资者委托主办券商按其确定价格和数量买卖股票的意向指令，意向委托不具有成交功能。定价委托是指投资者委托主办券商按其指定的价格买卖不超过其指定数量股票的指令。成交确认委托是指投资者买卖双方达成成交协议，或投资者拟与定价委托成交，委托主办券商以指定价格和数量与指定对手方确认成交的指令。

（二）做市转让

做市转让是指在证券市场上，由具备一定实力和信誉的独立证券经营法人作为特许交易商，不断向公众投资者报出某些特定证券的买卖价格（即双向报价），并在该价位上接受公众投资者的买卖要求，以其自有资金和证券与投资者进行证券交易。买卖双方不需等待交易对手出现，只要有做市商出面承担交易对手方即可达成交易。

从国际经验看，做市商制度对发展初期的中小微企业的稳健成长意义重大。一般认为，做市转让对挂牌公司具有下面三个方面的意义：一是改善股票流动性。一方面，做市商通过履行双向报价义务，不断向投资者提供股票买卖价格、接受投资者的买卖要求，充当流动性提供者，保证市场交易连续进行，从而提高市场的流动性；另一方面，在有组织的做市商市场上，多个做市商提供的竞争性报价及股票推介活动，能够激发普通投资者的投资兴趣，吸引更多投资者进入市场交易，增强市场的流动性。二是维护股票价格的稳定性。在做市商制度下，做市商报价有连续性，价差幅度也有限制，做市商出于自身利益考虑，会有维护市场稳定的强烈动机。三是解决挂牌公司股票定价难的问题。一方面，做市商为提高做市收益，增强投资者对做市股票的兴趣，普遍有很强的动机通过对挂牌公司的深入调查，利用其专业知识对股票进行准确的估值；另一方面，做市商的双向报价，特别是多个做市商的竞争性报价，将促使做市商不断提高自身研究能力和缩小报价价差，使报价尽可能接近真实价格。做市商对挂牌公司的价值发现，将有助于解决其融资过程中定价难的问题，提高融资效率和成功率。

（三）竞价转让

竞价转让也称为竞价交易，是指在交易市场组织下，买方或卖方通过交易市场现货竞价交易系统，将可供需商品的品牌、规格等主要属性和交货地点、交货时间、数量、底价等信息对外发布要约，由符合资格的对手方自主加价或减价，按照"价格优先"的原则，在规定时间内以最高买价或最低卖价成交并通过交易市场签订电子购销合同，按合同约定进行实物交收的交易方式。

三、三种转让方式的交易规则

根据《证券法》《全国中小企业股份转让系统有限责任公司管理暂行办法》等法律、行政法规、部门规章、其他规范性文件及《全国中小企业股份转让系统业务规则（试行）》和《全国中小企业股份转让系统股票转让细则（试行）》的相关规定，协议转让、做市转让和竞价转让的交易规则如下：

（一）协议转让交易规则

1. 协议转让的委托类型

协议转让方式下投资者委托包括定价委托、成交确认委托和意向委托三种委托类型。

目前，全国股转系统交易支持平台仅支持定价委托、成交确认委托，意向委托并没有真正实施。

2. 协议转让的成交方式

协议转让主要有三种成交方式，分别为：

（1）**点击成交方式**。其交易过程为：交易一方确定了买卖价格、买卖数量，但未确定交易对手方，因此，其通过主办券商向新三板提交了定价委托。新三板收到主办券商定价申报后，通过行情系统向市场发送逐笔定价申报信息。其他投资者可以通过主办券商交易软件点击揭示的定价申报信息，提交成交确认申报，与指定的定价申报成交。

（2）**互报成交确认申报**。其交易过程为：投资者双方协商好成交价格、成交数量、约定号等交易要素，然后双方均通过新三板提交约定号一致的成交确认申报（包括对手方交易单元代码、对手方证券账户号码），新三板对符合规定的申报予以确认成交。

（3）**收盘自动匹配成交**。在每个转让日 15：00 收盘时，对价格相同、买卖方向相反且未成交的定价申报，将由全国股转系统交易主机进行自动匹配成交。

（二）做市转让交易规则

1. 挂牌公司采用做市转让的要求

挂牌公司股票采取做市转让的，应当有两家以上做市商为其提供做市报价服务。此外，如果申请挂牌时公司股票拟采取做市转让的，除了以上要求之外，还必须：①两家以上做市商其中一家做市商应为推荐其股票挂牌的主办券商或该主办券商的母（子）公司；②做市商合计取得不低于申请挂牌公司总股本 5% 或 100 万股（以孰低为准），且每家做市商取得不低于 10 万股的做市库存股票；③全国股转系统公司规定的其他条件。

此外，挂牌时采取做市转让的股票和由协议转让变更为做市转让的股票，其初始做市商为股票做市不满 6 个月的，不得退出为该股票做市。后续加入的做市商为股票做市不满 3 个月的，不得退出为该股票做市。

2. 做市转让的成交方式

做市转让采用集中路由、集中成交的模式。新三板对到价的限价申报即时与做市申报进行成交；如有两笔以上做市申报到价的，按照价格优先、时间优先原则成交。成交价以做市申报价格为准。

做市商当日买入的做市股票，买入当日可以卖出。此外，每个转让日 15：00 做市转让时间结束后，还有 30 分钟的做市商间转让时间，但该时间段内做市商买入的股票，买入当日不得卖出。

3. 做市商豁免双向报价的情形

为了使得做市商能够获得一定的时间来调整库存股票，继续履行双向报价的义务，给予做市商在一定情形下的双向报价豁免权利。

当做市商库存股不足 1 000 股时，可豁免卖出报价；当做市商库存股达到做市商股票总股本 20% 时，可豁免买入报价。豁免时间为 2 个转让日。

（三）竞价转让交易规则

由于竞价转让需更大的股权分散度、更高质量的信息披露，以及新三板的投研体系三大条件支持，因此目前挂牌公司较少采用竞价转让方式。

1. 竞价转让类型

股票竞价转让采用集合竞价和连续竞价两种方式。集合竞价，是指对一段时间内接受的买卖申报一次性集中撮合的竞价方式。连续竞价，是指对买卖申报逐笔连续撮合的竞价方式。

2. 竞价转让规则

股票采取竞价转让方式的，每个转让日的 9：15—9：25 为开盘集合竞价时间，9：30—11：30、13：00—14：55 为连续竞价时间，14：55—15：00 为收盘集合竞价时间。

开盘集合竞价的申报有效价格区间为前收盘价的上下 20% 以内。连续竞价、收盘集合竞价的申报有效价格区间为最近成交价的上下 20% 以内；当日无成交的，申报有效价格区间为前收盘价的上下 20% 以内。不在有效价格区间范围内的申报不参与竞价，暂存于交易主机；当成交价波动使其进入有效价格区间时，交易主机自动取出申报，参加竞价。挂牌后无成交的股票，对申报不设置有效价格区间。

四、挂牌公司转让方式变更

按照《全国中小企业股份转让系统股票转让方式确定及变更指引（试行）》，挂牌公司的股票可以采取做市转让、协议转让或竞价转让之一进行转让。挂牌公司提出申请并经全国股转系统公司同意，可以变更股票转让方式。

1. 协议转让转为做市转让

（1）**申请变更为做市转让应具备的条件**。采取协议转让的股票，挂牌公司申请变更为做市转让的，应当符合以下条件：①两家以上做市商同意为该股票提供做市报价服务，并且每家做市商已取得不低于 10 万股的做市库存股票；②全国股转系统公司规定的其他条件。

（2）**申请变更做市转让应提交的申请材料**。挂牌公司应当在作出有关变更转让方式的决议后 3 个月内，向全国股转系统公司提交以下申请材料：①变更股票转让方式为做市转让方式申请；②挂牌公司关于变更股票转让方式的决议；③做市商为挂牌公司股票提供做市报价服务申请；④全国股转系统公司要求的其他材料。

2. 做市转让转为协议转让

（1）**申请变更为协议转让应具备的条件**。采取做市转让的股票，挂牌公司申请变更为协议转让的，应当符合以下条件：①该股票所有做市商均已满足《全国中小企业股份转让系统股票转让细则（试行）》关于最低做市期限的要求，且均同意退出做市；②全国股转系统公司规定的其他条件。

（2）**申请变更协议转让应提交的申请材料**。挂牌公司应当在作出有关变更转让方式的决议后 5 个转让日内，向全国股转系统公司提交以下申请材料：①变更股票转让方式为协议转让方式申请；②挂牌公司关于变更股票转让方式的决议；③做市商同意退出做市声明；④全国股转系统公司要求的其他材料。

第三节　挂牌公司的重组与并购

随着我国经济的持续发展和产业的升级转型，并购、重组和产业整合的浪潮渐行渐近。国家通过出台一系列法规性文件，建立起新三板并购重组的基本框架。整个框架在大多数方面仍需坚持和沿用上市公司的并购制度，但是在某些方面，例如监管制度，相比上市公司更灵活，也更鼓励中小微企业在尽可能宽松的制度环境下积极参与并购重组，将非上市公众公司做大做强。

一、挂牌公司重大重组现状

并购和重组是公司资本运营最重要的两种方式，也是新三板公司可以利用的两种实现企业价值和跨越式成长的资本运营方式。目前新三板公司在这两种资本运营方式方面相对较为活跃。

（一）挂牌公司重大资产重组概况

2014年7月《非上市公众公司重大资产重组管理办法》施行，其中重大资产重组是指公众公司及其控股或者控制的公司在日常经营活动之外购买、出售资产或者通过其他方式进行资产交易，导致公众公司的业务、资产发生重大变化的资产交易行为。

自2014年7月至2015年12月间，共有114家公司进行了重大资产重组。其中2014年7—12月仅8起，交易总金额为10.736 9亿元。但到了2015年，重大资产重组事件急剧增加，交易总金额达到292.673 2亿元。仅2015年9月就进行了16起重大资产重组，交易金额为137.135 1亿元。2015年5月15日，九鼎投资（430791）以41.495 92亿元的价格拍得中江集团100%股权，从而间接控制中江地产（600053）72.37%的股份，成为新三板挂牌企业收购上市公司的先例。

此外，从重大资产重组的交易规模（统计截止日期为2015年9月30日）可知，挂牌公司平均交易金额为44 122.14亿元，主要交易规模在1 000万至1亿元之间，但10亿元以上的交易也有6家（如表8－9所示）。因此新三板挂牌企业也正好可利用资产重组来完善本身的资源结构和调整经营方向。

表 8-9　新三板挂牌企业重大资产重组交易规模概况

分布区间	总数（家）	占比	规模均值（万元）
10 亿元以上	6	8.11%	398 521.24
2 亿至 10 亿元	9	12.16%	54 794.77
1 亿至 2 亿元	13	17.57%	13 163.69
5 000 万至 1 亿元	20	27.03%	7 313.22
1 000 万至 5 000 万元	21	28.38%	2 891.43
1 000 万元以下	5	6.76%	529.19
合计（总均值）	74	100%	44 122.14

注：重大资产重组总数的认定时间为挂牌企业发布了重大资产重组预告或报告书的时间。统计截止日期为 2015 年 9 月 30 日。

（二）挂牌公司收购

收购是指收购人通过合法途径取得公司控制权的行为。在 2014 年至 2015 年 12 个月间，共有 115 起并购事件。2014 年共 8 家公司发生了控制权转移，交易金额为 2.211 亿元。2015 年共有 107 起并购交易，总收购交易金额为 55.144 5 亿元。仅在 2015 年 9 月发生的 9 起并购事件中，交易金额就达到 18.849 亿元。其中盖娅互娱（430181）和搜装科技（430193）在两年间就已发生两次控制权转移。在控制权转移方式上，朗铭科技（430107）和元亨光电（430382）两家公司因股东签署一致行动协议而导致控股股东变更；怡达化学（831103）因原控股股东去世，股份被继承而发生控制权转移；锐新昌（430142）和阿兰德（430381）因原控股股东分立清算而发生控制权转移；其余公司则主要以被自然人或其他公司收购而变更控股股东。新三板挂牌企业收购规模概况如表 8-10 所示。

表 8-10　新三板挂牌企业收购规模概况

分布区间	总数（家）	占比	规模均值（万元）
1 亿元以上	8	12.12%	24 099.23
5 000 万至 1 亿元	11	16.67%	6 967.08
2 000 万至 5 000 万元	8	12.12%	2 844.88
1 000 万至 2 000 万元	15	22.73%	1 471.19
500 万至 1 000 万元	15	22.73%	689.29
500 万元以下	9	13.64%	292.32
合计（总均值）	66	100%	4 960.06

注：收购样本数为在全国股转系统披露了收购公告书且公告书中披露收购金额的公司，不包括因收购而退市的企业。统计截止日期为 2015 年 9 月 30 日。

此外，在收购行业分布上，目前发生收购事件较多的是信息技术业和制造业中的机械、设备、仪表行业（如表 8-11 所示），这些行业中的挂牌公司基本上都是高新技术企业，相对而言企业自行进入难度较高，股份定价难度也较大，而收购则能成为其他企业进入的捷径，必然也会受到投资者的青睐。

表 8-11　新三板挂牌企业收购行业分布

行业		总数（家）
制造业（C）	食品、饮料（C0）	1
	石油、化学、塑胶、塑料（C4）	7
	电子（C5）	6
	金属、非金属（C6）	3
	机械、设备、仪表（C7）	17
信息技术业（G）		27
批发和零售业（H）		2
金融、保险业（I）		1
社会服务业（K）		8
合计		72

注：收购样本数为在全国股转系统披露了收购公告书的挂牌企业。统计截止日期为 2015 年 9 月 30 日。

二、挂牌公司的重大资产重组

（一）重大资产重组的制度安排

根据《公司法》《证券法》《国务院决定》《国务院关于进一步优化企业兼并重组市场环境的意见》《非上市公众公司重大资产重组管理办法》和《全国中小企业股份转让系统非上市公众公司重大资产重组业务指引（试行）》等一系列法律法规，新三板挂牌公司的重大资产重组需遵从一定的制度安排。

1. 重大资产重组的划分标准

公众公司及其控股或者控制的公司购买、出售资产，达到下列标准之一的，构成重大资产重组：①购买、出售的资产总额占公众公司最近一个会计年度经审计的合并财务会计报表期末资产总额的比例达到50%以上；②购买、出售的资产净额占公众公司最近一个会计年度经审计的合并财务会计报表期末净资产额的比例达到50%以上，且购买、出售的资产总额占公众公司最近一个会计年度经审计的合并财务会计报表期末资产总额的比例达到30%以上。

对于判断标准的补充说明：①对于股权类资产，取得控制权，账面价值与成交价取高值；丧失控制权，直接看账面价值；不涉及控制权，购买看成交价，出售看账面价值。对于非股权类资产，买入账面价值与成交价取高值，出售看账面价值；不涉及负债的，不适用资产净额标准。②同时购买、出售资产的，应当分别计算购买、出售资产的相关比例，取高值。③12个月内连续对同一或者相关资产进行购买、出售的，以其累计数分别计算相应数额（已履行重组程序的不计入）；交易标的资产属于同一交易方所有或者控制，或者属于相同或者相近的业务范围，或者证监会认定的其他情形，可以认定为同一或者相关资产。

2. 挂牌公司实施重大资产重组的要求

按照《非上市公众公司重大资产重组管理办法》，公众公司实施重大资产重组，应当符合下列要求：①重大资产重组所涉及的资产定价公允，不存在损害公众公司和股东合法权益的情形。②重大资产重组所涉及的资产权属清晰，资产过户或者转移不存在法律障碍，相关债权债务处理合法；所购买的资产，应当为权属清晰的经营性资产。③实施重大资产重组后有利于提高公众公司资产质量和增强持续经营能力，不存在可能导致公众公司重组后主要资产为现金或者无具体经营业务的情形。④实施重大资产重组后有利于公众公司形成或者保持健全有效的法人治理结构。

3. 聘请财务顾问的具体规定

挂牌公司实施重大资产重组，应当聘请独立财务顾问、律师事务所以及具有证券、期货相关业务资格的会计师事务所等证券服务机构出具相关意见。公众公司应当聘请为其提供督导服务的主办券商为独立财务顾问，但存在影响独立性、财务顾问业务受到限制等不宜担任独立财务顾问情形的除外。公众公司也可以同时聘请其他机构为其重大资产重组提供顾问服务。

（二）重大资产重组流程

挂牌公司可以采用现金和发行股份的形式进行资产重组，由于发行股份的程序相对现金支付复杂，因此重大资产重组的流程也有不同。

1. 现金购买资产或股权

现金购买资产或股权流程如图 8 - 2 所示。

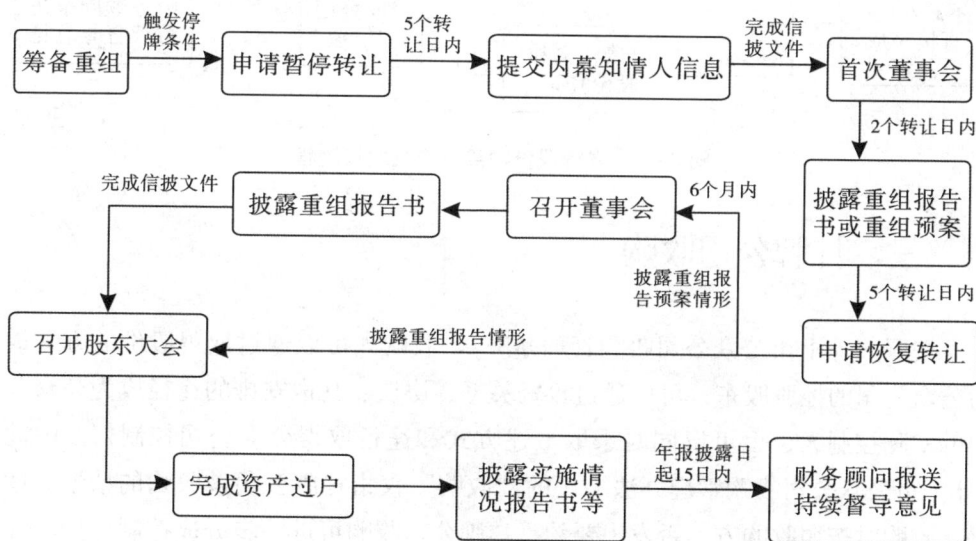

图 8 - 2　现金购买资产或股权流程

2. 发行股份购买资产或股权

由于发行股份购买资产或股权会导致股东人数超过 200 人，因此其重大资产重组就可能会涉及证监会审核，这样一方面重组时间将会较长，另一方面程序也将会更复杂，具体如图 8 - 3 所示。

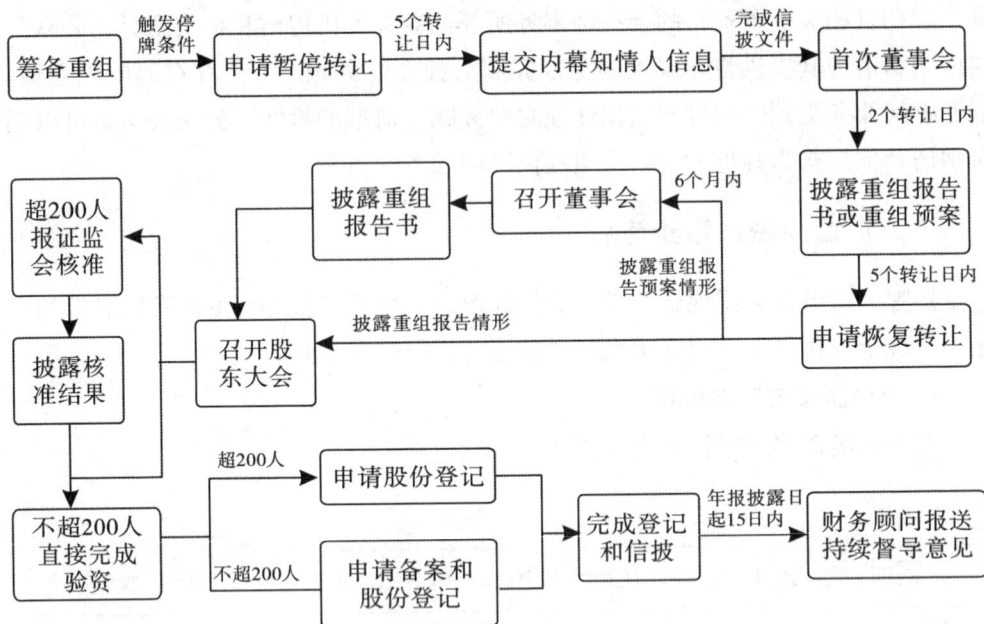

图 8 - 3　发行股份购买资产或股权流程

三、挂牌公司收购

按照《非上市公众公司收购管理办法》，收购人可以通过取得股份的方式成为公众公司的控股股东，可以通过投资关系、协议、其他安排的途径成为公众公司的实际控制人，也可以同时采取上述方式和途径取得公众公司控制权，因此《非上市公众公司收购管理办法》中的"收购"仅指挂牌公司被收购的情形。此外，收购时按照收购方是否发出要约，挂牌公司收购可进一步分成控制权变动和要约收购。

（一）收购的制度安排

根据《证券法》《公司法》《国务院决定》《国务院关于进一步优化企业兼并重组市场环境的意见》及《非上市公众公司收购管理办法》，挂牌公司的制度安排如下：

1. 收购人资格要求

《非上市公众公司收购管理办法》第六条规定：进行公众公司收购，收购人及其实际控制人应当具有良好的诚信记录，收购人及其实际控制人为法人的，应当具有健全的公司治理机制。任何人不得利用公众公司收购损害被收购公司及其股东的合法权益。

有下列情形之一的，不得收购公众公司：①收购人负有数额较大债务，到期未清偿，且处于持续状态；②收购人最近2年有重大违法行为或者涉嫌有重大违法行为；③收购人最近2年有严重的证券市场失信行为；④收购人为自然人的，存在《公司法》第一百四十六条规定的情形；⑤法律、行政法规规定以及证监会认定的不得收购公众公司的其他情形。

2. 聘请财务顾问的具体规定

（1）**收购方**。收购人按照《非上市公众公司收购管理办法》第三章、第四章的规定进行公众公司收购的，应当聘请具有财务顾问业务资格的专业机构担任财务顾问，但通过国有股行政划转或者变更、因继承取得股份、股份在同一实际控制人控制的不同主体之间进行转让、取得公众公司向其发行的新股、司法判决导致收购人成为或拟成为公众公司第一大股东或者实际控制人的情形除外。

但是，当国有股行政划转或者变更、因继承取得股份、股份在同一实际控制人控制的不同主体之间进行转让、取得公众公司向其发行的新股、司法判决导致收购人成为或拟成为公众公司第一大股东或者实际控制人可不聘用财务顾问。

（2）**被收购方**。可以聘请财务顾问（如要约收购中），但不强制要求。同时财务顾问可以是主办券商，但影响独立性、顾问资格受限的除外；也可以同时聘请其他机构。

（二）控制权变动和要约收购的规则

1. 控制权变动的规则

（1）**控制权变动的适用条件**。控制权变动主要有两种情形：①通过证券转让成为公众公司第一大股东或实际控制人；②通过投资关系、协议转让、行政划转或者变更、执行法院裁定、继承、赠与、其他安排等方式，成为或拟成为公众公司第一大股东或者实际控制人且拥有权益的股份超过公众公司已发行股份10%的。

（2）**披露要求**。控制权变动的披露要求分为两种：①基本披露要求：自前述事实发生之日起2日内编制收购报告书，连同财务顾问专业意见和律师出具的法律意见书一并披露，报送全国股转系统公司，同时通知该公众公司；②特殊情况：收购公众公司股份需要取得国家相关部门批准的，收购人应当在收购报告书中进行明确说明，并持续披露批准程序进展情况。

（3）**协议收购的过渡期问题**。公众公司收购过渡期指自签订收购协议起至相关股份完成过户的期间。对被收购公司过渡期的要求：①收购人不得通过控股股东提议改选公众公司董事会，确有充分理由改选董事会的，来自收购人的董事不得超过董事会成员总数的1/3；②不得为收购人及其关联方提供担保，不得发行股份募集资金；③除正常经营活动或者执行股东大会已决事项外，拟处置公司资产，调整公司主要业务、担保、贷款及可能对资产、负债、权益或者经营成果造成重大影响的事项，应当提交股东大会审议通过。

（4）**股份限售要求**。收购完成后，收购人成为公司第一大股东或者实际控制人的，收购人持有的被收购公司股份，在收购完成后12个月内不得转让。但是，收购人在被收购公司中拥有权益的股份在同一实际控制人控制的不同主体之间进行转让不受前述12个月的限制。

2. **要约收购的规则**

要约收购有两种类型：全面要约和部分要约，差异在于要约收购的股份数量不同。收购公司可以采取以上两种要约形式收购挂牌公司。

（1）**要约收购中对被收购方董事会的要求**。被收购方董事会应当对收购人的主体资格、资信情况及收购意图进行调查，对要约条件进行分析，对股东是否接受要约提出建议，并可以根据自身情况选择是否聘请独立财务顾问提供专业意见。在要约收购期间，被收购方董事不得辞职。

（2）要约收购流程如图 8 - 4 所示。

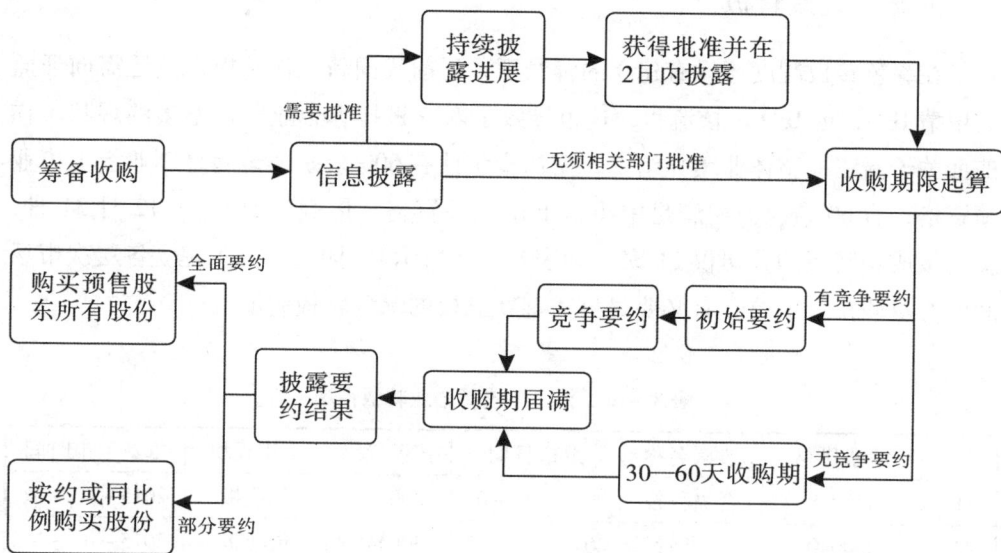

图 8 - 4　要约收购流程

第四节　挂牌公司的转板

转板上市是大多数新三板股票公司的终极目的。通过上市，企业的股份流通量大大增加，股东的股票也会大幅升值，同时公司形象也将大大提升，因此转板上市也成了很多企业梦寐以求的事。2013 年底开始运行的新三板市场，使得我国资本市场层次更加分明，但是新三板挂牌公司如何转板的相关规则却一直没有出台。

一、挂牌公司转板现状

目前，新三板挂牌公司通过走 IPO 审核流程转到主板、创业板，称为直接转板。除此之外，挂牌公司也可以选择被上市公司收购这种另类的转板方式，称为被收购转板。

（一）直接转板

在绿色转板制度还没有建立的背景下，目前我国新三板转板仍然还需向证监会申请IPO，走IPO审核流程，这也导致了新三板挂牌企业转板不多的现状。在前面关于新三板整体业绩介绍中，据初步统计有600余家公司满足创业板上市业绩资格，有60余家公司满足中小板上市业绩资格，但截至2015年12月31日，新三板成功转板的公司仅11家（如表8－12所示）。因此，为了建立各层次市场间的有机联系，证监会有必要尽早完善新三板的绿色转板制度。

表8－12　新三板挂牌企业转板情况

序号	股票代码	股票名称	退市日期	转板代码	上市板块	重新上市时间
1	430018	合纵科技	2015－06－01	300477	创业板	2015－06－10
2	430040	康斯特	2015－04－22	300445	创业板	2015－04－24
3	430049	双杰电气	2015－04－20	300444	创业板	2015－04－23
4	430030	安控科技	2014－01－09	300370	创业板	2014－01－23
5	430045	东土科技	2012－08－29	300353	创业板	2012－09－27
6	430012	博晖创新	2012－05－10	300318	创业板	2012－05－23
7	430008	华宇软件	2011－09－28	300271	创业板	2011－10－26
8	430023	佳讯飞鸿	2011－04－20	300213	创业板	2011－05－05
9	430001	世纪瑞尔	2010－12－06	300150	创业板	2010－12－22
10	430006	北陆药业	2009－09－30	300016	创业板	2009－10－30
11	430007	久其软件	2009－07－29	002279	中小板	2009－08－11

资料来源：根据全国股转系统和同花顺数据库的数据整理。统计日期截至2015年12月31日。

（二）被收购转板

由于新三板覆盖的企业及业务类型越来越丰富，为A股传统板块内的上市公司战略转型提供了很多优质的投资标的，加上新三板挂牌公司财务透明，管理规范，相较于非公众公司，能更好地为收购方节约成本，提高并购效率。而对于新三板挂牌企业来说，通过被A股上市公司并购，也不失为登陆A股市场的一个好办法。

新三板挂牌企业被 A 股上市公司收购情况如表 8-13 所示。

表 8-13 新三板挂牌企业被 A 股上市公司收购情况

序号	代码	证券简称	挂牌状态	买方代码	买方证券简称	交易金额（万元）	收购市盈率（倍）
1	430275	新冠亿碳	终止	002672	东江环保	9 660.00	9.33
2	430531	瑞翼信息	终止	002491	通鼎光电	11 500.00	18.88
3	430364	屹通信息	终止	300166	东方国信	45 100.00	80.00
4	430115	阿姆斯	终止	002170	芭田股份	14 260.00	23.70
5	430708	铂亚信息	终止	300053	欧比特	52 500.00	17.66
6	430710	激光装备	终止	002559	亚威股份	10 586.58	8.02
7	830804	日新传导	终止	600973	宝胜股份	16 200.00	11.53
8	430308	泽天盛海	终止	300370	安控科技	31 000.00	23.84
9	430628	易事达	终止	300269	联建光电	48 895.00	13.66
10	833097	众益制药	终止	000999	华润九新	130 000.00	28.10
11	831966	业际光电	终止	002217	合力泰	96 000.00	19.84
12	831812	宇寿医疗	终止	300390	天华超净	40 000.00	2.78
13	430399	湘财证券	挂牌	601519	大智慧	850 033.58	10.81
14	832021	安谱实验	挂牌	300203	聚光科技	14 905.62	14.35
15	430671	一卡易	挂牌	002104	恒宝股份	15 300.00	46.60
16	430073	兆信股份	挂牌	HK2280	慧聪网	14 767.50	21.99
17	430063	工控网	挂牌	002441	众业达	21 000.00	37.33

资料来源：根据全国股转系统和同花顺数据库的数据整理。统计日期截至 2015 年 12 月 31 日。

从已公布的数据可知，目前新三板有 17 家公司被 A 股上市公司吸收合并或控股，其中 12 家公司成为 A 股上市公司的子公司而在新三板终止上市，另外 5 家公司虽然还在新三板挂牌交易，但已被 A 股上市公司控股。随着新三板市场容量的增大以及新三板各项规章制度的健全，未来将有越来越多的优质新三板公司会成为上市公司的"盘中餐"，通过这种另类的转板方式实现价值和获得更广阔的发展空间。

二、新三板分层与转板

转板制度是指股票在资本市场各个板块层次间的转移的制度安排，如新三板市场的股票转到创业板市场去交易，主板市场的股票转移到新三板市场去交易等。成熟的资本市场各个板块之间都已经建立了有效的连通制度。如我国台湾地区的资本市场分为台湾证券交易所市场、上柜市场、兴柜市场、盘商市场四个层次，和大陆的新三板一样，登陆兴柜市场并无财务指标要求，但如果有公司想要在上柜市场挂牌交易，该公司必须在兴柜市场挂牌交易满 6 个月并符合兴柜市场挂牌条件。

虽然我国大陆已建立主板、中小板、创业板和新三板这种类似台湾的多层次资本市场，但目前我国大陆并没有建立绿色转板制度。

目前我国监管部门也在紧锣密鼓地研究我国资本市场转板制度的规定，但相关具体规定还没有公布。2014 年 8 月 1 日证监会召开视频会议贯彻落实国务院 7 月 23 日常务会议精神，会议明确指出"要完善创业板制度，在创业板建立单独层次，支持尚未盈利的互联网和高新技术企业在新三板挂牌一年后到创业板上市，进一步支持自主创新企业的融资需求"。国务院《金融业发展和改革"十二五"规划》已经提出要"完善不同层次市场间的转板机制和市场退出机制，逐步建立各层次市场间的有机联系，形成优胜劣汰的市场环境"。2013 年 12 月 13 日国务院发布的《国务院决定》中明确提出了"建立不同层次市场间的有机联系。在全国股份转让系统挂牌的公司，达到股票上市条件的，可以直接向证券交易所申请上市交易"。

《全国中小企业股份转让系统业务规则（试行）》第四章中对暂停转让和终止转让的具体情形，已经就"向中国证监会申请首次公开发行股票并上市，或向证券交易所申请股票上市"和"中国证监会核准其首次公开发行股票申请，或证券交易所同意其股票上市"进行了分别表述，为后续转板制度的推出预留了空间。

由于新三板挂牌公司已经是公众公司，并且经过主办券商、律师事务所、会计师事务所等中介机构的督导与规范，在公司治理和规范上已经接近场内市场的要求，如果不进行新股公开发行，从理论上可以建立起新三板场内市场的转板绿色通道。

虽然转板绿色通道还没有建立，但全国股转系统公司已开始对新三板挂牌公司进行分层管理。继 2015 年 11 月 20 日新三板确定将分为基础层和创新层之后，2016 年 5 月 27 日，全国股转系统公司发布《全国中小企业股份转让系统挂牌公司分层管理办法（试行）》公告，新三板正式确认设立创新层和基础层，符合不同标准的挂牌公司分别纳入创新层或基础层管理。

满足以下条件之一的挂牌公司可以进入创新层：

标准 1：最近两年连续盈利，且年平均净利润不少于 2 000 万元（以扣除非经常性损益前后孰低者为计算依据）；最近两年加权平均净资产收益率平均不低于 10%（以扣除非经常性损益前后孰低者为计算依据）。

标准 2：最近两年营业收入连续增长，且年均复合增长率不低于 50%；最近两年营业收入平均不低于 4 000 万元；股本不少于 2 000 万股。

标准 3：最近有成交的 60 个做市转让日的平均市值不少于 6 亿元；最近一年年末股东权益不少于 5 000 万元；做市商家数不少于 6 家；合格投资者不少于 50 人。

此外，申请挂牌公司满足以下条件之一的，可以挂牌时直接进入创新层：

标准 1：最近两年连续盈利，且年平均净利润不少于 2 000 万元（以扣除非经常性损益前后孰低者为计算依据）；最近两年加权平均净资产收益率平均不低于 10%（以扣除非经常性损益前后孰低者为计算依据）；申请挂牌同时发行股票，且融资额不低于 1 000 万元。

标准 2：最近两年营业收入连续增长，且年均复合增长率不低于 50%；最近两年营业收入平均不低于 4 000 万元；挂牌时股本不少于 2 000 万股。

标准 3：做市商家数不少于 6 家；申请挂牌同时发行股票，发行对象中包括不少于 6 家做市商，按发行价格计算的公司市值不少于 6 亿元，且融资额不低于 1 000 万元；最近一期期末股东权益不少于 5 000 万元。

通过分层制度，筛选出不同层次企业，让企业优胜劣汰，减少投资者的信息收集成本和选择成本，也减少企业的融资成本，从而让创新层企业即使在新三板市场也能受到投资者青睐，也为该层级企业进入创业板和中小板打下良好基础。

第九章　挂牌公司监管体系与信息披露

　　第八章已述，新三板挂牌公司可以利用新三板市场进行融资、股票转让、并购重组、间接转板等资本运营，进而能有效化解中小微企业尤其是科技型企业的融资难、股权定价难、机构投资者股份退出难、股份流动性不强等现实困境，这对推动大众创业万众创新、支持中小微企业发展、促进我国经济提质增效升级具有重要意义。截至2015年末，挂牌公司已达5 129家，远超沪深交易所2 827家的A股上市公司数量。为此，如何监管快速增长的挂牌公司以保障新三板市场的健康有序发展及其功能发挥就显得非常重要。

　　根据《非上市公众公司监督管理办法》规定，非上市公众公司依法纳入证监会统一监管。非上市公众公司根据其股票是否在新三板挂牌，分为挂牌公司和不挂牌公司。与不挂牌公司相比，挂牌公司因其股票公开在新三板挂牌交易，所涉及的公共利益较大，出于对公众的保护及社会稳定性等因素的考虑，挂牌公司除了和不挂牌公司一样会接受证监会的统一监管外，还要接受新三板的自律监管。和沪深交易所不同，新三板不以交易为主要目的，主要为中小微企业发展、资本投入与退出服务，其投资者群体也是以机构投资者为主，他们主要关心挂牌公司信息披露的真实性、准确性与完整性。因此，新三板对挂牌公司的自律监管"以信息披露为核心"，引导市场参与主体归位尽责，发挥市场自治；重点引导挂牌公司规范履行信息披露义务和加强公司治理，督促主办券商履行持续督导职责，对挂牌公司的信息披露和公司治理做好督导，把好第一道关。

　　本章主要探讨挂牌公司监管体系与信息披露。

第一节 挂牌公司监管体系

一、挂牌公司监管体系的构建

根据证监会 2013 年 1 月 31 日颁布的《全国中小企业股份转让系统有限责任公司管理暂行办法》第三条、第四条、第二十条的规定：挂牌公司为依法纳入证监会统一监督管理的非上市公众公司，股东人数可以超过 200 人；全国股转系统公司负责组织和监督挂牌公司的股票转让及相关活动，实行自律管理；新三板实行主办券商制度，主办券商业务包括推荐股份公司挂牌，对挂牌公司进行持续督导等全国股转系统公司规定的业务。由此看来，我国对新三板市场的监管模式采取的是行政监管与自律监管相结合的中间型监管模式，以自律监管优先。

综上所述，从新三板挂牌公司的角度看，挂牌公司自申请挂牌开始至终止挂牌期间，主要接受证监会及其派出机构的行政监管、全国股转系统公司的自律监管以及主办券商的持续督导，具体如图 9-1 所示。

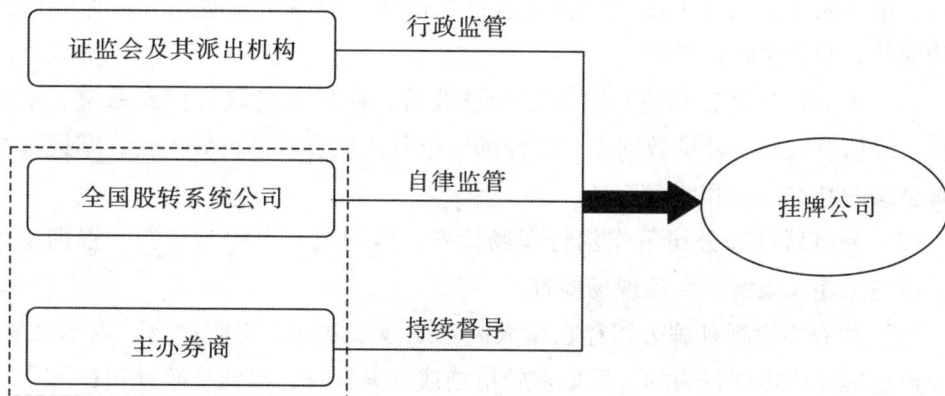

图 9-1 新三板挂牌公司监管体系

（一）证监会及其派出机构的行政监管职责

1. 证监会的监管职责

根据《关于加强非上市公众公司监管工作的指导意见》规定，证监会按照证券集中统一监管体制的要求，主要通过立法权和执法权的实施对其派出机构、全国股转系统公司、挂牌公司及其他市场主体履行行政监管责任。主要包括：

（1）建立健全非上市公众公司监督制度体系，统筹监管制度与自律规则之间的衔接，评估监管制度实施效果并适时修订完善；

（2）规范派出机构监管执法的程序、标准和要求；

（3）指导全国股转系统根据挂牌公司特点制定差异化的信息披露标准；

（4）依据《全国中小企业股份转让系统有限责任公司管理暂行办法》，对全国股转系统履行挂牌公司自律监管情况进行监督检查；

（5）完善挂牌公司并购重组中股票交易核查、立案即暂停的工作机制，防控内幕交易；

（6）组织协调挂牌公司重大监管行动、重大风险处置等工作；

（7）实现非上市公众公司行政许可的程序与内容全公开；

（8）统筹确定非上市公众公司、中介机构的培训政策和要求。

2. 派出机构的监管职责

根据《关于加强非上市公众公司监管工作的指导意见》规定，证监会派出机构的监管职责主要包括：

（1）对辖区挂牌公司进行日常非现场监管，依托中央监管信息系统、全国股转系统信息系统、诚信数据库、工商部门企业信息公示系统等平台，掌握辖区挂牌公司的基本情况和监管信息；

（2）对辖区挂牌公司不作例行现场检查，以问题和风险为导向，根据发现的涉嫌违法违规线索，启动现场检查；

（3）检查中发现挂牌公司存在重大风险或涉嫌欺诈、虚假披露、内幕交易、操纵市场等违法违规行为的，采取监管措施或立案调查，实施行政处罚；

（4）检查中发现主办券商等中介机构涉嫌违法违规行为的，进行延伸检查，采取监管措施；

（5）检查中发现涉及自律监管范畴的问题，转全国股转系统处理；

（6）处理对辖区挂牌公司的投诉举报，属于违法违规线索的，启动行政执法程序。

（二）全国股转系统公司的自律监管职责

根据《关于加强非上市公众公司监管工作的指导意见》规定，全国股转系统公司按照法律法规及《国务院决定》《全国中小企业股份转让系统有限责任公司管理暂行办法》履行对挂牌公司的自律监管职责，主要包括：

（1）制定完善自律监管业务规则；

（2）审查挂牌公司申请事项；

（3）监督挂牌公司及其他信息披露义务人完整、准确、及时地披露信息；

（4）执行挂牌公司申请文件申报即披露、即担责的制度，发现申报不实的，采取自律监管措施或提请证监会查处；

（5）监督挂牌公司股票转让及相关活动；

（6）加强对"两网公司"（原 STAQ、NET 系统挂牌公司）和退市公司的自律监管；

（7）制定挂牌公司治理规则，建立完善的挂牌公司监管档案，完善市场主体诚信管理机制；

（8）处理与挂牌公司相关的属于自律监管范畴的媒体质疑、投诉举报；

（9）建立健全调处争议纠纷及投资者补偿、赔偿制度；

（10）牵头组织实施对挂牌公司、中介机构的培训工作；

（11）规范挂牌公司和中介机构的行为，发现违反法律、法规及业务规则的，采取自律监管措施；

（12）依法应当由证监会查处的，及时移交。

（三）主办券商的持续督导职责

根据《全国中小企业股份转让系统主办券商持续督导工作指引（试行）》第六条规定，主办券商对挂牌公司在挂牌期间应履行以下督导职责：

（1）指导、督促挂牌公司完善公司治理机制，提高挂牌公司规范运作水平；

（2）指导、督促挂牌公司规范履行信息披露义务，事前审查挂牌公司信息披露文件，发布风险揭示公告；

（3）开展挂牌公司现场检查工作，督促挂牌公司进行整改；

（4）建立与挂牌公司日常联系的机制，对挂牌公司进行培训和业务指导；

（5）关注挂牌公司重大变化，向全国股转系统公司报告挂牌公司重大事项，调查或协助调查指定事项，并配合做好挂牌公司的日常监管；

（6）全国股转系统公司规定的其他职责。

二、全国股转系统公司的监管对象及自律监管方式

在新三板市场行政监管与自律监管相结合的监管体系中，全国股转系统公司的自律监管是核心。

（一）监管对象

根据《全国中小企业股份转让系统业务规则（试行）》第一章第 4 条规定，全国股转系统公司的监管对象包括以下四类：

（1）申请挂牌公司、挂牌公司；

（2）申请挂牌公司、挂牌公司的董事、监事、高级管理人员、股东、实际控制人；

（3）主办券商、会计师事务所、律师事务所、其他证券服务机构及相关人员；

（4）投资者。

（二）自律监管方式

根据《全国中小企业股份转让系统有限责任公司管理暂行办法》《全国中小企业股份转让系统业务规则（试行）》等的规定，全国股转系统公司的自律监管方式主要包括以下 7 种：

1. 挂牌申请的审查

全国股转系统公司依法对股份公司股票挂牌、定向发行等申请及主办券商推荐文件进行审查，出具审查意见。

2. 信息披露监管

全国股转系统公司应当督促申请挂牌的股份公司、挂牌公司及其他信息披露义务人，依法履行信息披露义务，真实、准确、完整、及时地披露信息，不得有虚假记载、误导性陈述或者重大遗漏。

3. 决定股票暂停或终止挂牌

挂牌公司应当符合新三板持续挂牌条件，不符合持续挂牌条件的，全国股转系统公司应当及时作出股票暂停或终止挂牌的决定，及时公告，并报证监会备案。

4. 紧急处置

因突发性事件而影响股票转让的正常进行时，全国股转系统公司可以采取技术性停牌措施；因不可抗力的突发性事件或者为维护股票转让的正常秩序，可以决定临时停市。

5. 监控与制止

全国股转系统公司应当建立市场监控制度及相应技术系统，配备专门市场监察人员，依法对股票转让实行监控，及时发现、及时制止内幕交易、市场操纵等异常转让行为。对违反法律、法规及业务规则的，全国股转系统公司应当及时采取自律监管措施，并视情节轻重或根据监管要求，及时向证监会报告。

6. 自律监管措施

全国股转系统公司发现监管对象违反法律、法规及业务规则的，可以依法采取自律监管措施（如表 9 - 1 所示），并报证监会备案。依法应当由证监会进行查处的，全国股转系统公司应当向证监会提出查处建议。

监管对象应当积极配合全国股转系统公司的日常监管，在规定期限内回答问询，按照全国股转系统公司的要求提交说明，或者披露相应的更正或补充公告。

7. 纪律处分

根据《全国中小企业股份转让系统业务规则（试行）》第六章第 2 条规定，监管对象违反全国股转系统公司的相关业务规定的，全国股转系统公司视情节轻重给予相应的纪律处分（如表 9 - 2 所示），并记入证券期货市场诚信档案数据库（以下简称"诚信档案"）。

表9-1　全国股转系统公司的自律监管措施

序号	自律监管措施
1	要求申请挂牌公司、挂牌公司及其他信息披露义务人或者其董事（会）、监事（会）和高级管理人员、主办券商、证券服务机构及其相关人员对有关问题作出解释、说明和披露
2	要求申请挂牌公司、挂牌公司聘请中介机构对公司存在的问题进行核查并发表意见
3	约见谈话
4	要求提交书面承诺
5	出具警示函
6	责令改正
7	暂不受理相关主办券商、证券服务机构或其相关人员出具的文件
8	暂停解除挂牌公司控股股东、实际控制人的股票限售
9	限制证券账户交易
10	向证监会报告有关违法违规行为
11	其他自律监管措施

表9-2　全国股转系统公司的纪律处分

序号	违规对象	纪律处分
1	申请挂牌公司、挂牌公司、相关信息披露义务人	①通报批评 ②公开谴责
2	申请挂牌公司、挂牌公司的董事、监事、高级管理人员	①通报批评 ②公开谴责 ③认定其不适合担任公司董事、监事、高级管理人员
3	主办券商	①通报批评 ②公开谴责
4	主办券商的相关业务人员	①通报批评 ②公开谴责
5	会计师事务所、律师事务所、其他证券服务机构及其工作人员	①通报批评 ②公开谴责

全国股转系统公司设立纪律处分委员会对业务规则规定的纪律处分事项进行

审核，作出独立的专业判断并形成审核意见。全国股转系统公司根据纪律处分委员会的审核意见，作出给予纪律处分的决定。

监管对象不同意全国股转系统公司作出的纪律处分决定的，可自收到处分通知之日起 15 个工作日内向全国股转系统公司申请复核，复核期间该处分决定不停止执行。

三、挂牌公司的常见违规行为及监管

一般而言，挂牌公司的常见违规行为主要包括以下四类：一是信息披露违规，主要表现为"披露信息遗漏或瑕疵""未及时信息披露"和"未履行核准程序前披露信息"等；二是公司治理违规，主要包括违反《公司法》"三会一层"治理要求，违反公司章程及内部控制等；三是日常业务违规，包括股份限售，转增，分红派息（包括除权除息），董事、监事、高级管理人员情况报备等业务违规；四是融资行为、并购重组业务违规，主要是相关信息披露及程序违规等。

当挂牌公司及其相关当事人出现上述违规行为时，全国股转系统公司将根据相关规定对挂牌公司等监管对象采取自律监管措施，并定期在全国股转系统官方网站上披露《自律监管措施信息表》。表 9 - 3 罗列了部分挂牌公司的违规行为及监管措施。

表 9 - 3　挂牌公司的常见违规行为及监管措施

证券代码	证券简称	监管对象名称	监管对象类别	采取监管措施的日期	具体监管措施	违规行为
430032	凯英信业	凯英信业	挂牌公司	2014 - 03 - 14	出具警示函、要求提交书面承诺	未及时更正 2012 年度报告；未按规定披露会计差错更正应披露信息
430263	蓝天环保	蓝天环保	挂牌公司	2014 - 05 - 07	要求提交书面承诺	关联方披露不完整、关联交易未经内部决策程序且未披露，关联方资金占用未披露

（续上表）

证券代码	证券简称	监管对象名称	监管对象类别	采取监管措施的日期	具体监管措施	违规行为
430263	蓝天环保	潘忠	挂牌公司董监高	2014 – 05 – 07	约见谈话、要求提交书面承诺	公司总经理潘忠兼职信息披露不完整，应对公司关联方披露不完整、关联交易与关联方资金占用未按关联方事宜决策及披露承担主要责任
430122	中控智联	中控智联	挂牌公司	2014 – 07 – 07	约见谈话、要求提交书面承诺	2012 年年报中财务数据与审计报告数据存在多处不一致，信息披露不准确且未及时更正
430122	中控智联	闫晓华	挂牌公司董监高	2014 – 07 – 07	约见谈话	闫晓华作为中控智联董事会秘书，负责公司信息披露管理事务，未能恪尽职守、履行勤勉义务，对中控智联信息披露违规行为负有相应责任
430056	中航新材	中航新材	挂牌公司	2014 – 07 – 07	约见谈话、出具警示函	2013 年年报中多处遗漏应披露信息，部分章节与《全国中小企业股份转让系统挂牌公司年度报告内容与格式指引（试行）》相关要求严重不符
430056	中航新材	余罗	信息披露负责人	2014 – 07 – 07	约见谈话	余罗作为公司信息披露负责人，负责公司信息披露管理事务，未能恪尽职守、履行勤勉义务，对中航新材信息披露违规行为负有相应责任

（续上表）

证券代码	证券简称	监管对象名称	监管对象类别	采取监管措施的日期	具体监管措施	违规行为
430523	泰谷生物	泰谷生物	挂牌公司	2014 - 08 - 06	出具警示函	泰谷生物对于公司高管被采取强制措施及公司控股股东占用资金等重大事项，未履行信息披露义务
430523	泰谷生物	段传武	信息披露负责人、财务总监	2014 - 08 - 06	出具警示函	段传武作为公司董事会秘书及财务总监，未能恪尽职守、履行勤勉义务，对泰谷生物信息披露违规、控股股东违规占用资金等违规行为负有相应责任
430219	中试电力	刘敏	原董事会秘书	2014 - 10 - 20	约见谈话	原董事会秘书刘敏作为信息披露直接负责人未能恪尽职守、履行勤勉义务，对中试电力信息披露违规行为负有重要责任
430136	安普能	安普能	挂牌公司	2015 - 03 - 20	出具警示函、提交书面承诺	对3起重大涉诉事项未及时履行信息披露义务
430136	安普能	樊东华	董事长、实际控制人	2015 - 03 - 20	约见谈话、出具警示函	未能恪尽职守、履行勤勉义务，对安普能信息披露违规行为负有重要责任
430136	安普能	钮祝红	董事会秘书	2015 - 03 - 20	约见谈话	未能恪尽职守、履行勤勉义务，对安普能信息披露违规行为负有重要责任
430686	华盛控股	华盛控股	挂牌公司	2015 - 08 - 11	约见谈话	华盛控股作为股东人数超过200人的公众公司，向特定对象发行股票，未经证监会核准，便披露认购公告进行认购

（续上表）

证券代码	证券简称	监管对象名称	监管对象类别	采取监管措施的日期	具体监管措施	违规行为
430499	中科股份	中科股份	挂牌公司	2015 – 08 – 11	出具警示函	公司在 2014 年年报披露过程中未披露财务报表附注，出现重大遗漏
430499	中科股份	华安证券	主办券商	2015 – 08 – 11	提交书面承诺	主办券商在事前审查时未能发现挂牌公司年报存在重大遗漏，未能勤勉尽责，未能督导挂牌公司规范履行信息披露义务
430499	中科股份	程明	董事会秘书	2015 – 08 – 11	出具警示函	董事会秘书作为信息披露事务负责人，未能恪尽职守、履行勤勉义务，对信息披露违规行为负有责任
831890	中润油	中润油	挂牌公司	2015 – 08 – 18	约见谈话	中润油于 2015 年 7 月披露 2015 年第一季度财务报告，信息披露违规
831890	中润油	西部证券	主办券商	2015 – 08 – 18	约见谈话	西部证券未能勤勉尽责，未能督导挂牌公司规范履行信息披露义务
832080	七色珠光	七色珠光	挂牌公司	2015 – 08 – 18	约见谈话	七色珠光在提交股票发行备案材料前就使用了募集资金，股票发行存在违规行为
831340	金童股份	金童股份	挂牌公司	2015 – 08 – 27	出具警示函	金童股份在未取得同意做市函的情况下发布股票转让方式变更的提示性公告，信息披露违规
831340	金童股份	宋顺金	董事会秘书	2015 – 08 – 27	出具警示函	董事会秘书作为信息披露事务负责人，未能恪尽职守、履行勤勉义务，对信息披露违规行为负有责任

（续上表）

证券代码	证券简称	监管对象名称	监管对象类别	采取监管措施的日期	具体监管措施	违规行为
831340	金童股份	申万宏源	主办券商	2015-08-27	约见谈话、提交书面承诺	申万宏源证券未能勤勉尽责，未能督导挂牌公司规范履行信息披露义务
831315	安畅网络	安畅网络	挂牌公司	2015-09-25	约见谈话	安畅网络在取得股票发行股份登记函之前就使用了募集资金，股票发行存在违规行为
831291	恒博科技	中原证券	主办券商	2015-11-09	约见谈话	中原证券于2015年9月17日9时15分通过电话申请恒博科技重大资产重组暂停转让，导致挂牌公司股票盘中紧急停牌，不符合重大资产重组暂停转让的相关规定
430726	津宇嘉信	杨水荣	高级管理人员	2015-11-03	提交书面承诺	自2015年1月1日至2015年6月30日转让的股份已超过所持有公司股份总数的百分之二十五，构成违规减持
832168	中科招商	中科招商	挂牌公司	2015-11-05	约见谈话	在未通过全国股转系统公司指定信息披露平台披露融资具体方案的情况下，向媒体透漏融资的具体细节，构成信息披露违规

资料来源：全国股转系统官方网站。

<h2 style="text-align:center">第二节　挂牌公司信息披露</h2>

挂牌公司信息披露制度，也称公示制度、公开披露制度，是挂牌公司及其信息披露义务人按照法律规定必须将其自身的财务变化、经营状况等信息和资料向社会公开或公告，以便使投资者充分了解情况的制度。它包括挂牌前的信息披露及挂牌后持续信息披露，其中挂牌后持续信息披露包括定期报告和临时报告。鉴于挂牌前的信息披露主要为向全国股转系统公司或证监会提交的挂牌申请文件，且在本书第六章、第七章中已进行了说明，本节不再赘述。本节主要探讨挂牌后持续信息披露。

一、挂牌公司信息披露制度框架体系

与本书第一章第二节所述的新三板市场制度框架体系一样，我国新三板挂牌公司信息披露制度也已形成了包括法律、行政法规、部门规章和自律规则在内的四个层次。其中前三个层次在第一章第二节中已有详细说明，不再赘述。现主要介绍第四层次，即有关新三板挂牌公司信息披露的自律规则，其划分为业务规则和服务指南两个层级，具体如下：

1. **业务规则**

主要包括《全国中小企业股份转让系统业务规则（试行）》《全国中小企业股份转让系统挂牌公司信息披露细则（试行）》《全国中小企业股份转让系统挂牌公司年度报告内容与格式指引（试行）》《全国中小企业股份转让系统挂牌公司半年度报告内容与格式指引（试行）》等。

2. **服务指南**

主要包括《全国中小企业股转系统挂牌公司持续信息披露业务指南（试行）》《全国中小企业股份转让系统临时公告格式模板》等。

二、挂牌公司持续信息披露的工作流程

根据《全国中小企业股份转让系统挂牌公司持续信息披露业务指南（试

行)》规定，挂牌公司信息披露须经主办券商的事前审查、全国股份转让系统公司的事后审查环节，具体工作流程如下：

（一）挂牌公司编制披露文件并报主办券商审查

首先，挂牌公司董事会秘书或者信息披露事务负责人通过编制端编制披露文件，编制工具里没有明确给出模板临时公告的，由挂牌公司根据有关规定自行编制。其次，挂牌公司准备好披露文件，包括加盖董事会公章的公告纸质文件及相应电子文档，其中电子文档包括定期报告或临时公告正文及相应的 XBRL 文件（自行编制的除外）送达主办券商。

（二）主办券商事前审查并上传至信息披露系统

主办券商对拟披露的信息披露文件进行事前审查，发现拟披露的信息披露文件与全国股转系统公司相关规定不符的，主办券商应督导挂牌公司进行更正或补充。拟披露的信息披露文件存在虚假记载、误导性陈述或重大遗漏的，主办券商应要求挂牌公司及时改正，挂牌公司拒不改正的，主办券商应通过报送端向全国股转系统公司报告，并在挂牌公司信息披露文件披露当日同时发布风险揭示公告。

主办券商对年度报告进行事前审查中，如发现挂牌公司的财务报告被出具了否定意见或者无法表达意见的审计报告，或期末净资产为负值，或全国股转系统公司规定的其他情形的，主办券商应通过报送端向全国股转系统公司报告。

主办券商事前审查后，无论是否有异议，均应通过报送端将信息披露文件正文（PDF 格式）及 XBRL 文件（自行编制的除外）上传至信息披露系统。

（三）信息披露系统将信息披露文件发送至信息披露平台

信息披露系统在规定的时间段中将披露文件的正文自动发送至全国股转系统公司指定信息披露平台。

（四）信息披露文件披露后的审查和处理

1. 更正或补充公告的处理

全国股转系统公司监管人员在信息披露系统上对信息披露文件进行审查，若发现信息披露文件不符合全国股转系统公司信息披露有关规定，或信息披露文件存在重大错误或遗漏的，将通过信息披露系统向主办券商发送反馈意见。主办券商对有关问题核实后应及时通过信息披露系统向全国股转系统公司进行回复。

信息披露文件在信息披露平台披露后，如因错误或遗漏需要更正或补充的，挂牌公司需发布更正或补充公告，并重新披露相关信息披露文件，原已披露的信息披露文件不作撤销。

2. 撤销或替换公告的处理

已披露的信息披露文件不得撤销或替换。

3. 补发公告的处理

挂牌公司不能按照规定的时间披露信息披露文件，或发现存在应当披露但尚未披露的信息披露文件的，挂牌公司应发布补发公告并补发信息披露文件。

全国股转系统公司若发现挂牌公司存在应披露但未披露信息披露文件的，通知主办券商督促挂牌公司发布补发公告并补发信息披露文件。

（五）信息披露文件无法正常披露的处理

主办券商通过报送端完成信息披露文件的提交后，应及时查看信息披露文件是否在规定时间成功披露至信息披露平台。如发现信息披露文件无法在规定时间成功披露的，主办券商应立即向全国股转系统公司报告，经全国股转系统公司确认后进行处理。

挂牌公司持续信息披露的工作流程如图 9 - 2 所示。

| 挂牌公司 | 主办券商 | 全国股转系统公司 | 信息披露网站 |

挂牌公司发生重大事项、召开三会

通过事后审查端通知主办券商督促挂牌公司修改、补充、完善，必要时申请停牌事宜，并刊登更正或补充公告

督促挂牌公司修改、补充、完善公告内容

否

通过XBRL编制端制作披露文件（自行编制的除外）；向主办券商报送披露材料

对信息披露文件进行事前审查

报送的文件，自动分配到相应监管员的事后审查端

是否合规

否 是否合规

是

审核信息无误，信息披露工作完成

是

通过BPM报送信息披露文件和XBRL文件（自行编制的除外），报送成功后，信息披露文件直接披露到信息披露平台上

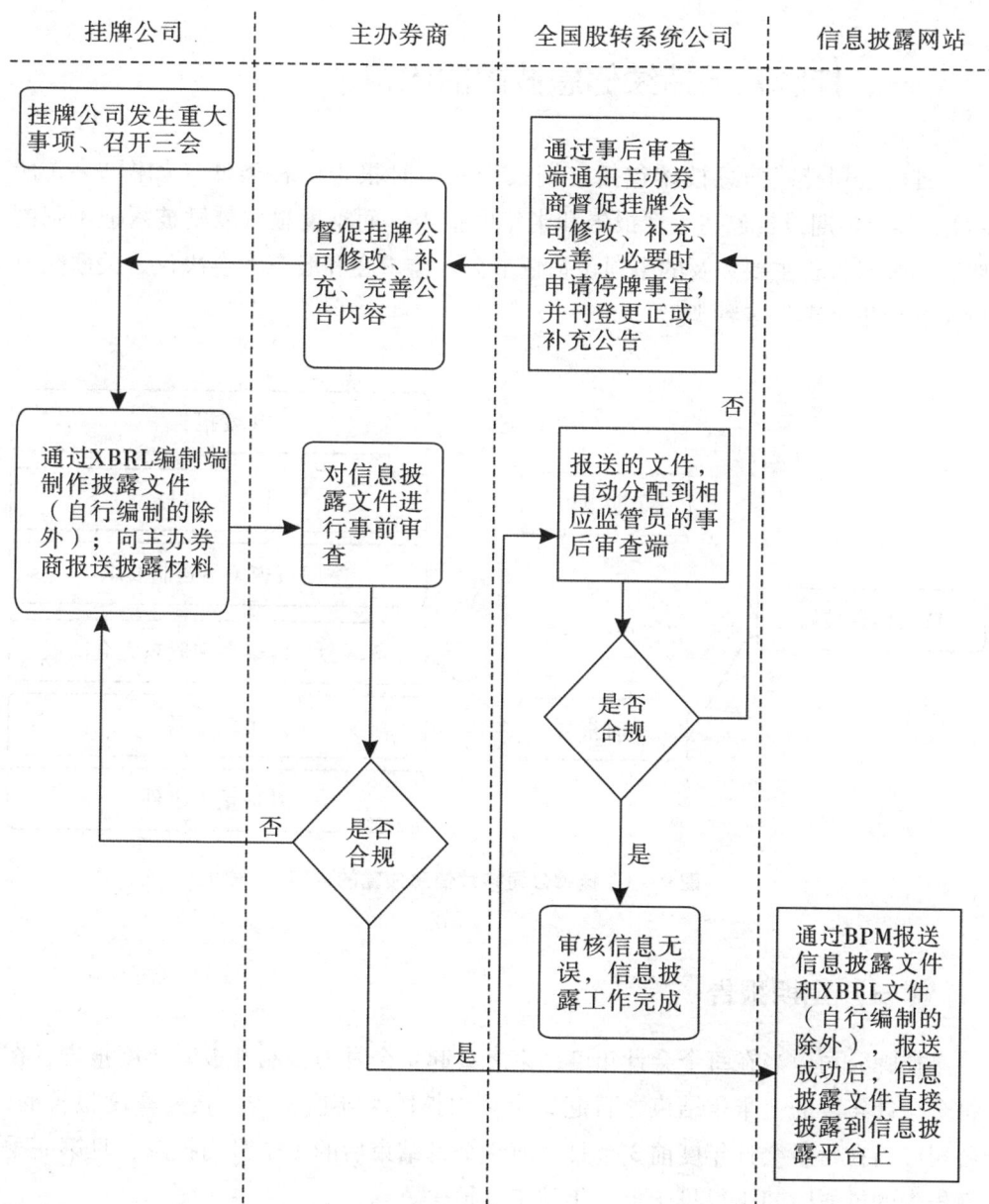

图9-2　挂牌公司持续信息披露的工作流程

三、挂牌公司持续信息披露的内容

挂牌公司持续信息披露包括定期报告和临时报告两种类型（如图 9 - 3 所示）。其中定期报告包括年度报告和半年度报告，而季度报告鼓励披露但不强制要求；临时报告主要涉及的事项包括董事会、监事会和股东大会决议、关联交易以及其他重大事件三种类型。

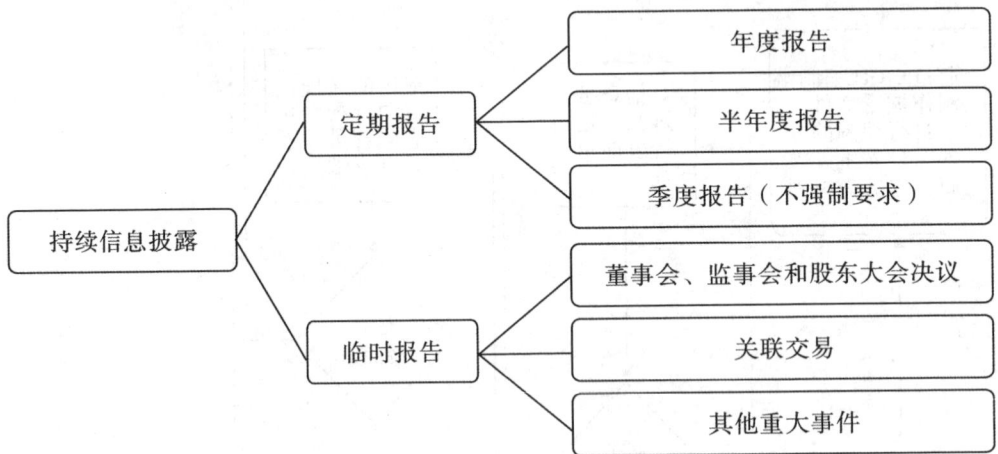

图 9 - 3　挂牌公司持续信息披露的内容

（一）定期报告

挂牌公司应当在每个会计年度结束之日起 4 个月内编制并披露年度报告，在每个会计年度的上半年结束之日起 2 个月内披露半年度报告；披露季度报告的，公司应当在每个会计年度前 3 个月、前 9 个月结束后的 1 个月内披露，且第一季度报告的披露时间不得早于上一年的年度报告。

此外，年度报告中的财务报告必须经具有证券期货相关业务资格的会计师事务所审计，半年度报告中的财务报告无须审计，若挂牌公司自愿进行审计，也需聘请具有证券期货相关业务资格的会计师事务所审计。

（二）临时报告

临时报告是指挂牌公司按照法律、法规和全国股转系统公司有关规定发布的除定期报告以外的公告。临时报告应按照《全国中小企业股份转让系统临时公告格式模板》编制并加盖董事会公章后经公司董事会发布。

挂牌公司应当在临时报告所涉及的重大事件最先触及下列任一时点后及时履行首次披露义务：董事会或者监事会作出决议时；签署意向书或者协议（无论是否附加条件或者有期限要求）时；公司（含任一董事、监事或者高级管理人员）知悉或者理应知悉重大事件发生时。

如果重大事件正处于筹划阶段，尚未触及上述时点，但出现下列情形之一的，公司亦应履行首次披露义务：该事件难以保密；该事件已经泄漏或者市场出现有关该事件的传闻；公司股票及其衍生品种交易已发生异常波动。

具体而言，临时报告涉及的事项主要包括以下三种类型：

1. 董事会、监事会和股东大会决议

（1）**董事会决议**。挂牌公司召开董事会会议，会议内容涉及应当披露的重大信息，公司应当以临时公告的形式及时披露。

决议涉及根据公司章程规定应当提交经股东大会审议的收购与出售资产、对外投资（含委托理财、委托贷款、对子公司投资等）等事项，公司应当在决议后及时以临时公告的形式披露。

（2）**监事会决议**。挂牌公司召开监事会会议，涉及应当披露的重大信息，公司应当以临时公告的形式披露。

（3）**股东大会决议**。挂牌公司召开股东大会，应当在会议结束后2个转让日内将相关决议以临时公告的形式披露。

2. 关联交易

挂牌公司的关联交易，是指挂牌公司与关联方之间发生的转移资源或者义务的事项。根据《企业会计准则第36号——关联方披露（2006）》第八条规定："关联方交易的类型通常包括下列各项：购买或销售商品；购买或销售商品以外的其他资产；提供或接受劳务；担保；提供资金（贷款或股权投资）；租赁；代理；研究与开发项目的转移；许可协议；代表企业或由企业代表另一方进行债务结算；关键管理人员薪酬。"挂牌公司董事会、股东大会审议关联交易事项时，应当执行公司章程规定的表决权回避制度。

（1）**日常性关联交易**。对于每年发生的日常性关联交易，挂牌公司应当在披露上一年度报告之前，对本年度将发生的关联交易总金额进行合理预计，提交股东大会审议并披露。

对于预计范围内的关联交易，公司应当在年度报告和半年度报告中予以分类，列表披露执行情况。

如果在实际执行中预计关联交易金额超过本年度关联交易预计总金额的，公司应当就超出金额所涉及事项依据公司章程提交董事会或者股东大会审议并披露。

（2）**其他关联交易**。除日常性关联交易之外的其他关联交易，挂牌公司应当经过股东大会审议并以临时公告的形式披露。

（3）**豁免审议和披露的关联交易**。挂牌公司与关联方进行下列交易，可以免予按照关联交易的方式进行审议和披露：一方以现金认购另一方发行的股票、公司债券或企业债券、可转换公司债券或者其他证券品种；一方作为承销团成员承销另一方公开发行的股票、公司债券或企业债券、可转换公司债券或者其他证券品种；一方依据另一方股东大会决议领取股息、红利或者报酬；挂牌公司与其合并报表范围内的控股子公司发生的或者上述控股子公司之间发生的关联交易。

3. 其他重大事件

根据《新三板挂牌公司信息披露细则（试行）》，当出现以下情形时，应当披露临时报告：

（1）挂牌公司对涉案金额占公司最近一期经审计净资产绝对值10%以上的重大诉讼、仲裁事项以临时公告的形式披露。

（2）挂牌公司应当在董事会审议通过利润分配或资本公积转增股本方案后，以临时公告的形式披露方案具体内容，并于实施方案的股权登记日前披露方案实施公告。

（3）股票转让被全国股转系统公司认定为异常波动的，挂牌公司应当于次一股份转让日披露异常波动公告。

（4）公共媒体传播的消息可能或者已经对公司股票转让价格产生较大影响的，挂牌公司应当及时向主办券商提供有助于甄别传闻的相关资料，并决定是否发布澄清公告。

（5）实行股权激励计划的挂牌公司，应当严格遵守全国股转系统公司有关规定，并履行披露义务。

（6）限售股份在解除转让限制前，挂牌公司应披露相关公告。

（7）在挂牌公司中拥有的权益份额达到该公司总股本5%及以上的股东，其拥有权益份额变动达到全国股转系统公司规定标准的，该股东应当按照要求及时通知挂牌公司并披露权益变动公告。

（8）挂牌公司和相关信息披露义务人披露承诺事项的，应当严格遵守其披露的承诺事项。

（9）全国股转系统公司对挂牌公司实行风险警示或作出股票终止挂牌决定后，公司应当及时披露。

（10）挂牌公司出现以下情形之一的，应当自事实发生之日起2个转让日内以临时公告的形式披露：

①控股股东或实际控制人发生变更；

②控股股东、实际控制人或者其关联方占用资金；

③法院裁定禁止有控制权的大股东转让其所持公司股份；

④任一股东所持公司5%以上股份被质押、冻结、司法拍卖、托管、设定信托或者被依法限制表决权；

⑤公司董事、监事、高级管理人员发生变动，董事长或者总经理无法履行职责；

⑥公司减资、合并、分立、解散及申请破产的决定，或者依法进入破产程序、被责令关闭；

⑦董事会就并购重组、股利分派、回购股份、定向发行股票或者其他证券融资方案、股权激励方案形成决议；

⑧变更会计师事务所、会计政策、会计估计；

⑨对外提供担保（挂牌公司对控股子公司担保除外）；

⑩公司及其董事、监事、高级管理人员、公司控股股东、实际控制人在报告期内存在受有权机关调查、司法纪检部门采取强制措施、被移送司法机关或追究刑事责任、证监会稽查、证监会行政处罚、证券市场禁入、认定为不适当人选，或收到对公司生产经营有重大影响的其他行政管理部门处罚；

⑪因前期已披露的信息存在差错、未按规定披露或者虚假记载，被有关机构责令改正或者经董事会决定进行更正；

⑫主办券商或全国股转系统公司认定的其他情形。

参考文献

1. 中国证监会非上市公众公司监管部. 非上市公众公司监管工作手册：2014〔M〕. 北京：中国财政经济出版社，2014.

2. 邢会强. 抢滩资本5——全国中小企业股份转让系统挂牌融资转板指引〔M〕. 北京：中国法制出版社，2013.

3. 邵永同. 科技型中小企业融资模式创新研究〔M〕. 北京：知识产权出版社，2013.

4. 胡经生. 证券场外交易市场发展研究〔M〕. 北京：中国财政经济出版社，2010.

5. 屠光绍，朱从玖. 公司治理：国际经验与中国实践〔M〕. 北京：人民出版社，2001.

6. 王骥，刘向明，项凯标. 掘金场外市场——经济转型浪潮下的资本盛宴〔M〕. 北京：中国社会出版社，2013.

7. 卢文浩. 抢占新三板：新政解读与案例集锦〔M〕. 北京：中国经济出版社，2014.

8. 胡汝银. 中国资本市场的发展与变迁〔M〕. 上海：格致出版社，2008.

9. 中国证券监督管理委员会. 中国资本市场二十年〔M〕. 北京：中信出版社，2012.

10. 胡海峰. 多层次资本市场：从自发演进到政府制度设计〔M〕. 北京：北京师范大学出版社，2010.

11. 徐洪才. 中国多层次资本市场体系与监管研究〔M〕. 北京：经济管理出版社，2009.

12. 王伟中. 促进科技和金融结合政策文件汇编〔M〕. 北京：科学技术文献出版社，2011.

13. 中国证券业协会. 证券市场基础知识〔M〕. 北京：中国金融出版社，2012.

14. 杜惠芬，王伟，王小军. 新三板市场运作与创新［M］. 北京：人民日报出版社，2015.

15. 王汀汀，王伟，王小军. 新三板公司操作与案例［M］. 北京：人民日报出版社，2015.

16. 王骥. 新三板实战500例：上：设立股权篇［M］. 北京：中国经济出版社，2016.

17. 王骥. 新三板实战500例：下：经营合规篇［M］. 北京：中国经济出版社，2016.

18. 林毅夫，孙希芳. 信息、非正规金融与中小企业融资［J］. 经济研究，2005（7）.

19. 陈颖健. 非公众股份公司股权交易问题研究：兼论我国新三板扩容面临的制度变革［J］. 证券市场导报，2011（8）.

20. 范云飞. 破解中小企业融资难的资本市场途径探析［J］. 中国证券期货，2009（11）.

21. 张劲松. 基于共赢的"新三板"制度选择研究［J］. 经济体制改革，2012（1）.

22. 张璟，史明. 我国多层次资本市场建设的思考——关于新三板市场的发展探讨［J］. 企业经济，2011（10）.

23. 李燕. 我国多层次资本市场体系下的场外交易市场建设研究［J］. 经济问题探索，2009（10）.

24. 傅穹，关璐. 非上市公众公司的制度价值与规则检讨［J］. 上海财经大学学报，2013（1）.

25. 陆正飞，叶康涛. 中国资本市场的公司财务研究：回顾与评论：下［J］. 财务通讯（综合版），2004（11）.

26. 陆正飞，叶康涛. 中国资本市场的公司财务研究：回顾与评论：上［J］. 财务通讯（综合版），2004（9）.

27. 严锐婷. 我国高新技术企业融资方式回顾与展望［J］. 经济视角，2011（4）.

28. 赵蒲，孙爱英. 产业竞争、非理性行为、公司治理与最优资本结构——现代资本结构理论发展趋势及理论前沿综述［J］. 经济研究，2003（6）.

29. 戴淑庚. 美国高科技产业融资模式研究［J］. 世界经济研究，2003（11）.

30. 魏继承. 浅析经济危机中创建三板市场的必要性及其发展方向 ［J］. 科技广场, 2009 (8).

31. 全国中小企业股份转让系统 ［EB/OL］. http：//www. neeq. com. cn/.

32. 中国证监会非上市公众公司信息披露系统 ［EB/OL］. http：//nlpc. csrc. gov. cn/.